Conversaciones con Nostradamus

Explicación de sus proferías

(Revisada y actualizada)
Volumen Dos

Por Dolores Cannon

Traducción de Blanca Ávalos Cadena

© 1990 por Dolores Ca n non
Edición revisada © Dolores Cannon, 1992.
Fragmentos las Profecías de Nostradamus por Erika Cheetham
© Erika Cheetham, 1975
Reimpreso con permiso de The Putnam Publishing Group

Primera edición: abril de 2004 con Ediciones Luciérnaga
Primera edición in USA: 2021 with Ozark Mountain Publishing, Inc.

Reservados todos los derechos. No se permite la reproducción parcial o total de esta obra, ni el registro en un sistema informático, ni la transmisión bajo cualquier forma o a través de cualquier medio, ya sea electrónico, mecánico, por fotocopia, por grabación o por otros métodos, sin la autorización previa y por escrito de los titulares del copyright. Ozark Mountain Publishing, Inc., Attn.: Permission Department, P.O. Box 754, Huntsville, AR 72740-0754.

Library of Congress Cataloging-in-Publication Data
Cannon, Dolores, 1931-2014
Conversaciones con Nostradamus, Volumen II (Conversations with Nostradamus, Vol. II) por Dolores Cannon
   Comunicaciones de Nostradamus a través de varios medios a través de hipnosis, supervisada por D. Cannon. Incluye las profecías de Nostradamus, en francés medio con traducción al inglés. Incluye índice. Contenido: v. I-II-III (ediciones revisadas)

1. Hipnosis 2. Reencarnación 3. Terapia de vidas pasadas
4. Profecías 5. Cuartetas 6. Nostradamus
I. Can non, Dolores, 1931-2014 II. Nostradamus III. Profecías
IV. Título
Library of Congress Catalog Card Number: 2021946644
ISBN 978-1-950608-54-6

Ilustración de la cubierta: Joe Alexander
Book set in Times New Roman
Book Design: Nancy Vernon
Traducción: Blanca Ávalos Cadena

Published by:

P.O. Box 754
Huntsville, AR 72740-0754
Impreso en United States of America

Dedicatoria

*A John Feeley,
Por su audacia y curiosidad, que le llevaron a traspasar los límites de tiempo y espacio, a adentrarse en el mundo de lo desconocido y transmitirnos información.
Vivió también una gran aventura mientras lo hacía.
Gracias, John, por dejarme ir contigo.*

Después de la publicación de los dos primeros volúmenes, he recibido muchos mensajes de lectores que deseaban ponerse en contacto con John Feeley para consultas astrológicas. Quiero informarles que John murió en el verano de 1990 a consecuencia del sida a la edad de 38 años. Él puso en la pared junto a su cama una copia de esta dedicatoria. Se sentía muy orgulloso de haber participado en este proyecto de investigación. Gracias, John, por un trabajo bien hecho. Te deseo lo mejor en tu trabajo en el otro lado.

ÍNDICE

Primera Sección: El nuevo contacto

Capítulo 1: La aventura continúa	3
Capítulo 2: Otras cuartetas interpretadas por Brenda	12
Capítulo 3: El tiempo presente	34
Capítulo 4: El futuro inmediato	41
Capítulo 5: Aparece el Anticristo	54
Capítulo 6: Las fechorías del monstruo	66
Capítulo 7: El futuro lejano	81
Capítulo 8: Las cuartetas de Adriano	85
Capítulo 9: Los horóscopos	94
Capítulo 10: La Sala del Tapiz	108
Capítulo 11: El hilo dorado de Nostradamus	121
Capítulo12: Nostradamus y la Astrología	141
Capítulo 13: La fuerza del sacerdote malvado	164
Capítulo 14: 666, el secreto del número de la Bestia	173
Capítulo 15: La casa de Nostradamus	189

Segundo Sección: La traducción

Capítulo 16: Empieza la traducción a través de John	197
Capítulo 17: El destino del Anticristo y el Mundo	213
Capítulo 18: El niño herido	223
Capítulo 19: Un poco de vino malo	236
Capítulo 20: Llegamos de noche	254
Capítulo 21: El ataque cardíaco	264
Capítulo 22: La habitación secreta	282
Capítulo 23: El primer contacto de Nostradamus	294
Capítulo 24: La filosofía de Nostradamus	310
Capítulo 25: El nuevo vástago	331

Capítulo 26: Una deuda kármica saldada 345
Capítulo 27: ¿El mundo del futuro? 354

Tercera Sección: Lo que queda por hacer

Capítulo 28: El trazado del mapa 367
Capítulo 29: Búsqueda de la fecha del cambio 399
Capítulo 30: Investigación de la vida de Nostradamus 420
Bibliography 454
Índice de cuartetas 455
Sobre la Autora 457

Primera Sección

El nuevo contacto

Capítulo 1

La aventura continúa

Cuando acepté la tarea de traducir las cuartetas de Nostradamus, nunca pensé en la posibilidad de un segundo volumen. Creí que con la elección fortuita de un centenar de ellas habría suficiente material para un libro interesante, pero a medida que avanzábamos en la traducción, la historia se complicaba. El libro crecía cada vez más. Empecé a preguntarme hasta dónde puede extenderse un libro sin dejar de ser vendible. Tuve que empezar a hacer una selección de las cuartetas que debía incluir. Escoger las más apropiadas para la narración y las que Nostradamus quería que relatáramos al mundo. Al final constaté que esto llevaría tiempo. A medida que la historia evolucionaba y salían a la luz más piezas del rompecabezas, yo seguía añadiéndolas al libro; indudablemente, a este ritmo me llevaría años terminar el proyecto. Fue cuando decidí tomarme un descanso y atar los cabos sueltos del primer volumen.

Con desgana guardé esa otra información que podría formar parte de un segundo volumen. En esta etapa ocurrieron varias cosas que dieron un nuevo y extraño giro a la historia. Como estos sucesos se apartaban de la historia de Elena y de Brenda, tuve la certeza de que habría un segundo volumen. La historia de mis aventuras con Nostradamus continuó, pero en distinta dirección. Como es habitual, la vida se cruza por medio y tiene la manía de alterar las circunstancias. Pero la determinación de Nostradamus, de los poderes superiores o de quien dirigiese este proyecto, poseía la fuerza suficiente para encontrar la manera de salvar cualquier obstáculo que surgiera en su camino. ¿Qué mayor prueba necesitaba yo para saber que este proyecto estaba en verdad destinado a llegar a su fin? ¿Qué mayor evidencia hacía falta para darme cuenta de que yo no era más que un simple peón o instrumento para revelar al mundo algo que fue iniciado y ocultado hace cuatrocientos años?

Este proyecto me fue asignado sin mi consentimiento o conocimiento consciente. Si me hubiese percatado de su alcance, no sé si lo habría aceptado. Todo empezó de un modo tan claro e inofensivo que no sentí ningún agobio hasta después de llevar varios meses en la tarea. Ya era tarde para dar marcha atrás. Tal vez fuese ésta la sabiduría oculta en ello. Al parecer "ellos" confiaban en mi insaciable curiosidad para mostrarme el camino y evitar que abandonara la misión cuando el recorrido se volviese arduo. Ellos conocían mi fascinación por los rompecabezas y mi avidez por descubrir conocimientos ocultos. Cualesquiera que fuesen los motivos detrás de las extrañas maniobras de este proyecto, ellos sabían que yo no tiraría la toalla hasta no ver terminada la tarea. Nostradamus ya me había asombrado con su sapiencia, su maravilloso empleo del simbolismo, el arte puro en su trabajo que en realidad nunca se había revelado al mundo. Puedo valorar el tiempo y esfuerzo mental que los intérpretes y traductores han invertido en su trabajo a lo largo del tiempo; sin embargo, nunca llegaron a entender enteramente la verdadera grandeza del hombre y las pruebas a las que se sometió para disfrazar sus palabras con el único fin de preservarlas para la posteridad. Tal vez mediante mis esfuerzos podamos finalmente verle tal como era y prestar oídos a sus advertencias.

Como quedó explicado en el primer volumen de esta obra, Elena fue la clave o el puente hacia el gran hombre Nostradamus. Por mi trabajo en regresión hipnótica y reencarnación, descubrí que en una vida pasada ella fue uno de los discípulos de Nostradamus en el siglo XVI en Francia. O quizá sería más exacto decir que fue Nostradamus quien me descubrió a mí. Por un misterioso poder él pudo percibir que yo estaba en comunicación con su discípulo, y también que yo vivía en un tiempo futuro. En su deseo de revelar a nuestra generación el verdadero significado de sus profecías me confió la tarea de traducción. En cierto modo me ordenó que aceptara el trabajo. Dejó grabada en mí la premura de la tarea y la importancia de que se terminara ahora en nuestro tiempo.

¿Realmente había algún modo de escapar a esto? Sinceramente no lo sé. Pude haberme desentendido de ello. Al principio cuando empezó a llegar la información, luché y dudé mucho; ¿realmente estaba yo dispuesta a saber lo que nos deparaba el futuro? Tenía a mi favor una buena excusa. Elena volvía a Alaska inmediatamente después de iniciado el proyecto. Pude haber terminado allí porque no había suficiente información para un libro. Pude haber guardado las cintas en lugar seguro con una breve anotación para usarlas como posible capítulo en un libro sobre regresiones diversas que escribiría más adelante. Sin embargo, se me quedó grabada la urgencia y el tono de súplica en la voz de Nostradamus. Lo último que me dijo fue que vendría a través de cualquier persona con la que yo decidiera trabajar, así de resuelto estaba. Elena había sido el puente entre nuestro mundo y el suyo; la llave de esta caja de Pandora. Y al igual que ocurrió con aquella proverbial caja, todos los problemas del mundo podrían divulgarse y mostrarse a los ojos de todos.

Como investigadora psíquica la idea me interesó lo suficiente para querer probarlo como experimento. Tenía que ver si de verdad él se mantenía en lo que había dicho, que realmente volvería a hablar conmigo a través de otra persona. Me di cuenta de que no tenía salida; mi curiosidad era grande. La única posibilidad de escape sería si el contacto a través de Elena fuese una casualidad irrepetible. En ese caso, Nostradamus podría ser relegado y devuelto a su propio espacio en el tiempo porque no había forma posible de terminar la tarea encomendada.

Aquí es donde entró Brenda en escena. Ella era una tranquila estudiante de música, retraída y extremadamente sensible, se había comprobado que su índice de inteligencia rozaba la genialidad. Aunque esto tuviese algo que ver, lo cierto es que demostró ser un excelente sujeto sonámbulo y yo trabajé con ella durante más de un año en otros proyectos. Brenda había decidido dedicar su talento al estudio de música clásica, preferentemente composición, y todo su mundo giraba en torno a este objetivo. Su tiempo lo absorbían el trabajo y las clases en la universidad. La historia de mi experimento con ella y el nuevo contacto establecido con Nostradamus aparece en el Volumen 1. Poco después se abrió la compuerta y nos desbordó la traducción de cuartetas. Durante ese tiempo se interpretaron más de trescientas cuartetas. Pero aparecían como una mezcolanza de piezas inconexas. Yo tenía la nada envidiable tarea de ordenarlas con cierta continuidad. Sólo entonces vimos que la historia que se desplegaba era aterradora y terrible. ¿Era éste realmente el mundo que vio Nostradamus? ¿Eran éstos los acontecimientos ineludibles de nuestro futuro? Él dijo que nos revelaba estas cosas para que pudiéramos hacer algo que cambiara el futuro; para evitar que ocurrieran.

Lo que Nostradamus me reveló no es el futuro que yo deseo para mí ni para mis hijos y nietos. La traducción e interpretación de sus cuartetas es asombrosa y clara cuando la proporciona pieza por pieza y símbolo a símbolo. Estoy convencida de que finalmente han sido interpretadas correctamente, pero esto no significa que yo quiera que ocurran. La historia que se narra en el Volumen I y en el presente libro es su visión, su profecía, su imagen del mundo futuro. Aun en el caso de que nada de esto llegue a ocurrir jamás, constituye un relato interesante y ésa es mi filosofía. Es la única forma de poder enfrentarme a esto, de que no me absorba ni me produzca angustia. Mis sujetos piensan del mismo modo. Creen que el trabajo es importante pero sus vidas privadas tienen prioridad. Lo consideran un trabajo fascinante, pero no pretenden dejar que les consuma. Por lo tanto, mientras trabajamos en este proyecto, vivimos sincrónicamente en dos mundos separados al tiempo que procuramos transmitir a la humanidad el conocimiento de este gran sabio.

Otro de los personajes de mi primer libro fue John Feeley. Entró en escena por "accidente" y por "coincidencia", en el momento en que Nostradamus me dijo que haría falta un "trazador de horóscopos", ya que muchas de sus cuartetas contenían información astrológica. John era un astrólogo profesional, también le interesaban los fenómenos psíquicos y era perfecto para ayudar en este proyecto. John nació en Massachussets y desde su adolescencia estudió con Isabelle Hickey, en aquel momento la astróloga más famosa de Boston. Posteriormente continuó sus estudios con los Rosacruces en San José, California. Aunque de ellos aprendió los rudimentos, a partir de entonces se volvió básicamente autodidacta. Descubrió y desarrolló sus talentos y habilidades en astrología esotérica. En 1971 se inscribió en la Federación Americana de Astrólogos. Fue educado como católico, pero él se describe a sí mismo como deísta. Expresa: "Me acerco más a la comprensión universalista. Me interesan todas las religiones y todas las formas de fe porque hay un hilo dorado de autoridad que pasa por todas ellas. Veo a Dios vivo y consciente en todas las personas y en todas las cosas. Ésa es mi filosofía personal. Desde la perspectiva espiritual, trato de hacer lo mejor que puedo. Creo en todas las culturas y en todas las formas de fe. Todas tienen una validez intrínseca". John ha viajado mucho y ha vivido en otros países.

Él empezó a participar en algunas de las sesiones para aclarar y datar algunas de las cuartetas con la ayuda de su libro de efemérides. Su apoyo fue muy valioso. Y más tarde lo fue aún más cuando el destino tomó el mando e impulsó esta historia en una dirección más extraña todavía.

Después de un año de trabajo en este proyecto era evidente que no había sido casual que todos nosotros coincidiéramos como actores en este extraño guión. ¿Fue quizás ordenado y tramado todo esto desde el otro lado para que se cruzaran nuestros caminos? ¿Era éste nuestro verdadero destino en esta vida? Cuando vuelvo la vista atrás no puedo creer que fuese simple coincidencia que nos reuniéramos en este proyecto. Estaba demasiado bien orquestado. ¿Por quién? ¿Casualidad? ¿Destino? En realidad el conjunto de circunstancias era sumamente endeble. De no haberse dado uno solo de los acontecimientos, tal vez no nos habríamos encontrado y esta historia nunca se habría contado. Pero la energía oculta en este proyecto era tan grande que adquirió vida propia. Y lo mismo que una bola de nieve colina abajo, alcanzó lentamente impulso, tamaño y poder. Ya no podía pararse. Tenía que dejarse sentir su impacto final.

En este experimento utilicé el libro de Erika Cheetham, *The Prophecies of Nostradamus* (Las profecías de Nostradamus) porque era la traducción más moderna de las cuartetas de Nostradamus. Éstas aparecían en el francés original y en inglés. Su lectura era fácil y cómoda; incluía su explicación de los vocablos extranjeros oscuros empleados en las cuartetas. Debajo de muchos de ellos la autora daba su interpretación basada en sus estudios. También había muchas cuartetas sin explicación. No se habían traducido nunca de forma satisfactoria. Muchas de ellas eran tan ambiguas que podrían aplicarse a una gran diversidad de acontecimientos o poseían un simbolismo tan embrollado que era imposible de interpretar. Ni yo ni ninguno de los implicados en este experimento habíamos leído o estudiado anteriormente estas cuartetas. De todas formas, de nada nos hubiese servido. Si a lo largo de cuatrocientos años una serie de personas especializadas habían pasado gran parte de su vida intentando comprenderlas, ¿cómo podíamos esperar conseguirlo nosotros con un simple análisis del libro? Además, cuando nos empezaron a llegar las interpretaciones eran algo que nadie podría haberse imaginado, y sin embargo, eran claras y concisas cuando el maestro mismo las explicaba.

Al principio de cada sesión, después de entrar en un profundo trance, yo le daba instrucciones a Brenda para contactar con Nostradamus a través del espejo mágico que él empleaba en sus visiones. Era el mismo espejo que Elena había visto usar a Nostradamus en una vida pasada en la que fue su discípulo Dionisio. Cuando también Brenda vio este espejo en su estudio, se convirtió en el punto focal de nuestra comunicación con él, en la puerta mágica entre su mundo y el nuestro, el punto de encuentro para nuestra reunión espiritual. Cuando Brenda entró en contacto con Nostradamus, le pidieron que se reuniera con nosotros en un lugar especial de encuentro. Esto se hizo de acuerdo a sus instrucciones explicitas que nos fueron dadas a través de Elena y de Brenda. Al parecer este lugar especial de encuentro estaba en otra dimensión. Era gris y sin forma, sin otra sustancia que grandes cúmulos nebulosos. En este lugar Nostradamus solía mostrarle a Brenda diversas escenas y le explicaba el significado de las cuartetas. Cuando se agotaba el tiempo que se nos concedía, él simplemente se iba, a menudo sin dar ninguna explicación, simplemente se marchaba a toda prisa. Cuando esto ocurría, también se interrumpían las visiones. La única ocasión en la que Brenda pudo observar visualmente el lugar donde él vivía fue en nuestro primer contacto. Todos los demás encuentros ocurrían en este extraño espacio sobrenatural después de contactar con él previamente a través del espejo mágico.

Después de muchos meses de trabajo con Nostradamus en la traducción de sus cuartetas empezó a perfilarse una pauta. Sin embargo, había algo que me perturbaba. Al principio era sólo como una vaga sombra que flotaba en mi mente una fracción de segundo. Pero duraba el tiempo suficiente para ocasionar agitación en la tranquila superficie, apenas un leve indicio de que no todo era como parecía; un rumor de que ocurría algo más de lo que aparecía a primera vista. Con el paso de los meses, la sensación seguía siendo vaga pero más intensa. Era la sensación persistente en el fondo de mi mente de que yo era un simple peón, pero ¿para qué?

Al principio estaba tan empeñada en el proyecto que no me di cuenta de la creciente inquietud. Puesto que todo lo concerniente al proyecto era inusual y extraño, ¿qué más daba una rara sensación más? Al principio sólo podíamos interpretar unas cinco o seis cuartetas por sesión. Nuestra capacidad fue en aumento hasta lograr traducir alrededor de treinta. Dejábamos de lado las cuartetas relacionadas con el pasado remoto para concentrarnos en las más inmediatas. Él prometió retomarlas más tarde porque sabía que para nosotros eran más importantes las relacionadas con acontecimientos presentes y futuros.

A medida que aumentaba la cantidad de cuartetas traducidas, la sensación de incomodidad se hizo más evidente. A menudo cuando yo leía la cuarteta, él me daba la interpretación de inmediato. Otras veces me pedía que la repitiera, subrayaba ciertas frases y pedía que deletreara ciertas palabras. En estas ocasiones reaccionaba casi como si no reconociera su propio trabajo. Al principio creí que esto se debía a que la versión de los traductores había cambiado tanto la redacción original que le resultaba irreconocible. Casi podía ver como si él se rascara la cabeza, perplejo, sin saber qué cuarteta le leía. Cuando continuábamos, yo tenía dudas de si finalmente la había reconocido.

Un día le comenté espontáneamente a Brenda: "¿No sería extraño que le estuviésemos ayudando a escribirlas?" Apenas había pronunciado estas palabras sentí que un escalofrío me recorría la espalda.

"Sí", respondió ella; "y él añade: 'Repite eso por favor. Mientras yo escribía me he perdido esa parte. Por favor, deletréalo". Ella se rió al pronunciar estas palabras, pero a mí no me resultó divertido. Un escalofrío me recorrió todo el cuerpo. Las vagas sensaciones que me habían atormentado ahora tenían forma y sustancia. Por alguna razón lo inexplicable de la idea me aterró. Luego recordé lo que él había dicho de su incapacidad de terminar la séptima centuria de cuartetas porque las líneas del tiempo no eran claras. Fue cuando me llegó todo el impacto de su explicación de cómo recibía sus cuartetas. Dijo que solía escribir mientras estaba en trance como si las fuerzas más allá del espejo guiaran su mano. Cuando volvía a su estado consciente, sabía lo que había visto pero a menudo le sorprendía lo que había escrito. Durante el trance veía varias cosas, escena tras escena. Luego se daba cuenta de que sólo había una sola cuarteta escrita, pero el complejo significado se aplicaba a todo lo que había visto. Le asombraba la complejidad del acertijo y confesaba tener la sensación de que había otro elemento ajeno a su mente consciente que hábilmente manipulaba las palabras para transformarlas en rompecabezas.

¡Claro! En ese momento pensé que aquello podría ser escritura automática. ¿Sería eso posible? Éramos conscientes de que por un extraño e incomprensible mecanismo estábamos en comunicación con él cuando vivía en Francia. Había insistido mucho en que nosotros no contactábamos con muertos. Si él estaba vivo a la vez que nosotros, surge la teoría del tiempo simultáneo que es algo que no entiendo y no deseo entender. Cada vez que intento reflexionar en que todo: pasado, presente y futuro ocurre paralelamente, este concepto no aquieta mi espíritu, tan sólo me da vértigo. En consecuencia he dejado esa idea muy bien guardada en lugar aparte.

Después, cuando yo hablaba con una persona que había leído algo sobre Nostradamus, comentó: "¿Sabes que Nostradamus dijo en una de sus biografías que había recibido ayuda para escribir sus cuartetas? Los que le ayudaron son los que él llamaba 'espíritus del futuro'."

De no haber estado sentada creo que me habría desplomado. Me quedé estupefacta. ¿Éramos eso, espíritus del futuro? Me hice mentalmente el propósito de buscar ese libro cuando empezara mi investigación para comprobar todo lo que en él se decía.

La idea era completamente descabellada. Nostradamus escribió sus cuartetas en el siglo XVI en francés. Fueron publicadas, traducidas, interpretadas y meditadas durante cuatrocientos años. Compré la más reciente traducción en 1986 y la leí. Para mi mente racional la idea era imposible. Pero si lo era, ¿por qué persistía? ¿Por qué me hacía sentir tan incómoda? ¿Acaso porque, en cierto modo, inconcebiblemente contenía un susurro de verdad?

Así que, ante esa remota posibilidad, me volví muy cautelosa en mi trabajo con Nostradamus. Sólo leía la cuarteta, con la expresa aunque inconsciente intención de no darle ninguna otra información sobre nuestro tiempo o sobre cualquier cosa que pudiera relacionarse con las cuartetas. De ninguna manera quería influir conscientemente en él. No sé si esto sirvió de algo. Si del modo que fuese él extraía información de nuestro subconsciente (como él mismo dijo que hacía), él seguiría teniendo acceso a nuestra mente para encontrar alguna explicación a las visiones que recibía. Pero la única forma a mi alcance para manejar esto era tener sumo cuidado y en todo caso, creo que esto me daba más control. Al menos no me sentía tan incómoda. Los vagos sentimientos se habían disipado. Simplemente dejé de pensar en el tiempo simultáneo y en cosas que me daban dolor de cabeza.

Capítulo 2

Otras cuartetas interpretadas por Brenda

Éstas son algunas de las cuartetas que no se incluyeron en el primer libro. Muchas de las correspondientes al pasado quedaron excluidas por no venir al caso en este proyecto. Sólo he incluido las que aportaban con su interpretación matices interesantes o las que nunca habían sido satisfactoriamente explicadas por otros intérpretes.

EL PASADO

Dolores: Los intérpretes son incapaces de entender la siguiente cuarteta. Han dicho que es totalmente errónea.
Brenda: Tu comentario no fue muy acertado. Se ha enfadado mucho.
D: Bueno, dile que conmigo no se enfade. En esta cuarteta él dio una fecha y creen que debe de haber un error porque no lo entienden.
B: Cree recordar que eso ya lo han dicho antes y él demostró que eran ellos los equivocados.

CENTURIA VI-54

Au poinct du jour au second chant du coq,
Ceulx de Tunes, de Fez, & de Bugie,
Parles Arabes captifle Roi Maroq,
L'an mil six cens & sept, de Liturgie.

Al amanecer al segundo canto del gallo los de Túnez, los de Fez y de Bougie; los árabes capturados por el rey marroquí En el mil seiscientos siete por la liturgia.

D: *No entienden por qué insertó la palabra "liturgia".*
B: Ignora en qué se basan para decir que se ha equivocado. Esta cuarteta no se refiere a una confrontación real o batalla. A lo que se refiere es al momento de romper el día, al segundo canto del gallo. Representa el albor de una nueva era. Dice que la historia de la humanidad puede dividirse en eras ordinarias (historia antigua y actual, tiempos medievales y las Edades Medias) de acuerdo con el pensamiento filosófico que prevalecía en esa época. En este tiempo se manifestará una nueva era. Especificó el segundo canto del gallo para dar a entender que la gente toma conciencia de que las cosas cambian, tal vez a mejor. Hasta este momento, África del Norte en general había sido estrictamente islámica. En esta época el líder de un reino se convertirá al cristianismo e intentará extender la influencia del cristianismo en este bastión del Islam. Dice que ésa es la razón por la que puso la palabra "liturgia", para intentar darles la pista de que esto guarda relación con el pensamiento religioso y filosófico y no con una guerra física. Hasta entonces el Islam había sido muy fuerte y tenía bastiones diseminados por grandes extensiones. Ahora llegaba un punto de inflexión y le tocaba al Islam ceder un poco y dejar que el cristianismo llene de momento esa laguna.
D: *¿Qué me dices de esa fecha, 1607?*
B: Marca el comienzo. Indica el momento en que empezó a ocurrir. Se confunde porque desde su perspectiva será, y desde la nuestra ya ha sido. (Risas) Siempre que ocurre algo nuevo en el pensamiento filosófico, esa rama de la filosofía en particular tiende a crecer y afecta profundamente ámbitos que están bajo la

influencia de antiguas filosofías tal vez ya agotadas, por así decirlo.

D: Sí, antes me dijiste que Nostradamus enseñaba filosofía en su tiempo y por eso le interesan estos hechos filosóficos. Quiero leerte lo que han dicho los traductores. Espero que no se enfade.

B: No está seguro de querer oírlo. Pero si lo deseas, léelo. Ya está enfadado, así que da igual.

D: Dicen: "Esta cuarteta es al parecer uno de los completos fracasos de Nostradamus. Supuestamente él vislumbra la caída del imperio otomano por medio de un nuevo rey europeo en 1607. Pero el único punto a favor de Nostradamus es que ningún comentario está de acuerdo con lo que se da a entender por 'liturgia'".

B: No recuerda haber mencionado nada sobre Europa en toda la cuarteta. Hablaba enteramente del norte de África. En este momento salta de un lado a otro. (Nos reímos.) Esto solo confirma la importancia de esta comunicación porque no quiere que sus cuartetas se interpreten erróneamente en tiempos venideros. Empieza a alterarse de verdad. Sugiero que pasemos a la siguiente cuarteta.

CENTURIA IX-92

Le roi vouldra dans cité neuf entrer
Parennemis expugner Ion viendra
Captifliberefaulx dire & perpetrer
Roi dehors estre, loin d'ennemis tiendra.

El rey querrá entrar en la nueva ciudad, vienen a someterla a través de sus enemigos; fingen liberar a un cautivo para que hable y actúe: el rey debe estar fuera., permanecerá lejos del enemigo.

D: Ya he dicho antes que cada vez que él habla de la nueva ciudad ellos creen que se refiere a Nueva York.

B: Él reconoce que lo hace a menudo, pero no siempre es verdad. Es fácil ver por qué lo relacionan si te concentras en la frase "la nueva ciudad". Pero dice que esta cuarteta ya se ha hecho realidad. Este acontecimiento tuvo lugar durante la revolución francesa. La frase "la nueva ciudad" se refiere a París después de que las clases bajas derrocaron a la clase alta, se hicieron con el poder y cambiaron por completo el orden anteriormente establecido. Y como era un orden social enteramente distinto., se refirió a él como una nueva ciudad. Añade que el rey quería hacer la paz con los campesinos y conservar su trono. Puso en libertad a un vocero en la Bastilla que falsamente hicieron prisionero y luego fingieron su liberación; este vocero era uno de los campesinos. El rey creyó que si se mostraba misericordioso se ganaría al populacho. Una vez que este prisionero cumpliera su propósito, llevarían al rey a la guillotina.

D: *Ése es el significado de "fingen liberar a un cautivo para que hable y actúe". El rey estará afuera. Se mantendrá lejos del enemigo".*

B: Sí. El rey se puso a salvo al tiempo que seguía vigilando la marcha de las cosas. No indica qué rey, simplemente dice "el rey".

D: *¿Se refería al rey de Francia?*

B: Sí, pero hay más de un rey implicado en la revolución francesa. Tal vez fuese correcto suponer que hablaba de Luis XVI.

D: *¿Había más de un rey? No conozco bien la historia de Francia.*

B: Este vehículo tampoco. En todo caso, él no quiere extenderse demasiado en esta cuarteta puesto que una vez que ha dado las pistas podríamos examinar los libros de historia y encontrar el acontecimiento.

D: *Muy bien. Me doy cuenta de que no nos lo dice todo. Siempre deja algunas cosas para que nosotros las averigüemos por nuestra cuenta.*

B: Es bueno ejercitar la mente para que se desarrolle; de lo contrario se pierden facultades.

D: *(Risas) Está claro que no nos dará todas las respuestas, ¿verdad?*

B: Dice que ha tenido demasiada práctica en el misterio. Es difícil ser completamente transparente.

D: *Ya lo creo. Así se mantienen algunos misterios en estos rompecabezas para que otros vean lo que pueden descubrir por sí mismos.*

CENTURIA IV-44

Deux gros de Mende, de Rondés & Milhau,
Cahours, Limoges, Castresmalo sepmano
De nuech l'intradode Bourdeaux uncailhau,
Par Perigortau toc de la campano.

Los dos grandes de Mende, Rodez y Milhau, Cahors y Limoges, Castres una mala semana: de noche la entrada; desde Burdeos insulto, por Perigord al tañido de la campana.

D: Ah, aquí hay demasiados nombres. Supongo que acabo de hacerlos polvo. (Risas)
B: En efecto, dice que los ve cojear y desangrarse por el campo de batalla. (Me reí.) Pero que eso no te inquiete, esta cuarteta se refiere a la revolución francesa.
D: Entonces no hay por qué preocuparse de esos nombres.
B: Por ahora no; más tarde lo harás.
D: Es la primera vez que los veo y por eso me resulta difícil. A ver todos esos nombres me digo: "Dios mío, seguro que me haré un lío con ellos".
B: Dice que te queda la posibilidad de un curso de francés.
D: (Risas) Sin embargo, él sabe que el francés actual es muy diferente del que conoce.
B: Es verdad. Aun así, está seguro de que causarías menos estropicios. El acento que empleas está mal colocado debido a los siglos que hay entre tu época y la suya. Y prefiere oír un acento francés malo a un acento británico malo.
D: Pero yo pongo todo mi empeño en hacerlo "bien.
B: Él se da cuenta.

CENTURIA IV-57

Ignare envie au grand Roi supportee,
Tiendra propos deffendre les escripitz:
Safemme non femme par un autre tentee,
Plus double deux ne fort ne criz.

Envidia ignorante padecida por el gran rey, él propondrá la prohibición de los escritos. Su mujer, no su mujer, tentada por otro, ya no protestará por ello la pérfida pareja.

B: Dice que esta cuarteta se relaciona con Luis XVI y la revolución francesa.
D: Los traductores creyeron que tenía que ver con los escritos de Nostradamus que el rey prohibía.
B: No. Dice que durante la revolución francesa muchas cosas se pusieron bajo ley marcial, incluida la publicación de panfletos, pasquines y cosas así. Los que divulgaban material supuestamente sedicioso eran candidatos a la guillotina o la prisión. Pide que lo compares con la revolución americana. Puesto que tuvo lugar en el nuevo mundo y no en la isla de Gran Bretaña, tuvieron más amplitud y libertad de movimientos para actuar como lo hicieron. Podían imprimir gran cantidad de panfletos y octavillas para instigar a la rebelión. Pero en la revolución francesa el rey estaba allí.

CENTURIA IV-47

Le noirfarouchequand auraessayé
Sa main sanguineparfeu, fer, arcs tendus:
Trestout le peuple sera tant effrayé,
Voír les plus gransparcol & pieds pendus.

Cuando el cruel rey haya ejercitado su mano sangrienta mediante fuego, espada y arco torcido. Toda la nación se sobrecogerá al ver suspendidos por cuello y pies a los grandes.

B: Dice que esta cuarteta se refiere a Robespierre y la era del terror. Podría haber cierta conexión indirecta con los acontecimientos aún por llegar, pero otras cuartetas han explicado eso con mayor detalle. Lo principal que ha visto es que durante la revolución francesa ahorcaban y daban muerte a toda la nobleza y posteriormente mediante el Reino del Terror con Robespierre.

D: *Los traductores han dicho que la cuarteta trata del rey loco Carlos IX quien mataba por placer, y que también se refiere a los Hugonotes franceses.*

B: Dice que, en efecto, podría referirse a esto de un modo indirecto. Han sido muy astutos al deducirlo ya que también fue una época sangrienta, pero durante la revolución francesa se derramó mucha más sangre. La revolución fue un acontecimiento trascendental en la historia francesa y cobra demasiada importancia en su visión.

CENTURIA III-49

Regne Gaulois tu seras bien changé,	Reino de Francia, tú cambiarás mucho, el imperio se extiende
En lieu estrange est translaté l'empire:	a lugares extranjeros. Te regirás por otras leyes y
En autres moeurs & lois serasrangé,	costumbres; Rouen y Chartres te causarán el peor mal.
Roan & Chartresteferont bien du pire.	

De nuevo tuve problemas con la pronunciación de estos nombres. Brenda me corrigió con un claro acento francés. Es interesante observar que en esta sesión estuvo presente un hombre que estaba familiarizado con el francés. Más tarde comentó que Brenda había pronunciado estos nombres con acento de francés antiguo.

B: Dice que esta cuarteta se refiere a la revolución francesa. Habla de la expulsión del rey y de la familia real de Francia, y el establecimiento en su lugar de una República con el consiguiente cambio de leyes y normas. Pero el poder imperial de Francia se extenderá por todo el nuevo mundo durante un período de tiempo. Al tiempo que continúa, también se extiende por el lejano oriente.

Dice que esta cuarteta se refiere principalmente a los grandes cambios ocurridos en Francia en 1789 (fecha de la revolución francesa).
D: *Los traductores dijeron que se relacionaba con el futuro. Que todavía no ocurre porque Francia nunca ha sido un Imperio.*

Craso error por mi parte. Dirigir una sesión de regresión y simultáneamente tener que leer del libro puede volverse una tarea difícil. Antes de que me fuera posible rectificarlo, puede decirse en sentido figurado que Nostradamus se lanzó sobre mí sumamente enfadado. Era evidente que mi conexión no era con la mente de Brenda, porque a ella no le habría incomodado tanto una pifia como ésta.

B: Está muy alterado en este momento. (Ella empieza a hablar muy deprisa.) Dice que Francia fue un imperio. Francia tenía Canadá. Francia tenía Luisiana y la tierra anexa, posteriormente cedida como la Compra de Luisiana. Francia tenía la Guayana francesa. Francia tenía Indochina. Francia -y sigue nombrando toda una serie de lugares. Si eso no es un imperio, ¿qué es? Gran Bretaña tenía una franja de terreno costero en la costa americana hasta que se rebeló. Los británicos tenían una isla aquí y otra allí, un puerto aquí y un puerto allí. Si a eso le llamaron imperio, ¿por qué no clasificar a Francia también como imperio? (Empezó a calmarse.) Es muy patriota.
D: *(Risas) Ya lo creo. Y tiene buenas razones para ello.*

Intenté sosegar su ánimo con una lectura correcta, pero en esto también encontró errores.

D: *Dice el traductor: "Esto es importante porque aquí Nostradamus nombra a Francia como un imperio y no como un reino y claramente ve un cambio en el futuro."*
B: Dice que a los británicos los llamaban imperio en vez de reino, a pesar de que estaban regidos por un rey y no por un emperador. Y Francia estuvo gobernada temporalmente por un emperador (Napoleón), pero pasó a ser una democracia. Dice que aunque desde su perspectiva eso esté en el futuro, desde la nuestra debe

de ser ya historia pasada. La gente debería repasar y releer los libros de historia.

CENTURIA III-97

Nouvelle loi terre neufve occuper,
Vers la Syrie, Judee & Palestine:
Le grandempire barbarecorruer,
Avant que Phoebus son siecle determine.

Una nueva ley ocupará una nueva tierra en torno a Siria, Judea y Palestina. El gran imperio bárbaro se derrumbará antes de que concluya el siglo del sol.

B: Dice que esta cuarteta se refiere a las incursiones y conquistas de Napoleón. Relatará esto en tiempo pasado puesto que está en nuestro pasado. Napoleón viajó por todas partes y estableció normas de ocupación en muchos países de Oriente Medio en su búsqueda de patrimonio y objetos culturales. Dice que el siglo del sol se refiere a Luis XN, el Rey Sol. Michel de Notredame predecía que Napoleón no triunfaría, y su pretensión de conquistar el mundo fracasaría cien años después de la época de Luis XN.

Nostradamus es sorprendentemente exacto en esta predicción. El rey Luis XW murió en 1715 y Napoleón fue enviado al exilio en Santa Helena en 1815. En efecto, su imperio se derrumbó cien años después del reinado del Rey Sol.

B: Sugiere que consultes tus libros de historia y relaciones la cuarteta con las campañas de África y Oriente Medio de Napoleón. La frase: el gran imperio bárbaro se derrumbará, significa que las jabalinas y cimitarras que tenían los soldados y jinetes árabes no eran comparables a los mosquetones y armas que tenían las tropas de Napoleón.

D: *Los traductores dicen que esta cuarteta se refiere a la creación del estado de Israel.*

B: No es correcto.

D: *Y creen que el siglo veinte es el siglo del sol.*

B: Ésa es una actitud muy egocéntrica. El siglo del sol es el siglo de Luis XN, el Rey Sol. El propósito de este proyecto es aclarar las ideas erróneas que se han producido.

CENTURIA VIII-59

Pardeux fois hault, pardeux fois mis a bas
L'orient aussi l'occidentfaiblira
Son adversaireapres plusieurs combats,
Parmer chasse au besoinfaillira.

Dos veces levantado y dos veces derribado, Oriente también debilitará a Occidente. Su adversario perseguido tras varias batallas por mar fallará en tiempos de necesidad.

B: Dice que esta cuarteta se refiere a Napoleón. Éste llegó al poder una vez y después le desterraron. Escapó y recuperó el poder. De nuevo fue vencido y una vez más fue exiliado. Un punto decisivo que cambió su suerte fue cuando Napoleón convirtió parte de su ejército en una especie de armada, pero ésta no consiguió llegar en el momento más crítico.

D: "Oriente también debilitará a Occidente".

B: Esa línea se refiere al deplorable intento de conquistar Rusia con la marcha hacia Moscú. El invierno les sorprendió y los hombres murieron congelados. Por eso dijo "Oriente conquistará a Occidente", puesto que Napoleón era de un país occidental y Rusia es parte de Oriente. Ese acontecimiento cambió la suerte de Napoleón.

D: *Los traductores interpretan que Oriente significa Asia y que la cuarteta se refiere a un ataque a los poderes occidentales.*

CENTURIA IV-42

Geneve & Langrespar ceux de Chartres & Dole,
Et par Grenoble captifau Montlimard:
Seysett, Losannepar fraudulente dole
Les trahirontpar or soixante marc.

Ginebra y Langres por los de Chartres y Dole y Grenoble cautiva en Montelimar, Seysel, Lausanne mediante fraude les traicionarán por sesenta marcos de oro.

Me corregía la pronunciación de cada uno de los nombres a medida que yo leía desmañadamente.

B: Dice que en general los nombres de ciudades son sencillos. De hecho, lo que realmente quiere explicar es el simbolismo que encierran para dar a la gente una pista de cómo discurre su pensamiento y que puedan deducir el origen de sus cuartetas. Ésta tiene que ver con la Primera Guerra Mundial. Dice que en esta situación hay facciones que pretenden encontrar soluciones y equilibrar insuficiencias antes de que sea demasiado tarde. Una facción está representada por el nombre Ginebra, una ciudad de un país que siempre ha sido neutral. Esta facción se opone tenazmente a grupos muy nacionalistas. También existe otra camarilla de tránsfugas que, por sesenta marcos de oro, serían capaces de entregar Francia a los alemanes desde dentro. Los marcos de oro representan a Alemania. En un principio todo parecía perdido tanto para la facción neutral como para la nacionalista. Durante un tiempo pareció que el ascendiente de la camarilla de renegados aumentaba ya que, como podrás comprobarlo en los libros de historia, al principio de la guerra el panorama era muy desalentador para el bando aliado. Otra de las desventajas que él representó al mencionar tantas ciudades distintas, fue la confusa maraña de acuerdos diplomáticos entre los diversos países europeos de aquel tiempo. Recuerda que lo que para ti es pasado, para él está en el futuro. Las familias reales al frente de todas las jefaturas de estado se relacionaban entre sí. Era una gran familia, no exactamente feliz, de primos, tías, tíos, hermanos y hermanas. De modo que la situación era bastante decadente. Dice que esta cuarteta también se aplica a acontecimientos durante la Segunda Guerra Mundial, y en este caso los sesenta marcos de oro se refieren en particular a los hechos en esa guerra en la que las altas esferas del gobierno alemán podían ser compradas y vendidas como bienes de consumo. La gente podía ser comprada, y todos tenían su precio y se vendían.

D: *De nuevo lo traducen literalmente.*

B: (Con sarcasmo.) Sí, desde luego. En cierto modo podría aplicarse a lo que ocurrirá con el Anticristo, pero dice que esa situación en particular es tan amplia y compleja que casi todo podría encajar en ella.

CENTURIA IV-46

Bien defendu lefaict parexcellence,
Garde toy Tours de ta procheruine:
Londres & Nantes par Reimsfera defense
Ne passe outre au temps de la bruine.

El hecho, por su excelencia, fuertemente prohibido, Tours, estate atenta a tu próxima ruina. Londres y Nantes establecerán su defensa en Reims. No vayas más allá cuando hay niebla.

B: Esta cuarteta se refiere a acontecimientos de la Primera Guerra Mundial, sobre todo la última línea: "No vayas más allá cuando hay niebla", en la que él advertía sobre el gas mostaza. La frase: "Londres reclama la defensa a través de Reims" alude a las diversas naciones que se unen y combaten en suelo francés para ganar la guerra.

CENTURIA I-24

A cite neufue pensifpour condemner,
L'oisel de proye au ciel se vient offrir:
Apres victoire a captifs pardonner,
Cremone & Mantoue grands maux aurasouffert.

En la Nueva Ciudad él piensa en la condena; el ave de presa se ofrenda a los dioses. Tras la victoria perdona a sus cautivos. Cremona y Mantua padecerán grandes penalidades.

B: Dice que esta cuarteta se refiere a Estados Unidos y a la Primera Guerra Mundial. Los estadounidenses tienen fama de generosos y las naciones que no lo son lógicamente se aprovechan de esto. La última línea se refiere a las dificultades económicas y la conmoción surgida entre las dos Guerras Mundiales.

D: *Creí que la nueva ciudad podría referirse a Estados Unidos.*

B: Eso y el ave de presa que se ofrenda a los dioses. Dice que si contemplas una de tus monedas, aparece un águila y la frase: "En Dios confiamos".

D: *Quiere decir que es obvio. "El ave de presa". Pero un águila no es un ave de presa.*

B: Dice que un águila es tan ave de presa como un buitre.

D: *De acuerdo. No discutiré con él. (Risas)*

Me alegré de no enzarzarme en una discusión con él. Para entonces yo ya debía saber que Nostradamus es un gran entendido en muchas cosas y yo tenía que aceptar su palabra. Cuando empecé mi investigación descubrí que las aves de rapiña del Viejo Mundo agrupan águilas y halcones. Las especies del Nuevo Mundo forman dos grupos: uno formado por cóndores, buitres y ratoneros, y otro que incluye al águila. Siempre creí que los buitres y ratoneros eran estrictamente carroñeros pero encontré que aparecen como aves de presa junto con las águilas. Es obvio que él citaba información con la que estaba familiarizado en su país.

D: *Los traductores dijeron que esta cuarteta tenía que ver con Napoleón y el asedio a Mantua por los nombres que cita.*

B: Dice que si bien recuerdas, las tropas estadounidenses fueron muy destacadas en Italia durante la primera Guerra Mundial puesto que en esa guerra Italia estaba en el mismo bando que Estados Unidos.

Éste era uno de muchos ejemplos en los que Nostradamus empleaba los nombres de las ciudades para indicar un país. Las cuartetas han sido consistentemente malinterpretadas porque los traductores solían creer que se refería a un acontecimiento ocurrido en determinada ciudad, cuando de hecho usaba esos nombres como símbolos de países.

CENTURIA I-36

Tard la monarque se viendrarepentir
De n'avoirmis amort son adversaire:
Mais viendra bien aplus hault consentir,
Que tout son song parmort fera deffaire.

Demasiado tarde el rey se lamentará de no haber matado a su enemigo. Pero pronto cederá en cosas mayores que acarrearán la muerte a todo su linaje.

B: Dice que esto se refiere a Alemania y al hecho de que se pudo detener a Hitler cuando era joven. El canciller y los que estaban en el poder no lo hicieron, y el resto de su vida lamentaron esta decisión.

CENTURIA I-88

Le divin mal surprendrale grandprince,
Un -peu devant aurafemme espousee.
Son appuy & credit a un coup viendra mince,
Conseil mourrapour la teste rasee.

La ira divina sorprende al gran Príncipe poco antes de su boda. De golpe se reducen haberes y partidarios. El consejero morirá a manos de las cabezas rapadas.

B: Dice que esta cuarteta tiene múltiples significados que en su totalidad ya han ocurrido. El más reciente se refiere al Rey Eduardo quien, para no ofender al pueblo, renuncia al trono para casarse con una mujer divorciada. Los demás temas aludidos ocurrieron antes, y ése es el acontecimiento más reciente al que se aplica esta cuarteta.
D: *Lo recuerdo bien.*

CENTURIA III-82

Friens, Antibor, villes autour de Nice,	Fréjus, Antibes, ciudades próximas a Niza serán arrasadas por tierra y mar; langostas por tierra y mar con viento a favor, capturadas, muertas, sometidas y saqueadas sin ley de guerra.
Seront vasteesfort parmer & parterre:	
Les saturelles terre & mer vent propice,	
Prins, morts, troussez, pilles, sans loi de guerre.	

B: Esta cuarteta se refiere a hechos ocurridos durante la Segunda Guerra Mundial. Él menciona dos poblaciones, pero en general toda Francia sufrió la violencia de Alemania. Pero fue rescatada y el día D los alemanes fueron devorados por las langostas cuando la gran flota cruzó los mares y desembarcó en las costas de Francia. Afirma que ese día el clima era idóneo para la operación. Otros significados para esos dos anagramas se refieren también a algunas de las principales victorias de los aliados en el Pacífico y esa región del mundo.
D: *No tiene por qué ser Francia.*
B: Correcto.
D: *Los intérpretes han acertado bastante en esto. Pensaron que se trataba de la invasión de Francia.*
B: Sí. Él entiende que algunos traductores lo interpretaron casi correctamente y se alegra por ello. Pero no todos, por eso pretende explicar las cosas lo mejor posible para que sean de máxima utilidad.

D: He descubierto que en muchas de ellas andaban bastante perdidos. Ni siquiera podían imaginar algunas de las cosas que él vio.

CENTURIA IV-58

Soleil ardent dans le gosier coller,
De sang humain arrouserterre Etrusque:
Chef seille d'eaue, mener sonfilsfiler,
Captive dame conduicte en terre Turque.

Sentir en la garganta el nudo ardiente del sol, la tierra Toscana salpicada de sangre humana, el jefe se lleva lejos a su hijo, el balde de agua, la dama cautiva llevada a tierras turcas.

B: Esta cuarteta tiene que ver con la carrera de Mussolini y la situación en Italia durante la Segunda Guerra Mundial.
D: Al mencionar "tierras turcas" deduje que podría referirse al Anticristo.
B: No en este caso. "La dama cautiva que es llevada a tierras turcas" se refiere a los refugiados judíos que intentan introducirse por Turquía y llegar hasta el territorio británico que más tarde fue Israel. En aquel tiempo estaba en manos de los británicos.
D: Eso demuestra que yo también suelo equivocarme. Cada vez que él menciona Turquía, instintivamente pienso en el Anticristo.
B: En esa parte del mundo se han acumulado capas y capas de historia. Han ocurrido tantas cosas que es fácil no dar con la conexión histórica correcta.

CENTURIA IX-99

Vent Aquilonferapartirle siege,
Parmurs gerer cendres, chauls & pousiere,
Parpluie apres qui leurfera bien piege,
Derniersecours encontre leurfrontiere.

El viento norte hará que cese el asedio, arroja ceniza, cal y polvo por los muros: después lluvia que tanto daño les ocasiona llega a sus fronteras el último auxilio.

B: Dice que la mayor parte de esta cuarteta ya ha ocurrido. Se refiere a Hitler en su intento de invadir Rusia. Llegó hasta donde pudo pero el invierno ruso le obligó a retroceder antes de cumplir su objetivo de destruir Moscú. Añade que el polvo, las cenizas y la cal son una alusión a la política de tierra quemada, ya que los rusos en su retirada quemaron todas sus cosechas para que los alemanes murieran de hambre. A medida que se adentraban en climas más moderados en los que el invierno no era tan crudo, los tanques -él los llama "bestias metálicas" pero la imagen que él proyecta aquí es de tanques- y otras máquinas removían los caminos y los convertían en verdaderos lodazales donde se quedaban atascados y no podían seguir su avance. A duras penas consiguieron cruzar la frontera de regreso a su propio territorio con el último resto de sus hombres.

Según los traductores esto se refería a la retirada de Napoleón de Moscú. Podrían estar en lo cierto también porque Nostradamus dijo que sus cuartetas tenían varios significados.

CENTURIA II-70

Le dard du cielfera son estendre,
Mors en parlant: grande execution:
Le pierre en l'arbre la fiere gent rendue,
Bruit humain monstre purge expiation.

El dardo del cielo hará su recorrido; muerte mientras habla; gran ejecución. La piedra en el árbol, la orgullosa nación derribada; rumor de un monstruo humano, purga y expiación.

B: Esta cuarteta se refiere al lanzamiento de la bomba atómica sobre Hiroshima y Nagasaki. El dardo que avanza velozmente en el cielo era el avión que transportaba la bomba, representada por la piedra en el árbol. Dice que la gran nación derribada fue Japón, cuyo imperio quedó totalmente acabado. Por esta razón se consideró al presidente Truman de Estados Unidos un monstruo, al igual que su representante, el general McArthur. Pero cuando se dieron cuenta que éste les respetaba, no sólo a ellos sino también a sus tradiciones, concluyeron que, después de todo, no era tal monstruo.

D: Dice: *"cuando el dardo que en el cielo complete su recorrido, muerte mientras habla, una gran ejecución"*. *"Muerte mientras habla"* es la frase que no entiendo. ¿Es también alusión a la bomba atómica?

B: Sí, porque vino muy repentinamente y sin saber de dónde. Sólo "¡Bum!", y toda una ciudad queda arrasada.

D: *"La piedra en el árbol"*. El árbol es el...

B: Él empleó la imagen del árbol porque es el símbolo del imperio japonés y coincidentemente uno de los símbolos empleados para Tokio- es el sol naciente detrás de un árbol.

D: *Sé que su símbolo es el sol naciente.*

B: Él no habla de la bandera. El símbolo de Tokio -y del imperio en general- en idioma japonés, que se escribe mediante ideogramas, es el sol que nace detrás de un árbol. De modo que la piedra en el árbol representa la bomba que cae sobre Japón y alude al simbolismo de su lenguaje.

D: *Los traductores creen que se refiere a Napoleón.*

B: Dice que ya le ha dedicado a Napoleón bastantes cuartetas, y otras más se referirán a él, pero no ésta en particular.

La mención del símbolo del árbol aplicado a la bomba atómica provocó en mí la imagen de la nube en forma de hongo, tan a menudo asociada a la explosión. Una explosión atómica también podría compararse a la forma de un árbol por alguien que la ve por primera vez.

CENTURIA II-92

*Feu couleurd' or du ciel en
   terre veu,
Frappedu haut nay, faict cas
   merveilleux:
Grand meutre humain: prinse
   du grand nepveu.
Morte d'expectacles eschappe
   l'orgueilleux.*

En la Tierra se vio fuego dorado del cielo producido por el de alta cuna, un hecho prodigioso. Espantosa matanza humana; un sobrino del grande es raptado; muerte del espectador, el orgulloso escapa.

B: Dice que esta cuarteta también se refiere al bombardeo atómico de Japón.
D: *"Un sobrino del grande es raptado".*
B: Es un miembro de la casa Imperial, un joven pariente del Emperador.
D: *"El orgulloso escapa".*
B: Corresponde a la Casa Imperial. Estados Unidos tuvo la previsión de no dejar caer ninguna bomba atómica sobre Tokio y por lo tanto al Emperador no le mató ninguna explosión atómica.
D: *En cuanto lo mencioné pude ver lo que significaba. Debe de haberle impresionado mucho la explosión atómica. Tiene muchas cuartetas que se refieren a ella.*
B: No tienes idea del daño que esto produjo en la perspectiva del tiempo. Le sorprende no haber escrito mil cuartetas sólo sobre eso.
D: *¿Qué le ocasionó a la perspectiva del tiempo?*
B: Él puede mostrarle a este vehículo la imagen, pero ni él ni el vehículo podrán expresarlo con palabras.
D: *Me gustaría que Brenda lo intentara.*
B: Le mostrará la imagen, y como ella tiene un mejor dominio del idioma, tratará de ponerlo en palabras.
D: *(Después de una pausa). ¿Lo hará cuando ella despierte?*
B: Ya lo ha hecho.

Cuando Brenda volvió a la consciencia, sin saber por qué empezó a describir la escena que Nostradamus había dejado en su mente sobre las explosiones atómicas y el daño que esto ocasionó en las líneas del tiempo.

B: Ante todo, quiero describirte el aspecto que suele tener el paisaje del tiempo en términos generales. Imagina un grandioso plano de terciopelo del más puro e intenso color negro que jamás hayas podido ver. Por todo este plano se cruzan líneas de brillante luz de neón. Su aspecto es el de un gigantesco espectro lineal de emisión en astronomía. Se pueden extraer de la luz dos diferentes tipos de espectro. Por ejemplo un espectro de absorción que muestra el arco iris de color de la luz en el cual hay líneas negras puesto que esas longitudes de onda de luz en particular no provienen del sol. También está el espectro de emisión que es negro y todo lo que ves son líneas de colores que serían absorbidas por el otro espectro. Sé que te sonará a chino, pero los lectores podrán encontrarle sentido. Las líneas del tiempo parecen un gigantesco espectro de banda de emisión que es una porción muy pequeña de la totalidad del panorama del tiempo en general. Ésta es sólo una sección de la perspectiva del tiempo que él contempla en este momento. En esta perspectiva cada una de las líneas representa una línea de tiempo, una realidad posible, o un futuro posible. Hay muchos futuros posibles. Estas líneas avanzan con nitidez, suave y ordenadamente, y de repente todas confluyen en un punto central.

D: *¿Es lo que él llama un nexo?*

B: Correcto. Todas funcionan simultáneamente, y en el punto en el que se produce el encuentro parece como una explosión gigantesca - un gran estallido de luz que se congela en su punto de máxima expansión. En lugar de ver el nexo, lo que ves es esta explosión que ha quedado congelada. Ése fue el efecto que produjo el invento de la fuerza atómica en las líneas del tiempo. En muchas de las distintas realidades el mundo no sobrevivió al invento de la bomba atómica. En este mundo, los científicos ignoraban si esto produciría una reacción en cadena que provocaría la explosión de todos los átomos y la consiguiente destrucción del mundo. Éste era uno de sus temores. Pues bien, esto sí que ocurrió en las realidades alternas por la forma en que están estructuradas esas otras realidades. Como sabes, cuando se llega a un punto en el que un problema puede tomar dos caminos distintos, en realidad toma ambos caminos, pero sólo uno de ellos aparece en tu mundo. El otro se manifiesta en la otra realidad.

D: *Sí, ya hemos hablado de eso en otra sesión sobre universos alternos.*

B: Éste es otro de sus aspectos. Así pues, todas estas líneas del tiempo se deslizan simultáneamente hacia un nexo gigantesco por tratarse de un punto muy decisivo en el progreso tecnológico. Fue un gran riesgo tomar este camino porque existen otras tecnologías que podrían haberse desarrollado con el mismo efecto o con el mismo tipo de avance tecnológico -energías y fuerzas alternativas. Unas realidades sobrevivieron al invento de la energía atómica y otras no. Sin embargo, las que sobrevivieron quedaron drásticamente afectadas ya sea desde el punto de vista político, histórico o económico. Por lo tanto, la energía atómica tuvo un grandísimo efecto en la perspectiva del tiempo en general.

Ella hablaba de una teoría que ya habíamos discutido en otra sesión: la idea de que hay varios universos alternos o realidades que existen uno al lado del otro, cada uno de los cuales desconoce la existencia del otro. Es una teoría complicada pero en esencia significa que hay energía creada detrás de cada decisión y acción en el mundo. Cuando se elige un camino, la energía de la otra decisión debe ir a alguna parte. Por lo tanto, nace otra realidad para dar cabida a esa realidad alterna. Esto también explica la idea de varios futuros posibles según la acción que tomen los participantes, y la preocupación de Nostradamus es que elijamos el camino correcto, el que tenga la menor cantidad posible de efectos desastrosos. Esto se explicará más extensamente en mi libro, *The Convoluted Universe* (El universo intrincado).

Le expliqué a Brenda por qué Nostradamus había puesto en su mente la imagen y sus razones para que ella nos la explicara.

D: *Él describió el tiempo de muchas maneras, y habla de las diferentes líneas del tiempo, de nexos y nexos centrales. Par ejemplo, dijo que el Anticristo es un nexo principal, y sigas la línea de tiempo que sigas, en ella estará él presente. El Gran Genio está en otro nexo. Es como una luz brillante en el horizonte. Estas dos figuras están tan involucradas en nuestro futuro que no hay manera de esquivarlos, pero podemos disminuir los posibles efectos desastrosos.*

Capítulo 3

El Tiempo Presente

CENTURIA I-63

Les fleurs passés diminue lemonde
Long temps la paix terres inhabitées:
Seur marcheraparciel, serre, mer & onde:
Pu is de nouveau les guerres suscitées

Acabadas las pestes, el mundo se vuelve más pequeño, por largo tiempo se vivirá en paz en las tierras. Se podrá viajar con seguridad por cielo, tierra y mares; luego habrá guerras de nuevo.

Brenda: Dice que esta cuarteta se refiere a lo que tú consideras el presente y el futuro inmediato. Él observaba de cerca un tiempo en el que el arte de la medicina estaría mucho más avanzado y en el que se habrían eliminado muchas plagas. Menciona algunas de ellas como la peste negra, la viruela y enfermedades diversas que en su tiempo se extendían con gran rapidez por todas partes y mataban a mucha gente. Pero que en tu tiempo esas enfermedades están bajo control.
Dolores: Es verdad.
B: La frase sobre los viajes por aire se refiere a cuando vio que la gente viajaba a todas partes en máquinas voladoras. Los avances tecnológicos para viajar y comunicarse con rapidez hacen que el mundo sea comparativamente más pequeño porque no hace falta tanto tiempo para comunicarse o viajar alrededor del mundo. Es tan rápido que es como hablar con el vecino de al lado, y en ese

sentido el mundo es más pequeño. En su mayor parte la gente vive en condiciones pacíficas. A pesar de que desde la Segunda Guerra Mundial ha habido alborotos continuos, no ha vuelto a haber guerras que requieran la participación de un gran número de hombres. Pero eso cambiará más tarde, sobre todo cuando el Anticristo empiece a actuar y a causar problemas. Enfrascará a todo el mundo en una gran batalla.

D: *Los traductores dicen que el significado de esta cuarteta es muy claro.*

B: Sí. En este caso concreto incluyó algunos tópicos para ayudar a entender el sentido general. Puesto que parecían tan fantásticos e imposibles, la Inquisición creyó que él lo había incluido con el único fin de despistarlos. Por lo tanto, no tuvo que esforzarse mucho para disfrazarlo.

CENTURIA I-15

Mars nous menace par laforce bellique
Septantefoisferale sang espandre:
Auge & ruine de l'Ecclesiastique,
Et plus ceux qui d'eux rien voudront entendre.

Marte nos amenaza con guerras y hará que la sangre se derrame 70 veces. Los clérigos serán loados y despreciados por los que nada desean aprender de ellos.

B: Dice que esta cuarteta se refiere a que siempre hay algún conflicto armado, sobre todo en el siglo veinte. Además, las diversas entidades y cargos que antiguamente infundían respeto, por ejemplo las religiones ortodoxas instauradas, dejarán de tener la autoridad y el respeto que una vez tuvieron, por su propio abuso del poder.

D: *¿"Marte nos amenaza con guerras y hará que la sangre se derrame 70 veces"? ¿Qué significa esa cantidad?*

B: Ya ha explicado que se refiere a los conflictos armados que siempre están presentes.

D: *Entonces no significa un número concreto de conflictos.*

B: Dice que podrías relacionarlo con un número concreto de cierto tipo de conflictos armados, pero sólo cuando termine el siglo.

CENTURIA IV-56

Apres victoire du babieuse langue
L'esprit tempe en tranquil & repos:
Victeur sanguin par conflict faict harangue,
Roustirla langue & la chair & les os.

Tras la victoria de la rabiosa lengua, el espíritu tentado en tranquilo reposo. En la batalla el fiero vencedor perora y hace arder lengua, carne y huesos.

B: Dice que esta cuarteta predecía los acontecimientos de Watergate. Hacer que arda la lengua significa las ofensivas acusaciones que se lanzaban entre sí en esa situación. En otro momento te lo explicará con más detalle. Si recuerdas el caso Watergate, muchas aplicaciones deberían en parte ser evidentes -cómo se lanzaban unos a otros fuertes acusaciones, y cosas por el estilo.

CENTURIA II-28

Le penultiesme du surnom du prophete,
Prendra Diane pourson jour & repos:
Loing vaguera par frenetique teste,
Et delivrantun grandpeuple d'impos.

El penúltimo de los nombres de los profetas adoptará el lunes como su día de descanso. Desvariará en su frenesí por librar a una gran nación de su vasallaje.

B: Dice que esta cuarteta se refiere a acontecimientos que han ocurrido en el pasado reciente cuyas repercusiones aún continúan porque hacen a Oriente Medio vulnerable al Anticristo y a los tiempos difíciles. Los incidentes son el derrocamiento del Sha de Irán y el levantamiento de los ayatolás de la religión musulmana que convierte a Irán en un estado musulmán poderoso, conservador y fundamentalista. Dice que uno de los principales líderes de este movimiento, por sus obligaciones religiosas durante el viernes, su día festivo religioso, y por sus responsabilidades de estado en el resto de los días, se propondrá consagrar el lunes para descansar y recuperarse de lo anterior.

D: *Según esto, ¿cree él que el ayatolá ha liberado a Irán del vasallaje?*

B: Desde su punto de vista.

D: *¿Qué significa "el penúltimo de los nombres de los profetas"?*

B: Se refiere al profeta musulmán, Mahoma. Tal como es costumbre en esa parte del mundo, tiene una larga lista de nombres. Si tuvieras que encontrar una fuente que contenga la totalidad de sus nombres y sobrenombres, habrás de fijarte en el penúltimo de los nombres que no corresponde al familiar, y eso te dará una pista de a quién se refiere.

D: *¿Habla del Sha de Irán?*

B: No, de los Ayatolás.

D: *Entonces si busco los nombres encontraré el del Ayatolá.*

B: Sí. Dice que hay varios ayatolás. Cuando busques el nombre del profeta, no tomes en cuenta el nombre familiar y busca entre los otros nombres y toma el penúltimo de estos.

D: *Tal vez se trate de un anagrama.*

B: Tendrás que averiguarlo. Él no te lo dirá todo. Ahora que te ha dado pistas, debería ser fácil encontrarlo.

Cuando intenté localizar la lista completa de nombres de Mahoma, todo lo que descubrí fue que su padre se llamaba Abdula y su madre Amina. Su padre pertenecía a la familia de los Hashim de la muy noble tribu Quraish de la raza árabe, y se dice que descendía directamente de Ismael. Su abuelo fue Abdul-Muttalib. Todo esto puede tener sentido para alguien que está familiarizado con los nombres en esa parte del mundo, pero yo soy incapaz de recoger nada significativo. (Información encontrada en A Dictionary of Islam, por Thomas Patrick Hughes.)

CENTURIA II-10

Avant long temps le tout serarange
Nous esperons un siecle bien senestre
L'estat des masques & des seuls bien changé,
Peu trouverant qu'd. son rangvueille estre.

Pronto estará todo organizado; nos aguarda un siglo muy malo. El estado de los ocultos y solitarios cambiará en gran medida; pocos serán los que deseen mantener su rango.

B: Dice que esta cuarteta se refiere a una serie de acontecimientos, algunos de los cuales ya han ocurrido y otros están por acaecer. En general, se refiere a las diversas revoluciones y reformas sociales que han ocurrido en el continente asiático durante el siglo veinte. Dice que el estado de los ocultos y de los solitarios cambiará en gran medida significa la abolición del sistema de castas en la India. La cuarteta también se refiere a las diversas revoluciones que ocurren en Oriente Medio, en especial la revolución iraní. La frase "pocos serán los que deseen mantener su rango" corresponde al nuevo régimen que se implantó en Irán después del Sha. Los que estaban en el poder bajo el Sha intentaron disfrazar sus posiciones y renegar de toda conexión con él, para no perderlo todo. El siglo muy malo es el tiempo que viene, que incluye el tiempo de aquí a entonces. El siglo veinte a partir de... bueno, en realidad todo el siglo, pero en especial a partir de la Segunda Guerra Mundial no ha sido precisamente pacífico. Por eso él lo califica como malo. Desde la Segunda Guerra Mundial hasta el final de los tiempos difíciles abarca en sí casi un siglo.

CENTURIA 1-70

Plui, faim, guerreen Perse non cessée,
Lafoi trop grand trahira le monarque:
Parlafinie en Gaule commencee,
Secret augurepour aun estre parque.

Incesante lluvia, hambre y guerra en Persia, una excesiva fe traicionará al monarca. Esas (acciones) en Francia empezaron y allí acaban, señal secreta para que uno sea parco.

B: Dice que parte de esta cuarteta ya ha ocurrido en el pasado reciente, y parte está por suceder. "Una excesiva fe traicionará al monarca" se refiere a la caída del Sha de Irán, y que el levantamiento de la secta fundamentalista del Islam en Irán fue la causa esencial de estos conflictos. Desde nuestra perspectiva, no todos los acontecimientos se han solucionado aún. Así que esta cuarteta se está cumpliendo ahora. Dice que "señal secreta para que uno sea parco" se refiere a las incontables convulsiones políticas que aún ocurren en esa parte del mundo. Uno de los hombres que ayudarán al Anticristo a llegar al poder se dará cuenta que, en vez de ejecutar indiscriminadamente a la gente, algunos pueden, por sus conexiones, ser de utilidad para él y el Anticristo. De modo que en vez de matarlos, les hacen pasar un mal rato. "Esas acciones empezaron en Francia" se refiere al actual ayatolá porque estuvo exiliado en Francia. Significa que durante su exilio el ayatolá desarrolló muchos de sus conocimientos sobre el ascenso al poder y el gobierno de un estado fundamentalista. Se basó en una perspectiva distorsionada del mundo que se endureció durante el tiempo que pasó en Francia. Fue allí donde cristalizaron y se pervirtieron ligeramente algunas de sus ideas. De hecho, al final llegó al poder.

CENTURIA I-13

Les exilez parire, haine intestine,
Feront au Roy grand conjuration:
Secret mettront ennemis par la mine,
Et ses vieux siens contre aux sedition.

Por odios y rencores internos, los exiliados se confabularán contra el rey. Secretamente pondrán enemigos como amenaza, y sus propios y antiguos seguidores se alzarán contra ellos.

B: Dice que esta cuarteta se refiere al problema del terrorismo que ha surgido en el siglo veinte. Los exiliados es una alusión a los palestinos. Él intentaba advertirnos de algunas de las atrocidades que se cometerían en actos de terrorismo.

Capítulo 4

El futuro inmediato

CENTURIA II-42

*Coq, chiens & chats de sang
  seront repeus
Et de laplaye du tyran trouvé
  mort
Au lict d'un autre jambes &
  bras rompus
Qui n'aviat peur de maurir de
  cruelle mort.*

El gallo, gatos y perros estarán llenos de sangre cuando descubran al tirano herido de muerte en la cama de otro, rotos sus brazos y piernas, el que no tenía miedo sufre una muerte cruel.

Brenda: Esta cuarteta se refiere a varios hechos distintos. Por un lado, lo que ocurre actualmente en Nicaragua. Los "gallos, gatos y perros estarán llenos de sangre" indica la forma en que combatirán y lucharán entre sí los distintos ejércitos. Esta cuarteta destaca que las potencias extranjeras proporcionan suministros a los grupos de la guerrilla. También muestra que estos grupos combaten en las colinas. Dice que los gallos representan a las potencias extranjeras, y se refiere en particular a Francia. Los gatos se refieren a las guerrillas y a su modo de ocultarse y escabullirse entre matojos. Salen a hurtadillas y luchan para después huir furtivamente. Y los perros representan a los soldados que avanzan con dificultad y tratan de mantener por la fuerza el control de todo.
Dolores: *¿Significa que Francia está implicada en esto?*
B: Sí. No es del dominio público, pero Francia negocia de forma turbia en este asunto. Quiere que leas de nuevo el resto de la cuarteta.

(Lo hice.) Alude a un líder que empezará a ser popular en Nicaragua y después será asesinado. Se creerá que el líder está a favor de la democracia, de Occidente y de los estadounidenses. Después de su asesinato y cuando salgan a la luz ciertos documentos, se descubrirá que en realidad era pro-soviético, en otras palabras, está en la cama de otro.

D: *Luego se lee: "rotos sus brazos y piernas, el que no tenía miedo sufre una muerte cruel".*

B: Sí. Es una advertencia a los líderes implicados en la situación, en especial los de Nicaragua y los países circundantes. Si no tienen cuidado pueden ser derrocados por golpes militares. En otras palabras, les romperán brazos y piernas y quedarán inutilizados para la lucha. No podrán hacer nada. También es una advertencia a los líderes de los poderes superiores, es decir, los países más importantes. Si se implican demasiado en lo que ocurre y dejan que ello distorsione su perspectiva general, puede haber repercusiones negativas también para ellos.

Se recibió esta interpretación en 1987, cuando no había problemas manifiestos en esa zona. Desde el estallido del problema en Panamá y Sudamérica a finales de 1989, creo que esta cuarteta podía tener muchos significados en relación con esa parte del mundo.

D: *¿También Estados Unidos está involucrado?*

B: Sí. Y varias naciones más. Estados Unidos es la más franca respecto a su implicación, sencillamente por la naturaleza de su gobierno. Está involucrada la Unión Soviética y sus satélites, que intentan ejercer presión en esa parte del mundo, Cuba sobre todo. Hay otros países implicados pero él no se muestra muy explícito respecto a sus nombres por ser países más pequeños. También lo está Japón, por la presión que sufre respecto al comercio internacional en ésta y las demás situaciones del mundo moderno.

D: *¿Los soviéticos utilizan a sus países satélites?*

B: Sí. Bulgaria, Albania y otros países están involucrados. Dicho en jerga moderna: "Los soviéticos llevan a cabo una operación de lavado". Se oye hablar de criminales que obtienen dinero por medios deshonestos y lo blanquean haciéndolo circular a través de otra compañía para "lavarlo". Los soviéticos hacen algo

parecido con armas y ayuda ilegal al hacer que circule por otro país. Es una clase de ayuda no del todo legal.
D: *Así que todos están implicados pero nadie lo pregona ... salvo nosotros.*
B: Sí, exacto.

CENTURIA I-51

Chef d'Aries, Jupiter & Saturne,
Dieu eternal quelles mutations?
Puis par long siecle son maling temps retourne
Gaule, & Italie quelles emotions?

La cabeza de Aries, Júpiter y Saturno. ¡Dios eterno, qué cambios! Luego los malos tiempos volverán después de un largo siglo; gran tumulto en Francia e Italia.

D: *Los traductores creyeron que podría haber un error tipográfico en esta cuarteta.*
B: Es posible. Es uno de los riesgos de la profesión de impresores.
D: *En el libro hay un signo de interrogación después de ¿¡¡Dios eterno, qué cambios!" Creen que se trata de un errar, que se supone que es una signo de admiración, y lo cambiaron.*
B: Dice que debe ser un signo de admiración porque expresa asombro por los cambios que se habían originado. No preguntaba qué cambios, porque éstos eran evidentes para él en su visión. Intenta identificar para mí la cuarteta. Dice que el tumulto en Francia e Italia se refiere a.... digamos que el término idóneo en nuestro presente es "huelgas de trabajadores". Me permite usar para ello esta expresión del siglo XX porque en su tiempo no existía ese fenómeno social. Tres líderes mundiales importantes representados por Aries, Júpiter y Saturno se reúnen para tomar el acuerdo de mejorar el mundo en general. Y parecerá que las cosas van bien durante un tiempo considerable. Dice que algunos de los cambios realizados son de tipo comunista. Después los trabajadores se darán cuenta de que una vez más les ha tocado la peor parte. Por consiguiente, empezarán a montar broncas para tratar de instaurar algunos cambios. No puede conectar muy bien

con esta cuarteta. Hay una imagen que aparece una y otra vez (él emplea muchas imágenes) y es la tonalidad verde. No sé qué tiene que ver este color en esto, pero me muestra repetidas imágenes de campos de verde hierba, como si yo flotara por encima mirando hacia abajo. Pero no consigue hacer una clara conexión entre eso y esta cuarteta.

D: *¿Es algo que aún no ha sucedido?*

B: Él afirma que está ocurriendo. Me transmite la imagen de Aries, Júpiter y Saturno asociada con Roosevelt, Churchill y Stalin. Es algo que ellos empezaron y que no acabará hasta después de iniciado el próximo siglo.

D: *El traductor pensó que hablaba de una conjunción de Aries, Júpiter y Saturno.*

B: Es algo muy natural que lo pensara porque él lo escribió de esta forma para despistar a los sabuesos. Y veo que cuando dice sabuesos, se refiere a los sacerdotes.

D: *En francés pone: "Jefe de Aries" y ellos lo tradujeron como "Cabeza de Aries".*

B: Dice que Jefe, o líder o cabeza se aproximan bastante. Él entiende que los esfuerzos hechos en la traducción han sido sinceros, pero algo desencaminados en algunos casos.

CENTURIA V-53

La loi du Sol, & Venus contendens,
Apprapiant l'esprit de prophetie:
Ne l'un ne l'autre ne seront entendus,
Par Sol tiendrala loy du grand Messie.

La ley del Sol enfrentada a Venus, se apropia del espíritu de profecía. Ni uno ni otro serán entendidos; la ley del gran Mesías entorpecida por el Sol.

D: *Aquí hay signos astrológicos.*

B: Dice que dejes de hacer suposiciones.

D: *Bueno, ya sabes que siempre lo intento. (Risas)*

B: No quiere que lo hagas; tú comunica sólo lo que recibes. Hoy parece un poquito puntilloso.

D: De acuerdo, puedo caer en conclusiones erróneas.

B: Aunque esta cuarteta es astrológica y alegórica, se refiere al desarrollo del cristianismo. En ella se muestra cómo éste perdió su espíritu. Dice que en su interior la gente no estaba de acuerdo con lo que la Iglesia Católica permitía que se imprimiera en la Biblia. Espiritual y emocionalmente, la gente se sentía incómoda con la Iglesia. Pero a pesar de todo la seguían porque es lo que sus padres habían hecho. Aparentemente seguían sus enseñanzas tal como las presenta la Biblia, pero sin una sincera convicción interna. Como resultado, la estructura de la iglesia será en los tiempos difíciles como un edificio podrido por dentro. Su exterior será fuerte y sólido, pero en realidad estará a punto de derrumbarse hasta quedar reducida a polvo. Dice que la Iglesia Católica no será la única que se derrumbará en ese tiempo. Al parecer las vibraciones están alteradas y se saldrán de control. La forma en que se generan desentona con el espíritu de Dios.

D: ¿Hablas del equilibrio de la energía? ¿De un grupo de gente positiva contra un grupo negativo?

B: Aquí él no habla de equilibrio de fuerzas, ya que por desgracia uno de los factores que contribuyen a la dificultad de los tiempos es la alteración temporal del equilibrio, hecho que las supuestas "fuerzas malignas" parecen aprovechar. Pero las fuerzas oscilarán al lado opuesto y las cosas volverán a equilibrarse después de los tiempos difíciles. Dice que en este tiempo el equilibrio está trastocado y eso favorece el incremento de energías negativas. Con esa ligera inclinación de la balanza a su favor, florecen con apariencia de bien. Esto es lo que significa en las Escrituras la frase: Por sus frutos les conoceréis.

D: En referencia a esta cuarteta, John quiere saber si esto ocurrirá cuando el sol haga conjunción con Venus.

J: Venus estará en un aspecto próximo al sol en el signo de Sagitario en diciembre de 1990. ¿Significa esto que será cuando los llamados "cristianos" estén en decadencia y su lugar lo ocupe gente más espiritual?

B: Será un tiempo de conmoción. El cambio empezará a producirse desde muy abajo, pero no se manifestará en ese tiempo. Los llamados "cristianos" aún santificarán el día del sol, pero morirán accidentalmente. Los verdaderamente espirituales no tendrán que hacer nada ellos mismos, sólo llenar el vacío resultante.

J: *¿Nos puedes dar una fecha?*

B: Dice que estos acontecimientos ocurrirán como el fluir de un río en la próxima década, pero no da ninguna fecha en particular.

D: *Tal vez ocurrirá gradualmente.*

CENTURIA II-64

Seicherdefaim, de soif, gent Genevoise,
Espoirprochain viendra au defaillir:
Sur point tremblant sera loi Gebenoise.
Classe au grand port ne se peut acuillir.

La gente de Ginebra padecerá sed y hambre, la esperanza inmediata decaerá; la ley de Cevennes estará en el punto límite, la flota no puede ser acogida en el gran puerto.

B: Esta cuarteta se refiere al hecho de que, a medida que la situación política se vuelve más confusa en el mundo en general, los diplomáticos más ineptos acudirán a sus congresos en Ginebra. A Suiza se le conoce como país neutral, y él sabe que también es un centro financiero y bancario. Por estas tribulaciones y conflictos mundiales, los recursos de los diplomáticos se les agotan cada vez más y, por lo tanto, los líderes mundiales no pueden avanzar hacia discusiones constructivas. Además, los problemas mundiales originan cierta inestabilidad en la economía mundial. Los banqueros de Ginebra considerarán que se les agotan los recursos y el poder porque no pueden ser tan eficaces como lo fueron antes.

D: *¿Es eso lo que significa Lila ley de Cevennes estará en el punto límite"?*

B: Sí, y añade que Cevennes es un anagrama que identifica al hombre que desarrolló los fundamentos de la estructura económica en la que se basa actualmente nuestra economía. Y como ocurre con todo ese tipo de ideas, tiene sus defectos. Esta situación alcanzará el punto límite para que todo se venga abajo y sea necesario elaborar un nuevo sistema económico y bancario. Pero aun en ese caso, él afirma que sólo será una solución temporal. Una vez que el Anticristo sea vencido y aparezca el gran genio, ese problema se resolverá y ya no tendrá utilidad porque la forma de hacer las cosas en el mundo será muy distinta de la actual.

La única persona que encontré que pudiera ser la aludida en el anagrama de Cevennes fue John Maynard Keynes, economista inglés a quien se le atribuye una gran influencia en nuestro moderno estilo de vida.

CENTURIA IV-99

L'aisné vaillant de lafille du Roy,
Repoussera si profond les Celtiques:
Qu'il mettra foudres, combien en tel arroi
Peu & loing puis profond és Hesperiques.

El valiente primogénito de la hija de un rey hará retroceder lejos a los celtas. Usará rayos, en gran cantidad y variedad, pocos y lejanos, luego en lo profundo del oeste.

B: Dice que esto aún no ha sucedido. Esta cuarteta se refiere a la manera en que se resolverá el problema irlandés. Dice que la isla de Eire, la nación irlandesa, está profundamente dividida y así ha sido durante siglos. El problema se resolverá por medio de un príncipe. No puede decir con claridad si se refiere al príncipe Carlos o a uno de sus hijos, pero uno de ellos tendrá un papel clave en la pacificación de Irlanda. Este hombre encontrará apoyos para enfrentarse al problema y forzar el desenlace, de modo que sean los irlandeses quienes elijan entre la destrucción total y la paz. Al principio la amenaza de la destrucción total será muy inminente, muy real y muy cercana. Pero al verse obligados a resolver sus problemas y encontrar soluciones viables, desaparece la amenaza de destrucción. Es como el trueno de una gran tormenta en el horizonte. La nación irlandesa volverá a unirse y ya no estará dividida como la tiene actualmente el imperio británico.
D: Creen que al decir rayos él da a entender que son misiles o cohetes.
B: Esa es una de las amenazas que usará el príncipe. No llevará a cabo la amenaza, pero la usará para tener mayor influencia.

D: *Los traductores dicen que los celtas representan a los franceses.*
B: (Con enfado) ¡Tonterías! Los celtas estaban originalmente en la isla británica, en Escocia, Gales e Inglaterra. Los romanos y los anglosajones les hicieron retroceder hacia el oeste por el mar de Irlanda donde se integraron en el pueblo irlandés.
D: *Par mi trabajo he tenido comunicación con celtas que viven en Irlanda en ese tiempo. Pero el traductor dice: "Los celtas a los que se refiere son los franceses que fueron guiados par un líder no identificado".*
B: Sugiero que sigamos adelante. Michel de Notredame parece cada vez más enfadado. Esta vez no lo lleva muy bien. El bigote se le mueve de forma curiosa.

CENTURIA IV-84

Un grand d'Auxerre mourra bien miserable, *Chassé de ceux qui soubs lui ont esté:* *Serré de chaines, apres d'un rude cable,* *En l'an que Mars, Venus & Sol, mis en esté.*	Un hombre célebre de Auxerre morirá muy ignominiosamente, expulsado por los que le sirvieron. Atado con cadenas, luego con gruesa cuerda, el año en que Marte, Venus y el Sol formen conjunción en el verano.

B: Dice que este acontecimiento debería ocurrir en esta década (1980). Cuando él emplea la frase "en el verano", piensa en el punto en que Sirio está en lo alto del cielo. El hombre que será expulsado fue un buen líder y un buen hombre, pero hubo una campaña en su contra para desacreditarlo. Dice que le derrocarán y encadenarán, y finalmente durante cierto tipo de rebelión, le ahorcarán. Dice que es uno de esos acontecimientos de escasa importancia que años después se verá que guarda relación con un panorama más amplio. Dice que este incidente es una de esas pequeñas cosas que en años posteriores se considerará que guarda relación con la etapa que lleva a los tiempos difíciles.
D: *¿Cuál es el sentido del nombre "Auxerre"?*

B: Dice que se refiere a la región de la que procede este hombre. No puede darme un lugar específico, pero me transmite la sensación que está al sur de Europa, no lejos de la costa.
J: *¿Ocurrirá esta conjunción en el signo de fuego Leo? (Ella asintió con la cabeza y John a toda prisa hojeó su libro.) Entonces tengo la fecha. Esos planetas estarán en conjunción el 23 de julio de 1989.*

John dio con esta fecha muy rápidamente en una breve ojeada a su libro de efemérides en el transcurso mismo de la sesión. Más tarde, al estudiar más minuciosamente descubrió que no se trataba de una verdadera conjunción, sino que los tres planetas se hallaban en Leo. Resulta extraño que estos tres planetas se hallaran en exacta conjunción. Cuando analizamos la cuarteta descubrimos que pudo haber sido traducida erróneamente. El francés no expresa "conjunción, sino "mis en esté" y deduzco que puede traducirse literalmente como situados en el verano". Si así es como Nostradamus pretendía que se leyera la cuarteta, entonces no tiene por qué ser una verdadera conjunción; todos los planetas pueden coincidir en el mismo signo. En astrología moderna los planetas deben distar entre sí no más de diez grados aproximadamente para considerarse conjunción. Cuando los traductores interpretaron esta cuarteta tal vez no sabían que una verdadera conjunción requiere cierto número de grados. Si mis suposiciones no fallan, entonces la fecha que John proporcionó tan apresuradamente para esta predicción sería la correcta. Los tres planetas coinciden en Leo a principios de julio de 1989 y en ese signo permanecen durante una semana más o menos.

Cuando se hizo esta predicción en 1987 la encontré absurda y poco probable que ocurriera. Supuse que Nostradamus veía la muerte del líder de un país. Me pareció absurda porque hoy en día no se ahorca al jefe de un país, y si se les mata, suele ser con arma de fuego. Pero por extraño que parezca, da la impresión de que la predicción se cumplió de un modo inesperado. Casi en la fecha exacta, el 31 de julio de 1989, se dio la noticia de que el teniente coronel William Higgins fue ahorcado en Beirut, Líbano, por musulmanes chiítas proiraníes, como represalia por la captura de un influyente clérigo musulmán. Higgins servía como jefe de un grupo de observadores adjuntos al ejército promotor de la paz de Naciones Unidas en el sur de Líbano cuando fue secuestrado en febrero de 1988.

El simbolismo de Nostradamus parece encajar demasiado bien. La cuarteta dice: "expulsado por los que fueron sus siervos". La palabra "chassé" en francés también puede traducirse como "hostigado o perseguido". Esto encajaría si se refiriera a la gente que le secuestró, o a las tropas a su servicio que ciertamente le persiguieron. "Atado con cadenas" es de hecho una posible referencia al tiempo que le hicieron pasar en prisión sus captores antes de ser colgado "con una gruesa cuerda". Quizás "Auxerre" contenga una de las claves de un anagrama no resuelto. La fecha no coincidía por pocos días, pero según conjeturas de algunos expertos tal vez el teniente coronel Higgins pudo estar ya muerto cuando se grabó el video de su ejecución. De este modo, un hombre importante sí que "murió muy indignamente", y creo que las repercusiones de esto aún están por sentirse. Enviaron barcos estadounidenses a esa zona en previsión de que asesinaran a más rehenes y estallaran abiertamente las hostilidades. Pero después de unas semanas, las cosas volvieron a calmarse para dar paso a una atmósfera de desasosiego y a la tensa espera de algo imprevisible.

CENTURIA IV-55

Quant la corneille sur tout de briquejoincte
Durantsept heures nefera que crier:
Mort presageede sang statue taincte,
Tyran meutri, aux Dieux peuple prier.

Cuando el cuervo en la torre de ladrillo no haga otra cosa que graznar durante siete horas, presagia muerte, una estatua manchada de sangre, un tirano asesinado, gente que reza a sus Dioses.

B: Esta cuarteta sucede durante los tiempos difíciles y es casi totalmente simbólica. El cuervo que grazna posado en la torre representa los medios informativos y sus satélites de comunicación en los cielos del mundo graznando adversidades. También usa la torre como simbolismo de cambio repentino y posiblemente doloroso.

D: Ah, como la carta del Tarot.

B: Sí, usa ese mismo simbolismo. Los medios informativos que sólo transmiten desgracias durante siete horas significa que los comentaristas que se dedican a hacer especulaciones sobre estos acontecimientos mundiales lo habrán estado haciendo durante siete años en este conflicto. Y pronosticarán lo peor de lo peor. Dice que "una estatua manchada de sangre" representa a Estados Unidos (por su Estatua de la Libertad) al realizar un acto que simbólicamente manchará sus manos de sangre. Es lo que él representó como "una estatua manchada de sangre". Dice que habrá un general demasiado beligerante, o un militar de alto rango que convocará una fuerza especial de combate que por lo general es desconocida para el público. Originalmente este ejército se habilitó para proteger al Presidente, al Vicepresidente o alguien así. Sin importar en qué parte del mundo estén, si algo les ocurriera o si se metieran en problemas, este ejército de combate puede rescatarlos y dar su merecido a los culpables. Por un malentendido, alguien creerá que el presidente está en peligro, aunque en realidad no sea así, y enviarán a la fuerza de combate, lo que ocasionará un enorme alboroto y tendrá muchas repercusiones. Los cuervos que graznan desgracias habrán estado haciendo comentarios sobre la negatividad de la situación mundial en general, pero cuando esto ocurra, realmente van a vivir su mejor momento. En primer lugar, van a poder exponerlo con mucha anticipación porque alguien dirigirá su avión hacia donde está el presidente, y los comentaristas empezarán a especular sobre lo que ocurre. Después, cuando el hecho ocurra, parlotearán hasta el agotamiento. Pero mientras tanto, todos estarán esperando que las repercusiones no sean demasiado serias. La parte sobre la gente que reza a sus dioses significa que todos emplearán cualesquiera métodos que conozcan para calmarse, como tener fe y dejar que los poderes superiores se ocupen de todo.

D: Pero dice: #un tirano asesinado". ¿Es parte de esto?

B: Sí, lo es. La fuerza de combate interviene para rescatar al Presidente porque creen que está en peligro de ser secuestrado o algo así. Percibo que Nostradamus cree que de alguna manera Francia va a estar implicada en esto. La fuerza de combate, en la creencia de que la situación es distinta de lo que es, termina por matar a un oficial que está con el Presidente. El representante del país donde ocurrirá esto será un miembro del gabinete, primer ministro, o alguien que posee un rango relativamente alto en el gobierno de ese país. Pero terminará asesinado por esta fuerza de combate mientras "rescatan" al presidente. Esto ocurrirá en la década de los 90.

D: *¿Significa algo que la torre sea de ladrillo?*
B: Indica que el acontecimiento será una situación fabricada por el hombre más que un desastre natural, puesto que el ladrillo es algo hecho por el hombre. Dijo que si hubiera querido simbolizar un desastre natural, habría dicho que la torre estaba hecha de piedra, puesto que la piedra es obra de la naturaleza.

D: *Empiezo a ver que hay una razón para todo lo que él usa.*

CENTURIA II-78

Le grand Neptune du profond de la mer,	Gran Neptuno de las profundidades del mar, de mezcla de raza africana y sangre francesa, las islas siguen sangrientas por causa del lento; le hará más daño que un secreto mal guardado.
De gent Punique & sang Gaulois meslé:	
Les isles asang pour le tardiframer,	
Plus lui nuiraque l'occult mal celé.	

B: Esta cuarteta se refiere a sucesos en las Islas del Caribe que ocurrirán durante los tiempos difíciles. Dice que por la naturaleza de la sociedad allí, la corrupción en la política es lo normal, y durante el tiempo del Anticristo se volverán aún más flagrantemente corruptas. En cierto modo cavarán su propia tumba con esto, y algunos secretos muy mal guardados saldrán a la luz metiendo en dificultades a algunos personajes importantes.

De pronto caí en la cuenta de que la frase "de mezcla de raza africana y sangre francesa" podría referirse a Haití.

B: Sí. Haití es una de las islas del Caribe. Dice que "el lento" se refiere al presidente estadounidense que será tardo en reaccionar a la agresión exterior. "Las islas permanecen sangrientas" se refiere a las batallas marinas que habrá en esas islas. Mientras tanto las islas piden la protección de Estados Unidos, y el presidente es lento para reaccionar. De modo que por desesperación algunos líderes de las islas revelan algunos de los sucesos que involucran al presidente americano, lo cual le pondrá en un aprieto, como le ocurrió a Nixon con Watergate. Dice que todo jefe tiene secretos que podrían meterle en esa clase de líos. La cuestión es mantener ocultos los secretos.

D: No creí que se acercaran tanto a nuestro continente.

B: Directamente no serán fuerzas controladas por el Anticristo sino otros países agresivos que se aprovechan del trastorno del equilibrio en los poderes mundiales.

Cuando yo preparaba este libro para su impresión, me dejó sorprendida la semejanza entre esta predicción y lo que ocurría entonces (en 1989) en Panamá y Centroamérica. Creo que el presidente americano al que se refiere como II el lento" podría muy bien ser la descripción de George Bush. Los medios informativos han hecho continuas referencias a la indecisión para reaccionar ante situaciones agresivas. También hubo rumores durante la invasión de Panamá de que podrían revelarse secretos sobre él. Esta cuarteta podría significar que aún no hemos resuelto nuestros propios problemas domésticos en conexión con los países e islas del Caribe.

Capítulo 5

Aparece el Anticristo

Los siguientes son algunos fragmentos y trozos del rompecabezas del Anticristo y sus ambiciones de dominar el mundo. Tal vez nos ayuden a entender las extensas predicciones de Nostradamus sobre la llegada de los tiempos difíciles.

CENTURIA V-25

Le prince Arabe Mars, Sol, Venus, Lyon,
Regne d'Eglise parmer succombera:
Devers la Perse bien pres d'un million.
Bisance, Egypte, ver. serp. invadera.

El príncipe árabe, Marte, el Sol, Venus y Leo, el poderío de la Iglesia sucumbirá en el mar. Hacia Persia cerca de un millón de hombres invadirán Egipto y Bizancio, la verdadera serpiente.

Brenda: Asegura que no nos sorprenderá que esto se refiera a problemas en Oriente Medio. Los líderes tendrán diferentes motivaciones para implicarse en este conflicto. Un líder es egoísta y quiere estar en el candelero. El otro tiene sentimientos encontrados respecto a ello. Es un fanático de su país, pero su fanatismo está en la frontera entre el amor y el odio. A veces cuando este líder recupera su sensatez se da cuenta de que está obsesionado pero no lo puede remediar. Estos dos líderes conspirarán juntos para alterar el equilibrio del poder mundial. De forma repentina saldrán de los confines de sus países y se apoderarán de otras partes del territorio en una rápida y brillante maniobra. De ahí su alusión a Egipto y a Bizancio, ya que cada líder se expandirá en distinta dirección, pero seguirán siendo aliados.

Cuando él menciona Bizancio se refiere a Turquía. Estambul (Constantinopla) se construyó en el emplazamiento de esta antigua ciudad. Era cada vez más claro que cuando mencionaba en sus cuartetas el nombre de un lugar, no siempre se refería a esa ciudad en sí, sino al país en el que ésta se encontraba.

Dolores: Ellos tradujeron Marte, Sol, Venus y Leo como conjunciones astrológicas, con lo cual trataban de precisar una fecha.
B: Él empleó esos signos astrológicos para dar con una o dos palabras una somera descripción de la personalidad de los líderes implicados. Si se conocen las asociaciones horológicas y astrológicas y los rasgos característicos de estos planetas y signos, se entenderá mejor la naturaleza de cada uno de estos líderes.

La parte restante de esta cuarteta se interpretará en el capítulo 16, "La devastación de la Iglesia", Volumen I.

CENTURIA I-47

Du lac Leman les sermons fascheront,
Les Jours seront reduicts par les sepmaines:
Puis mois, puis an, puis tous deffailliront,
Les magistrates damneront leurs loix vaines.

Los discursos del Lago Leman se tomarán violentos, los días se reduådos a en semanas, luego meses, y luego años, y después todos fracasarán. Las autoridades condenarán sus inútiles leyes.

B: Dice que esta cuarteta se refiere a una de las razones que hay detrás de la ruptura de relaciones diplomáticas y comunicaciones que se producirán por toda Europa durante los tiempos difíciles. Los líderes se unirán para ponerse de acuerdo sobre algo importante y tomar decisiones. No podrán empezar porque discutirán sobre cosas banales como, por ejemplo, la forma que debe tener la mesa en tomo a la cual se reúnen, y cosas por el estilo, y entonces todo el proyecto se viene abajo. Terminan sin poder discutir ninguno de los temas importantes para los que se reunieron por todas estas pegas sobre cosas sin importancia.

D: *Creen que el Lago Leman se refiere a la Liga de Naciones o a Ginebra.*

B: El Leman es un lago importante en Suiza cerca del cual se reunirán.

CENTURIA III-34

Quand le deffaut du Soleil lors sera.
Sur le plainjour le monstre sera veu:
Tout autrement on l'interpretera,
Cherté n'a garde mil n'y aurapourveu.

Cuando el sol se eclipse en pleno día, el monstruo será visto. Lo interpretarán de distintas formas; no les importará el gasto, ninguno tomó medidas para hacerle frente.

B: Dice que esta cuarteta alude a la aparición del Anticristo en la escena internacional. Durante muchos años el Anticristo trabajará oculto y en silencio mientras consolida su poder. Pero la estructura que ha creado no será visible hasta que ocurra un hecho que disminuirá temporalmente el supuesto poder de las naciones importantes. Se cree que es un revés momentáneo en la imagen que estas naciones han proyectado durante muchos años. La gente verá que también ha ocurrido algo más. El Anticristo y su organización no repararán en gastos para hacer que la organización crezca y obtenga más poder. El pueblo contra el que actuarán no estará preparado para esto, ya que no sabrán nada de esta particular amenaza.

D: *Los traductores interpretaron que algo ocurriría durante un eclipse solar.*

B: Dice que lo empleó metafóricamente. Parece que habrá un eclipse solar en un momento decisivo, pero no se refería específicamente a esto.

CENTURIA I-18

Par la discorde negligence Gauloise,
Serapassaige a Mahommet ouvert:
De sang trempé la terre & mer Senoise,
Le port phocen de voiles & nefs convert.

Por la discordia y negligencia francesa se abrirá una rendija para los mahometanos. La tierra y mar de Siena se llenarán de sangre y el puerto de Marsella repleto de barcos y velas.

Él corrigió mi pronunciación de los nombres.

B: Dice que esta cuarteta se refiere a acontecimientos que en su mayor parte ya han ocurrido en el pasado, incluida la ocupación de Francia y la campaña del norte de África de los poderes del Eje durante la Segunda Guerra Mundial. Dice que una pauta similar de hechos tendrá lugar durante los tiempos del Anticristo. La negligencia de los poderes de la OTAN será uno de los factores que ayudarán al Anticristo a apoderarse de Europa.
D: *Creo que antes has dicho que no se darán cuenta de lo que ocurre hasta que es demasiado tarde.*

CENTURIA VIII-30

Dedans Tholoze non loing de Beluzer
Faisantun puis long, palais d'espectacle,
Tresor trouvé un chacun iravexer,
Et en deux locz & pres del vasacle.

En Toulouse, no lejos de Bessiers convierte un pozo profundo en palacio de espectáculo, el tesoro hallado llegará a molestar a todos en dos lugares y cerca del Basacle.

B: Dice que esta cuarteta se refiere a acontecimientos que ocurrirán en el tiempo del Anticristo. Los nombres de lugares señalan la ubicación en Francia cerca de Bessiers Toulouse. El gran agujero lo producirá la detonación accidental de ciertos proyectiles enterrados u ocultos. Este acontecimiento dejará en ridículo a los responsables. El palacio de espectáculo es una analogía de que sus puestos ya no serán considerados con respeto. Son causa de ridículo ya que la decisión que tomaron fue muy mediocre y falta de criterio. Saldrá a la luz información relacionada con corrupción en las altas esferas; esto causará una gran consternación, no sólo en Francia sino también en otras naciones, puesto que la información revelará ciertos manejos diplomáticos. La información está simbolizada en el tesoro hallado. Se conocerá en un mal momento y alarmará a los involucrados.

D: Es lo que significa "el tesoro hallado llegará a molestar a todos en dos lugares y cerca del Basacle."

El diccionario define basacle como un subibaja, balancín o un aparato de parecido balanceo. Un puente de basacle es un puente levadizo. Seguramente Nostradamus insinúa algo con este simbolismo.

B: Los de Francia son los que tomarán una decisión incorrecta con relación a los proyectiles que se ocultan en ese lugar. Causará molestias en la capital.

D: Los traductores dicen que no pueden identificar la palabra "Beluzer". Creen que es un anagrama.

B: Dice que en su tiempo fue una población, una aldea rural. Le dio nombre a ese lugar aunque sabía que éste cambiaría o que la aldea tal vez desaparecería. Los proyectiles en cuestión los esconderían en una zona rural en la que fuera menos probable que alguien los descubriera.

D: ¿Puso el nombre de una aldea para simbolizar que los proyectiles estaban escondidos en una zona rural?

B: No, no es un símbolo. Ocultarán los proyectiles cerca de esa aldea rural (Beluzer), pero con el paso de los siglos su nombre habrá cambiado o tal vez la aldea desapareció porque casi todos sus habitantes la abandonaron.

D: Eso explicaría por qué los traductores no pudieron identificarla como lugar en nuestro tiempo.

CENTURIA II-59

Classe Gauloise par appuy de grande garde,
Du grand Neptune, & ses tridens souldars:
Rongée Provence pour soustenir grand bande,
Plus Mars Narbon, par javelots & dards.

La flota francesa con el apoyo de la guardia principal del gran Neptuno y sus guerreros del tridente; Provenza forzada a mantener a esta gran banda, y además a luchar en Narbona con jabalinas y flechas.

B: Dice que esto se refiere a la campaña europea del Anticristo. Los barcos atracarán y los ejércitos empezarán a introducirse en el interior y a controlar el país. Dice que serán como una plaga de langostas porque despojarán la tierra de alimento para sustentar al ejército y crearle problemas a la población local.

D: Cuando habla de jabalinas y flechas, no es exactamente lo que él quiere decir, ¿o sí?

B: No. Sólo se refiere a la lucha. Dice que en lugar de jabalinas y flechas, serán balas y dispositivos que disparan proyectiles con forma de flechas, pero tal vez se refiere a granadas de mortero. Además, dice que habrá nuevas armas que se habrán inventado entre bastidores que ni este vehículo ni tú conocen todavía, porque aún no se han dado a conocer públicamente.

CENTURIA I-73

Francea cinq pars parneglect assaillie,
Tunis, Argel esmuez par Persiens:
Leon, Seville, Barcelonnefaillie
N'aurala classe par les Venetiens.

A Francia la acusarán de descuido sus cinco socios. Túnez, Argelia agitada por los persas. León, Sevilla y Barcelona que, por su fracaso, no tendrán la flota a causa de los venecianos.

B: Dice que esta cuarteta tiene un doble significado. El primero se refiere a la línea Maginot durante la Segunda Guerra Mundial. Francia malgastó todas sus defensas en la construcción de una línea de defensa entre su territorio y Alemania, desde un extremo de su frontera hasta la frontera belga, sin imaginar que los alemanes se aventurarían a rodear su línea de fortificaciones y avanzar con dificultad a través de Bélgica para llegar a Francia. Su falta de previsión les acarreó el fracaso. También dice que esta cuarteta se refiere a algunas de las campañas mediterráneas durante la Segunda Guerra Mundial, pero también se refiere a la época en que el Anticristo hará su campaña para hacerse con el control de Europa. Los países del sur de Europa serán los primeros en sentir los efectos de su campaña, porque llegará por el sur cruzando por el Mediterráneo. Esos países son: Grecia, Turquía, Italia, Francia y España.

D: *¿Entonces quiénes son esos cinco socios?*

B: A comienzos de la Segunda Guerra Mundial los aliados cometieron bastantes arbitrariedades. Le reprocharon a Francia su insensatez por malgastar todas sus defensas en este inútil muro que los alemanes bordearon.

D: *Los traductores dicen que significa que Francia fue atacada por cinco flancos.*

B: No, dice que se refiere a la disconformidad en las filas, por así decirlo. Dice que esto también ocurrirá de algún modo durante el conflicto venidero, pero no en el mismo grado. Al principio de la Segunda Guerra Mundial esa atrevida conducta desplegada por los alemanes era totalmente desconocida en la historia moderna, pero esta vez el mundo estará más preparado. Cuando el Anticristo empiece a hacer algo y a mostrar una conducta audaz, el mundo no se sorprenderá -al menos no mucho- y sabrán qué hacer para neutralizarlo.

D: *Supongo que Sevilla y Barcelona tienen que ver con España, pero en otra cuarteta creo que él dijo que la Península Ibérica no sería controlada por el Anticristo.*

B: Es correcto. Pero eso no significa que el Anticristo no lo intente. No lo conseguirá, en parte porque su flota se concentrará en la parte central y oriental del Mediterráneo en un amago por dominar esa parte de Europa. Y en parte porque la base naval británica en

Gibraltar no será ajena a lo que ocurra en la Península Ibérica. Es verdad que no será dominada, pero estará involucrada en el conflicto.

CENTURIA II-47

L'ennemi grand vieil dueil meurt de poison, *Les souverains par infiniz suljugez* *Pierresplouvoir, cachez soubz lafoison,* *Par mort articles en vain sont alleguez.*	El enemigo observa con pena al anciano que muere envenenado; los reyes son vencidos por un inmenso (número). Llueven piedras, ocultas en el vellón; en vano hace valer los artículos el hombre muerto.

B: Dice que esta cuarteta se refiere a algunas de las victorias alcanzadas por el ejército chino durante los tiempos difíciles. El vellón se refiere a las chaquetas acolchadas que usan como parte de su uniforme. La lluvia de piedras se refiere a la lluvia de balas que caerá sobre cualquiera que se enfrente a este ejército.

D: ¿"El enemigo observa con pena al anciano que muere envenenado"?

B: Habrá un líder muy querido que morirá envenenado. Todos permanecerán a su alrededor y le verán morir, sin poder hacer nada para evitarlo.

Cuando yo organizaba el presente libro, supuse que esta cuarteta se refería a la inminente guerra con el Anticristo, especialmente por la mención del ejército y las balas. Pero cuando emergió el problema interno de China en mayo y junio de 1989, me pregunté si se referiría a eso. Esto habría sido un acontecimiento inconcebible en 1987 cuando se tradujo esta cuarteta. ¿Quién habría pensado que el ejército chino dispararía contra su propio pueblo? Aunque la referencia a "una lluvia de piedras ocultas bajo el vellón" también podría traducirse literalmente puesto que los estudiantes lanzaron piedras durante el avance de los soldados y los tanques. Esta cuarteta podría referirse al resultado final de los problemas en ese país. "Los reyes son vencidos por un inmenso número", ciertamente podría referirse a la enorme población de China. Brenda dijo que "el enemigo observa con pena al anciano que muere envenenado", que significaba que un líder sería envenenado y contemplarían su muerte sin poder hacer nada al respecto. ¿Podría tratarse de un veneno simbólico y referirse al fin del tipo de gobierno bajo el que se halla actualmente el pueblo chino? Tengo la sensación de que esta es una de las interpretaciones de esta cuarteta, que no será una revolución repentina, sino gradual.

CENTURIA I-90

Bordeaux, Poitiers au son de la campane,
A grand classe irajusques a l'Angon:
Contre Gaulois sera leur tramontane,
Quand monster hideux naistrapres de Orgon.

Burdeos y Poitiers acompañarán al toque de campana a una gran flota hasta Langon. Una gran ira brotará contra los galos cuando un horrendo monstruo naz.ca cerca de Orgon.

B: Dice que esta cuarteta se refiere a acontecimientos que tendrán lugar durante el tiempo del Anticristo. Dice que la "gran ira que brotará contra los galos cuando un horrendo monstruo naz.ca cerca de Orgon" se refiere al Papa francés que será instrumento del Anticristo.

D: *Han interpretado esto bastante al pie de la letra como el nacimiento de un monstruo, y añaden: "Probablemente éste es como el niño de dos cabezas que Nostradamus vio y describió en otro libro".*

B: Dice que no ve por qué... ¿cómo pueden pensar que esto podría causar rabia como para sublevarse en contra de toda Francia? Yo sugiero que pasemos a la siguiente cuarteta. Michel de Notredame vuelve a enfadarse.

D: *Lo siento, pero de vez en cuando me gusta comentarle lo que han dicho ellos.*

CENTURIA III-17

Mont Aventine brusler nuict sera veu,
Le ciel obscur tout a un coup en Flandres:
Quand le monarque chassera son nepveu,
L urs gens a Eglise commettront les esclandres.

Verán de noche el Monte Aventino en llamas, en Flandes el cielo se oscurecerá de pronto. Cuando el Rey expulse a su sobrino sus clérigos provocarán escándalos.

B: Dice que aquí hay un par de significados distintos, uno de los cuales ya ha ocurrido en el pasado. Los otros tienen que ver con acontecimientos del futuro. El Monte Aventino que ven envuelto en llamas alude a la destrucción de Roma por el Anticristo, porque esa es una de las siete colinas de Roma. Dice que el cielo en Flandes se carga de nubes de repente, se refiere, en parte, a que los sistemas climáticos estarán alterados por los cambios en la tierra. También alude al humo y polvo que levantan los ejércitos de tierra con sus marchas y sus batallas. Habrás notado que cuando hay una batalla, el estrépito producido por la violencia siempre viene seguido de una tormenta. Los que combaten lo han observado. Esto se debe a que la fuente de energía central sabe que una batalla es lo contrario a lo que el universo entero trata de realizar. Y así la sabiduría de la tierra percibe que la forma más rápida de parar una batalla es una repentina descarga de lluvia y nadie tendrá ánimo para luchar. El rey que expulsa al sobrino y los clérigos que provocan escándalo significa que al hacerse con el control de la Iglesia Católica, el Anticristo hará que el Papa deshererede y excomulgue a algunos de los cardenales, hecho que causará gran escándalo en la Iglesia y hará que se conozcan otros asuntos escandalosos que se mantenían ocultos.
D: *Creí que el rey se refería al Papa.*
B: El sobrino se refiere a los cardenales que serán excomulgados.

CENTURIA IV-64

Le deffaillanten habit de bourgeois,
Viendra le Roi tempter de son offence:
Quinze souldartz la plupart Ustagois,
Vie derniere & chef de sa chevance.

El rebelde, vestido como ciudadano, vendrá a probar al rey con su ofensa; quince soldados, casi todos proscritos, el final de su vida y la mayor parte de su heredad.

B: Dice que esta cuarteta predice el derrumbamiento de diversos sistemas monetarios como parte de los problemas mundiales. Los países abandonarán sus compromisos con sus colonias y los individuos renunciarán a sus propiedades para que todo vuelva a equilibrarse. Añade que también se implican aquí otras cosas. En esta fase, diversos líderes mundiales caerán en desgracia y será un tiempo de gran confusión.
D: ¿Qué significa quince soldados, casi todos proscritos"?
B: En este punto, algunas personas serán sustituidas o expulsadas de sus puestos, y otros se harán con el poder. Y uno de los generales que es expulsado podrá reunir a quince compañías de soldados para seguirle, y asimismo tratar de tomar el lugar y cambiar la situación.
D: *Entonces se trata esencialmente de problemas de dinero.*
B: ¡Sí, indudablemente, indudablemente, indudablemente!
D: *Los traductores no encontraron ninguna explicación a esto.*

CENTURIA II-33

Par le torrent qui descent de Veronne,
Par lors qu'au Pau guidera son entrée:
Un grand naufrage, & non moins en Garonne
Quand ceux de Gennes marcheront leur contree.

Por el torrente que baja de Verona, ahí donde la entrada conduce hasta el Po, un gran naufragio, al menos en Garona cuando los genoveses se manifiesten en contra de su país.

B: Dice que durante los tiempos difíciles habrá averías en los sistemas de comunicación y transporte. Uno de los resultados será un horrible accidente de tren en los Alpes donde los trenes deben pasar por túneles para atravesar las montañas. Dice que habrá varios accidentes parecidos, pero éste será especialmente terrible. Dos trenes chocarán en uno de los túneles cerca de la entrada. El tren que entra no tendrá tiempo para parar antes de que el otro salga del túnel y choque con él. El tren se saldrá de las vías y algunos vagones colisionarán con la ladera del monte junto a la boca del túnel. Caerán montaña abajo los demás vagones chocando unos con otros. Será un accidente espantoso. Dice que "en la boca por donde entra el torrente" se refiere a los arroyos que fluyen con mucha rapidez en las montañas, lo que a veces bloquea con rocas la entrada de los túneles.

D: ¿Y la última parte? "al menos en Garona, cuando los genoveses se manifiesten en contra de su país"?

B: Dice que se refiere a la situación general en esa parte de Europa durante los tiempos difíciles. Puesto que el Anticristo se aproximará por el sur de Europa, se producirán varios levantamientos y revoluciones. Algunos creerán: "Vaya, es nuestra oportunidad para liberamos de este país y creamos uno nuevo, o lo que sea".

D: Se aprovecharán de la confusión y las revueltas para hacer esto.

Capítulo 6

Las Fechorías del Monstruo

CENTURIA IV-41

Gymníque sexe captíve par hostage,
Viendra de nuit custodes decevoir:
Le chef du camp deceu par son langage:
Lairra a lagente, serapiteux a voir.

El cautivo (sexo) femenino vendrá de rehén de noche a engañar a los guardias. El líder del campo engañado por su palabra la abandona en manos del populacho, será penoso de ver.

Brenda: Dice que esta cuarteta contiene gran cantidad de símbolos. Un aspecto del Anticristo será la perversión de la filosofía, representada por la cautiva tomada como rehén que llega de noche. Con esta perversión de la filosofía intentará debilitar a sus oponentes desde dentro. Esta particular campaña suya será muy efectiva porque su perversión de la filosofía engañará a aquellos (los guardias) que la busquen. Y después de engañar a los guardias, "ella" puede llegar hasta el jefe de los guardias. El jefe también es engañado con dulces palabras que fluyen como la miel. El jefe no percibe daño en ello, y deja que este pequeño trozo de propaganda surta libremente su nocivo efecto en la población. Nostradamus afirma que esta filosofía hace un uso perverso de lo que es sano y bueno. Ya existen claros ejemplos de esto en el presente, en el discurso de algunos de los predicadores televisivos.
Dolores: ¿Qué quiere decir con eso?

B: El Anticristo los observará para ver cómo consiguen ser tan efectivos, y empleará sus métodos para adular a la gente y convencerlos de que sus ideas están equivocadas y de la necesidad de adoptar las nuevas ideas que él les propone.
D: ¿Usará esta filosofía como parte de la suya propia?
B: Va a emplear algunos de estos métodos para dar a conocer su filosofía.
D: Sí, es una cuarteta muy simbólica. Por supuesto, los traductores la interpretan literalmente.
B: Al parecer siempre es así. (Me reí.)
D: Creen que significa una mujer de carne y hueso que abandonan a la multitud encolerizada después de engañar a los guardias.
B: Él sólo mueve la cabeza.

CENTURIA IV-36

Les jeux nouveau en Gaule redressés,
Apres victoire de l'Insubre champaigne:
Monts d'Esperie, les grands lids, troussés:
De peur trembler la Romaigne l'Espaigne.

Nuevos juegos se organizan en la Galia, tras la victoria de la campaña de los Insubrios. Los montes de Hesperia, los grandes atados y unidos. Rumania y España temblarán de miedo.

B: Dice que esta cuarteta tiene varias referencias. La que nos concierne se refiere a la campaña del Anticristo en el sur de Europa. Su influencia empezará a extenderse y llegará hasta donde amenazará a España por la parte oeste y a Rumania por el lado este.
D: ¿La Galia es Francia?
B: Sí. Porque en este momento de la campaña el Anticristo ya habrá asumido el poder en gran parte de Francia y se estará preparando para dominar España.
D: ¿Quiénes son los Insubrios?
B: Dice que es una connotación histórica. En realidad no dice gran cosa de ellos. Sugiere que busques esta información en la enciclopedia.

D: Pone que "tras la victoria de la campaña insubria".
B: Sí. Hay allí un simbolismo específico. Encontrarás algunos paralelismos en la historia romana cuando el Imperio Romano intentaba expandirse hacia el norte para llegar al centro de Europa. Los romanos sólo llegaron hasta donde les fue posible antes de que surgieran los problemas. Pero el Anticristo aprenderá de la historia para vencer estos problemas. Se refiere a la campaña que prepara el Anticristo para esa parte del mundo. Si revisas la historia, encontrarás algunas similitudes interesantes.
D: Él habla de los montes de Hesperia. ¿Qué es Hesperia?
B: Los "montes de Hesperia" se refieren a las montañas del este de Europa, en particular los Alpes y los del Cáucaso. Esa zona es montañosa y de difícil acceso.

Cuando realicé mi propia investigación encontré interesantes paralelismos, tal como dijo Nostradamus, que podrían aplicarse a la campaña del Anticristo en esa zona.

Los Insubrios fueron una de las diversas tribus galas en este continente, conocidos como Celtas, que cruzaron los Alpes y se establecieron en lo que hoy se conoce como Milán y el valle del Po en el siglo V antes de Cristo. Eran una tribu guerrera muy impetuosa y brava. Imperturbables ante la muerte caían sobre sus enemigos con un arrojo y bravura que en un instante barrían a todo un ejército. Destruían, pero no creaban. En pocos siglos fueron conquistados por los romanos dado el firme poder de éstos y su capacidad de resistir y perseverar.

En mi opinión, esto alude a lo que sucede después de la victoria del Anticristo en Italia. ¿Compara Nostradamus los ejércitos del Anticristo con impetuosos guerreros Insubrios, o con los más perseverantes romanos?

CENTURIA IV-43

Seront ouis au ciel les armes battre:
Celui an mesme les divins ennemis:
Voudrant loix sainctes injustement debatre,
Parfoudre & guerre bien croyans a mort mis.

En el cielo se oirá el fragor de las armas: en el mismo año los divinos, enemigos: querrán injustamente poner en duda las santas leyes, con relámpago y guerra ejecutarán a muchos creyentes.

B: Dice que esta cuarteta se refiere a los tiempos difíciles. De forma específica, describe algunos aspectos relacionados con el saqueo de la Biblioteca del Vaticano. Es el Anticristo quien "pone en duda las santas leyes" y añade que estos materiales impresos no deberían convertirse en decreto. Como consecuencia, muchos intentarán defender a la Iglesia y morirán en la lucha. Y la fe de otros muchos cambiará radicalmente, o bien desaparecerá por el descubrimiento del nuevo material.

En el Volumen I se reveló que una de las tácticas de guerra psicológica característica del Anticristo sería la destrucción de vestigios y monumentos culturales en Roma y otras ciudades. Con la ayuda del último Papa, que será un instrumento del Anticristo, éste tendrá acceso a los archivos secretos de la Biblioteca del Vaticano. En vez de destruir este material, lo revelará al mundo, a sabiendas de que esto hará más daño a la Iglesia que si lo destruyera.

D: *En la tercera línea los traductores han identificado correctamente la guerra aérea, pero no pudieron descubrir lo que él quiso decir con enemigos divinos.*
B: Los enemigos en cuestión no sabrán lo que ocurre. Lucharán por el Anticristo, pero creen que lo hacen por Mahoma, el profeta. Por otra parte, la frase "enemigos divinos" corresponde al hecho de que se alude a esta situación en algunos de los libros proféticos de la Biblia.
D: *¿La misma situación?*

B: Los tiempos difíciles en general. La Biblia describe diversas visiones de calamidades futuras.

D: *¿Está en el Apocalipsis?*

B: No de un modo específico. Le cuesta identificar el Apocalipsis porque la visión de ese profeta fue muy terminante. Y la visión de Nostradamus no lo es tanto porque ve la posterior continuación de la vida. De modo que a pesar de entender el simbolismo, no está seguro de ver la misma época que el otro profeta.

D: *Esta cuarteta contiene algunas palabras extrañas y una frase en latín que los traductores no entienden.*

CENTURIA VIII-48

Saturne en Cancer, Júpiter avec Mars,	Saturno en Cáncer, Júpiter con Marte en febrero 'Chaldondon'
Dedans Feurier Chaldondon salva terre.	salva tierra. Sierra Morena sitiada por tres partes cerca de
Sault Castalon affailli de trois pars.	Verbiesque, guerra y conflicto mortal.
Pres de Verbiesque conflit mortelle guerre.	

Me costó pronunciar estos nombres y él pidió que deletreara Verbiesque.

D: *Es un topónimo que los traductores no entienden.*

B: Dice que lo escribió tal como le sonaba porque no es francés, aunque está escrito como si lo fuera. No se trata de un lugar de Francia sino de Rusia. Te ruega que repitas la frase desconocida y deletrees Chaldondon. (Lo hice.) Esta cuarteta se refiere a que la raíz de algunos de los acontecimientos en el conflicto que está por llegar (en los tiempos difíciles) se creó en las anteriores Guerras Mundiales. Habrá mucha destrucción. Algunos de los acontecimientos que ocurren harán que los odiosos hechos del pasado parezcan como juegos de niños en comparación. No olvides que el Anticristo estudiará minuciosamente a Hitler. Tendrá acceso a libros cuyo conocimiento no suele estar al alcance del público general. Y le será posible obtener documentos secretos nazis sobre Hitler. En cuanto a las palabras latinas... en vez de intentar rebuscar el significado en la mente del vehículo, que no sabe latín, insta a los eruditos a consultar su texto de latín. Dice que busques anagramas y un significado metafórico extraído de fuentes latinas, y también significados literales.

D: *Sé que "terre" significa "tierra". Tienen una traducción posible para Chaldondon. El libro dice que podría ser el vocablo latino para Chaldens, que significa adivino. Es a lo más que han podido llegar en latín.*

B: Se acerca bastante. Está bien que los doctos hayan podido traducir estas palabras. Ahora tienen que mantenerse conscientes de esa parte del conocimiento llamada "metafísica" o "psíquica", o la que te parezca mejor emplear. Es necesario confiar en ella y desarrollarla para ayudar a la tierra a superar estos tiempos difíciles. Hace siglos necesitaron esta motivación cuando la iglesia tradicional se separó de la rama gnóstica de la religión.

J: *En este momento pienso en las zonas Balcánicas. Los Balcanes han sido escenario de muchas batallas tanto en la Primera como en la Segunda Guerra Mundial. ¿Podría la frase significar también que la Iglesia griega, comparada con la romana, es mucho más simple? Esta separación de la religión tuvo lugar en el siglo XV. ¿Significa esto que la Iglesia griega y los Balcanes serán importantes en esta cuarteta?*

B: No. Una conexión con esa zona geográfica del mundo es correcta, pero persistes en poner énfasis en el cristianismo. Lo que trata de decirte es que el cristianismo ha entrado en su propia decadencia. Cuando los primeros concilios empezaron a perseguir a aquellos cristianos que creían en la iluminación espiritual y desarrollo místico -y se refiere a mucho antes de la separación de las iglesias romana y griega- se desviaron de su fuente. Es cuando la rama gnóstica fue cortada y quemada.

D: *¿Estamos en la pista correcta al relacionar esa frase con un adivino o un vidente?*

B: Sí. Y la conexión de John con esa parte de Europa es la correcta porque allí ocurrirán muchas batallas decisivas. Dice que se luchará allí en parte porque las raíces de Ogmios no están muy lejos de esa zona.

D: *Así que vendrá de ahí. Creo que una vez mencionó Europa central; pero no especificó el lugar exacto. ¿Es lo que quiere dar a entender por "Sault Castalon", que ellos tradujeron por "Sierra Morena"? Sitiados por tres partes cerca de Verbiesque. Guerra y conflicto mortal".*

B: Dice que esto indica que habrá muchos combates en el este de Europa, donde Europa y Asia se funden. Es esa parte de Europa en la que no estás seguro si sigues en el continente europeo o en el continente asiático.

Ogmios fue el nombre mitológico dado por Nostradamus a la Némesis del Anticristo, el jefe de la resistencia en contra de éste. A Ogmios se le menciona por primera vez en el Volumen 1. (Véase Capítulo 22, pág. 422.)

CENTURIA II-41

La grand estoille par sept jours brulera,
Nuée fera deux soleils apparoir:
Le gros mastín fera toute nuict hurlera,
Quand grand pontife changera de terroir.

La gran estrella arderá durante siete días y la nube hará que el sol se vea doble. El enorme mastín aullará de noche cuando el gran Pontífice cambia de morada.

B: Esta cuarteta se refiere a los tiempos difíciles. El gran pontífice que cambia de morada es una alusión al último Papa que traiciona a la Iglesia para servir al Anticristo. La gran estrella que arde durante siete días se refiere a la explosión de un sofisticado satélite de muy avanzada tecnología, antecesor de los modernos programas de guerras galácticas. La explosión será tan brillante que a través de las nubes producidas por la explosión aparecerá como un segundo sol. El mastín que aullará toda la noche se refiere a una rama secreta del sacerdocio en la Iglesia Católica que nadie conoce excepto unos cuantos sacerdotes de alto rango. Esta rama secreta del sacerdocio es como un ejército privado, y el comandante en jefe es el Papa. Su misión es combatir por la Iglesia en caso de necesidad, al igual que los Jesuitas solían ser soldados de Cristo. Los miembros de este particular orden sacerdotal serán hábilmente educados y entrenados en todas las artes marciales y disciplinas violentas de ataque. Pero cuando el Papa cometa traición y se asocie con el Anticristo, este ejército se quedará sin jefe. ¿Qué otra cosa pueden hacer sino aullar toda la noche e intentar buscar una solución?

D: *Creí que tal vez la gran estrella y el doble sol podrían referirse a los OVNIS y a los Otros.*

B: No en este caso, porque es un tiempo de guerra. Siempre que hay una guerra en esta escala -de repercusiones planetarias como la Segunda Guerra Mundial, o la guerra que está próxima- los Otros se quedan al margen hasta que la situación se resuelva en un sentido o en otro.

D: *Los traductores creen que el doble sol podría significar un cometa. Así es como la traducen.*

B: Él sólo chasquea los labios...

D: *Creen que podría ser una explosión atómica pero básicamente piensan en un cometa. Dijeron que los siete días podría significar también siete años. No sabían cómo explicarlo.*

B: Dice que a la vista está.

CENTURIA VI-35

Pres de Rion & proche a la blanche laine,
Aries, Taurus, Cancer, Leo, la Vierge,
Mars, Júpiter, le sol ardra grand plaine,
Bois & citez, lettres cachez au cierge.

Cerca del Oso y de la blanca lana, Aries, Tauro, Cáncer, Leo, Virgo, Marte, Júpiter, el Sol hará arder la gran llanura, bosques y ciudades; cartas ocultas en el cirio.

B: Esta cuarteta se refiere a algunos de los acontecimientos que tendrán lugar durante los tiempos difíciles. La frase "el Sol hará arder la gran llanura" se refiere a cierto tipo de confrontación nuclear que existirá durante los tiempos difíciles. Dice que el gran oso se refiere a Rusia. La frase: "la blanca lana" se refiere a la nieve y también a las túnicas blancas que usará el enemigo porque están hechas de lana de oveja. Dice que debes conseguir el horóscopo del Anticristo; busca estos signos y la forma en que se relacionan entre sí y sus diversos aspectos. Compáralo con las posiciones de los planetas y sus influencias en el horóscopo del Anticristo para que te hagas una idea del conflicto. Esto te ayudará a percibir cómo será una parte de los tiempos difíciles, sobre todo alrededor de 1997.

D: *¿Qué significa la última línea? "cartas ocultas en la vela"?*
B: Se refiere a que las organizaciones clandestinas se multiplicarán por todas partes y harán que todos sean cautos con lo que dicen. Muchos serán miembros de diversas organizaciones clandestinas y también de espionaje. Y habrá que ser sumamente parco en palabras y crear nuevas formas de comunicación para no ser traicionados.

John buscaba en su libro de efemérides y preguntó: "¿Se juntan Marte y Júpiter en fase transitoria?" Nostradamus contestó que sí. "De acuerdo, eso nos da una fecha, alrededor de 1997."

D: *Parece que muchas de estas cuartetas tienen que ver con el Anticristo.*
B: Dice que este hombre es causa de algunos de los sucesos más terribles de la historia de la humanidad. Es un tiempo muy crítico e inestable. Observarás que también vio muchos acontecimientos ocurridos durante la Revolución Francesa porque fue otro tiempo decisivo y deleznable para su país. Estos sucesos conciernen a todo el mundo y no sólo a su país, así que es lógico que tuviera muchas visiones sobre ellos.
D: *Cuando repasemos todo el libro es probable que encontremos más cosas sobre la Revolución Francesa.*
B: Dice que las hay en abundancia.
D: *Me parece que gran parte de estas predicciones corresponden a muchos hechos distintos. Me pregunto si él contemplaba muchas posibilidades diferentes que podrían ocurrir y que no todas se harían realidad.*
B: La principal razón por la que él quería esta comunicación era evitar lo peor de lo que ha visto, parte de lo que suele llamarse "la peor

de las situaciones posibles." Dice que muy fácilmente podrían ocurrir estas cosas; pero podrían alterarse a mejor con mucha valentía y determinación. Por desgracia, en este tiempo las peores cosas que ha visto son las más factibles. Pero él sabe que debe hacer un esfuerzo y ayudar a amortiguar el impacto destructivo.

D: *Antes ha dicho que a veces veía un nexo en el tiempo, que hay muchos caminos distintos y, por consiguiente, muchas posibilidades.*

B: Es correcto. Dice que en este punto, puesto que es un nexo importante, cualquiera de los caminos que elijamos parece contener la mayor parte de estas visiones. Pero hay otros caminos en los que diversos sucesos pueden evitarse.

J: *En esta cuarteta Marte forma conjunción con Júpiter en Virgo en septiembre de 1992. ¿Es cuando el Anticristo llega al poder con el uso de la energía nuclear?*

B: Es una buena fecha. Es cuando llegará al poder usando armas convencionales pero con una fuerte amenaza de utilizar armas nucleares. En realidad no dispone de material para una confrontación nuclear, pero sus oponentes no lo saben. Actúa con tanta agresividad que están convencidos de que es capaz de llevar a cabo su amenaza nuclear. Su engaño conseguirá intimidar; un método idéntico al que usó Hitler.

D: *Ha habido cuartetas que se referían a enemigos de este Anticristo que usan armas nucleares.*

B: Hay gente de otros países con armas nucleares. Algunos emplearán armas atómicas de pequeña escala, pero la mayoría se abstendrá porque no desean que se produzca una confrontación nuclear. La situación será delicada.

D: *En esta cuarteta dice que "el sol hará arder la gran llanura."*

B: En su gran estrategia, el Anticristo finalmente acabará por usar armas nucleares y las usará más de lo que pensaba al principio. Pero muy al principio, cuando llega al poder, no contará con ese tipo de armas.

D: *Había una cuarteta que se refería a una bomba que explotaba en el Mediterráneo y envenenaba a los peces. (Centuria II-3, Capítulo 14, "La llegada del Anticristo", Volumen I.)*

B: Sí, pero eso ocurre bastante después en su campaña cuando ya tiene mucho más poder.

D: También has dicho que usaría otras armas que aún no se han inventado.
B: Dice que ya existen, pero no las conoces.

CENTURIA IV-48

Planure Ausonne fertile, spacieuse,	En las llanuras de Ausonia, ricas y extensas, habrá tantos
Produirataons si tant de sauterelles:	tábanos y saltamontes que taparán la luz del sol. Lo
Clartésolaire deviendra nubileuse,	devorarán todo y serán causa de una gran pestilencia.
Rouger le tout, grand peste venir d'elles.	

D: Los traductores opinan que en lugar de saltamontes, esta palabra podría traducirse por #langostas", pero la idea es la misma.
B: Sí. (Él pidió que deletreara Ausonia.) Dice que este suceso ocurre durante los tiempos difíciles. El nombre Ausonia se emplea simbólicamente para representar un movimiento clandestino de guerrilleros de las zonas rurales. Al principio y durante cierto tiempo no habrá victorias decisivas contra el enemigo, pero serán molestos como el persistente zumbido de una nube de mosquitos. Consiguen distraer al enemigo lo suficiente para dar a los combatientes la ocasión de alcanzar algunas victorias.
D: Dice: "*taparán la luz del sol*".
B: Sí. Esa línea se refiere a los aviones que fumigan cosechas locales; ellos los usarán como instrumentos para hacer de las suyas.
D: "*Lo devorarán todo y serán causa de una gran pestilencia*".
B: En cuanto intuyen la proximidad de las fuerzas enemigas, recogen y esconden toda la cosecha. En consecuencia el enemigo no consigue vivir de la tierra como pretende. Si ven que no pueden recoger y guardar la cosecha, la queman, dependiendo de los recursos que tengan. Es la política de tierra quemada.
D: Los traductores creen que Ausonia significa Nápoles.
B: No. Se refiere a las extensas llanuras de Ausonia; él lo usa como símbolo de las zonas rurales por las que se pasa cuando se viaja de una ciudad a otra.

D: Creen que en realidad significa una plaga de langostas o de saltamontes.
B: No, sólo es un símbolo de las diabluras del movimiento clandestino.

CENTURIA IV-49

Devant le peuple, sang sera respandu
Que de hault ciel ne viendra esloinger:
Mais d'un long temps ne sera entendu.
L'esprit d'un seul le viendra tesmoigner.

Se derramará sangre delante del pueblo, que no irá lejos de los altos cielos. Pero durante mucho tiempo no será escuchado, el espíritu de un solo hombre dará testimonio de ello.

B: Aquí el simbolismo es muy complejo. La cuarteta se refiere a algunos de los acontecimientos de la Segunda Guerra Mundial, pero el principal objetivo de esta predicción son los tiempos difíciles. Cuando expresa que se derramará sangre delante del pueblo, se refiere a los líderes que serán asesinados. "Pero durante mucho tiempo no será escuchado", insinúa que parte de la lucha por el poder de los líderes depuestos ocurrirá internamente. Pasará mucho tiempo hasta que la historia sea revelada.
D: ¿Quién es el hombre solo? Dice: "el espíritu de un solo hombre dará testimonio de ello."
B: Mientras ocurren estos horribles acontecimientos, el hombre que Ogmios representa pondrá orden en las cosas y se dará cuenta de la intensidad del impacto que esto causará. Eso reforzará su determinación para ser más que sólo el líder de un movimiento clandestino. Decidirá hacer algo para derribar al Anticristo.
D: Dice: "que no irá lejos de los altos cielos". ¿Se refiere a la sangre que se derramará?
B: Incorrecto. "La sangre que se derrama delante del pueblo, que no irá lejos de los altos cielos", representa a los líderes. Te recuerda que en su tiempo los reyes son ungidos por Dios, y por lo tanto se les considera a un paso de Dios. Además, las relaciones kármicas y el simbolismo kármico de esta situación son muy importantes.

Este suceso estará más cerca de los cielos que las cosas cotidianas que le ocurren a la gente.

CENTURIA IV-54

Du nom qui onques nefut au Roy Gaulois,
Jamaisnefut unfouldre si craintif
Tremblant l'Italie, l'Espaigne & les Anglois,
Defemme estrangiers grandement attentif

De un nombre que nunca antes tuvo un rey francés, nunca se oyó un trueno tan temible. Tiemblan Italia, España y los ingleses; él será muy atento con las mujeres extranjeras.

B: El temible trueno es una alusión a las armas nucleares. Dice que "de un nombre que nunca antes tuvo un rey francés" se refiere al jefe de la resistencia que asumirá el liderazgo en toda Francia durante los tiempos difíciles. El tener un apellido distinto al del resto de los franceses se debe a que uno de sus abuelos es de un país diferente, y por lo tanto no es francés. Por eso lo representó con la frase: "que nunca antes tuvo un rey francés." Y añade: "ser atento con las mujeres extranjeras" significa que c1.1an4o negocia con líderes y con gente de otros países, está dispuesto a escuchar su punto de vista, a condición de que lo expresen con amabilidad y no por la fuerza. Dice que es una de esas cuarte s descriptivas de la situación durante los tiempos difíciles.
D: Los traductores creen que describe a Napoleón.
B: No, no es Napoleón, es Ogmios.
D: Pero dijeron que Napoleón tampoco era apellido de un rey francés.
B: Dice que Ogmios procede del este de Europa. Su nombre sonará raro a los oídos de los franceses.

CENTURIA IV-60

Les sept enfans en hostaige laissés,
Le tiers viendra son enfant trucider:
Deux par son filz seront d'estoc preces,
Gennes, Florence, los viendra encunder.

Los siete hijos abandonados como rehenes, el tercero vendrá a asesinar a su hijo. Dos serán traspasados por un garfio a causa de su hijo, él vendrá a atacar Génova y Florencia.

B: Esta cuarteta describe la caída de las Naciones Unidas durante los tiempos difíciles. El que viene a matar a otro representa la traición que se cometerá como resultado del fracaso de la forma centralizada de debate.
D: *Dice: "dos serán traspasados por un garfio a causa de su hijo."*
B: Cuando las cosas vuelvan al orden y la gente empiece a descubrir quién hizo qué, se cometerán muchos asesinatos políticos. Pero en vez de matar a los lideres, en un momento dado algunos países decidirán hacer algo a uno de los seguidores o a sus hijos, para obtener los resultados deseados.
D: *Eso también suena muy rotundo.*
B: Será un tiempo muy irracional. Ocurrirá hacia el final de los tiempos difíciles.
D: *Luego dice: "vendrá a atacar Génova y Florencia."*
B: Describe la destrucción de centros culturales. Atacará lugares como ésos o intentará reducirlos a escombros.
D: *Ya hemos hablado de eso antes. Los traductores pensaron que se relacionaba con los siete hijos de Catalina de Médicis.*
B: (Lenta y afectadamente) ¡Ja! ¡Ja! ¡Ja!
D: *Dijeron que, aunque no tenía sentido, era la única manera de incluir siete hijos en una cuarteta.*
B: Se dispara y se enfurece por momentos. Dice: "¡Estúpidos! ¡Estoy rodeado de estúpidos! (Risas) Y no llama estúpidos ni a ti ni a este vehículo. Habla de la estupidez de gente con pocas luces.
D: *(Risas) Nosotros no hemos escrito estas interpretaciones.*
B: Ha dicho: "Claro que no. Para eso me necesitas."
D: *Y por eso le tenemos a él aquí. Y su trabajo es extraordinario.*

CENTURIA IX-69

Sur le mont de Bailly & la Bresle
Seront caichez de Grenoble lesfiers,
Oultre Lyon, Vien, eulx si grande gresle,
Langoult en terre n'en restera un tiers.

En el monte de Sain Bel y el Arbresle se ocultará el orgulloso pueblo de Grenoble. Más allá de Lyon, en Vienne caerá un granizo tan grande, saltamontes en la tierra, del que no quedará ni un tercio.

Me costó un mal rato pronunciar estos nombres. Tuve que deletrear las versiones tanto en mi idioma como en francés para que él me entendiera.

B: Dice que esta cuarteta describe los efectos secundarios de la guerra que emprende el Anticristo en el continente europeo. La gente se esconderá en cámaras subterráneas o en túneles en las montañas para protegerse de la destrucción que se desplomará de los cielos. Habrá gran destrucción y plagas en la tierra tal como se describe en la cuarteta. Dice que es entonces cuando los hombres se volverán caníbales porque no podrán obtener el trigo que aún crecerá en abundancia en el continente americano.
D: *Hemos trabajado antes con cuartetas relacionadas con esto.*
B: Sí, por eso lo menciona.

Este aspecto de la Tercera Guerra se trató detalladamente en el Volumen 1.

D: *Dicen que la palabra "langoult" significa "saltamontes" en francés antiguo, pero en el moderno significa "bogavante".*
B: (Sonriendo) Dice que la interpretación correcta es #saltamontes".
D: *(Risas) Eso pensé. No creí que significara "bogavantes en la tierra."*
B: Es natural que las cosas cambien después de siglos.

Capítulo 7

El Futuro Lejano

CENTURIA I-59

Les exilez deportez dans les isles,
Au changement d'un plus cruel monarque
Seront meurtis: & mis deux les scintiles,
Qui de parler ne seront estez parques.

Los exilados deportados a las islas al llegar un rey más cruel aún, serán asesinados. A dos de ellos los quemarán por haberse excedido en sus discursos.

Brenda: Dice que esta cuarteta tiene múltiples significados, de los cuales uno ya ha ocurrido. Ahora se referirá a otro de los significados. No es fácil expresar lo que él quiere decir en esta cuarteta porque algunas de las islas a las que serán deportados los exiliados todavía no existen. Muchas de estas islas surgirán durante los cambios en la Tierra por la elevación y depresión del fondo marino, terremotos y volcanes. Habrá varias islas nuevas y en algún país servirán como colonias penales. Más tarde, cuando el Anticristo sea más poderoso, los hombres que las habitan serán torturados hasta la muerte. Lo que dice aquí es que los rehenes en las islas serán asesinados cuando llegue al poder un rey aún más cruel.

Dolores: ¿Será en un futuro lejano?
B: No, dice que será justo antes de que acabe este milenio porque ocurrirá en el tiempo del Anticristo.

CENTURIA II-45

Trop le ciel pleura l'Androgyn procrée,
Pres de ciel sang humain respondu:
Par mort trop tard grand peuple recrée,
Tard & tost vient le secours attendu.

Los cielos lloran mucho por el nacimiento de Andróginos, cerca de los cielos se derrama sangre humana. Demasiado tarde para que]a gran nación renazca, por la muerte temprana Aunque tardía, llega la ayuda esperada.

D: *En francés la palabra es Andrógino y ellos la tradujeron como Androgeus.*
B: Él prefiere que uses la palabra Andrógino. Esto tiene relación con algunos cambios sociológicos que se activarán con el establecimiento de las colonias espaciales. Dice que la única forma de que estas colonias funcionen es con la colaboración armoniosa entre hombres y mujeres liberados de actitudes mentales estrechas, intolerantes y sexistas sobre el cometido de los sexos. Dice que el nacimiento de Andróginos simboliza que hombres y mujeres podrán hacer lo que mejor se adapta a ellos sin preocuparse de lo que sea o no adecuado al sexo de una persona. Este tipo de cambio también influirá en la gente que se quede en la Tierra. Esta revolución sociológica causa gran disensión entre algunos pueblos como el de Oriente Medio. Estos países tendrán que aclarar sus creencias para adaptarse a estos nuevos conceptos. Habrá un gran derramamiento de sangre, en especial entre las fuerzas espaciales. Esto se deberá a accidentes en el espacio, no a la guerra, a medida que la gente se adapta a un nuevo estilo de vida. Dice que muchos pilotos morirán.
D: *Ahora puedo ver la conexión con Andrógino.*
B: En general estas líneas son bastante claras.

La leyenda de Andrógino es uno de los mitos de la creación que afirma que al principio había tres tipos de criaturas sexuales. Estaba el hombre, la mujer, y un hermafrodita con los rasgos externos de ambos. En la actualidad, la palabra "andrógino" se refiere a la condición de tener ambos sexos en una misma planta o cuerpo. Es interesante que él eligiera la palabra "andrógino" que encaja más exactamente en esta cuarteta. El diccionario la define como "hormona sexual masculina o sustancia similar que ayuda a acentuar las características masculinas." De modo que en el futuro las líneas que separan nuestros estereotipos de lo masculino y lo femenino se difuminarán, y aunque la gente conserve sus cualidades físicas, los papeles que desempeñan en la sociedad no serán los mismos que hoy en día. Hombres y mujeres finalmente alcanzarán la igualdad. No es de sorprender que esta visión fuese importante para Nostradamus. En posteriores capítulos veremos que sus opiniones sobre los papeles de hombre-mujer eran sexistas y enormemente influidas por el tiempo en que vivía.

CENTURIA IV-53

Les fugitifs & bannis revoquez,
Peres & fils grand garnissant les hauts puits:
Le cruel pere & les siens suffoquez,
Son ils plus pire submergé dans le puits.

Hacen volver a fugitivos y desterrados, padres e hijos refuerzan los profundos pozos. El cruel padre y sus seguidores son sofocados; su hijo más perverso es ahogado en el pozo.

B: Esto alude al futuro lejano cuando colonias y vuelos espaciales serán algo muy común. Las colonias espaciales se crearán dentro del sistema solar pero lejos de la Tierra por los que no pudieron adaptarse en ella. Dado que la Tierra estará ligeramente superpoblada, esta gente decidirá fundar su propia colonia en el espacio, en vez de renunciar a sus propias creencias e ideas o intentar adaptarse a la gran multitud. Pero será en la tierra donde empiecen los problemas. Alguien manipulará la economía en la Tierra y por esta razón los líderes mundiales pedirán ayuda a las colonias. Éstas podrán suministrar a la Tierra lo que se fabrica en el espacio y no puede producirse en la Tierra. En la frase "refuerzan los profundos pozos", la palabra "pozos" se refiere a "pozos de gravedad."

D: *¿Pozos de gravedad?*

B: Sí. Los pozos de gravedad se encuentran alrededor de todos los planetas. Es decir, hace falta tirar en sentido opuesto a la fuerza de gravedad para alejarte del planeta y debe tenerse en cuenta cada vez que se realicen maniobras en las inmediaciones de un planeta. Para reforzar estos pozos se envían materiales y suministros a las autoridades de la Tierra allá donde se necesitan. Mientras se realiza este intercambio, un hombre que vuelve a entrar en la atmósfera comete un error de cálculo y se quema. Es lo que describe el hijo ahogado en el pozo. "El cruel padre y sus seguidores son sofocados" describe a los que intentaron arruinar las vidas de muchos y hacen volver los tiempos difíciles pero no lo consiguen. Los habitantes de las colonias son los que finalmente capturan al cruel padre porque intenta escapar de la Tierra en una nave espacial. Puesto que ya están en el espacio, la gente de las colonias puede interceptarlo. Deciden que el destino que le corresponde es hacer que salga por la antecámara de compresión sin traje espacial.

Capítulo 8

Las Cuartetas de Adriano

Con toda intención excluí estas cuartetas en el primer libro porque percibí que contenían un error por parte de Nostradamus. Yo debería saber que esto no podía ser verdad, pero hasta no investigarlo más a fondo (como él lo sugirió) la idea de incluirlas me incomodaba. Sólo pensar que él pudiera equivocarse me producía una especie de angustia. Después de todo, yo había aceptado todas sus otras explicaciones sin rechistar. Si esto era un error evidente, pondría en tela de juicio todas las demás traducciones.

CENTURIA I-8

Combien defois prinse cité solaire	¿Cuántas veces más te capturarán, ciudad del sol?
Seras changeant les loix barbares & vaines:	Leyes cambiantes, bárbaras y vanas. Te aguardan malos
Ton mal s'approche. Plus sera tributaire,	tiempos. Ya no volverán a avasallarte. El gran Adriano
La grand Hadrie recourira des veines.	revivirá tus venas.

Brenda: Dice que esta cuarteta describe acontecimientos de las dos Guerras Mundiales y también sucesos causados por el Anticristo. Cuando dice "Ciudad del Sol" se refiere a París porque había presagiado la presencia del Rey Sol en París convirtiéndola en la Ciudad del Sol. Añade que durante el siglo veinte la ciudad ha sido invadida, conquistada y reconquistada muchas veces. Pero al final resistirá. No será totalmente demolida como ocurrirá con otras ciudades.

Dolores: ¿Para él quién es el gran Adriano?

B: Se refiere a Adriano, el legislador.

D: (No me era familiar el nombre.) ¿Es un -personaje mitológico o histórico?

B: Vivió en la antigüedad. Fue el primer legislador que recopiló un sistema de leyes práctico y muy justo. Al emplear el nombre como anagrama, simbólicamente se refiere a alguien que ayudará al mundo a recuperarse después del Anticristo, alguien que será un gran legislador.

D: Ellos interpretan que Hadrie es símbolo del Rey Enrique IV de Francia.

B: Es obvio que la gente de tu tiempo no conoce la historia antigua y es incapaz de establecer paralelismos entre pasado y presente.

D: Me doy cuenta de que él utiliza mucho la mitología y la historia antigua, temas que ya no se estudian en nuestros tiempos.

B: Dice que la oportunidad de estudiarlas está ahí, pero la gente es indolente.

D: (Risas) Cierto.

CENTURIA I-9

De l'Orient viendra la caeur Punique	De oriente vendrá el corazón Africano a turbar a Adriano y
Facher Hadrie & les hoirs Romulides	a los herederos de Rómulo. Con la flota Libia los templos
Accompagné de la classe Libyque	de Malta y de las islas cercanas quedarán desiertas.
Temples Mellites & proches isles vuides.	

B: Dice que esta cuarteta se refiere a los diversos cambios de poder que ocurrirán mientras el mundo se recupera del Anticristo y se acostumbra al su nuevo orden de cosas. Un cambio restablecerá la realeza etíope a partir de una línea oculta más al este de Oriente Medio. Además, la nación china enseñará a las naciones africanas a ser prudentes con su tierra y a cultivar alimentos para millones de personas en pequeñas porciones de terreno, como hacen en China. Esto les ayudará a modificar la pauta repetitiva de plagas y sequías que actualmente padecen. Dice que las diversas alternancias de poder preocuparán al legislador, Adriano, hasta encontrar la forma de incluirlo en la ley que prepara para ayudar al mundo a recuperarse del Anticristo.

D: Dice: "los herederos de Rómulo." Me parece que Rómulo está vinculado a Italia.

B: Sí. La cuarteta predice que los cambios preocuparán a Adriano y a los herederos de Rómulo. A los pueblos de Europa también les preocuparán estos cambios de poder.

D: Luego dice: 1 Acompañado por la flota Libia, los templos de Malta y de las islas cercanas quedarán desiertas." Me gustaría aclarar esa parte.

B: Ya lo explicó convenientemente.

D: Los Libios, sé que eso tiene que ver con...

B: El norte de África. (Con impaciencia) Los cambios de poder en el norte de África, en todo África, y en Asia perturbarán a Europa. Esto explica por qué abandonan algunas de las islas en el Mediterráneo difíciles de defender. Sugiere que abras los ojos de tu mente.

D: ¡Paciencia! A veces cuando más tarde repaso las cuartetas puedo ver con más claridad lo que intenta decirme, pero es difícil de entenderlas todas de golpe. De nuevo, los traductores han interpretado que Adriano es el Rey Enrique.

B: Dice que no le interesan sus interpretaciones. Quiere abarcar tantas cuartetas como le sea posible.

Después de interpretar estas cuartetas, traté de descubrir quién era Adriano; mis primeras tentativas siempre empiezan por la enciclopedia. Debo admitir que mi investigación en este punto no fue tan minuciosa como debería haber sido. Encontré que el único legislador de los tiempos antiguos fue Hammurabi. Encontré el nombre de Adriano, emperador de Roma, pero no creo que sea el que se menciona aquí porque no pude ver ninguna conexión con la ley. Me preguntaba si esto pudo haber sido un error de Nostradamus. ¿Podría ser que en realidad se refiriese a Hammurabi? Yo no entendía cómo hacer de ese nombre un anagrama partiendo de Hadrie; sólo las dos primeras letras eran iguales. Esto me incomodaba y lo guardé hasta que otra cuarteta mencionara de nuevo a Adriano. Cuando ésta surgió, decidí preguntarle.

CENTURIA II-55

Dans le conftict le grand qui peu valloit,
A son dernierferacas merveilleux:
Pendant qu' Hadrie verra ce qu'ilfalloit,
Dans le banquet pongnale l'orgueilleux.

En el conflicto el gran hombre que vale poco efectuará una asombrosa hazaña en su fin. Mientras Adriano ve lo que hace falta, durante un banquete apuñala al orgulloso.

D: *De nuevo aparece ese nombre, Adriano.*
B: Dice que el gran hombre de poco valor se refiere a un personaje con un cargo en el gobierno que debería tener un puesto más elevado, y esto le atormenta. Así que trama la caída de aquellos que están por encima de él en la jerarquía de gobierno. "Apuñala al orgulloso", por así decirlo. Te pide que leas de nuevo la línea sobre Adriano.
D: *Mientras Adriano ve lo que se necesita, apuñala durante un banquete al orgulloso."*
B: Dice que este hombre actuará entre bambalinas de forma muy sagaz. Y durante un tiempo de abundancia, representada por el banquete, arrastrará a los que le ignoraron. Pero Adriano, que es bastante sabio para protegerse a sí mismo del hombre y es también sabio en la ley, verá la situación con claridad y le pondrá remedio.
D: *Tuve problemas con el nombre "Adriano." Él lo incluyó en un par de cuartetas más, y creo que dijo que el nombre tenía qué ver con la historia antigua, que Adriano fue un gran legislador. Yo intentaba investigar un poco, pero no pude encontrar el nombre de Adriano. Pero sí encontré a Hammurabi y por eso me sentía confundida.*
B: Insiste que hay un Adriano y que desconoces las técnicas para investigar; no lo has hecho de una forma meticulosa. Le llaman

"Adriano, el Legislador." Sugiere que vayas al lugar donde se aprenden leyes y busques en su biblioteca.

D: *Citan a Hammurabi como el legislador en los tiempos antiguos.*

B: Él salta nervioso de un lado a otro. Dice que eres obstinada y terca. Por eso no le gusta tratar con alguien del signo Aries. Está claro que hay un Hammurabi, pero también un Adriano. (Acabé por reír; me estaba echando una buena bronca.)

D: *De acuerdo, creí que tal vez él había confundido los nombres. Pero temía hacerle enfadar si decía algo.*

B: Tu obstinación le impacienta y se muestra inquieto e irritable. Él sabe bien de lo que habla. Si quisiera decir Hammurabi, habría dicho Hammurabi. Si él puso Adriano, ¡ten por seguro que quiso decir Adriano! Y marca cada palabra dando un fuerte golpe con el pie.

D: *(Ésta fue la vez que más enfadado le oí.) De acuerdo. Si investigo más a fondo encontraré a Adriano. Eso es lo que me confundió. Pensé en preguntarle si volvía a salir este nombre.*

B: Pregunta cómo puede haber confusión o parecido entre Hammurabi y Adriano. Sólo por la simple coincidencia de un mismo sonido "Ha" no significa que sean similares. Pide que pases a la siguiente cuarteta o de lo contrario se marchará.

D: *(Fuerte risa) Lo siento. No quería que se enfadara, sólo que me aclarara eso.*

B: Él estaba seguro de haberlo aclarado ya, pero tú insistes en hacer preguntas tontas. Dice: "Busca Adriano." Y tú vuelves a decir: "Bueno, y ¿qué me dices de Hammurabi? ¿No será más bien Hammurabi?" Y él contesta: "Olvídate de Hammurabi y busca a Adriano!"

D: *Bien, bien. Eso haré. Sólo quería algo de seguridad de que estaba en la pista correcta. Debería saber ya que él sabe de lo que habla. (Risas)*

CENTURIA III-11

*Les armes battre an ciel
longue saison
L'arbre au milieu de la cité
tombé:
Verbine, rongne, glaive
enface, Tison
Lors le monarque d'lladrie
succombé.*

Las armas luchan en el cielo durante un largo período; el árbol cayó en medio de la ciudad. La sagrada rama cortada, una espada contraria a Tison, luego el rey Adriano cae.

D: *Esta cuarteta contiene el nombre "Adriano" y los traductores siempre lo interpretan de la misma forma. Dicen en su definición: "Adriano es uno de los anagramas más populares de Nostradamus para el Rey Enrique IV."*
B: No sólo porque emplee más de una vez un anagrama significa que se refiere a la misma persona. El nombre Adriano puede servir de anagrama para una variedad de nombres. Adriano, Enrique y una infinidad de nombres. Cuesta encontrar anagramas originales para ciertas personas y que resulten tan ininteligibles que nadie sea capaz de adivinar de quién se trata.
D: *Los traductores siempre han dicho que se refiere al Rey Enrique.*
B: Tal vez eso explica por qué no pueden interpretar algunas de sus cuartetas. Posiblemente ésta es una cuarteta que nada tiene que ver con el rey Enrique IV, pero, dice, ¡qué le va a hacer! Esta cuarteta tiene varios significados. Las primeras dos líneas describen, en una palabra, los efectos de la Segunda Guerra Mundial y cómo acabó finalmente. La Segunda Guerra Mundial fue la primera guerra que hizo un amplio despliegue de ataques aéreos sobre las ciudades, lo que los alemanes llamaron blitzkrieg o "guerra relámpago." Era la primera vez en la historia que esto ocurría, y apareció de forma destacada en su visión. El árbol que cayó en medio de la ciudad simboliza la bomba que fue lanzada sobre Hiroshima y Nagasaki. Lo que cayó era sólo un delgado cilindro plateado, como el tronco de un árbol.
D: *(De pronto me llegó una inspiración.) Lo llamamos nube-hongo, pero cuando se elevó la nube en realidad parecía la copa de un árbol.*

B: Sí. Y dice que "la sagrada rama cortada" simboliza que el poder atómico altera el árbol de la vida. Utiliza un simbolismo psicológico, y también un simbolismo físico y químico literal. Asegura que los efectos secundarios de un arma semejante, en cuanto a las mutaciones celulares y el cáncer, ocasionan otro tipo de desgajamiento del árbol de la vida. Después, la gente en general también termina por apartarse de la fuente espiritual a través de la fuerza de la potencia industrial basada en la energía nuclear. Sugiere que leas de nuevo la última línea.

D: *"Una espada contraria a Tison, después el rey Adriano cae."*

(Él corrigió mi pronunciación.)

B: Esta última línea se refiere a un suceso en nuestro futuro: la caída de la casa real británica. Será durante el tiempo del Anticristo. Dice que ocurrirá por lo que se conoce como "vicisitudes de la guerra".

D: *¿Puede ser más explícito? ¿Quiere decir que la familia morirá?*

B: La cuarteta presagia que, por un cúmulo de hechos, los descendientes masculinos de la familia o bien mueren en una batalla, o como consecuencia de una enfermedad causada por bombas biológicas diseñadas para afectar solamente a los hombres. El enemigo tendrá bombas biológicas portadoras de gérmenes letales para matar a todos los soldados. Atacan a las fuerzas combatientes para reducir el número de soldados en el campo de batalla. Pero las bombas no discriminan. También afectan a los hombres fuera del campo de batalla como los ancianos en casa y los jóvenes. Así es como morirán los miembros masculinos de la familia real inglesa. Y dice que las mujeres de la familia real serán o demasiado viejas para tener hijos o quedarán estériles por los efectos secundarios de esta bomba y otras armas terribles. Así es como se extinguirá la familia real inglesa. Si Inglaterra decide continuar como monarquía, tendrá que buscar las ramas más distantes de la familia real para encontrar a alguien que lleve la corona. Pueden elegir uno u otro camino y la historia se deslizará suavemente en cualquiera de las dos direcciones, pero si eligen la tradición, encontrarán al portador de la corona de una fuente del todo inesperada.

D: *Llama la atención que se invente algo que sabe distinguir entre hombre y mujer.*
B: Señala que esas enfermedades ya han sido inventadas en tu tiempo pero son alto secreto militar. El virus que ataca tiene efectos diferentes en hombres y mujeres. Lo perfeccionan, de modo que matará principalmente a los hombres; a las mujeres las volverá estériles. Dice que extrae este vocabulario de la mente del vehículo puesto que conoce los conceptos, pero las palabras no existen en su tiempo. Cuando el virus invade la célula, podrá discriminar entre el cromosoma X y el cromosoma Y. La presencia del cromosoma X adicional o la presencia del cromosoma Y afectará al virus, y determina el modo en que afectará esa célula y todo el cuerpo.
D: Pero creo que el uso de armas de este tipo es como suicidarse, porque va a dañar a la población en general.
B: Dice que no es así como piensan los fanáticos de la guerra.

Tal vez ésta es otra razón por la que incluyó esto en la misma cuarteta para referirse a la bomba atómica. Cuando ésta se empleó, tampoco pensamos en las consecuencias sobre la población en general. Tal vez él establece aquí otro paralelismo.

B: Estas armas caerán sobre Inglaterra. Pero la gente no se da cuenta del peligro que corre porque las características climáticas podrían hacer que parte del virus se extienda a la masa peninsular, lo cual destruirá también a gran parte de la población.
D: *Es lo que pensé. Dañará a la población futura del mundo si la gente no puede procrear o reproducirse.*
B: Vas demasiado lejos con tu imaginación. Sólo va a caer en Inglaterra, no en todo el mundo, y por lo tanto, los principales afectados serán los ingleses. Sin embargo, dado que los médicos ingleses son tan buenos profesionales, podrán crear una vacuna o suero que contrarreste los efectos del virus y ayude a inmunizar a la gente. Pero tomará tiempo.
D: *Realmente parece tan excesivo como todo lo que hace el Anticristo.*
B: Dice que a la gente le cuesta tomar en serio al Anticristo porque es excesivo en todo.

D: *Entonces en el caso de esta cuarteta, el rey Adriano no se refiere a Adriano.*
B: El rey Adriano representa a la familia real.
D: *Los traductores ni siquiera se han aproximado en sus interpretaciones.*
B: Eso no le sorprende.

Con las instrucciones de Nostradamus finalmente pude localizar a Adriano en libros de historia de las leyes. Fue un emperador de Roma en el año 117 d.C. El mismo cuya historia había ojeado antes de forma superficial. Esta peripecia me enseñó una lección: evitar precipitarme tanto en sacar conclusiones como en mi trabajo de investigación. También debí darme cuenta de que Nostradamus fue sumamente exacto en la interpretación que nos dio y que él no es proclive a cometer un error de este calibre.

En el tiempo de Adriano, en Roma abundaba gente de una gran diversidad de países y religiones. Todos ellos insistían que en cuestión de leyes deberían ser juzgados según las normas y costumbres de sus propios países y no por las leyes que se aplicaban a los ciudadanos romanos. Era un barullo complicado y confuso. Adriano fue el primero en ordenar y codificar leyes que trataban a todos con justicia y equidad; una empresa gigantesca. Adriano fue un gran legislador, y Nostradamus usó su nombre en sus cuartetas como símbolo de la ley o de un legislador. Un ejemplo más de su increíblemente compleja mente.

Capítulo 9

Los Horóscopos

Llevé a casa de John algunas de las cuartetas para aclarar algunos datos astrológicos. John había estado trabajando en una en particular.

CENTURIA I-50

De l'aquatique triplicité naistra. *D'un quifera le jeudi pour safeste:* *Son bruit, loz, regne, sa puissance croistra,* *Par terre & mer aux Oriens tempeste.*	De tres signos de agua nacerá un hombre que celebrará su fiesta el jueves. Su fama, elogio, dominio y poder crecerán en tierra y mar, causando problemas a Oriente.

John explicó que los tres signos de agua podrían referirse a un gran trino cuya influencia sería considerable si estuviese en un horóscopo. Ya nos habían dicho que los signos de agua también se referían a tres masas de agua cerca del lugar de origen del Anticristo. John preguntó si podía estar presente en una sesión para pedir a Nostradamus más información. Fue suya la atrevida idea de trazar el horóscopo del Anticristo, y a mí me pareció fantástica y excitante. También pensé que era imposible por las dificultades que tenía Nostradamus para ver cosas concernientes al Anticristo. Sus hechos eran claramente visibles pero el personaje en sí era muy nebuloso. Me pareció bien que John lo intentara, al menos sería un experimento interesante.

Una vez que Brenda entró en trance profundo, emprendimos la tarea de obtener la información astrológica.

Dolores: Cuando hicimos preguntas sobre el Anticristo se nos dijo que una de las pistas de su identidad era que parte de su horóscopo implicaba tres signos de agua que en nuestra opinión pueden ser un gran trino. El astrólogo desearía hacer algunas preguntas para aclarar esto.

John: (Él leyó la cuarteta.) Si esto se refiere a un gran trino, nos gustaría saber qué planetas estarán en trino en los signos de agua. Esto nos ayudaría a encontrar su horóscopo natal.

Brenda: Dice que transmitirá lo que pueda. Intentará decir al comunicador qué planetas estarán en qué signo, para dar margen a que el astrólogo calcule el tiempo al que se refiere. Dice que si surge un fragmento de información aparentemente contradictoria o sin sentido, puede ser un error en la interpretación de los conceptos entre su mente y la mente del comunicador. Y que haga libremente las preguntas que desee para aclarar la información que él intenta darnos. Pregunta si te parece razonable. (John asintió.) (Sonriendo) Me acaba de amonestar con mucha delicadeza. Ha dicho: "En música no todo se puede describir, querida." (Nos reímos.)

D: ¿Puede ver en el horóscopo del Anticristo dónde está posicionado el sol?

B: El sol estará en un lugar de fuego, lo que le confiere una personalidad magnética. Dice que los tres signos de agua son... me muestra una imagen del cielo nocturno que contiene el trazo de un triángulo, con círculos en cada una de las puntas del triángulo. Mercurio está en el equilibrio de la balanza y Neptuno en su trono de poder marino. Lo que va a decir a continuación hará que los críticos aúllen como jauría, pero el anciano Plutón estará en el lugar del misterio. Por desgracia, la información que proporciona es una combinación del horóscopo natal del Anticristo y su interacción con las posiciones de los planetas en el momento en el que sube al poder. Dice que tal vez no podrá aclarar a qué se refiere, aunque confía en que John pueda resolverlo. Si John tiene problemas, que se sienta con libertad para preguntar.

J: Me gustaría saber en qué situación están Saturno y Júpiter.

B: Júpiter tendrá una ubicación muy importante. Júpiter es lo mismo que Thor, y Thor es el día del Anticristo. (Esto se refiere al Jueves, que a menudo se menciona en las cuartetas.) Júpiter es la cabeza regente de los planetas y el que controla los poderes. Saturno está en el lugar del intelecto; sólo repito lo que él dice. Describo lo que veo y lo que intenta mostrarme. No sé si lo que digo tiene sentido. Para mí no lo tiene porque no es mi campo de conocimiento. Dice que es deliberadamente ambiguo y misterioso para que al vehículo no le entre pánico e intente comunicar con exactitud información de naturaleza desconocida.

D: Lo estás haciendo muy bien.

B: Este es otro punto en el que los críticos pueden empezar a aullar como jauría. Dice que el poder de Urano también está en su horóscopo, y esta influencia se relaciona también con el agua. Urano tiene el poder combinado del agua y el relámpago. Su horóscopo es de extremos que aportan el magnetismo que ejercerá sobre la gente. También contribuye a su vertiginosa subida al poder y su repentina caída. En su vida no existen términos medios.

D: Dijo que los críticos empezarían a aullar como una jauría. ¿Es tal vez porque estos planetas no se conocían en su tiempo?

B: Correcto. Dice que si lees correctamente a los clásicos, sabrás de estos planetas. Hay una gran cantidad de conocimiento antiguo que se olvidó tras la caída de la civilización de la Atlántida y que es preciso recuperar gradualmente.

D: ¿Quieres decir que conocían estos planetas?

B: Sin lugar a dudas. Ellos estaban mucho más avanzados de lo que estamos en nuestro tiempo. La gente del siglo veinte tiende a ser muy egocéntrica, cree haber alcanzado los más elevados logros en ciencia, conocimiento y tecnología. Pero no es verdad. Él tiene acceso a muchos registros. Son antiguos y se convierten en polvo en bibliotecas y lugares ocultos, y probablemente los han destruido desde su tiempo. Por ejemplo, tiene a su disposición copias antiguas de las Escrituras que desde entonces se han prohibido y modificado, dando pistas de una parte del antiguo conocimiento.

J: *Tengo un par de preguntas sobre esto porque creo que mentalmente puedo trazar su horóscopo. La posición de Plutón en el signo del misterio sería cuando Plutón estaba en el signo de Virgo. ¿Es correcto?*

B: Percibo que esto le satisface. Dice que tú y él piensan del mismo modo, y le agrada que puedas hacer esto. Le facilita la comunicación.

J: *Quiero repasar esto de nuevo y obtener el horóscopo completo antes de seguir más adelante. Él mencionó que Plutón estaba en el signo del misterio. Urano probablemente estará en el signo de Acuario por lo del relámpago y el trueno. Y Saturno probablemente estará en el signo ya sea de Géminis o de Acuario.*

B: Dice que Saturno está en Géminis.

J: *Marte estará en Capricornio y Venus en Piscis. Mercurio estará en Libra y la luna debe de estar en un signo de agua.*

B: Dice que es verdad.

J: *¿Podría estar la luna en Escorpio? ¿Y el sol en el signo de Sagitario?*

B: Dice que sí.

J: *Entonces los tenemos todos, sólo nos falta su ascendente para completar el diagrama. ¿Cuál sería el ascendente en este horóscopo?*

B: Respecto al ascendente, transmite con insistencia dos cosas, y no estoy segura de cuál es la que más destaca. Veo la imagen de Aries y Tauro.

J: *Podría ser verdad si Aries estuviera en pleno ascenso y Tauro fuese interceptado en la primera casa.*

B: Sin embargo, la imagen que me transmite es de un carnero y un toro. Como comunicadora, he de disculparme por mi falta de luces en esto.

J: *No, no te preocupes por eso. Yo entiendo lo que intentas decir. ¿Qué hay del nodo norte o del aspecto de fortuna?*

B: (Ella parecía confusa.) ¿Cómo dices?

D: *¿Conoce Nostradamus la palabra "nodo"?*

J: *¿El nodo norte o la cabeza del dragón?*

B: Dice que se ha encontrado con el término "cabeza del dragón" y le es familiar, si bien el concepto no está en la mente de la comunicadora. La mayor desventaja de esta forma de comunicación es el gran bloqueo en cuanto a conocimientos astrológicos. Esto le hace difícil transmitir la información que quiere. Sabe que habrá escépticos que no entenderán.

J: *¿Qué edad tiene ahora el Anticristo?*

B: Dice que está al final de su adolescencia. Percibo 17 o 19. Diecisiete aparece de forma más destacada.

D: *Antes dijo que estaba en su adolescencia.*

J: *Otra pregunta. (Había estado buscando los signos en su libro.) ¿Considera que el 16 de diciembre de 1968 es la fecha de nacimiento del Anticristo?*

B: Un momento por favor. (Pausa) Le parece acertada. Es al final de ese año.

J: *Estoy buscando en las efemérides y esa fecha parece ser la correcta.*

D: *¿Sabe lo que son efemérides?*

B: Una tabla que muestra la posición de las estrellas.

J: *En esa fecha los planetas se alinean en un punto que sería favorable para el nacimiento de una persona muy espiritual o muy maligna.*

B: Desgraciadamente él escoge el camino maléfico en vez del espiritual debido al influjo de su traumática adolescencia.

J: *Quiero comunicarle a Nostradamus que esta información es muy valiosa y le estoy muy agradecido por ello. Ahora con la ayuda de un mapa de tránsitos puedo entender cómo llegará al poder.*

B: Él agradece a su vez tu presencia en este momento para recibir la información porque los tiempos difíciles serán muy graves. Y las fuerzas del bien necesitan toda la ayuda posible porque estarán eclipsadas. Él cree que todo lo que haga para ayudar en esto también será bueno para él por la deuda kármica que cree tener en esta materia.

D: *También yo me alegro de poder ayudarle.*

B: Todo lo que yo pueda transmitir con claridad y exactitud es para todos nosotros una ventaja adicional, menos para el Anticristo, claro. Esto último lo dijo con una risita.

D: *Es justo lo que intentamos hacer: burlar al Anticristo.*

B: Dice que le gustaría decir algo más sobre su horóscopo natal. Tal vez en otra sesión pueda filtrar en mi subconsciente algo más de información para ti. Dice que es difícil hacerla pasar a través de un muro de ladrillo. Michel de Notredame está entusiasmado y encantado de poder hablar con un espíritu hermano y comunicar información detallada de forma compacta. Pero al mismo tiempo se da cuenta de la dificultad que supone que la comunicadora, es decir yo, no entienda los conceptos que él trata de transmitir. Es más fácil ahora que ha descubierto este método para comunicar información astrológica. Es casi tan fácil como comunicar información corriente. Tendrá el placer de profundizar más en esto si necesitas alguna aclaración adicional o preguntar algo más por curiosidad.

D: Podemos volver y verificarlo con él. Yo sama que tenía que haber un modo de resolver su bloqueo.

John estaba manifiestamente entusiasmado con esta confirmación. Representaba un tremendo avance para obtener la fecha de nacimiento del Anticristo. Percibí que apenas podía esperar a que terminara la sesión y empezar a trazar el gráfico.

Pensamos que Nostradamus lo había hecho muy bien dadas las circunstancias, ya que ni Brenda ni yo sabíamos mucho de astrología. Ésta fue una de las sesiones más difíciles que tuvimos. Fue muy tediosa porque las respuestas no fluían con la rapidez característica de las otras sesiones. La verdad es que no contenían tanta dificultad ni conceptos tan extraños.

Cuando Brenda despertó dijo que tenía una extraña sensación en la cabeza. No era dolor, sino una especie de presión, como si el cráneo se le hubiese quedado demasiado pequeño para su cerebro.

Le dije: "Él intentó meter demasiadas cosas en ella".

Como no era una sensación desagradable, ella se rió y dijo: "¡Ay, mi pobre cerebro!"

MÁS TARDE, MIENTRAS John examinaba la información, era obvio que faltaban signos, especialmente el gran trino de signos de agua. Esto no era sorprendente. Nostradamus dijo que nos daba signos que serían importantes en el horóscopo del Anticristo y en el momento de su ascenso al poder. A John le había tocado la nada envidiable tarea de intentar ordenarlos.

Cuando él descubrió que habría varios grandes trinos de signos de agua durante el verano de 1994, creyó que podría ser cuando el Anticristo llegara al pleno poder. Yo me pregunto si sería exacto, ya que el Anticristo tendría cerca de 25 años en ese momento: una edad increíblemente joven para semejante logro.

En otra sesión, John decidió usar el mismo método para obtener información sobre otros personajes de nuestro guión. Un protagonista importante es el último Papa. Según las predicciones de Nostradamus que se tradujeron en el Volumen I, habrá tres Papas más antes de la desintegración de la Iglesia Católica. Dijo que el Papa actual será asesinado en un futuro muy próximo. El segundo también será asesinado y deja vacante la sede papal para el tercer Papa. Este último Papa estará bajo el control del Anticristo y será su instrumento. Es en este tiempo cuando se produce el incendio de Roma y el saqueo de la biblioteca del Vaticano.

J: ¿Será francés el último Papa?
B: Tiene la fuerte sensación de que sí. El hombre será de tez morena, y su carácter puede equipararse al de la carta del "Hierofante invertido" del Tarot. Dice que a este vehículo le resulta muy difícil entender el uso de signos astrológicos. Esto ocurre por su ignorancia y no por miedo. No obstante, el uso de los símbolos con los que este vehículo está familiarizado, como el Tarot, propicia una comunicación más eficaz de los conceptos. Por lo tanto él recurrirá al uso del simbolismo del Tarot más que al astrológico.

J: ¿Puede darnos la fecha y año de nacimiento del último Papa?
B: Es difícil. Tendrá que volver a usar expresiones ambiguas. Y añade que mi subconsciente levanta su horrible cabeza. Ésas fueron las palabras que empleó y me dio la imagen de la cabeza de un dragón en el día de Año Nuevo chino, con serpentinas por todas partes que bloquean la visión.

D: (Risas) Vaya, hemos podido eliminar a ese dragón.
B: Dice que éste es un hombre de misterio y de aguas tenebrosas. Su signo es Cáncer y en su horóscopo destacan mucho los signos de misterio y oscuridad. A Nostradamus le cuesta ver los números y la fecha de nacimiento, de modo que lo deja para más adelante. Este hombre tiene algún tipo de deformidad física. No está seguro si tiene un hombro ligeramente torcido o encorvado o un pie deforme, pero es una tara de esa naturaleza. Es un defecto óseo congénito, no una lesión. Por consiguiente, su mente quedó

lastimada por la gente que es cruel e insensible con los que son diferentes. Este hombre de tez morena y ojos azules entró en la Iglesia cuando era muy joven por amargura y desesperación; sabía que nunca conseguiría que una joven le amara y se casara con él. Entró en la Iglesia para no enfrentarse a esto. Este hombre era un joven... (deslizó rápidamente la fecha en su subconsciente) nacido en 1932, y sus padres estaban involucrados en el movimiento nazi en Francia. Por lo tanto, esto también dejó huella en él. Tuvo que soportar las burlas de sus compañeros de colegio en los años posteriores a la Segunda Guerra Mundial. Le llamaban "amigo de los nazis" y cosas por el estilo. Si en su entorno no hubiese estado expuesto a la crueldad e insensibilidad de la gente, pudo haber sido un buen hombre, tal vez incluso amable. Pero tal como fueron las cosas, el dolor torció su mente hacia la crueldad, y ahora quiere hacer pagar al mundo por lo que recibió cuando era joven.

D: *¿Por eso le resulta más fácil convertirse en instrumento del Anticristo?*

B: Sí. Eso lo hace muy propenso a ello. (Rápidamente) Su fecha de nacimiento es el 4 de abril de 1932.

D: *¿Cuál es su ascendente?*

B: Sagitario.

John hizo un ademán para dar a entender que esto era todo lo que necesitaba para trazar un horóscopo.

B: Dice que siempre le satisface darte fechas. Ha observado que al deslizada a toda prisa y sin dar oportunidad a que alguien lo piense, el terrible subconsciente de este vehículo no estorba.

Lo que viene a continuación es un breve resumen de lo que John descubrió cuando trazó el horóscopo para la fecha de nacimiento 4 de abril de 1932.

En este horóscopo vemos un stellium o grupo de planetas (tres o más planetas en el mismo signo) en el signo del Carnero, Aries. El Sol, Mercurio, Marte y Urano se juntan en la 5ª casa de la creatividad, los placeres y la especulación. Con especial énfasis en el signo de Aries, el individuo tendrá una mente fuerte, y se abrirá paso "a topetazos" hasta la "cúspide." El Sol combina con el errático Urano y el titubeante Mercurio, lo que significa una personalidad magnética, una mente aguda y un fuerte deseo de conseguir lo que quiere. La Luna en Piscis indica un sentido de compasión por los demás que le conduce al sacerdocio. La Luna en conjunción con el nodo Sur predice en él la necesidad de pasar por una purificación emocional. También existirá un fuerte vínculo con la figura de la madre. Mercurio en conjunción con Urano muestra originalidad de pensamiento y confianza en sí mismo, aunque a veces es presa de un modo caótico de pensar. Venus en Tauro en la casa del servicio indica que trabajará bien con sus colegas y ellos le ayudarán a alcanzar sus ambiciones. Marte en buena relación con Saturno augura un fuerte sentido de disciplina y la habilidad para alcanzar objetivos y proyectos con gran determinación. La tendencia a no exteriorizar sus frustraciones podría convertirse en amargura y propensión a la venganza. Urano en aspecto negativo con Plutón pronostica una vida llena de cambios y convulsiones que pondrán a prueba su fortaleza de espíritu.

OTRO IMPORTANTE PROTAGONISTA mencionado por Nostradamus es Ogmios. Ninguno de nosotros había oído nunca este extraño nombre cuando surgió por primera vez, pero de nuevo se trataba de una referencia simbólica a la mitología. Ogmios era el equivalente céltico del legendario Hércules. Se supone que él será la Némesis o bestia negra del Anticristo. Sus esfuerzos como líder de un movimiento clandestino consiguen que la gente se rebele contra el Anticristo.

J: ¿Puedes darnos la fecha de nacimiento de Ogmios?

No creí que esto fuese posible, pero Nostradamus reaccionó sin titubeos.

B: Me proporciona el mes y la fecha, y ahora intenta decirme el año. (Pausa) 17 de octubre de 1952.

Fue una sorpresa inesperada y emocionante poder obtener con semejante rapidez una información tan concisa.

D: *John quiere intentar trazar su horóscopo para conocer mejor su personalidad.*
B: Sí. Dice que hará un esfuerzo para transmitir fechas de nacimiento cuando se le pidan. Este líder provendrá de algún punto en el centro de Europa. Él proporciona esta información en caso de que John necesite un lugar geográfico de su nacimiento para el horóscopo.

John no perdió el tiempo. Estaba ya buscando esta fecha en sus efemérides.

J: *El horóscopo de Ogmios muestra que nació bajo la luna nueva de Libra, que ocurre en 1952, con Saturno cerca de esta alineación planetaria. En mi opinión, esto indica que se trata de una vieja alma. En sus vidas anteriores ha luchado contra fuerzas negativas.*
B: Sí. Este hombre está bien preparado espiritualmente para asumir esta tarea, ya que su oponente será muy poderoso; está rodeado de fuerzas espirituales negativas. Necesitará estar bien protegido para la batalla a todos los niveles. Será del pueblo, ya que es un hombre que, por así decirlo, se habrá forjado entre la gente. Empezó en un ambiente cultural sencillo y sus logros son el resultado de su honradez y esfuerzo. Posee cierta educación técnica, si bien la principal habilidad en la que más confía es su propio sentido práctico. Es capaz de ver la raíz de las cosas. Es un alma antigua y tiene muy claras sus prioridades. Sabe lo que es importante y lo que no lo es para el resultado final. Y es uno de los que ayudarán a preparar el camino para el Gran Genio que vendrá después del Anticristo, puesto que es consciente de que no es él quien conducirá al mundo hasta la paz definitiva. Pero él es quien ayudará a derrotar a los destructores del mundo; él preparará el camino para el que guiará al mundo hasta la paz suprema.
J: *¿Cuál es su ascendente?*
B: Repite una y otra vez Tauro.

John asintió con la cabeza. Era lo que necesitaba para trazar el horóscopo de este hombre identificado como Ogmios.

El siguiente es un breve resumen hecho por John de la fecha de nacimiento: 17 de octubre de 1952.

En el horóscopo de Ogmios vemos un stellium de planetas en el signo del equilibrio, Libra. El Sol, la Luna, Saturno y Neptuno se juntan en la 6ª casa de la salud, el trabajo y el servicio a los demás. Esto señala que será sensible a las necesidades ajenas. Hay un fuerte sentido de humildad, y a medida que avanza en la vida se volverá paciente, persistente y modesto. La Luna aquí significa que un equilibrio de personalidad se alcanzará a través del crecimiento espiritual. Parte de su "destino" en la vida es el servicio a los demás. Mercurio en buen aspecto con Marte propicia el uso de la propia razón y lógica en situaciones difíciles. Venus en el signo de Escorpión muestra emociones profundas que no siempre se exteriorizan. Habrá muchas pruebas respecto a su desarrollo emocional. Júpiter en Tauro en la 1a casa de la personalidad muestra un sentido del humor cálido y campechano y en general un carácter jovial. La formación de una Gran Cruz compuesta por sus planetas Venus, Júpiter, Plutón y los Nodos, predice que tiene que realizar una "misión especial", aunque tal vez se resista a implicarse en semejante empresa. La gran fuerza y equilibrio que hay aquí auguran un admirable adversario para el Anticristo.

Las siguientes son algunas de las observaciones que hizo Nostradamus sobre Ogmios mientras trabajábamos a través de Brenda.

B: Dice que Ogmios es un hombre de gran talla. Será una persona de naturaleza franca y muy directa. Puede ser un excelente amigo, pero no te gustaría tenerle como enemigo. Por eso es el adversario idóneo para enfrentarse al Anticristo.

J: *¿Ogmios será miembro de una organización religiosa o eso tendrá algo que ver con la clandestinidad?*

B: Habrá recibido educación religiosa. Será un hombre recto de fuertes principios y ética. Sus principios son los suyos propios y no están influidos por lo eclesiástico.

J: *Eso queda implicado en su horóscopo por la cuadratura de Saturno con Urano, que indica que la persona se opondrá a cualquier tipo de organización o restricción.*

B: Es verdad. Por eso es quien provocará la caída del Anticristo. Este hombre es un líder y tendrá a sus órdenes una organización para ayudarle en su misión, pero no está dispuesto a someterse a nadie. (Nos reímos.)

J: *¿Cuál es el signo solar de Nostradamus? ¿Puede decirme su fecha de nacimiento?*

D: *Me temo que John quiere buscar su horóscopo. (Risas)*

B: A decir verdad no está muy seguro. Sus padres no eran muy cuidadosos a la hora de registrar los nacimientos de sus hijos. Él no se molesta en celebrar su cumpleaños porque podría ser el día que él cree que nació, el día que su madre cree que nació, o el día que le registraron para su bautismo.

D: *¿Y todas estas fechas son diferentes?*

B: Sí, así que por eso no le preocupa. Tal vez lo que al joven astrólogo le gustaría hacer -y asegura que también le será de gran ayuda- es tomar lo que sabe de su vida, las fechas importantes, el año y lugar de nacimiento, y luego elegir la fecha que sea la más lógica o la que mejor encaje con lo que sabe. Luego se encoge de hombros y dice: "Sé que eso no es de mucha ayuda pero, así son las cosas."

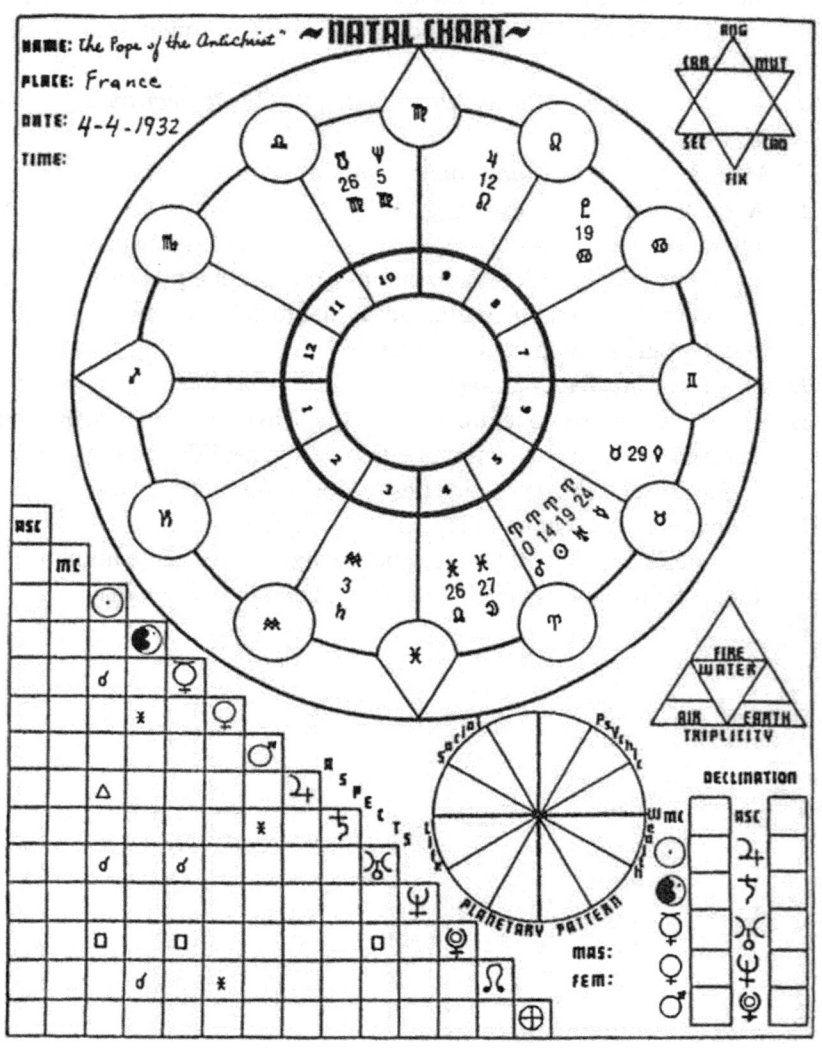

Horóscopo para la fecha de nacimiento del Papa del Anticristo: 4 de abril de 1932:

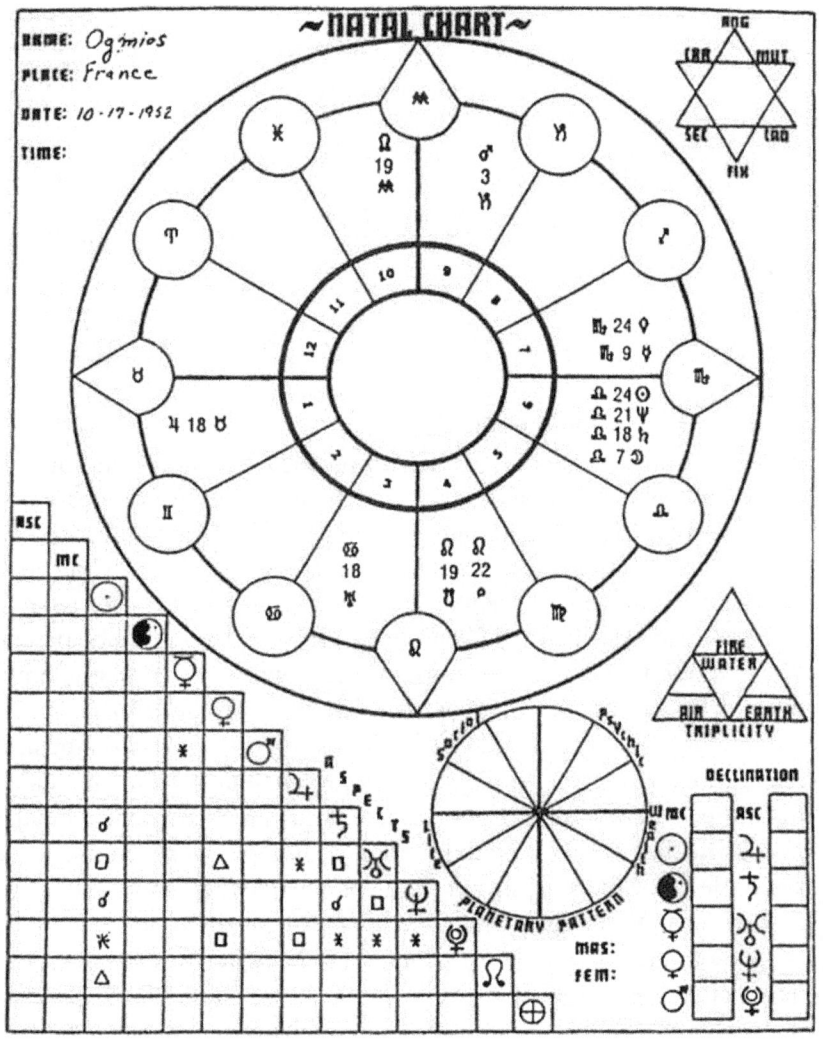

Horóscopo de la fecha de nacimiento de Ogmios, 17 de octubre de 1952.

Capítulo 10

La Sala del Tapiz

Aunque tuvimos la gran suerte de poder trabajar con éxito a través de Brenda durante seis meses, teníamos que haber adivinado que no tardaríamos en encontrar de nuevo obstáculos que la vida nos ponía en el camino. Es un hecho admitido que la vida no es un lecho de rosas, y parte de nuestra lección mientras vivimos en la tierra es aprender a trabajar y adaptarnos a los problemas. A Brenda le resultaba cada vez más difícil continuar con su trabajo a tiempo parcial y acudir a la universidad a tiempo parcial. En especial los problemas monetarios se volvían críticos. Muy a su pesar decidió posponer durante un tiempo su dorado sueño de terminar la carrera de música. Aunque estaba capacitada para trabajar en una oficina, no había trabajo en nuestra zona. Como solución desesperada aceptó trabajar por las noches en la línea de montaje de una planta de envasado de pollos de la localidad. Ella aún creía posible trabajar conmigo una vez a la semana. Yo estaba dispuesta a adaptarme a su horario con tal de no perder contacto con Nostradamus. Después de darle un descanso de varias semanas para que se adaptara a su nueva rutina, ella sugirió que nos reuniéramos al terminar su trabajo hacia la medianoche.

Esperé frente a su casa a que llegara, sin presentir ningún salvo que esa noche me iría a dormir más tarde que de costumbre. Lo había hecho antes en mi trabajo. Si la historia me parece importante, trato de trabajar con mis sujetos cuando es más conveniente para ellos. Una vez más, yo no presentía los obstáculos que la vida nos pondría delante.

Cuando Brenda salió de su coche, entró en casa con paso vacilante y se derrumbó agotada en la silla más próxima. Se sentía tan agotada que creyó que no llegaría a casa. Pensó que podía aguantar el monótono trabajo de montaje (tiempo que ella aprovechaba mentalmente para componer música) y que fácilmente se adaptaría a la total inversión de su ritmo de vida. Pero no había contado con los rigores que esto le haría padecer a su cuerpo. Físicamente no estaba acostumbrada a esta clase de trabajo. Me enseñó las manos que tan importantes eran para ella como pianista. Tenía hinchadas las articulaciones debido al prolongado contacto con los pollos congelados. Le dolían los músculos de brazos y hombros por los repetitivos movimientos ante la cinta transportadora de pollos. Estaba a punto de llorar cuando anunció: "Lo único que quiero es tumbarme en la cama. No tengo ánimo ni para comer". Me miró con tristeza. "Realmente no veo la manera de continuar mi trabajo contigo mientras tenga este empleo. Simplemente estoy demasiado cansada todo el tiempo." Aunque me desalenté, para mí siempre ha sido prioritario el bienestar de mis sujetos. Me marché para que ella pudiera descansar un poco.

Mantuve el contacto con ella y su vida se convirtió en una especie de pesadilla de robots. Trabajaba hasta medianoche, después llegaba a casa para derrumbarse en un aturdimiento del que despertaría alrededor del mediodía siguiente, para después comer algo y meterse de nuevo en la misma rutina. Parecía que nunca dormía o descansaba lo suficiente; siempre estaba cansada. Sus manos y sus brazos no sólo no mejoraban sino que el dolor iba en aumento hasta volverse crónico. No había manera de que nos reuniéramos los fines de semana porque para ella se convertían en algo precioso y celosamente se los reservaba. Necesitaba tiempo para sí misma con el fin de prepararse para la embestida de la semana siguiente. Para colmo, su novio obtuvo un trabajo que le obligaba a viajar fuera de la provincia. Su única salida era dormir más. Me pareció una forma de retirarse de la vida, refugiarse en el cómodo sueño que era una escapada provisional. Sus amigos intentaron ayudarla a encontrar un trabajo normal con horario normal, y así escapar de la pesadilla en la que vivía.

En este tiempo yo también caí en una depresión. Me había impuesto una especie de calendario. Había esperado terminar las mil cuartetas antes del verano de 1987. Ahora eso parecía imposible, puesto que todo se detuvo un punto muerto. No tenía ni idea de qué hacer a continuación. Sentía como si yo hubiese faltado a mi compromiso, o que de alguna manera le había fallado a Nostradamus. Pero yo no podía hacer nada. No podía obligar a Brenda a trabajar si ella no quería. Ése no es mi modo de funcionar. La obligación no ha sido nunca parte de mi técnica. Siempre he obtenido mejores resultados en el entendimiento y la confianza con mis sujetos. Ellos se sienten a salvo si saben que yo nunca haría nada que les perjudicara o les pusiera en peligro. Aunque ella consintiera en tener una sesión para satisfacerme, en su estado de continuo agotamiento yo no tendría la seguridad de que la información que llegara a través de ella fuese fiable. En vista del tormento físico y mental por el que ella estaba pasando sería difícil que la información fluyera con facilidad.

Hablé de este tema con John en una de las visitas que le hice. Me temía que Brenda podría estar padeciendo también una especie de agotamiento psíquico. Después de todo, habíamos trabajado en firme en este proyecto durante seis meses, y tal vez ella necesitaba un descanso. Aunque me deprimía el hecho de no poder continuar con la historia, pensé que era mejor darle un respiro. Ella me diría cuando estuviese dispuesta a trabajar de nuevo.

John no reaccionó de la misma manera. Él sentía una presión que yo desconocía. Me dijo que no estaba satisfecho con la información que habíamos recibido sobre el horóscopo del Anticristo. No encajaba bien, y no se sentía cómodo con ella. En primer lugar no creía que el Anticristo pudiera realmente ser tan joven en la actualidad. Los horóscopos para el último papa y Ogmios, la bestia negra del Anticristo, parecían ser exactos, pero sentía la necesidad de pedirle a Nostradamus más detalles para aclarar el horóscopo del Anticristo. Estaba impaciente por obtener más información. Entendí su problema y agradecí deseo de ser lo más exacto posible, pero yo sólo pude repetir que no podríamos trabajar con Brenda hasta que encontrara otro trabajo. No teníamos idea de cuando podría ser, y esto irritaba a John. Luego dejó caer otra bomba. Él había estado reflexionando seriamente sobre la idea de mudarse fuera de la provincia, y finalmente había decidido irse a Florida a finales de mayo, lo que nos dejaba un margen de más o menos dos meses. De ahí su gran impaciencia por terminar su parte del proyecto.

Me fui de su casa más deprimida que nunca. En cuanto me metí al coche grité mientras sujetaba el volante con las dos manos: "¡Todo el mundo entra y sale de mi vida! ¿Qué debo hacer?" Sentí como si me topara contra un grueso muro de ladrillo y no hubiese forma de rodearlo. Luego, casi con la misma rapidez con la que había surgido la frustración, llegó como brisa refrescante la fragancia de otro pensamiento que me despejó la mente para dejar espacio al sentido común. ¿Qué me ocurría? Estaba reaccionando como si fuese totalmente mi responsabilidad encontrar respuesta a esto. Éste no era mi problema. Yo no tenía control sobre esto. Nunca lo he tenido desde el principio mismo. Yo no empecé esto. Ellos lo hicieron. Ellos ya habían derribado obstáculos mayores que éste para organizarlo todo, así que era preciso dejar que ellos lo resolvieran si realmente pretendían que este proyecto llegara a su fin. Era yo la que se había impuesto un calendario, no ellos. Yo desconocía por completo el que ellos tenían en mente. En silencio les agradecí la oportunidad de trabajar en esto y la información que ya habían transmitido, y luego mentalmente lo dejé en sus manos. Era su responsabilidad, siempre lo había sido. Yo era simplemente una marioneta que ellos manipulaban de acuerdo a algún plan invisible. Era un buen plan, y así lo parecía, de modo que ellos debían saber qué hacer.

Casi me echo a reír a carcajadas. Sentí como si me hubiesen quitado un enorme peso de mis espaldas. La sensación de libertad era vivificante. Tuve la certeza de que todo se solucionaría.

Repasé el material que había acumulado para el manuscrito de Nostradamus y decidí que aunque había aún varias preguntas sin responder, había suficiente material para un libro. Tal vez ésta era la sabiduría oculta tras la demora; me facilitó la terminación del manuscrito en vez de retenerlo hasta tener más información. El primer libro podría contener información importante al menos para hacer pensar a la gente. Ignoraba si algún día yo sería capaz de traducir las cuartetas restantes, pero eso no importaba. Estaba en paz conmigo misma. Ya no tenía la sensación del insalvable muro de ladrillo sino de estar en la cima de una montaña contemplando una maravillosa vista que se extendía hasta donde el ojo es capaz de ver. Instintivamente supe que lo que tenía que ocurrir, ocurriría, y nada de lo que yo hiciera o dejara de hacer cambiaría el resultado final. Esto formaba parte de un plan maestro y aprendí a confiar exclusivamente en la fe. Descubrí que la fe significa creer en algo de forma total, sin una evidencia física que respalde esa fe. Así que volví a mi vida con serena calma.

UNA VEZ TOMADA LA decisión de dejar que "ellos" lo solucionaran, la respuesta llegó rápidamente. Estaba en el apartamento de John atando cabos sobre las cuartetas que incluiría en el primer libro. Decidí omitir el material sobre horóscopos si a John no le satisfacía. Él se reclinó en su silla acariciándose la rubia barba. "He reflexionado en ello y creo haber encontrado una forma de solucionarlo. Úsame a mí como sujeto y veremos si puedo contactar con Nostradamus."

Me reí y le dije: "Desde luego, ya he hecho dos veces lo imposible, ¿por qué no tres?"

"No, te lo digo en serio", dijo. "Brenda tuvo problemas con la información astrológica porque era ajena a ella. Hizo lo mejor que pudo pero le creó una fuerte tensión. Sólo imagina lo que podría ocurrir si yo pudiera hablar personalmente con él y obtener la información de primera mano. Yo la podré entender porque los conceptos ya están en mi mente." Su entusiasmo por la idea crecía por momentos.

Hice un gesto con la cabeza: "Ni siquiera sé si funcionará. ¿Imaginas lo que dirán los escépticos? En mi opinión la información astrológica obtenida a través de Brenda tendría más validez porque ella carece de esa clase de conocimientos. La información que tú recibas será considerada por ellos como un fraude porque tú eres un experto en la materia. Seguramente pensarán que nos lo hemos inventado."

John dio un puñetazo en la mesa: "Me importa un comino lo que piensen. De todos modos creerán lo que quieran creer. Este proyecto se ha vuelto importante también para mí. Quiero obtener la información más clara posible. Y siento que se me escapa el tiempo."

Era evidente que hablaba en serio y que para él era importante. "Bueno, no sé si funcione, pero... supongo que a nadie le hará daño que lo intentemos."

Él sonrió ampliamente, "¡Eso es! No puede hacer daño a nadie si lo intentamos." Luego añadió con una mirada lejana en sus ojos: "Además, siempre he querido conocer a Nostradamus."

Aunque yo tenía muchas dudas, la idea era fascinante. Me gustan los desafíos. Acepté intentarlo, y fijamos una cita.

UN DIA ANTES DE LA sesión yo estaba en la misma situación en la que había estado con Brenda. De nuevo hacíamos el experimento de tratar de llegar hasta Nostradamus sin garantía de éxito. La única diferencia en este caso es que John sabía de qué se trataba y era un participante dispuesto. La vez anterior yo ignoraba cómo contactar con Nostradamus, y funcionó, así que decidí seguir el mismo procedimiento utilizado con Brenda. El punto de partida sería llevar a John a un estado de espíritu entre vidas y desde ahí intuir la forma de seguir nuestro camino. Puesto que él acostumbraba meditar y a diario entraba en estado de trance, resultó ser un sujeto muy apto. Casi no tuvo necesidad de inducción y con gran facilidad llegó a un nivel muy profundo. Le hice la cuenta atrás hasta llevarlo al estado de espíritu en el que no estaría directamente implicado en una vida y le pregunté lo que hacía en ese momento.

John: Entro en un vestíbulo. Las paredes parecen estar recubiertas de piedras preciosas, como esmeraldas, rubíes, peridoto y cristal. Es realmente bello. Muy radiante y sagrado. Uno se siente... es una sensación de mucha quietud. Frente a mí hay una biblioteca. Entro en su interior. Las chimeneas y las puertas parecen cubiertas de piedras preciosas y brillan con luz propia. Estoy en un inmenso estudio. Hay libros y rollos sobre todos los temas, y todo tipo de manuscritos en las estanterías. Una luz muy bella ilumina toda la estancia. Está hecha de oro, plata y piedras preciosas, pero todas ellas reflejan luz de modo que puedes leer. Todo el edificio parece hecho de este material maravilloso.

Esta biblioteca en el mundo espiritual no me resultaba extraña. He viajado allí muchas veces con la ayuda de mis sujetos. Varios de ellos la han mencionado y sus descripciones varían ligeramente. El guardián de la biblioteca siempre se ha mostrado dispuesto a ayudarme en mi búsqueda de conocimiento, y en este lugar he usado he encontrado información sobre muchos temas distintos. ¿Sería ésta la clave para encontrar a Nostradamus?

Dolores: Ése es uno de mis lugares favoritos. ¿Hay ahí otras personas?
J: Las hay en el otro extremo. Es una zona grande; casi del tamaño de una catedral. Hay ahí un hombre -es un espíritu, y es luminoso. Habla de prepararse para la escuela de la Tierra, y en este momento sólo unas pocas personas le escuchan. Otras forman grupos o que van de un lado a otro en silencio para llevar manuscritos y libros a otros puntos. Su aspecto es... (tenía dificultad para encontrar la palabra) como de eruditos. Estudian. Todos tienen un sentido de propósito y se percibe serenidad. Hay música que parece llenar todo el lugar. Sólo que es apenas audible pero tintinea. Es una música agradable.
D: Parece que el lugar es muy bello.
J: Sí, realmente lo es. Todo brilla y todos llevan túnicas relucientes. La ropa parece translúcida pero a través de ella brillan colores eléctricos. Son las auras de las personas.
D: ¿Hay algún responsable? ¿Si buscas algo, cómo lo encuentras?
J: Hay un espíritu guía que es el guardián de la biblioteca. Está en un escritorio y en este momento escribe. Y me pregunta:"¿Cuál es tu petición?"
D: ¿Está muy ocupado en este momento?
J: No lo está. Dice: "No, no, no. Esto es maravilloso. Es muy importante ayudar."
D: Muy bien. ¿Podría él ayudarme con un experimento?
J: (Con entusiasmo) Está de acuerdo. Le parece bien.
D: Pregúntale si hay un lugar al que puedes ir para contemplar acontecimientos de la Tierra en el pasado.
J: Dice que puede hacerse aquí en la biblioteca ya sea mediante el estudio o en las salas de visualización. No obstante, dice que conocen bien tu propósito, y sugieren que vaya a la Sala del Tapiz. Sería más adecuado para tus necesidades.
D: ¿Qué es eso?
J: Dice que encontrarás lo que necesitas en la Sala del Tapiz. De modo que voy por este hermoso corredor con paredes que parecen de lapislázuli y mármol. Al final del corredor hay una gran puerta. La abro, y la luz en su interior es de un brillo deslumbrante.
D: ¿Cuál es el origen de esa luz brillante?

J: De un hombre, o de un ser espiritual. Dice que es el guardián de la Sala del Tapiz y me permite entrar. Es un lugar privilegiado. En el aire flota una fragancia maravillosa. Huele como la combinación de una brisa fresca con matices de sal y aromas de jardín. Es muy parecido al incienso. Es una sala muy hermosa y con un techo muy elevado. Tal vez tenga unos sesenta o noventa metros de altura. No, tal vez treinta sería más exacto. El techo tiene una cúpula redonda como la nave de una iglesia. Hay ventanas en lo alto y a ambos lados de las paredes. Desde allí iluminan toda la estancia. Del techo cuelgan candelabros similares a las lámparas de Aladino. Son muchas, tal vez 15 o 20. Las paredes y el suelo parecen de mármol. Y hay cierto tipo de mobiliario pesado aquí y allá, como grupos de sillas y mesas frente a los tapices. No son contemporáneos ni tampoco antiguos, aunque sí muy funcionales, cómodos y acogedores. El guardián dice que a veces los maestros traen a sus estudiantes aquí para explicarles las maravillas y complejidades del tapiz. Tengo la sensación de estar en un museo en el que la gente puede venir a examinar y estudiar esto. Voy a echar un vistazo al tapiz. Es bellísimo. Es metálico; está hecho de hilos de metal y son fantásticos. Brillan y relucen tenuemente. (Inspira aire de forma repentina.) Y parece como si respirara. Como si estuviese... vivo. Quiero decir que se ondula y emite destellos. Algunos filamentos brillan y otros son mates. En realidad cuesta describirlo. De hecho es como algo vivo, sin embargo, no inspira temor; es hermoso. Lleva todo tipo de hilos. Y ¡ah! Es simplemente glorioso. No existe nada sobre la Tierra que pueda comparársele. Sólo puedo decir que no hay palabras para describir su magnificencia; es tan vibrante que es casi eléctrico. Y el guardián dice que cada filamento representa una vida.

D: *Da la sensación de que es muy complicado.*

J: En parte lo es, pero el diseño que forma es bellísimo. Un diseño eterno. Y.... más allá de él puedo ver el mundo. Al contemplar este tapiz, puedo ver cualquier acontecimiento que ha ocurrido.

D: *¿Qué quieres decir?*

J: Es como mirar a través del tapiz, y puedo ver el cotidiano vivir de la gente. En este momento el guardián explica que en este tapiz cada vida que se ha vivido está representada por un hilo. Aquí es donde se conectan los hilos de todas las vidas humanas, las almas que se encarnan. Ilustra a la perfección cómo se entretejen todas las vidas, se cruzan y tocan todas las demás vidas hasta que finalmente influyen en toda la humanidad. La absoluta unidad de la humanidad está representada en el tapiz. Es uno, si bien está formado por toda esta multiplicidad de partes. Ninguna de ellas puede existir sin la otra y todas se entrelazan y se influyen entre sí.

D: *Vaya, si está formado por la vida de todos, no es de extrañar que sea algo vivo. ¿Le importa al guardián si lo contemplamos?*

J: Ah, no le importa; él sabe que tenemos un propósito. Dice: "Adelante, contempladlo, pero no entréis en profundidades. No quiero que observéis las vidas de la gente porque la divulgación de ese conocimiento puede influir negativamente en su desarrollo." (John retomó la descripción.) El tapiz es inmenso. Parece que tiene una altura aproximada de, digamos, 6 a 8 metros. Y parece prolongarse eternamente. Me llevaría horas recorrer su longitud. Debe de tener unos 1600 metros de largo o más. Está sobre la pared de la izquierda, y la luz que proviene de las ventanas brilla en él. Sin embargo, existe un punto límite que no puedo traspasar.

D: *¿Sabes por qué?*

J: El guardián del tapiz dice que es parte de la evolución espiritual de todas las almas. Sólo los espiritualmente evolucionados tienen acceso a esa parte del tapiz. Es como una pequeña señal que advierte: "Acceso no permitido a partir de este punto." (Risas) No es una señal sino más bien una sensación de que sólo puedes llegar hasta aquí. Es como contemplar la más bella creación artística. Está hecha de hilos que van desde el trocito de hilo del fino grosor de un cable y tan gruesos como tu puño.

D: *Los imaginaba como filamentos.*

J: No, no tan pequeños como los hilos. Así los llamé porque están entretejidos, sin embargo, en unos sitios son muy finos y en otros más gruesos. La mayoría son como cuerdas y luego su grosor aumenta cada vez más a medida que avanzas. Hay verdes, azules, rojos, amarillos, naranjas y negros. Sí, incluso los hay de color negro. Éstos destacan porque no parecen prolongarse tanto como los otros colores. Hmmm. Es extraño.

D: *¿Tienen algún significado estos colares?*
J: Preguntaré al guardián. Dice: "Sí, representan la energía espiritual de todas las almas."
D: *Ya veo. ¿Y cuál sería el significado de los colores más oscuros en contraste con los más brillantes?*
J: "Los colores más oscuros realmente no tienen significado. Los de color negro son especiales porque han elegido un sendero muy extraño."
D: *Pensé que los colares más oscuros podrían significar que eran más... vaya, se me ocurre pensar en vidas negativas.*
J: No. Dice: "No hay negatividad en este tapiz. Los de color negro simplemente han elegido una forma extraña de manifestarse. Pero no debes hacer estas preguntas. No te corresponde saberlo en este momento. Has venido aquí por otra razón."
D: *Sí, pero primero quiero hacerle unas preguntas. Has dicho que hay maestros que enseñan a sus discípulos sobre este tapiz. ¿Es así como ellos pueden contemplar la trayectoria de sus vidas pasadas?*
J: Sí. En este momento veo un grupo. El maestro está vestido con una suave túnica y hay en su rostro una mirada muy bondadosa. Señala a las diferentes almas lo que está ocurriendo y lo que ya ha ocurrido. Les enseña sobre este tapiz y lo que significa la variada complejidad de las pautas. Tiene algo parecido a un puntero con un débil resplandor. Es de color dorado con algo en la punta que parece un cristal, aunque en realidad es un diamante que posee luz propia. Él señala un hilo en el tapiz y ese hilo, cable, cuerda o como quieras llamarlo, parece encenderse por sí solo. Él señala diferentes características relacionadas con las vidas, indica cómo la gente ha evolucionado y en qué tienen que progresar. Todos toman notas, no con pluma y papel sino en sus propias mentes.
D: *¿Les explica a estos discípulos sobre sus propias vidas para que puedan tomar decisiones en vidas futuras?*
J: Sí, percibo que están allí para examinar sus vidas pasadas y la forma en que su hilo se fue entretejiendo en el tapiz de la vida. Esto es lo que los antiguos llaman "Archivos Akáshicos." (Me quedé sorprendida.) Estos son los archivos que entienden las almas evolucionadas. Dice que parte de los archivos se guarda en forma de libro, pero es para las almas menos avanzadas.

D: *(No lo entendí.) ¿Entonces no todo el mundo tiene un hilo en este tapiz?*

J: No, los hilos de todas las vidas están en este tapiz, aunque sólo las almas avanzadas tienen acceso a él y pueden entender su concepción. Las almas menos evolucionadas pueden consultar los libros de archivos akáshicos. Sería como si un niño entrara en la biblioteca de la universidad. En vez de eso, tendrán que ir a la sección infantil de una biblioteca municipal.

D: *¿Es decir que aunque vinieran aquí, no entenderían lo que contemplan?*

J: Correcto. No lo entenderían porque el tapiz tiene un propósito. Penetra en dimensiones más elevadas, incluso aquí arriba, y éste es un lugar muy complejo. Este tapiz finalmente acaba en la Divinidad donde todo es resplandeciente. Todo conduce a esta maravillosa luz.

D: *¿Puedes preguntar al guardián si alguna vez aparecen por aquí personas que aún están vivas para contemplar el tapiz? ¿Le resulta extraño que estemos aquí?*

J: Dice que te sorprendería la cantidad de gente con un cuerpo físico vivo que ha venido a esta sala. Muchos vienen y lo contemplan como una obra de arte. Dice que esto ha sido en ocasiones una inspiración para artistas que poseen habilidades para la pintura, la escultura y las artes textiles. Suelen venir aquí porque ésta es una de las más espléndidas obras de arte en toda la creación. Tiene muchos diseños distintos, como los alucinantes modelos contemporáneos, el diseño oriental o los detalles estilo nativo americano.

D: *¿Cómo llegan hasta aquí?*

J: Algunos vienen en el estado astral durante el sueño. Otros vienen mientras viajan dentro de los mundos espirituales cuando meditan, usan la proyección astral o la hipnosis como la que utilizas en este momento.

D: *¿Es algo inusual venir aquí mientras aún vives en un cuerpo?*

J: No tanto como crees. Te sorprendería la cantidad de gente que acude aquí, pero no toda la humanidad está preparada todavía para venir a este lugar.

D: *¿Sabe que no estamos muertos?*

J: Si, camina junto a mí y dice que sabe que aún tengo un cuerpo físico. Puede ver el hilo de plata que está detrás de mí.
D: *Ah, él sabe que sigues conectado a un cuerpo. Y que hacemos esto como un experimento.*
J: Sí, esto lo entiende. De los cuerpos de la mayor parte de las otras personas no salen hilos de plata.
D: *Vaya, y ¿se le ha negado la entrada a esta sala a alguno que haya venido aquí estando aún en su cuerpo?*
J: Dice: "Te sorprendería. Hemos tenido que pedir a algunas personas que salieran de esta zona. Un alma vino e intentó romper su hilo en el tapiz. Pensó que sería la mejor forma de terminar su existencia. El hombre sufría cierto tipo de demencia en el plano de la Tierra, y no se daba cuenta de que realmente se hallaba en el plano espiritual. Estaba muy confuso. Tuvimos que guiarle para que volviera. Ahora está en una institución fuertemente sedado para que no caiga en estos estados de trance a los que entraba con gran facilidad. Pero vino para intentar destruir el tapiz, o destruir lo que creyó que era su hilo. De hecho ni siquiera era el suyo."
D: *¿San muchos los que intentan hacer cosas así?*
J: No, ése fue un caso muy raro. Ese hombre estaba dotado de una gran fuerza espiritual en su encarnación física, pero pensó que era engañosa y eso le produjo un desequilibrio en el cuerpo mental. Como resultado quedó físicamente limitado y también se le administraron productos químicos para evitar que viajara astralmente. Habría sido un gran servidor mundial de haberse permitido descubrir su ideal. Pero se dejó dominar por el aspecto intelectual de su naturaleza.
D: *Supongo que esa es una de las razones por las que hay un guardián.*
J: Bueno, tiene que haber un guardián. A veces ocurren cosas extrañas aquí porque ésta es una descripción gráfica del tiempo, y las cosas deben mantenerse en armonía. A lo largo de este tapiz existe un sistema de controles para evitar desequilibrios.
D: *Has dicho que a veces hay personas que se les pide que se vayan. ¿Es porque tratan de ver cosas que no deben, o qué?*
J: Dice: "Puedes ver cosas, porque detrás del tapiz está tu sentido del tiempo, y puedes seguir una trama y viajar a través del tiempo. No

todo el mundo necesita saber su futuro mientras tienen un cuerpo, a menos que vayan a usar el conocimiento para un fin espiritual."

D: ¿Es ésta la clase de personas a las que se les pide que se vayan?

J: Dice: "No, éste es el lugar del amor y a nadie se le pide que se vaya de aquí a menos que intente desfigurar el tapiz o se comporte de forma improcedente. Sólo tenemos que observar el tapiz, porque a veces en casos aislados sí que suceden cosas. En el pasado grandes fuerzas han venido a través del mismo tapiz. En una ocasión, cuando en la tierra se produjeron explosiones nucleares, una gran cantidad de gente abandonó el planeta tan rápidamente que llegaron a través del tapiz. Así que tenemos que estar aquí para ayudarles."

D: Imagino que allí ocurre toda clase de cosas extrañas. Agradezco que me cuentes estas cosas. Teníamos curiosidad.

J: Dice: "Sí, es comprensible. No te preocupes. Conocemos muy bien tu misión y la evolución de tu alma. Estoy aquí para ayudaros a todos vosotros."

D: Intentamos usar esta información de la forma más positiva posible. ¿Me dejarían venir si quisiera utilizarla de forma negativa?

J: No. Aquí no cabe el disimulo o la ocultación. Conocemos tus motivos mejor de lo que tú misma los conoces.

Yo empezaba a entender por qué nos condujeron a la Sala del Tapiz para avanzar en nuestra misión.

D: Si te pidiera que buscaras a una persona, ¿podrías encontrarla en el tapiz?

J: (Positivamente) ¡Desde luego!

D: En todo caso podríamos intentarlo, ¿verdad? Pregunta al guardián si alguna vez ha oído hablar de un hombre que vivió en el siglo XVI llamado Nostradamus o Michel de Notredame.

J: El guardián dice que por lo general no está permitido ver la vida de otra persona. Ocasiona demasiados trastornos. Pero añade que son plenamente conscientes de tu propósito y objetivo, así que me dejarán entrar en el tapiz. En este momento escojo el hilo de Nostradamus. Es de un color dorado que resplandece. Lo sigo a lo largo del tapiz, y la sensación es como de volar. El guardián dice: "Te estaré observando. Te haré volver si es necesario."

Capítulo 11

El Hilo Dorado de Nostradamus

Literalmente contuve el aliento a medida que John atravesaba un negro vacío tan sólo iluminado por el resplandor del hilo dorado de Nostradamus. ¿Lograría encontrarlo?

John: Voy siguiendo el hilo del tapiz, y me conduce a una habitación.
Dolores: Dime lo que ves.
J: Veo a un hombre encorvado que escribe con una pluma de ave.

Respiré con alivio. Al parecer le habíamos encontrado. De nuevo se realizaba lo imposible. Mi mente se aceleraba intentando pensar en la forma de atraer la atención de Nostradamus. En otras ocasiones le habíamos contactado mientras se encontraba en un estado meditativo.
Mientras yo reflexionaba en las circunstancias, pedí que me describiera la habitación.

J: Ah, es más bien pequeña, pero llena de libros -es decir, no libros sino tiras enrolladas de papel... que no es papel sino pergamino. Hay ahí uno o dos libros que son como los nuestros del siglo veinte. (Éste es un ejemplo de la necesidad de exactitud en el sujeto hipnotizado.) Hay algo parecido a un globo pero es como un astrolabio. Eso es lo que es. Es de metal, redondo y esférico pero abierto. Es como si la esfera estuviera formada por radios. Está sobre la mesa. Él bebe de una taza que contiene algo así como un té de hierbas. Es una infusión. El olor de las hierbas hervidas es muy grato. Lleva puesto un sombrero que le cubre las orejas, y viste algo blanco que parece una túnica eclesial, sólo que encima de ella lleva un manto muy pesado hecho de un material piloso. Tiene aspecto de grueso terciopelo, pero está hecho de... (sorprendido) ¡pieles de conejo!

Suele ocurrir con frecuencia en regresiones hipnóticas que el sujeto se detiene largamente en descripciones minuciosas si no se les hace avanzar.

D: ¿Qué aspecto tiene el hombre? ¿Puedes describir sus rasgos?
J: Es un hombre de porte distinguido. Sus cabellos son grises y su nariz afilada. ¡Ah, ah, cómo brillan sus ojos! Son profundos y llenos de vida, a pesar de que ya es muy mayor para su tiempo.

Tanto Elena como Brenda mencionaron como rasgo dominante los maravillosos ojos de Nostradamus.

J: (Sorprendido) ¡Ah! Acaba de volverse y me ha sonreído.
D: ¿Sabe que estás ahí?
J: Sí, se ha dado cuenta de mi presencia y se siente realmente bien. Ha dejado la pluma sobre la mesa, me sonríe y me hace un gesto invitándome a que me acerque más... Se inclina sobre un óvalo que parece como obsidiana pulida, o como espejo de piedra volcánica pulida. (Sorprendido) ¡Y mi rostro se refleja en él! Me mira en el espejo y dice: "Nunca te había visto pero sé quién eres. ¡Eres el joven astrólogo!" Y yo contesto: "Sí, lo soy."

John añadió más tarde que pudo verse a sí mismo como un espíritu de radiante energía envuelto en una túnica de tenues colores del arco iris, iridiscentes pero no chillones. Él no podía distinguir sus rasgos por el brillo áurico. Sólo eran visibles en el espejo.

D: ¿Cómo supo que estabas ahí?
J: Sintió mi presencia.

No me extraña que no le sorprendiéramos. Probablemente estaba muy acostumbrado a la repentina aparición de espíritus en su espacio.

J: Dice que soy un espíritu del futuro.

D: *¿Sabe lo que -pretendemos?*

J: Dice: "Sí. Vienes del grupo del siglo veinte que intenta aclarar mis cuartetas." Realmente está contento y añade: "Estoy encantado de conocerte. Tal vez ahora pueda mostrarte las cosas que los otros no pudieron entender." Está muy excitado. Es viejo pero es... vivaracho, ésa es la palabra, muy vivaracho. De nuevo da un sorbo a su infusión y le pregunto de qué está hecha. Dice que lleva hisopo, un poco de raíz de regaliz y algo de canela. Guarda la canela en una pequeña caja de plata porque es una especia muy rara.

D: *¿Puedes decirle la razón de tu visita? La joven no estaba familiarizada con la astrología y por eso no toda la información era clara.*

J: Se lo diré. (Pausa) Dice que será un placer para él aclarar lo que sea necesario. A veces le es difícil comunicarse a través de las mujeres. Él tiene cierto toque de lo que nosotros llamaríamos "sexismo" hacia las mujeres, y a veces se siente muy incómodo al hablar a través de lo que él percibe como espíritu femenino. Afirma que las dolencias, malestares y emociones características de un vehículo femenino suelen influir en la comunicación. Él sabe que todos los espíritus pueden ser masculinos o femeninos, pero en su época las mujeres no ocupan el mismo lugar que en nuestro siglo. Sabes, los hombres de su tiempo no solían entablar conversación con mujeres. Algo así como: "Ah, las quejas de las mujeres, siempre están descontentas." (Me reí.) A las mujeres no las tratan como iguales como lo hacemos en el siglo veinte. Se las valora en tanto cuanto ayuda doméstica o para parir hijos. Simplemente es alguien que cuida de la casa, prepara los alimentos y tareas de esa naturaleza. A él le suele resultar difícil discutir ideas intelectuales con una mujer porque está convencido de que no tienen la capacidad cerebral para entender lo que él quiere decir. (Los dos nos reímos.)

D: *¿Le molesta comunicarse conmigo, por ser mujer?*

J: En absoluto, no le importa en lo más mínimo. Añade: "Porque no trabajo a través de Dolores." Por sus conocimientos, él ve que tú has sido muchas veces una entidad masculina. Y como tu energía es de esa naturaleza, percibe que puede tener una muy buena relación contigo.

Nostradamus nos ha dado múltiples muestras de su sexismo en el pasado, y yo he sido objeto de su mordaz crítica cuando me costaba entender alguna cosa o no seguía al pie de la letra sus instrucciones. Esto pudo haber sido más por la relación maestro/ discípulo que como hombre que se relaciona con una mujer a la que considera inferior. Pero también he sido testigo de su encantador sentido del humor y su impaciencia con los traductores. Sentí que sus observaciones se referían a las mujeres en general y no iban dirigidas de modo específico a Brenda.

D: *Pues sí que queríamos hacerle algunas preguntas sobre el horóscopo del Anticristo. ¿Nos podrá ayudar en eso?*
J: (Larga pausa.) Sí. Ha sacado un trozo de pergamino y me pone delante un horóscopo. (Pausa, como si lo examinara.) Es un horóscopo cuadrado. Es de un tipo distinto al que estoy acostumbrado a ver.
D: *Dime lo que ves.*

Me temía que si no lo grababa en una cinta, tal vez después él no sería capaz de recordar los detalles cuando despertara. Eso dependía de la profundidad del trance.

J: Señala la fecha en la parte superior. Es 1962.
D: *¿Sólo el año? ¿No aparece un mes o algo más?*
J: (Pausa) Ha señalado febrero. Febrero de 1962. No proporciona la fecha. Y está en letras góticas. Veo febrero de 1962, y el número uno está cruzado por un guión. Es como si fuese una escritura cuneiforme o de un tipo de escritura usada por los antiguos. Las líneas son muy gruesas.
D: *¿Has dicho que el horóscopo está dentro de un cuadrado?*
J: Está en un cuadrado y tiene formas de diamante en el interior. Al parecer es así como se trazaban los horóscopos en ese tiempo.
D: *¿Puedes entender lo que te muestra?*
J: Sí. Tiene el símbolo del sol en la primera casa. (Pausa) Acuario. Tiene a Acuario en el ascendente, y como dice él, el "creciente."

Y ahí tiene el Sol y la Luna, Mercurio, Venus, Marte, Júpiter y Saturno.

D: *¿Todos en la -primera casa?*

J: (Su voz denotaba plena sorpresa.) ¡Sí! Y dice: "Ésta es una persona muy importante. Usará esta energía por razones totalmente equivocadas cuando podría ser utilizada para un buen fin. Tendrá grandes poderes psíquicos."

D: *¿Qué más te muestra?*

J: (Larga pausa) Ahora veo una imagen en el espejo. Veo a un hombre de bigote oscuro. Tiene más de veinte años. Es un hombre muy bien parecido, de rasgos muy marcados. En este momento viste traje de negocios y habla con gente en una base de poder de Oriente Medio.

D: *¿Qué quieres decir con "base de poder"?*

J: Es una mansión. Hay otros hombres con tocados árabes que parecen hablar de negocios. Se sientan en el suelo sobre grandes cojines en torno a una gran mesa o bandeja de latón. Hay todas clases de café, un servicio de café de plata y oro, y comen con los dedos. Por la ventana veo un gran parque. En él hay palmeras dispuestas en filas y en el centro una piscina. Aunque más bien es una fuente. Esto es en Egipto porque en la distancia puedo ver monumentos. No son las pirámides, sino una especie de templo. Nostradamus me muestra esto en el espejo oscuro.

D: *¿Te dice lo que esto representa?*

J: Dice que eso ocurre en estos momentos. (Principios de abril de 1987.) Hay ahí un árabe alto y gordo, y es muy jovial. Se ríe y dice: "Ah, los americanos, muy pronto los tendremos en el bote."

D: *Hmmm. ¿Sabes lo que quiere decir?*

J: (Pausa) No lo capto muy bien... es tal como lo dijo.

D: *Vaya, ¿te dice Nostradamus quién es este joven de tez morena?*

J: Creo que es el hombre más apuesto que he visto nunca. Su belleza es casi etérea. Si él entrara en una habitación, los ojos de todos se fijarían automáticamente en él. En cierto modo su belleza es casi trascendente. No parece humano. Su piel y sus rasgos son perfectos. Es bastante alto y muy bien proporcionado. Viste impecablemente y su porte es magnífico. Su traje tiene es de la más refinada calidad que puede verse en la Tierra. Y en la mano lleva una ostentosa joya. Es interesante porque es un gran diamante engastado en una piedra negra montada en un anillo de oro. Y lo lleva en el dedo mayor que no es el habitual para un anillo. Nostradamus dice que éste es el hombre que representa el horóscopo.

D: *¿Es el Anticristo?*
J: Al final se le conocerá como el Anticristo, dice Nostradamus. De momento no emplees ese término.
D: *¿Podría él darme una pista de cómo se le conoce en este momento?*
J: Nostradamus dice que no se te dirá. Más tarde sabrás quién es. No sería bueno revelar su identidad porque tiene que cumplir su destino.
D: *¿Y esta escena tiene lugar en Egipto?*
J: Sí. Nostradamus guarda el horóscopo y me muestra la imagen en esta... especie de espejo negro de cristal, que en realidad no es cristal, sino obsidiana. Parece piedra volcánica, pero tan pulida y brillante que es casi como cristal.

Daba la impresión que era el mismo espejo que habían visto tanto Elena como Brenda.

J: Y sí, se han reunido para dialogar.
D: *¿Es éste el hombre que Nostradamus quiere que veas?*
J: Ah, sí. Le rodea un aura de luz. No es una luz espiritual, es como un imán luminoso. Atrae las miradas automáticamente. Es afectuoso y amable con todos los hombres sentados en tomo a la mesa. Hay camaradería y buen talante. No beben alcohol pero fuman hachís. Hay un hombre con una pipa de agua, y otro que parece un sacerdote, aunque no del tipo occidental. Lleva túnicas blancas y sombrero blanco. Parece un fez, pero no lo es. Todos se ponen en pie en este momento y se inclinan hacia la Meca. Hacen el ritual de absoluciones a Alá. Estos hombres son siete y discuten el futuro de este joven.
D: *¿Qué dicen?*
J: Le dan apoyo y dinero. Le dicen que vaya a Suiza a retirar dinero de una cuenta bancaria. Y él empleará este dinero... para ir a Siria, Irak e Irán. Parece que hablan de convertirle en un líder religioso para los musulmanes. Es similar al modo en que nuestros políticos crean candidatos para ocupar un cargo de gobierno, pero en este

caso para convertirse en líder religioso. Una mujer ha entrado y se inclina ante él, sirve más comida en los recipientes y vierte más café en las tazas y luego se va.

D: *¿Es ésta la casa del joven?*
J: No, pertenece al árabe alto y gordo que siempre sonríe. Es su finca. Es hermosa. Este hombre es muy rico.

D: *Son ellos los que respaldarán a este joven, y quieren que vaya a Suiza a retirar dinero de esta cuenta y después ir a Siria y esos otros países.*
J: Primero a Siria e Irak y después a Irán. Pero ellos aún no pueden ir a Irán porque el joven tendrá problemas con el gobernador de ese país. (Esto era antes de la muerte del ayatolá Jomeini.) Proyectan una contrarrevolución en el mundo islámico. Ése es el propósito de esta reunión. Y está ocurriendo... ahora.

D: *Y después quieren que aparezca como líder religioso.*
J: Bueno, será como un líder religioso, aunque adoptará una actitud religiosa más moderada. No es que vaya a ser un líder religioso como el ayatolá Jomeini. Él es más progresista porque tiene educación universitaria y posee muchos conocimientos de informática y finanzas. Está en el mundo de los negocios, pero tiene un carisma muy fuerte. A todos les deleita su presencia. Se sienten bien con sólo estar cerca de él.

D: *¿Por qué le eligieron para hacer esto?*
J: El sacerdote les hizo fijarse en él. El sacerdote le ha educado y ha influido mucho en su vida. (La voz de John se volvió un susurro.) Y este hombre tiene un aspecto terrorífico.

D: *¿Quién?*
J: El sacerdote tiene un aspecto que da miedo. Nunca había visto un rostro tan lleno de odio. Sus ojos son como dagas; arden como tizones encendidos. Ah, hay mucho odio en él. Realmente es la encarnación del mal.

D: *Hmmm, ¿no lo dirías de un sacerdote, verdad?*
J: Sin embargo, lo es. Sólo que ...

John se sujetó firmemente a la litera en la que estaba tumbado. Se le veía claramente encogerse y apartarse de aquello que estaba viendo. Incluso su voz denotaba repugnancia.

J: ¡Ah! Se me encoge el alma y Nostradamus retira la visión. Dice: "Helo ahí, ése es el poder del Anticristo."

D: *¿Procede del sacerdote?*

J: Sí. Ver su rostro era como contemplar un abismo. Como un agujero negro en el espacio que succiona toda la energía de la luz. El rostro de esta persona intenta tirar de tu alma. Nostradamus afirma: "Yo también lo percibo, su tirón se siente incluso a través del tiempo."

D: *No es en sí el hombre joven quien llevará a cabo estas cosas, sino el sacerdote que está detrás de él. ¿Es correcto lo que percibo?*

J: El joven heredará el poder del hombre malvado cuando éste muera. Le ha instruido y preparado para una tarea importante. Y cuando haya cumplido su misión, el joven heredará esa maldad. ¡Ah! Es simplemente espantoso. (John chasqueaba la lengua con repulsión y todo su cuerpo se estremecía.)

D: *Cuesta creer que un hombre joven tan atractivo pueda alojar en su interior tanta maldad.*

J: No. Lo heredará cuando el maestro-sacerdote abandone esta vida. Lo veo como el legado que desciende hasta él, como una capa de mal que le envuelve e impregna por completo su alma en ese momento.

D: *¿Antes de ese momento se manifestará esta naturaleza?*

J: No. El maestro es el poseedor de tal odio. Es el mal personificado. Cuando abandone el planeta este joven heredará su poder.

D: *¿Crees que el sacerdote ha preparado a este joven porque sabe esto?*

J: Ah, sí. Su mente es muy poderosa.

D: *Entonces es esto lo que el sacerdote pretendía desde el principio. Desde luego, las otras personas que están en la habitación no saben esto, ¿o sí?*

J: No lo saben. Pero no confían en el sacerdote. Les cuesta un gran esfuerzo soportarlo. Su aura es de una gran negatividad y tratar con él les hace sentir muy incómodos, pero él los ha hecho muy ricos.

D: *O sea que él ha hecho cosas por ellos.*

J: Ha contribuido a su enriquecimiento. Es un gran manipulador. Ha ocasionado revueltas por todo el lugar. (Sorprendido) Es el que está detrás del asesinato del presidente de Egipto.

Anwar Sadat, el Presidente de Egipto y ganador del Premio Nobel de la Paz en 1978, fue asesinado en octubre de 1981 mientras presenciaba un desfile militar. Un pequeño grupo de hombres con uniforme militar saltaron de un vehículo en pleno desfile lanzando granadas y ráfagas de metralleta hacia la tribuna presidencial. Se dijo que los asesinos estaban vinculados a un grupo de conspiradores descritos como una violenta secta fundamentalista musulmana que pretendían establecer una república islámica en Egipto. Antes de terminar la investigación, varios cientos de militantes fueron arrestados, algunos después de enfrentamientos con granadas y metralletas para hacer frente a la policía. El gobierno dijo que había "indicios de que los conspiradores recibían ayuda financiera de fuentes extranjeras, pero sin mayor matización." (Enciclopedia Collier -Anuario de actualización de 1981.)

Costaba creer que existiera este tipo de preparación y apoyo a una persona para darle semejante cantidad de poder. Los estadounidenses están acostumbrados a planificarlo todo y llevarlo a buen término rápidamente. ¿Será que la gente en esa parte del mundo tiene la paciencia para tramar y planificar algo que puede no materializarse en varias décadas, o incluso ni siquiera en el transcurso de su vida?

D: *Entonces desconocen la influencia que este sacerdote tendrá en el joven en el futuro.*

J: Bueno, ellos saben que el joven es el protegido del sacerdote. Nostradamus dice que por ahora basta de Anticristo, no es bueno usar la palabra "Anticristo", por ser un término cristiano. Dice que Hitler no era cristiano, Napoleón tampoco aunque profesaba serlo; sin embargo ambos fueron considerados como Anticristos. Afirma que esos personajes heredaron esta misma energía maligna.

D: *"Anticristo" es la palabra que ha usado la gente porque decían que Nostradamus mismo lo usaba en sus cuartetas. Por eso lo usamos.*

J: Que no te preocupe la semántica de las palabras, dice. Este hombre será conocido como el Anticristo del -para él- lejano siglo veinte, pero en esta etapa de su vida no se le conocerá como tal. Se le conocerá como salvador mundial o alguien que trae paz, hasta que el maestro muera, dándole el poder del mal. Aah, (John se echó a temblar) qué aspecto tan terrible. Ese hombre... su rostro... es como caer por un pozo.

D: Vaya, no quiero que te sientas incómodo.

J: No, ya se ha ido. Nostradamus ha vuelto y dice: "Ya has visto el rostro completo del mal." Hasta él se ha quedado sobrecogido. Dice: "Lo que acabas de contemplar es la total fuerza negativa del universo. Algunos la llaman el Diablo." Pero añade que el Diablo está limitado en su poder por la imagen que de él nos hacemos como un hombrecillo rojo con cuernos y cola. Esta fuerza es mucho más poderosa de lo que puedes creer porque es la culminación de toda la negatividad que la Tierra ha acumulado desde sus comienzos.

D: Ahora puedo ver con más claridad cómo pueden llegar a cumplirse sus predicciones con este tipo de fuerza impulsora. Tengo curiosidad, ¿había una razón por la que no permitió al vehículo femenino que viera esta imagen? ¿Pensó él que podría ser demasiado terrible para ella, o qué?

J: (Riéndose) Dice: "A las mujeres no se les puede mostrar todo." Dice que ella era una especie de vehículo transcurrente - ¿es ésa la palabra? ¿Vehículo transcurrente?

Esa palabra no existe. Pero creo que Nostradamus intentaba decir que Brenda era un canal sólo temporalmente.

D: Sí, pero debemos decirle que tú también eres un vehículo temporal porque pronto te irás.

J: Dice que no te preocupes, siempre podrás contactar con él. Siempre habrá un vehículo para establecer comunicación con él. Si bien añade que procures contactar con él a través de entidades masculinas porque parecen responder mejor a su información y conocimiento. Afirma: "Me agradará trabajar con la entidad femenina nuevamente, pero espero que Dolores pueda encontrar otra entidad masculina para trabajar. Porque me parece que trabajo mejor con hombres que con mujeres." Tengo la sensación de que Nostradamus es un poco misógino. (Risas) No confía en las mujeres o no las acepta fácilmente. Y en su rostro había una especie de sonrisa al decirlo. Te pide de nuevo que encuentres a otro vehículo masculino. Luego mira el espejo oscuro y dice: "Ah, no te preocupes. Atraerás lo que necesitas. Esto en su totalidad forma parte del plan maestro de tu espíritu guía." Dice que entrarás en contacto con una persona masculina que para ti será tremendamente valiosa y útil.

D: *¿Puede darme una idea del aspecto que tiene esa persona para poder reconocerla?*

J: Tu espíritu guía te ofrecerá pronto esa oportunidad.

D: *De acuerdo. Sin embargo, en nuestro tiempo las mujeres son más intuitivas y por lo tanto tienen una mayor facilidad para este tipo de trabajo. Él dijo que la tarea es tan importante que está dispuesto a comunicarse a través de cualquier persona con la que yo trabaje.*

Yo no quería renunciar a seguir trabajando con Brenda. Habíamos obtenido resultados excelentes. Yo intentaba convencerle de esto. Ciertamente no quería tener que buscar a otro sujeto para este experimento.

J: Él insiste en que preferiría trabajar con un hombre, porque existe mejor armonía entre las energías masculinas y las suyas. (Risas) Dice: "Tú sabes, John, que una de las razones por las que tengo un conflicto con las mujeres es por la constante desazón que me ocasiona mi criada. Me crea infinidad de problemas. Me molesta continuamente. Siempre interrumpe y toca a mi puerta para asuntos del todo insignificantes." Me acaba de dar un ejemplo. Viene a la puerta, toca, y dice algo así como: "Una de las ovejas se ha escapado." Él chilla y le ordena que vaya a buscarla porque ése es su trabajo, no el suyo. Le paga quince céntimos al mes para que cuide de estas cosas y no le moleste a él. Ése debe de ser un buen salario para la época.

D: *Tal vez la chica tiene curiosidad por lo que ocurre en esa habitación. (Risas)*

J: Me muestra ahora su horóscopo, y la Luna forma cuadrante con Marte. Dice: "Mira, John. Sí, ahora podrás entender por qué tengo dificultades con las mujeres." Éste es un aspecto astrológico que muestra vehemencia, con la luna que representa a la entidad femenina -referida a las mujeres en general- y Marte que representa genio, impulso y cosas por el estilo. Un cuadrante es un aspecto carente de armonía. Me muestra el trino solar en Júpiter que significa que se relaciona mejor con hombres que con mujeres. También representa su facilidad para recibir y dar información.

D: *¿Tiene fecha ese horóscopo?*
J: No me permite que la vea. Dice: "No tendría inconveniente en enseñarte este horóscopo, pero no quiero que lo traces y lo uses. Sabes que un conocimiento parcial puede ser peligroso. John, a ti no te gustaría que se divulgara tu horóscopo, ni a mí tampoco". (Risas)

D: *¿Los símbolos que él usa son distintos a los tuyos?*
J: Son muy parecidos, lo único distinto es que están algo más adornados. Tienen todo tipo de florituras añadidas. Le muestro los símbolos de Plutón, Urano y Neptuno. Y le digo que Urano es lo inesperado, lo que cambia. Neptuno es lo místico, pero también lo que disuelve. Y Plutón es reto y es también generación. Se los enseño a él. (Sorprendido) Tengo conmigo un libro de efemérides. Debo de haberlo sacado de la biblioteca.

Más tarde dijo que no era un libro. Era más bien como un gran rollo. Sólo que de pronto se dio cuenta de que debió de llevárselo al salir de la biblioteca.

D: *¿Tiene él estos símbolos?*
J: No, no los tiene. Ah, él está encantado. Dice que esto le ayudará en su trabajo. Está realmente entusiasmado. Le muestro las efemérides y sonríe. Toma notas y las añade a su propio horóscopo. Ahora me lee la mente y de ahí toma información. Y dice: "¡Ah! Ya veo por qué murió mi esposa. Plutón está en la séptima casa."

D: *¿Qué quiso decir con eso? ¿Cómo murió su esposa?*
J: A causa de la peste.
D: *¿Cómo lo relacionó con Plutón en la séptima casa?*
J: Leyó en mi mente que Plutón representa conciencia colectiva. Como Plutón es destructivo y la séptima casa rige las relaciones, esa pudo ser la razón por la que llegó a esa conclusión. Le enseñé los tres símbolos de estos planetas, y dijo que esto le ayudaría en sus centurias. Dice que otros astrólogos de su tiempo sólo tienen

conocimiento de los planetas a través de Saturno. Le digo las fechas de los descubrimientos de estos otros planetas, y lo pone por escrito. Esto tiene un gran interés para él.

D: *Sí que mencionó en una de nuestras sesiones que sabía de la existencia de algunos de estos planetas por antiguas leyendas.*

J: Se lo he preguntado y responde que sí, que sabía de la existencia de esos otros planetas, pero no sus nombres. No entendía sus cualidades y lo que representaban. Ahora que tiene la información y las efemérides -libro astrológico de información- esto le será de gran ayuda. En este momento escribe con mucha rapidez.

D: *Vaya, ¿sería posible dejarle el libro?*

J: No, he de llevármelo cuando me vaya, pero toma nota de los ciclos. Dice: "Puedes hablarme mientras escribo".

D: *De ese modo realmente le ayudas mostrándole estas cosas.*

J: Sí, está muy contento. Dice: "Siempre quise saber más sobre estas cosas. Y estaba seguro de que me llegarían". Se siente como un niño que acaba de descubrir un tesoro. Pero añade: "Sabemos que el tiempo es muy breve, de modo que puedes hablarme. La mitad de mi mente puede realizar cálculos mientras la otra conversa. Así que, pregunta si quieres..."

D: *De acuerdo. ¿Crees que necesitamos más información sobre Ogmios? Tienes su horóscopo. ¿Quieres saber algo más?*

J: Él dice: "John, acércate al espejo." Y voy hacia el espejo. ¡Ah, él me muestra a Ogmios! (Pausa) Supongo que en estos momentos es un sacerdote por la indumentaria que usa, y aunque se siente muy insatisfecho con la Iglesia, da la impresión de que no permanecerá mucho tiempo en ella. Y al parecer está en la ciudad de Praga, Checoslovaquia. Es hermosa y medieval y a pesar de ello, moderna, tiene coches y cosas así.

D: *¿Crees que es donde está actualmente?*

J: Sí, es eso lo que me muestra. Es el tiempo presente.

D: *¿Qué aspecto tiene el hombre, físicamente?*

J: Es bajito y fuerte, pero su rostro es amable. Me recuerda al Papa Juan: XXIII. Su constitución física es parecida a la suya aunque su aspecto es más agradable y sus ojos mucho más bondadosos. Quiero decir que los ojos del Papa Juan: XXIII son también bondadosos, pero en Ogmios hay rasgos de una perfecta bondad. Sus rasgos eslavos son muy marcados pero bondadosos. Tiene un rostro sonriente y despreocupado, aunque es muy serio y está resuelto a ayudar. Es un hombre muy inteligente, y posee amplios conocimientos sobre una gran diversidad de temas. Incluso posee libros que le estaban prohibidos, pero logró acceder a ellos porque sabe ingeniárselas para encontrar solución para todo. (Risas) Es encantador, y sus intenciones son buenas. No tiene ni un ápice de pensamiento o actitud negativa hacia los demás. De hecho, él lo sacrificaría todo por los demás. Es una persona muy amable y bondadosa. En estos momentos baja por un corredor, parece que realiza un trabajo administrativo para una persona de alto rango en la Iglesia. Ahora le veo en Roma, paseando por los jardines del Vaticano. Hay gente que se ríe un poco de él porque parece ser muy adelantado. Se deduce por la forma en que hablan de él. De su aire tan despreocupado y lleno de sana alegría mientras que los otros hombres sólo ponen cara adusta.

D: *Me parece extraño que un hombre que es sacerdote termine siendo la bestia negra del Anticristo.*

J: No creo que sea sacerdote para siempre. Tiene fe y buenas intenciones, pero no tiene la negatividad que implica la mayoría de las religiones. Es un servidor universal consagrado. Eso es lo que Nostradamus acaba de decir.

D: *¿Quiere Nostradamus mostrarte su horóscopo, o ya tienes la información suficiente?*

J: Dice que a su debido tiempo. Tus otros guías te darán más información sobre esto.

D: *De acuerdo. También tenemos un horóscopo del último papa, el que será un instrumento para el Anticristo. Ogmios, el Anticristo y este último papa son los tres personajes principales en nuestro guión para el futuro. ¿Puede decirte algo más sobre el último papa?*

J: Me muestra la antecámara donde hay un hombre que escribe. (Sorprendido) Estamos de nuevo en el Vaticano. El hombre está detrás de un escritorio y está muy concentrado en lo que escribe. En estos momentos yo recorro la habitación y puedo inclinarme por encima de su hombro y ver lo que escribe. (Pausa) Es sobre finanzas y la forma de compensar sus pérdidas. Está muy preocupado por el dinero que tiene la Iglesia, pero hay pérdidas. Intenta buscar el origen. Proyecta hacer inversiones en distintas áreas para que la Iglesia vuelva a ser rica, porque en estos momentos pierde dinero.

D: *¿Aparece en el espejo lo que hacen ahora estos hombres?*

J: Sí. Dice que esto ocurre en nuestro tiempo.

D: *Al mirar a este hombre -que ahora está sentado- ¿puedes ver si tiene algún tipo de deformidad?*

J: Está sentado, pero cojea un poco al andar. Es una cojera, no se nota mucho. Es decir, será perceptible, pero no le hará perder el equilibrio.

D: *No estábamos seguros de la naturaleza exacta de la deformidad.*

J: Ahora mismo este hombre está muy enfadado y molesto. La gente ha estado robando dinero de la Iglesia y esto no debería haber ocurrido. Incluso cree que habrá que vender algunas propiedades de la Iglesia en diferentes partes del mundo, pero no quieren hacerlo porque perderán su base financiera. Piensa ir a Suiza a pedir préstamos y realizar otros arreglos financieros. En el tiempo presente él tiene algo que ver con las finanzas de la Iglesia.

D: *¿Ocupa una posición con cierta autoridad?*

J: Sí, tiene tres o cuatro personas a su servicio como administrativos y recaderos. Él es un obispo y lleva puesta una túnica blanca. Ahora sube las escaleras para reunirse con el Papa para discutir sobre las finanzas de la Iglesia. Prepara una exposición para una reunión de consejo sobre este tema. Por eso escribía.

Poco más de un año más tarde, en octubre de 1988, el Vaticano anunció que tenían un déficit de 64 millones de dólares, confirmando lo que John vio al mirar por encima del hombro del último Papa.

D: *Creo que es importante que hayas visto a estos tres -personajes. Tal vez podrás reconocerlos más tarde.*

J: Ah, sí. Este hombre tiene un aspecto severo. Nariz larga y afilada y gesto como si oliese algo nauseabundo. (Risas) Ya sabes. La típica pose de engreído.

D: *(Risas) ¿Tiene Nostradamus información astrológica adicional para darte en este momento?*

J: Nostradamus dice que es hora de volver a su propio trabajo en ese nivel, y no comunicarse con espíritus. "Ah, es un placer haberte conocido, John. Y por favor, vuelve otra vez porque compartiré contigo más información". Tiene que marcharse porque alguien le trae a un niño enfermo para que lo examine.

Yo quería instrucciones antes de marcharnos.

D: *Cuando volvamos, ¿sabrá él que estás ahí si vienes a su habitación?*
J: Sí, dice que me reconocerá. Quiere que venga al estudio de la parte de atrás porque en el estudio principal es donde realiza algunos de sus tratamientos médicos. En este momento la criada toca a la puerta para ver si puede ir a ver al chico enfermo. Le gustaría marcharse ya.
D: *De acuerdo. Le agradecemos mucho lo que ha hecho.*
J: Dice: "Gracias a vosotros. No sabía lo de esos otros planetas. Por los antiguos tenía conocimiento de que más allá de Saturno había otros planetas, pero ignoraba sus nombres y cuáles eran sus ciclos. Esto me ayudará mucho en el futuro en mi trabajo sobre las centurias".
D: *Entonces trataremos de venir unas cuantas veces más antes de que este vehículo se mude.*
J: Dice que le encantaría, y me ruega que vuelva... Se ha ido... El horóscopo parecía interesante: formas cuadradas y adiamantadas como representación de las doce casas. La caligrafía era muy gruesa... Ahora vuelvo a la sala del Tapiz.
D: *Creo que lo has hecho muy bien y agradezco mucho tu ayuda. ¿Te gustaría volver a intentarlo más adelante?*
J: Indudablemente, esto es fantástico. Estar con Nostradamus es como estar con un viejo amigo.
D: *¿Hay algo más que te gustaría ver en el tapiz antes de salir de él?*
J: En este momento veo mi propio hilo. Es de color plata y cobre, a medida que se entreteje en el tapiz. El guardián del tapiz dice que es hora de que me vaya. Dice: "No necesitas este conocimiento. Con el tiempo podrás verlo pero no ahora." (Pausa) Me instruye sobre el progreso de mi alma. Y me hace una especie de reconvención a que trabaje en ello. (John se rió.) Dice que yo era un brillante rayo de luz y he dejado que se apagara. Por eso tuve que volver a la escuela de la Tierra.
D: *¿Es decir que puedes remediarlo?*

J: Claro, al entender las leyes universales y el amor, he podido recuperar mi luz. Es más fácil pasar por la escuela de la Tierra que encarnarse en otras dimensiones. Es más rápido.
D: *¿Cómo te sientes respecto a lo que te dice?*
J: Vaya, pues no me gusta. De hecho, me avergüenza. Me siento reprendido. Quiero decir que tiene razón, es mi culpa. Hice a un lado mi responsabilidad, por eso tuve que encarnarme. Pero no es como si me señalara con el dedo y me dijera: "No, no, no, no, no." Lo hace con mucho amor. Ahora me abraza y me dice: "Buena suerte en tu misión."

No pude resistirme a la tentación de preguntar: "¿Estará en alguna parte mi hilo?"

J: Sí, tu hilo está ahí. Es de un brillante color cobre que se vuelve más fuerte. Al principio es menudo pero se vuelve cada vez más grande para influir en otros muchos hilos. Este tapiz es muy mágico. (Bruscamente) Pide que nos marchemos. "Contemplabas tu propia vida, y no conviene hacerlo en este momento."
D: *Es sólo curiosidad humana, -pero supongo que no debíamos insistir demasiado.*
J: Sí. Creo que el guardián del tapiz ha dado a entender que no debíamos indagar demasiado en nuestro propio futuro. Dice: "Por el momento habéis visto bastante."
D: *Tiene razón. Porque si sabemos lo que nos va a ocurrir ¿seguiríamos con lo que nos "hemos propuesto?*

Luego llegó el momento de salir de esta increíble aventura y volver al país de los vivos, al mundo cotidiano de nuestra humana existencia. En vista de que John había demostrado ser un sujeto excelente, sin lugar a dudas yo quería seguir trabajando con él en el poco tiempo que nos quedaba. Así que le preparé para responder a una palabra clave antes de despertar. Esta clave puede ser cualquier palabra, pero yo acostumbro dejar que el subconsciente del sujeto la elija. El uso de este atajo facilita las sesiones porque no se requiere una larga inducción, y el sujeto entra en trance de inmediato. Acto seguido podemos iniciar nuestro trabajo en vez de perder tiempo en técnicas de inducción y profundización.

John recordaba gran parte de la sesión. Una vez despierto, se rió y dijo: "¡Vaya una experiencia!"

John, ¿cómo supo que estabas ahí?

Él respondió: "Me vi a mí mismo vestido con esta especie de túnica luminosa. Y él sólo dijo: '¡Ah, eres tú!' Como si se sorprendiera. Y su aspecto era idéntico al de ese grabado. (Se refería al dibujo que aparece en el Volumen I hecho por Elena basándose en su recuerdo de Nostradamus.) Salvo que yo soy más alto que él." Se reía al acordarse. La estatura de John es de algo más de lm 90, y asegura que Nostradamus ni siquiera le llegaba al hombro. Observó esta diferencia mientras recorría la estancia con él. "Parece bastante bajo cuando estoy de pie junto a él, y es muy cordial."

Comenté que había leído que la gente de ese tiempo tenía una estatura más baja que la de los hombres modernos. Era curioso comprobar el gran parecido del grabado que había dibujado Elena. Podría ser una confirmación de que en verdad veían a la misma persona. También Brenda pensó que el retrato se le parecía mucho.

"Le he visto en un momento de su vida en el que era algo más sombrío. Parecía algo mayor y sus rasgos eran más finos que en el grabado. Realmente mostró entusiasmo y satisfacción de conocerme."

D: Cuando viste tu rostro en el es-rejo, ¿te pareció reconocer tu propio aspecto?

J: Mi rostro era muy parecido, pero no mi cuerpo. No estaba tan gordo sino más delgado. Y vestía esa túnica luminosa con el colorido del arco iris entremezclado en ella, aunque los colores no eran llamativos, más bien destellantes. Era hermosa.

D: Imagino que él está habituado a ver espíritus, y por eso no le molestó.

J: No, no le molestó en absoluto. Sintió mi presencia, pero tuve que ir al espejo para que él pudiera verme, y es cuando me reconoció. Luego dijo: "Ah, te ruego que entres" y me dio la bienvenida a su estudio. Él sabía que yo venía del futuro y que formaba parte del grupo del siglo veinte. Me dejó que recorriera la sala y contemplara todo lo que había en ella. Me enseñó cosas en el espejo mágico que era como una hoja de cristal de obsidiana.

D: *Tanto Elena como Brenda comentaron que era negro. Tal vez les costó un esfuerzo describirlo porque en realidad no es un espejo tal como lo conocemos.*

J: No, tiene aspecto de obsidiana, de cristal negro o piedra volcánica. Se entusiasmó al ver el libro de efemérides que había sacado de la biblioteca. Al parecer estaba destinado a él. Lo examinó... (hada los movimientos) y se puso a escribir como un loco. (Risas) Y dijo: "Puedes hablarme mientras escribo; aquí hay información importante que yo necesito." Encontró las diferentes posiciones de los planetas que él desconocía. Aseguró que las utilizaría cuando trabajara en sus cuartetas.

D: *Al escucharte decir esto me entra la duda. ¿Qué viene primero, el carruaje o el caballo? ¿Hablamos con él en un tiempo en el que aún no escribe sus cuartetas? (Risas) Porque en ellas él no menciona a Neptuno y esos otros planetas. Esta idea ya me ha venido antes y siempre me inquieta. ¿Le estamos ayudando?*

J: (Serio) Estoy convencido de que sí.

D: *Varias personas han dicho eso. Tal vez las escribimos para él mientras yo se las leo. ¿Quién sabe? Es una sensación extraña. (Me reí nerviosamente.)*

J: Sí. Hace que te preguntes ¿dónde reside el sentido del tiempo? Yo sí que he tenido la sensación de que en cierto modo le estamos ayudando. Cuando él mencionó a tu espíritu guía, pude ver a este ser luminoso. No le vi el rostro, pero fue como si alguien dirigiera todo este asunto.

D: *(Risas) Alguien anda por ahí escribiendo esto.*

J: De eso no te preocupes. Tu espíritu guía se encarga de organizar las situaciones.

John habló de la escena que se le mostró sobre el futuro Anticristo. La mansión se hallaba a orillas del Nilo y las ruinas que vio al fondo eran unas columnas elevadas, como las de algunos antiguos monumentos egipcios. Él también percibió que el malvado hombre moreno tenía una gran fuerza mental. Parecía saber que estábamos en la sala porque miraba continuamente a su alrededor como si percibiera nuestra presencia. Los hombres también tenían la sensación de que alguien estaba a la escucha porque dejaron de hablar cuando la criada entró en la habitación.

John les oyó que al hombre malvado le llamaban "Imam", que significa "sacerdote" en árabe o en el idioma que hablaban. Este nombre lo usaban a título honorifico. Se supone que este hombre es una figura religiosa, pero aparentemente es sólo fachada.

John dijo que tuvo la sensación de que los padres del joven habían muerto, y que habían perdido la vida en la guerra egipcia. Además, el sacerdote era un pariente que desde ese momento se hizo cargo de él.

Fue increíble que pudiésemos obtener tanta información confirmatoria en nuestro último intento. Ni siquiera yo estaba segura de que podríamos llegar a Nostradamus a través de un vehículo nuevo. Pero John lo había conseguido más allá de las expectativas que yo pudiera haber tenido, y más allá de cualquier elemento casual. Era evidente que teníamos una clara conexión con el gran hombre, y que él era sincero cuando decía que siempre podría contactar con él, sin importar el canal que utilizara. Yo tenía que obtener tanta información como fuese posible antes de la marcha de John. Él estaba entusiasmado con esto y dispuesto a trabajar todas las veces por semana que pudiésemos organizar.

Capítulo 12

Nostradamus y la Astrología

Durante estas sesiones era habitual la presencia de otras personas en calidad de observadores. A veces pedían permiso para hacer preguntas, pero por lo general me pasaban notas. En esta sesión un amigo de John estaba presente, Don, astrólogo de Houston. Él y John habían preparado una lista de preguntas, casi todas ellas relacionadas con los aspectos astrológicos que para mí carecían de significado.

Empleé la palabra clave y John entró de inmediato en un profundo trance. Después hice la cuenta atrás para que fuese a un estado de espíritu en el que no estuviese directamente involucrado en una vida. Me describió la escena: "Voy paseando por un hermoso jardín donde hay fuentes y canales de agua. Los pájaros cantan. Los perfumes de las flores son sencillamente maravillosos. Subo por los peldaños que conducen al templo y a la Sala del Tapiz."

Esta vez no necesitó ninguna preparación. Fue directamente a la sala y encontró el hilo dorado de la vida de Nostradamus. Al seguir este hilo resplandeciente, emergió en el estudio de Nostradamus, el de la parte de atrás, al que nos había indicado que fuéramos.

John: Concentro la mirada en el espejo de obsidiana. Él sonríe y dice: "Bienvenido. Me alegro de verte."
Dolores: ¿Está en trance esta vez?
J: Puede comunicarse conmigo porque está en un estado meditativo. No es un estado de trance per se, pero está en contemplación.
D: ¿Le importa hablar con nosotros durante un rato?
J: Ah, no, no. Está jubiloso. Sabe quiénes somos.

D: *Sólo espero que no esté ocupado o preocupado por nada en este momento.*
J: No, ahora mismo no está preocupado, dice. Se siente bien. Está en paz consigo mismo. Me da las gracias por enseñarle las efemérides de los planetas que no se habían descubierto en su tiempo. Ahora usa algunas de ellas en sus predicciones. No se me permitió dejarle allí el libro. Pero dice que pudo escribir su propia versión del mismo en un código especial para que otros no pudieran usarlo. Dice que parte de esta información podría causar problemas, especialmente en su tiempo.
D: *Desde luego, la mayoría de la gente no lo entendería, ¿verdad?*
J: Algunos sí porque tienen una educación clásica. Muchos de los antiguos filósofos romanos y griegos mencionaron otros planetas además de los ya conocidos. Como podrás ver, hay otros astrólogos en este país que sólo utilizarían la información para sus propios intereses. No todos ellos usan su conocimiento de forma cabal o para ayudar a otros, sino para forrarse.
D: *¿Por esto lo codificó?*
J: Sí, ni siquiera lo ha comentado con sus mejores estudiantes. Con esta información él pudo continuar su trabajo y agradece nuestra ayuda. Está jubiloso por el hecho de que también le proporcionamos información sobre el futuro.
D: *Me preguntaba si le dábamos nosotros las respuestas o nos las daba él. ¿Qué ocurre primero? ¿Quién ayuda a quién?* (Risas) *¿O se trata de un esfuerzo conjunto?*
J: Es un esfuerzo conjunto. Nosotros le damos información. Somos espíritus del futuro.

Otros astrólogos han sugerido que pregunte a Nostradamus sobre el calendario que él utilizaba en su tiempo. El calendario juliano estaba vigente entonces. El calendario gregoriano, que usamos en nuestro tiempo, entró en efecto en 1582 en Francia (tras la muerte de Nostradamus.) El resto del mundo tardó en adoptarlo. Inglaterra no lo hizo hasta 1752, y Rusia empezó a usarlo después de la revolución bolchevique en 1917. Hay discrepancias entre los dos calendarios y una gran confusión relacionada con las fechas históricas. Los astrólogos creen que si basaba sus predicciones astrológicas en su calendario, evidentemente no serían exactas en nuestro tiempo. Así que seguí su sugerencia y le pregunté si él usaba un calendario en sus cálculos.

J: Él usa libros de información astrológica llamados "efemérides" y comenta que "el calendario que se usa en este momento no es totalmente exacto." Él lo usa para las estaciones y para la vida cotidiana, pero en sus horóscopos él emplea esencialmente sus libros de información astrológica.

D: ¿Son lo mismo?

J: No, hay cierta discrepancia entre ellos. El calendario no es lo mismo que los libros de información astrológica, cuyo uso se remonta al tiempo de los egipcios y los babilonios, hasta el año 6000.

D: ¿Sabe él que el calendario cambió en el futuro?

J: Sí, conoce bien los cambios.

D: *Eso es lo que quería aclarar. Si calculara datos astrológicos con el calendario de su tiempo, ¿habría que ajustarlos al nuestro? Por ejemplo, si en una de sus cuartetas dijera que el sol estaba en Piscis, ¿estaría Piscis en un mes o período de tiempo distinto del nuestro?*

J: Cuando él predice el futuro, sólo utiliza los datos astrológicos porque sabe que los diferentes calendarios tendrán efectos distintos en el futuro. Por ejemplo, él ve Piscis como un tiempo anterior al equinoccio vernal y no como una fecha específica en los calendarios tradicionales. Todo se rige por las estrellas y ellas no han cambiado tanto.

D: *¿Quiere decir que su calendario no influye en sus predicciones?*

J: Sólo usa el calendario de su tiempo para ver cuándo tiene que ir a la iglesia. Debe ir a la iglesia porque es un hombre muy respetado en su comunidad, y la Iglesia es muy importante en su tiempo. Le llamarían hereje si no acudiera. Los clérigos saben que él es un hombre muy erudito.

D: *Ya. ¿Y el uso de un calendario astrológico no le complica más la predicción de años?*

J: Él lee ese pensamiento en mi mente y mueve la cabeza, "no." Me enseña un libro enorme encuadernado en piel. Es como un portafolios. Y lo abre. Ahí se detallan las posiciones planetarias. (Sorprendido) ¡Y se remontan hasta el año 4000 antes de nuestra era! Ahora me muestra cómo continúa en el futuro, más allá del siglo 21, a los siglos 22, 23, 24 y así sucesivamente. Al final veo que los últimos cálculos muestran el año 6000 d.C.

D: ¿Es todo lo que abarca el libro?

J: Es lo que abarca este libro de efemérides. Es casi como si cada una de sus páginas representara un período de cien años de posiciones astrológicas.

D: ¿Es muy antiguo este libro?

J: No, esta información forma parte de su propio acervo de conocimientos.

D: Pensé que tal vez había conseguido este libro en alguna parte.

J: No, él extrajo esta información de otros libros y efemérides. Conoce la sucesión de las edades. Por ejemplo, él sabe que vive en la Era de Piscis y que nosotros estamos en los albores de la Era de Acuario. Él tuvo conocimiento de la Era de Aries, Tauro, Géminis, Leo y Cáncer. Sabe que la estrella polar ha cambiado. Pero ha hecho que estos cálculos astrológicos armonicen con el período de tiempo correspondiente a la sucesión de eras.

Me pregunto si esto es lo que quiso dar a entender Dionisio, su discípulo, cuando dijo que Nostradamus contemplaba el cielo para ver las estrellas tal como estaban en el momento en que se producía algún acontecimiento.

D: Cuando él tiene la visión de un acontecimiento, ¿cómo lo relaciona con la información?

J: Consulta el libro astrológico de información y se concentra en distintas épocas. Ésta es una de las bases en las que se apoya para componer sus cuartetas. Puede centrarse en fechas y años diferentes.

Aunque varias de mis siguientes preguntas no tenían que ver con este proyecto, no pude resistir a la tentación de saber más si la ocasión se presentaba.

D: Mientras él tiene el libro abierto, dicen que el día que nadó Cristo había una estrella brillante en los cielos, y siempre ha habido una gran controversia sobre la identificación de esta estrella. Me gustaría saber si tiene alguna información sobre eso. ¿Se trataba de alguna conjunción?

J: Si. Dice que fue la conjunción de Júpiter y Saturno afectada por el Sol. La luz de Júpiter y Saturno se combinó para crear una gran luz en el cielo y duró varios meses. El Sol, Júpiter y Saturno del día en que nació Cristo estaban en el signo de Piscis. Y él nació en.... marzo.

D: *Siempre ha habido discrepancias respecto a este acontecimiento, a saber, cuándo empezó el primer año después de Cristo, y mientras él tenía el libro abierto, pensé que sería una buena ocasión para preguntárselo. ¿Una conjunción tan importante como ésta podría anunciar un acontecimiento muy importante?*

J: Sí, al saber que Júpiter y Saturno se acercaban a una conjunción y que ésta sería especialmente brillante en las proximidades de Oriente Medio, los tres Magos comprobaron que esta estrella representaba el nacimiento de un gran servidor del mundo, y por eso se pusieron en camino para contemplar Su nacimiento.

D: *Quiere decir que también eran astrólogos.*

J: Sí. Los Magos eran astrólogos. No eran reyes. Poseían grandes riquezas y eran muy respetados por sus conocimientos en sus respectivos países.

D: *Ya me lo suponía. Gradas por contestar a mis preguntas. John quería aclarar algunos puntos adicionales en relación con el horóscopo del Anticristo. Sé que a Nostradamus no le gusta esa palabra.*

J: No importa, aunque todavía no es el Anticristo. Ahora se dirige a su estante y saca un rollo. Lo abre, y ahí está el horóscopo. En la parte superior vemos febrero de 1962 y Acuario en la primera casa. Le pregunto: "¿Está interceptado en alguna parte?" Y responde: "No, está directamente en Acuario." El sol, la luna, Mercurio, Venus, Marte, Júpiter y Saturno, todos están en la primera casa.

D: *¿Forman conjunciones algunos?*

J: No, no hay conjunciones. Espera un momento. Hay una conjunción entre... creo que es Venus y Marte. Están bastante cerca pero todos en distintos grados.

D: *Entonces ¿no se trata de una verdadera conjunción?*

J: Sí, todos se unen por el signo, pero no en el mismo grado. Algunos de ellos están en conjunción entre sí. Luego veo el planeta Plutón en lo que sería la octava casa en este cuadro, en Virgo. Es ahí de donde procede su energía oculta. Es un gráfico de aspecto muy irregular porque todos los demás planetas están en la primera casa. Debe de haber nacido en una hora cercana a la salida del sol. Luego veo -me esfuerzo por verlo con más claridad- lo que parece una yod (décima y más pequeña letra del alfabeto hebreo - N. de la T.)

D: *(No lo entendí.) ¿Una qué?*

J: Una yod entre ellos. Dice que no es una verdadera yod, pero es similar.

Don: *(El otro astrólogo.) ¿Entre qué planetas?*

D: *¿Puedes oír lo que dice la otra persona en la habitación?*

J: Sí, puedo oírla. Nostradamus dice que hay un semi-sextil entre Urano y Plutón, pero Urano se opone a todos estos planetas acuarianos. Urano está en el signo de Leo en la séptima casa. Dice que Plutón será muy importante en su vida. Cuando Plutón entre en el signo de Sagitario veremos muchos cambios. Éste será un tiempo que influirá mucho en su vida.

Más tarde descubrimos que Plutón entrará en Sagitario en noviembre de 1995, que encaja en el calendario de acontecimientos.

D: *¿Necesitas saber si hay otros signos en las demás casas?*

J: Le pregunto dónde está Neptuno (risas) y me dice: "Yo no he puesto ahí a Neptuno."

D: *Me sorprende que introdujera a Plutón y a Urano.*

J: La razón por la que no puso a Neptuno es que este hombre no tendrá ninguna compasión. Pero él añade: "Por ti, voy a ponerlo." ¿Dónde lo pondrás? (Pausa) Creo que está en Virgo. No, no en Virgo sino en Escorpión. Los símbolos que él usa para Virgo y Escorpio son muy distintos. En nuestro tiempo estos símbolos son muy similares. Me dice en este momento: "Sí, Neptuno está en el signo de Escorpión." Y ocurre en la décima casa. Dice que éste es el planeta del misterio.

Era evidente que aunque él antes no conocía estos planetas y sus significados astrológicos, ahora los usaba puesto que John le había mostrado el rollo de la biblioteca.

D: ¿Hay otros símbolos en las demás casas, aparte de los astrológicos?
J: (Entre dientes, casi ininteligible, como si hablara con Nostradamus.) ¿Usas el sistema árabe de elementos? Dice: "No. Soy un astrólogo puro, sólo uso los planetas."
D: De acuerdo. Pensé que podría haber otros símbolos usados por él que tú desconocías. ¿Puedes ver este horóscopo con la suficiente claridad para reproducirlo más tarde para mí?
J: Sí. Sólo que es ligeramente distinto al del último esquema.

A continuación le di a John sugerencias post-hipnóticas para que conservara con claridad en su mente todos los signos y su orden en este modelo desconocido y que me lo pudiera dibujar cuando despertara.

Como John había terminado de examinar minuciosamente el esquema, continuó con la explicación de la discrepancia entre la fecha proporcionada a Brenda y el horóscopo que se le mostró a él.

J: Dice que el otro horóscopo, trazado para el signo Sagitario de 1968, refleja el momento en que el Anticristo pierde a su familia. Murieron a manos de los israelíes en la guerra egipcia.
D: Yo iba a preguntar sobre las dos fechas diferentes. No podíamos entender cómo pudo obtener tanto poder cuando sólo tenía poco más de veinte años.
J: Dice que la fecha que captó el otro canal no era su fecha de nacimiento sino el día en que perdió a sus padres. Ella estaba confusa.
D: Vaya, lo pasó mal con la recepción de información astrológica.
J: Sí, lo pasó mal. Él era un niño de cinco o seis años cuando eso ocurrió. Y su tío, el sacerdote maligno, le crió y él es el verdadero poder oculto tras el trono. Nostradamus me permite en este momento mirar en el espejo. Veo una imagen donde aparecen edificios universitarios, y el hombre que conocemos como el Anticristo sale de uno de ellos. Es un joven inteligente y bien

parecido, le envuelve un aura magnética que atrae a mucha gente. En este momento estudia e investiga para un proyecto universitario. Incorpora en una sola las filosofías de Voltaire, Hegel, Marx, Engels y otros famosos filósofos.

Brenda también había dicho que el joven Anticristo era estudiante de la universidad egipcia en el presente. Ésta fue una de las pocas percepciones que se le dieron sobre su ubicación actual.

D: Nostradamus nos dijo una vez que nunca sabríamos demasiado sobre los antecedentes del Anticristo porque esto permanecería en el misterio.
J: Hay misterio en cuanto a que sus padres fueron asesinados, y el Imam, el sacerdote, también lo mantendrá todo en un halo de misterio. El Imam es la personificación de lo que vosotros llamáis el Demonio. Siente un odio reconcentrado por los israelíes y quiere ver a Israel pisoteado y destruido. Encenderá la agitación y se empleará a fondo en ese objetivo. El hombre no es mal parecido, pero sus ojos te retienen y atrapan hasta producirte la sensación de que te succionan el alma. Son como agujeros negros.
D: Me sorprende que el joven no sienta lo mismo.
J: El joven le quiere porque él le ha criado y le ha querido. La verdadera debilidad de este hombre malvado es este joven. Ha hecho todo lo que estaba en su mano para hacer que su vida sea desahogada y feliz. Por eso hay entre ellos un profundo amor. Cuando este malvado ser -no es humano- abandone la vestidura de su cuerpo físico, le transferirá su esencia y su energía. Es cuando el joven se convertirá en el Anticristo. Pero esto ocurrirá en la década de los 90.
D: ¿Empezará él su ascenso al poder cuando Plutón origine el cambio?
J: Correcto. Tendrá más influencia de la que tiene ahora. El ser malvado actualmente gestiona asuntos monetarios para crear una base para el Anticristo. Obtiene dinero de los árabes de todas las nacionalidades en todo el mundo islámico para financiar sus esfuerzos. También ayudará a promover ciertos cambios revolucionarios en Siria, Irak e Irán. Y lo hará muy pronto.

D: *Cuando nos proporcionó los signos astrológicos a través de Brenda, dijo que algunos de esos signos no correspondían a su horóscopo natal sino al horóscopo de su ascenso al poder.*

J: El canal captó lo que ella creyó que era su fecha de nacimiento, pero de hecho era la muerte de sus padres, que fue traumática para él porque entonces era muy joven. Después su tío, el ser malvado, cuidó de él. El Anticristo no lo sabe, pero su padre y su madre fueron asesinados. En apariencia murieron a causa de la guerra, pero de hecho el tío pagó a los asesinos porque quería al chico para él.

D: *¿Ya tramaba algo entonces?*

J: Sí, tramaba matar a los padres, y el joven no lo sabe. Nostradamus dice que ése es el misterio que rodea sus comienzos. El ser malvado nació en los años 30. Vio surgir a Israel en Palestina, su país, y vio que le quitaban la vida. Se consagró a las fuerzas oscuras del universo y a ellas se entregó por entero. Es la misma situación que conocemos como entes que vienen para servir. Él permitió que un ente diabólico le suplantara en su vida. Todo su propósito es entrenar al Anticristo para que ocupe su lugar de poder en los destinos del mundo.

D: *Tal vez por eso tenía que empezar con un niño.*

J: Correcto.

D: *¿Crees que los otros horóscopos son exactos?*

J: Él cree que la mayor parte de lo que ella canalizó fue básicamente exacta. Dice que de modo específico ella lo pasó mal con el horóscopo del Anticristo.

D: *También nos confundió mucho la mención de un gran trino.*

J: El gran trino tiene lugar en los ascendientes del Anticristo. Saturno está en Piscis. No puedo ver el resto. Él dice: "Verifícalo; será a mediados de los 90."

D: *También habló de tres signos de agua relacionados con tres masas de agua.*

J: Sí, Nostradamus se refería a Oriente Próximo. Dice que cuando él llegue al poder, Saturno estará en Piscis, signo de agua. Alcanzará el poder entre principios y mediados de los 90.

Le pregunté a John: "¿Aclara esto lo que tú querías saber?"

J: Sí, ahora puedo trazar el horóscopo tal como lo veo.

Más tarde, cuando John tuvo tiempo de consultar su libro de efemérides, encontró que un gran trino de signos de agua se produciría varias veces durante el verano de 1994. Dos de estos hechos se consideraron los más probables. En julio de 1994, habrá una conjunción del Sol y Mercurio en gran trino con Júpiter y Saturno. Esto se creyó que era de suma importancia por la presencia del Sol. El segundo gran trino se produce en septiembre de 1994, que implica a Marte, Júpiter y Saturno. Todos estos son planetas poderosos con importantes influencias, y creemos que el Anticristo emergerá en algún momento durante ese período. Es interesante observar que en el resto de los años noventa no volverán a producirse trinos importantes (con la implicación de planetas importantes en signos de agua.)

Don quería hacer algunas preguntas que él y John habían acordado antes de la sesión.

D: *Tenemos aquí a otro astrólogo que le gustaría hacer algunas preguntas.*
Don: *En el tiempo de Nostradamus ¿qué planetas rigen a qué signos? En nuestro tiempo hay debate respecto a los planetas que rigen los signos de Virgo y Libra.*
J: El signo del Carnero está regido por Marte, el planeta rojo que aparece en los cielos vespertinos. El signo de Tauro está regido por Venus, la estrella hermosa; Géminis está regido por Mercurio; Cáncer por el signo de la luna; y Leo tiene al Sol como regente. A Escorpión lo rige tu planeta Plutón, uno de los planetas más destructivos que existen. Sagitario está regido por Júpiter. Capricornio es el exigente capataz de Saturno; Urano, el planeta del cambio, rige el signo de Acuario, y Neptuno regirá el signo del pez. Virgo, dice, será regido por otro planeta que todavía no se ha descubierto en tu tiempo. Libra también estará regido por un planeta recién descubierto. Dice: "Igual que en nuestro tiempo, sólo podemos ver hasta Saturno, pero sabemos que hay otros planetas más allá de él. Es parecido en vuestra era; descubriréis planetas que regirán a Virgo y después a Libra."
D: *¿Quiere decir que en su tiempo no tiene influencia en Virgo y Libra?*

J: Dice: "En mi tiempo no hay regente para Libra, Virgo, Acuario o Piscis, pero asignamos Júpiter a Piscis y Saturno a Acuario. También asignamos Marte a Escorpión". Dice que con el paso de los siglos descubriremos dos planetas más que causarán un revuelo tremendo. El primer planeta regirá a Virgo, y el segundo traerá la verdadera Era de Acuario de la sabiduría. Él llama la Era de Oro. Dice que este planeta podrá avistarse en el... (vacilante) siglo veintidós. Dice Nostradamus: "John, estás en un error. (Risas) Este descubrimiento se producirá hacia el año 2040". Los dos planetas son parte de otro sistema solar. Me ofrece una imagen de este otro sistema solar que tiene una estrella binaria. Quiere decir que tiene dos estrellas.

D: *¿Está cerca de la Tierra?*

J: Sí, está cerca de la Tierra, pero nuestros científicos no se dan cuenta de ello. Ellos podrán avistar esta estrella con telescopios más potentes.

D: *¿Quieres decir que los dos sistemas solares, el nuestro y ese otro, se solaparán?*

J: Nuestro sistema solar y ese sistema solar ya se solapan en este momento (sorprendido) presente.

Don: *¿Podría Plutón haber formado parte de ese sistema?*

J: Dice que Urano, Neptuno y Plutón han sido parte de ese sistema solar.

D: *¿Y qué ocurrió?*

J: Ah, ahora entiendo lo que él quiere decir. Dice que hubo dos estrellas que explotaron y estos planetas fueron lanzados hacia nuestra órbita. Urano, Neptuno, Plutón y los otros dos planetas eran anteriormente parte de este otro sistema solar. Recibió esta información mientras estaba en trance y viajaba. Nostradamus viaja astralmente.

D: *¿Orbitan actualmente estos planetas alrededor de nuestro sol?*

J: No están en una órbita exacta pero son atraídos hacia el sol, como Plutón.

D: *¿Qué significa que no están en una órbita exacta?*

J: Que tienen un grado de arco más amplio.

D: *¿Es ésta una de las razones por las que los científicos no los han visto aún?*

J: Sí. La estrella binaria era un sistema más antiguo y explotó y quedó reducido a cenizas.

Retomamos las preguntas de Don.

D: *También nos preguntábamos si ocurrió algo en la vida de Nostradamus que le movió a querer predecir el futuro.*
J: Afirma que sí, lo hubo.
D: *¿Le gustaría compartirlo con nosotros?*
J: (Con tristeza) Dice: "Me resulta doloroso... pero perdí a mi familia. Pasé por una depresión muy profunda en esa época, y me sentí muy inútil. Dado que podía visionar cosas que ocurrirían en el futuro, me dediqué a mis habilidades astrológicas. Así es como empecé a predecir el futuro". Está muy triste. Dice: "Amaba mucho a mi mujer y a mis hijos. Murieron a consecuencia de la peste y no pude hacer nada para ayudarlos". (Esto lo expresó con una inmensa emoción.)
D: *Era médico en ese tiempo, ¿verdad?*
J: Sí, y no pudo hacer nada por ellos. (Aún triste.) "Tuve que hacerme cargo de mis asuntos," dijo. "Perdí la fe en la vida cuando murió mi esposa, pero la he recuperado. Me volví a casar, y tengo una mujer buena que me ayuda mucho".
D: *¿Ha tenido más hijos?*
J: Sí, los tiene. Y dice: "Me siento como... liberado. Educo a mis niños por el camino correcto".
D: *Eso está bien. ¿Le interesaba a él la astrología antes de perder a su primera familia?*
J: Ah, sí. Dice: "Estaba bien versado en astrología, porque trazaba horóscopos para mis clientes ilustres".
D: *¿Cuándo empezó él a escribir las cosas que ve?*
J: Lleva mucho tiempo escribiendo, dice. Sentía la necesidad de ponerlo todo por escrito. Tenía visiones del futuro y pensaba que sería importante discutirlas y dejarlas como legado.
D: *El problema es que las expresó de una forma demasiado oscura y muchos no lo entienden.*
J: Los que tienen que entenderlo lo entenderán.
D: *Ahí es donde entramos nosotros.*

J: (Repentinamente) Alguien toca a la puerta. (Yo miré a mi alrededor. Pensé que se refería a la puerta de su apartamento.) Él va hacia la puerta. (En voz muy baja.) Es su mujer. Es muy bonita. Digamos que es algo regordeta, pero tiene un rostro amable y le sonríe. Él la besa y ella dice (con suave voz): "Querido, ven a comer. Has estado en tu estudio toda la tarde y es hora de que comas algo. He preparado un poco de cordero. Vamos". Y él dice: "En fin, he de irme".

D: *¿Y nosotros, qué? ¿Ya no va a hablar más con nosotros?*

J: No. Dice: "Lo siento. Haced contacto conmigo pronto. Lo estoy deseando, pero por ahora tengo que irme".

Yo intenté pensar en algún modo de mantener la comunicación con él porque aún nos quedaba mucho tiempo.

D: *¿Podemos hablar con él después de su comida?*

J: Le pregunto si podemos volver. Y responde: "No, tengo que irme". Hoy no podemos seguir hablando con él.

D: *De acuerdo, pues. Le agradecemos mucho que hable con nosotros en el tiempo del que dispone.*

J: Empieza a impacientarse. Dice: "He de irme. Le he dicho a mi mujer que estaba ocupado en algo importante, pero ella insiste que es hora de comer". Me parece que ella cree que él pasa demasiado tiempo aquí dentro. Y si ella no insistiera, él se quedaría sin comer. Él dice: "Por favor volved a contactar conmigo". Y se marcha. La estancia se ha quedado vacía. Es una habitación muy agradable. Los muebles parecían rústicos, pero de hecho son suaves y bien torneados. Ello denota la presencia de un amoroso cuidado.

D: *¿Podrás acceder al resto de la casa y ver cómo es?*

J: Sólo podemos permanecer en esta estancia. Tiene un hermoso brasero de bronce que él enciende a veces y.... en cuyo fuego tiene visiones. Mantiene muy ordenadas las cosas. En el suelo hay esterillas, y una alfombra especial debajo de su silla para mantener los pies calientes. (Abruptamente) Hay alguien que dice: "Vamos John, tienes que marcharte de aquí ya". Tengo que irme. El guardián del tapiz me advierte: "No te impongas por la fuerza a los demás, te ruego que no lo hagas. No intentes forzar la libre voluntad de otro". (Molesto) ¡De acuerdo! Si, ya entiendo. Y él dice: "Simplemente ten cuidado. Ahora puedes marcharte". Él es muy severo.

D: *Dile que no es nuestra intención molestar. Nunca intentamos quedarnos si la -persona no quiere que lo hagamos.*

J: Uy, hoy la actitud del guardián es muy severa. Lo entiende, pero me ha llamado la atención porque cree que pretendíamos forzar a Nostradamus contra su voluntad. Dice: "Una de las leyes del universo es no coaccionar o imponer tu voluntad a otras personas. Así que no lo hagas porque con ello crearás mal karma para ti mismo".

D: *¿No se da cuenta de que no pretendíamos hacerlo?*

J: (Risas) Dice: "Pero lo intentaste".

D: *Vaya, lo único que queríamos saber es si podíamos verle después de comer. (Risas)*

J: Sí, eso es lo que le he dicho, y que en realidad no queríamos coaccionarle; pero no se ha enfadado.

Quise suavizar los sentimientos del guardián. Si hacíamos algo que le ofendía, tal vez no nos dejaría volver al tapiz.

D: *Tú solamente contemplabas la habitación, eso es todo.*

J: Dice que es mejor estar allí sólo cuando Nostradamus está presente. Ya que al aparecer yo como espíritu o como fantasma, otros podrían sentir mi presencia. Dice que mientras Nostradamus toma sus alimentos, la criada entra a limpiar la estancia. Esto la habría asustado, y ya tiene bastantes problemas en su vida. (Risas)

D: *No sama que otras personas podrían percibir nuestra presencia cuando están en casa.*

J: Bueno, Nostradamus le ha dicho a su mujer que él se comunica y ella lo entiende. Ella es para él una gran ayuda porque le ama y le cuida. El guardián me sacó de la Sala del Tapiz y dijo: "Es hora de que te vayas. Te veremos más tarde". (Grandes risas) No está enfadado. Sólo se muestra muy severo.

D: *Dile que no teníamos idea de que alguien más pudiera percibir nuestra presencia.*

J: Dice: "Sí, lo entiendo. Pero no debéis transgredir ninguna ley del universo; de otro modo seréis gravemente reprendidos".

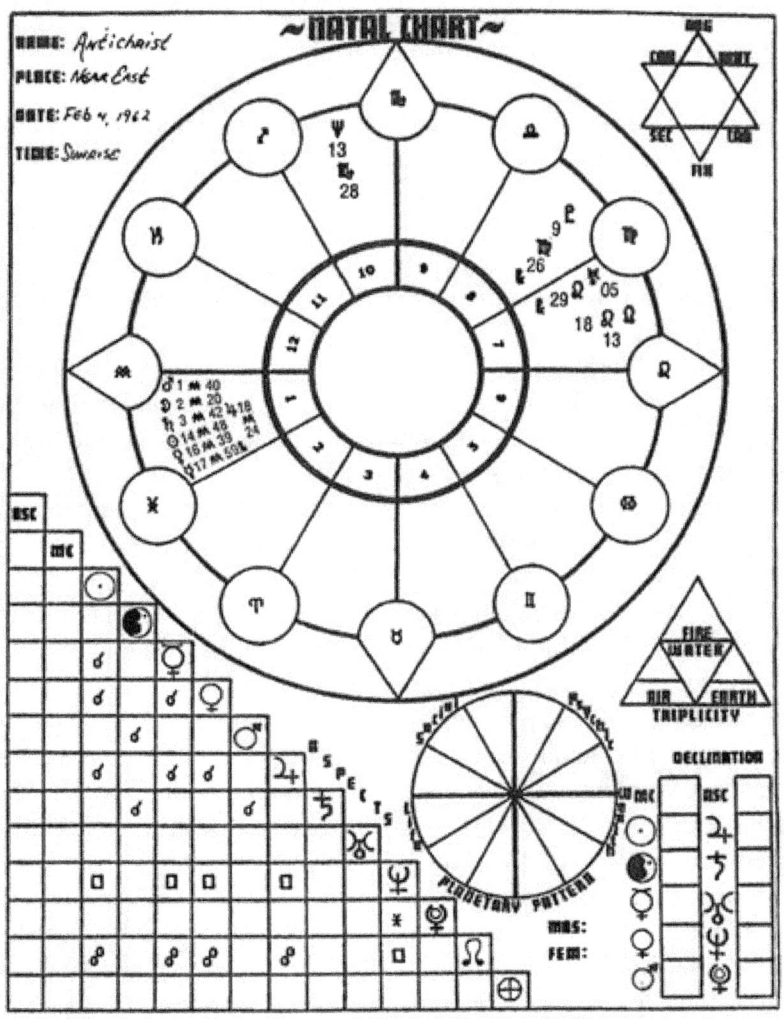

Horóscopo para el Anticristo con fecha de su nacimiento, 4 de febrero de 1962.

D: *Nosotros ponemos todo nuestro empeño en hacer bien lo que debemos hacer. No queremos transgredir ninguna ley.*
J: Él lo sabe. Dice: "¡Adiós!" (Sorprendido) ¡Todo ha desaparecido! Hay un vacío gris. Yo ya no estoy ahí.

Fue como si alguien hubiese pulsado un interruptor, ya que súbitamente perdió el contacto con la sala del tapiz. Parecía obvio que había alguien en el otro lado que controlaba nuestro acceso a la sala y también la duración de nuestro tiempo de permanencia. No quedaba otra alternativa que hacer que John volviese a su plena conciencia. Luego con curiosidad le preguntó a Don: "¿De qué habló en el aspecto astrológico?"

Don explicó sobre las regencias de los signos y sobre un descubrimiento futuro de dos planetas que actualmente no son visibles. Parecía que Nostradamus conocía estas cosas cuando salía de su cuerpo y viajaba por proyección astral.

Cuando John buscó la fecha de nacimiento del Anticristo en su libro de efemérides, descubrió que tenía que ser el 4 de febrero de 1962. Los datos correspondían de un modo total y exacto al horóscopo en forma de diamante que Nostradamus le había mostrado en el pergamino. Estoy segura de que él experimentó la misma oleada de interés que yo cuando oí hablar de él. El cálculo de probabilidades de que esto ocurriese por azar es demasiado tremendo incluso para un astrólogo profesional. Aun con todos los datos astrológicos que John tiene en su mente subconsciente, difícilmente podía obtener todas estas localizaciones exactas de los miles de datos disponibles en sus efemérides. Para él fue importante estar ahí para interpretar la información astrológica porque para el resto de nosotros era literalmente como el intento de entender chino. Tal vez estemos familiarizados con los signos del zodiaco, pero se necesitaba un profesional para comprender de inmediato lo que se le mostraba. Además, la escritura era extraña y para Brenda o para mí sólo habría añadido más confusión. Ésta era la lógica que encerraba el hecho de mostrar a John esta información.

John pensaba ahora que tenía de Nostradamus la suficiente información sobre el horóscopo del Anticristo para seguir adelante con la carta natal y la interpretación. Su deseo se había cumplido.

El siguiente es un breve resumen de lo que John descubrió:

Esta carta natal es muy rara e intensa. Todos los planetas tradicionales: Sol, Luna, Mercurio, Venus, Marte, Júpiter, Saturno, y el Nodo Sur están alineados en la Primera Casa de la Personalidad. En este caso, el Sol promete una excelente constitución y un deseo de "ser alguien" en esta vida. Aquí la Luna revela una mente muy inquisitiva en los aspectos científicos e intelectuales, con una aguda percepción tecnológica. Mercurio da un considerable énfasis a estos rasgos. Venus representa emociones que son: frialdad, calma y desapego. Es más fácil ser cordial con todos que con uno solo. Marte, el planeta de la acción, predice un impulso que funciona sólo con energía intelectual. Una buena comprensión de la mecánica también acompaña a esta posición. Júpiter señala una personalidad encantadora y humanitaria. El planeta Saturno en la Primera Casa augura obstáculos en la primera etapa de la vida seguidos por una gran disciplina para alcanzar los propios objetivos. Es interesante que su grupo de planetas en el signo de Acuario produce un aspecto adverso con Neptuno, el planeta de la compasión en la Décima Casa. Esto anuncia que se elevará al poder de forma rápida pero clandestina. Una vez en el poder, podría abusar del privilegio. Plutón en el signo de Virgo en la Octava Casa subraya una gran habilidad mental pero también una fuerte tendencia manipuladora. Urano en el signo de Leo en la Séptima Casa de las asociaciones representa a los º enemigos" directos al igual que rupturas en las relaciones personales. Hay un gran poder en este horóscopo, que muestra un alma muy avanzada que ha pasado por la "prueba de poder" en vidas anteriores y es probado de nuevo.

En una sesión anterior con Brenda, trabajamos con la siguiente cuarteta. Nostradamus nos dio instrucciones específicas en esa época. Nos dijo que relacionáramos esta cuarteta con los horóscopos, pero no los teníamos entonces.

CENTURIA V-24

Le regne & lois souz Venus eslevé,
Saturne aura sus Jupiter empire:
La loi & regne par le Soleil levé,
Par Saturnins endurera le pire.

El reino y la ley promovida bajo Venus, Saturno dominará a Júpiter. Ley e imperio erigidos por el Sol, soportarán lo peor con la ayuda de los Saturnianos.

B: Dice que esta cuarteta se refiere a la organización dirigida por el que ha llamado "Ogmios". Esta organización sobrevivirá después de pasar por lo más penoso de los tiempos difíciles y servirá como base de futuros gobiernos después de derrocar al Anticristo. Pide que leas la línea que habla del sol.
D: *"Ley e imperio erigidos por el sol".*
B: Sí. La gloria y la naturaleza positiva del sol protegerán a Ogmios y le ayudarán a sobrellevar lo peor.
D: *Intento entender la importancia de esta línea. "Soportarán lo peor con la ayuda de los Saturnianos".*
B: Sugiere que, para obtener matices específicos del significado y poder traducir las profundidades de esta cuarteta, consultes los horóscopos de Ogmios y del Anticristo y prestes especial atención a las posiciones relativas de los diversos cuerpos celestiales que hay en ellos. También propone que uses las comparaciones contenidas en esta cuarteta para tener una idea del desarrollo de esta organización clandestina.
D: *¿Qué compare la ubicación de tres planetas, Venus, Saturno y Júpiter?*
B: Dolores, dice que no intentes interpretar información astrológica porque llegarás a conclusiones erróneas. Deja que el astrólogo trabaje con su conocimiento y sus herramientas.
D: *Estoy segura de que él lo entenderá mucho mejor que yo. Para mí es chino. (Risas)*
B: Dice que dejes que los chinos hablen chino y que sólo te preocupes de la comunicación. (Nos reímos.)
D: *Le estamos dando mucho trabajo a John en estas cuartetas.*

B: Él ya suponía que John tendría que añadirlo a la información disponible.

Al tener John los dos horóscopos, ya podía seguir las instrucciones de Nostradamus. Cuando tuvo ocasión de compararlos, volvimos a reunirnos y me dio la siguiente información:

J: Lo que es realmente interesante es que la frase: "Saturno dominará a Júpiter" sale en ambos horóscopos. Saturno, el co-regente del signo de Acuario, aparece en el horóscopo del Anticristo. Tiene a Saturno en la primera casa en Acuario, junto con Júpiter en Acuario. Saturno domina a Júpiter en este horóscopo, porque Saturno está en su posición de co-regencia. Es interesante que en el horóscopo de Ogmios Saturno también está en una posición dominante. Está en Libra, el signo de su exaltación. Y domina al Júpiter de Ogmios porque su Júpiter resulta en Tauro, que no es realmente el mejor lugar para Júpiter. Es una posición confortable para Júpiter, pero en realidad no está en su posición de dominio. Así que es verdad que para esta cuarteta, Saturno domina a Júpiter en ambos horóscopos.

D: *Nostradamus también quería que compararas los planetas mencionados en la cuarteta.*

J: Sí. Venus está en Acuario en el horóscopo del Anticristo y en el de Ogmios está en Escorpión. Los aspectos de Venus entre estos dos forman cuadratura entre sí, lo que indica un sentido de conflicto de propósito. Venus en Escorpión es mucho más emocional y sensible que Venus en el signo de Acuario, que es frío y despegado. El Anticristo carecerá de compasión y comprensión hacia otros, en tanto que Venus en la séptima casa en la carta natal de Ogmios revela a una persona mucho más cordial hacia todos los demás, aunque puede no tener relaciones personales. Espiritualmente se ha vuelto afable hacia toda la gente. Siempre que tenemos a Venus en Escorpión, pasa por un proceso de transformación. Veamos. "El reino y la ley promovida por Venus. Saturno dominará a Júpiter. Ley e imperio erigidos por el Sol soportarán lo peor con la ayuda de los Saturnianos". Saturno está en posición descendente en el signo de Acuario y en el signo de su detrimento en Libra en el horóscopo del Anticristo. "El sol soportará lo peor" indica que éstas no son las mejores posiciones para el sol en la astrología tradicional. El sol en descenso en el signo de Acuario -yo suelo compararlo con la época del año- es como los días fríos y nevados de enero y febrero. Es cuando el sol realiza su retorno de las latitudes del sur, y es por lo que se considera descenso. Cuando el sol está en Libra tenemos de nuevo días y noches de igual duración. Dado que la noche se vuelve más larga durante el mes de Libra, y el sol de Ogmios está en el signo de Libra, significa que la noche desciende. En el horóscopo del Anticristo el sol está en Acuario, que está en descenso. Significa que el sol se ha alejado y vuelve otra vez con lentitud. Son los tiempos más oscuros del año para la energía solar.

D: *"El reino y la ley promovida por Venus". ¿Crees que esto se refiere al reino del Anticristo que sube al poder?*

J: Bueno, Venus en Acuario muestra que dará la impresión de una persona sólidamente humanitaria a medida que ayuda al mundo. Podría incluso valerse de algo similar al Movimiento de Paz Mundial. Utilizará los impulsos humanitarios en su propia ventaja.

D: *Veamos, él dijo: "Usa las comparaciones proporcionadas en esta cuarteta para hacerte una idea del desarrollo de la organización clandestina".*

J: Los planetas Libra que aparecen en la carta natal de Ogmios están en buen aspecto con la del Anticristo, lo que muestra compatibilidad. De modo que Ogmios puede empezar como seguidor del Anticristo, pero cuando observe su perversión se apartará de él. En otras palabras. Ogmios creerá que este hombre pretende que la humanidad sea más próspera, pero se desilusionará cuando lo ve en su verdadera luz. Sus aspectos muestran que al principio Ogmios no quiere considerarse como líder.

D: *¿Le incitan a hacer algo de lo que no está seguro?*

J: Exacto. Tiene principios humanitarios sólidos con su nodo norte en el signo de Acuario. Su destino espiritual está representado por el nodo norte, que muestra que su alma ha madurado en vidas anteriores y éste es su momento de ayudar a la humanidad. Es hora de mostrarse al mundo. Su organización clandestina está regida por Escorpión en la séptima casa, y tendrá una red de socios, amigos, y contactos fundamentales que estarán ocultos. Plutón en la cuarta casa muestra que su base de operaciones estará cerca de donde él nació.

D: *No estoy segura pero creo que nació en algún lugar de Francia.*
J: Ogmios será un buen adversario porque entenderá al Anticristo. Probablemente habrá trabajado para él al principio.

En el Capítulo 6: "Las fechorías del monstruo", se nos dieron instrucciones de comparar una fecha en la cuarteta con el horóscopo del Anticristo para hacernos una idea más clara de los acontecimientos en torno al año 1997 cuando empezaría a usar armas nucleares. No pudimos seguir las instrucciones de Nostradamus en ese momento porque no teníamos el horóscopo. Cuando pudimos hacerlo descubrimos algo completamente inesperado en sus oscuras líneas.

CENTURIA VI-35

Pres de Rion & proche a la blanche laine,
Aries, Taurus, Cancer, Leo, la Vierge,
Mars, Júpiter, le sol ardra grand plaine,
Bois & citez, lettres cachez au cierge.

Cerca del Oso y de la blanca lana, Aries, Tauro, Cáncer, Leo, Virgo, Marte, Júpiter, el Sol hará arder la gran llanura, bosques y ciudades; cartas ocultas en el cirio.

John trabajó con Nostradamus en los signos astrológicos, y llegaron a la conclusión de que el Anticristo llegaría por primera vez al poder en 1992 en una forma muy sutil usando armas convencionales en guerras menores. Emplearía la amenaza de confrontación nuclear pero sin contar con las armas. El 23 de enero de 1998 usaría por primera vez armas nucleares. Fue cuando Nostradamus nos dio instrucciones específicas.

B: Dice que debes sacar el horóscopo del Anticristo y buscar estos signos y la forma en que se relacionan entre sí y sus diversos aspectos. Compáralo con las posiciones de los planetas y sus influencias en el horóscopo del Anticristo para hacerte una idea del conflicto. Dice que esto te dará una sensación de cómo serán los tiempos difíciles, en especial alrededor de 1997.

Ahora que contábamos con la pieza clave que faltaba podíamos seguir sus instrucciones y hacer las comparaciones. Se trazó una carta para la fecha y éstas son las conclusiones:

El 23 de enero de 1998, Marte y Júpiter en tránsito formarán conjunción a 27 grados con Acuario y estarán en conjunción con el stellium de planetas acuarianos (tres o más planetas en el mismo signo) del Anticristo. Se descubren muchos aspectos importantes al comparar esta fecha con su carta. La conjunción Marte/Júpiter está en oposición a su nodo norte natal y su Urano. Urano es el planeta de los acontecimientos destructivos repentinos, y el nodo norte representa los logros de la persona en su vida. También en esa fecha Plutón está en cuadratura con su Plutón natal. Plutón es el planeta de lo viejo que muere para dar lugar al nacimiento de lo nuevo. El Plutón del Anticristo está en la octava casa, conocida como la "casa de la muerte", y está regida por Plutón. Esto encaja con el comienzo del uso de armas nucleares. Los planetas Marte, Luna y Saturno del Anticristo forman conjunción con el Sol en la carta de esa fecha (23 de enero de 1998). Es un dato importante cada vez que el Sol en una carta se relaciona con acontecimientos importantes en otra (sobre todo cuando Saturno y Marte se unen), porque el Sol es la fuerza de la vida. Hay también otros aspectos significativos entre las cartas.

Surgió un escollo al comparar los signos en la cuarteta con el horóscopo del Anticristo. No había planetas en Aries, Tauro o Cáncer. Plutón estaba en Virgo, y el nodo norte y Urano estaban en Leo, pero parecía no haber conexión con ninguno de los otros signos. El siguiente paso fue verificar los regentes de estos signos. Fue cuando hicimos un fascinante descubrimiento. Los planetas regentes son Aries/Marte, Tauro/Venus, Cáncer/Luna, Leo/Sol, Virgo/Mercurio. Cuando fue analizada la cuarteta de esta manera resultó obvio que en su propio estilo subrepticio, Nostradamus había ocultado la parte más importante del stellium de planetas del horóscopo del Anticristo en esa cuarteta. También mostró su relación con el prototipo de un acontecimiento importante. Ahí estaban las pistas para que cualquiera pudiera descubrirlo, pero sólo alguien con un amplio conocimiento de la astrología sabría lo que debía buscar. Sentimos la euforia que se experimenta cuando has resuelto con éxito un complicado rompecabezas. Desde luego que nunca lo habríamos conseguido sin las instrucciones de Nostradamus. Cuando él dijo que sacáramos el horóscopo del Anticristo, realmente nos estaba diciendo que las claves estaban en la cuarteta. Esperaba que los astrólogos vieran las conexiones, que nadie había visto hasta este momento. Teníamos una ventaja sobre los demás investigadores porque Nostradamus le mostró a John el horóscopo, y ahora teníamos su fecha de nacimiento. Debí saber que Nostradamus no había ocultado del todo la identidad de un personaje tan importante. Él vio que el futuro de nuestro mundo dependía de las acciones de este hombre y tendría que plantar pistas. Pero sus cuartetas están compuestas de tantas capas que las pistas quedan disfrazadas con demasiada astucia. Considero que es un notable hallazgo encontrar los planetas enumerados que identificarían a este "destructor del mundo". Sólo puedo maravillarme ante el complejo genio de nuestro amigo que vivió hace cuatrocientos años.

El astrólogo quería subrayar que estas dos fechas (1992 y 1998) son fechas de -probabilidad. Las posibilidades son muy elevadas para el avance de la toma del poder del Anticristo mediante el uso del poder nuclear en ese tiempo. Pero no tiene que ocurrir si se emplea la suficiente voluntad para canalizar la energía en direcciones más positivas. Nostradamus puede habernos mostrado posibilidades, probabilidades, porque sabía que la historia se repite.

Sé que estos capítulos con fuerte contenido astrológico pueden dificultar la lectura, pero creo que son importantes para las personas que entienden el lenguaje astrológico. También nos dan más penetración en las personalidades de los principales protagonistas que conforman nuestro futuro.

Capítulo 13

La Fuerza del Sacerdote Malvado

Cuando realizo mi trabajo de regresión, siempre envuelvo mentalmente al sujeto en una luz blanca para protegerlo de cualquier influencia negativa mientras están en trance o en estos viajes astrales. Aunque yo extremaba el cuidado por mis sujetos, mis guías me han reprendido por no protegerme a mí misma. Siempre he dado prioridad al bienestar de mis sujetos, y no se me ha ocurrido preocuparme de mi propia protección. Mis guías entonces me enseñaron un procedimiento para una eficaz protección y desde entonces lo llevo a cabo.

Mientras trabajaba con John me olvidé de incluirme en el aura protectora. Descubrí, para mi consternación, que mis guías tenían razón al preocuparse por· mi seguridad. Durante esta extraña sesión descubrí que ciertamente hay fuerzas invisibles de las que no somos conscientes; fuerzas más allá de nuestra comprensión que no somos capaces de entender o ni siquiera intuir.

De nuevo empleé la palabra clave y di a John instrucciones para ir al estado de espíritu en el que fácilmente pudo encontrar la Sala del Tapiz y dar con el hilo dorado de Nostradamus. En cuestión de segundos fuimos transportados de nuevo al estudio del gran hombre.

John: Veo a Nostradamus en su escritorio. Ha escrito y copiado muchas cosas. Me sonríe. Y dice: "¡Ah, tú de nuevo! Uno de mis espíritus amigos. Sabía que pronto aparecerías por aquí". Está de muy buen humor. Acaba de decirme: "Una deuda muy antigua ha quedado saldada". Se siente bien con la situación y dice: "Ahora puedo viajar". Le pregunto: "¿Va a salir de viaje?" Responde que tiene que ir a Aviñón.

Dolores: ¿Podemos seguir en contacto con él siempre que lo necesitemos?

J: Sí, dice que sigue estando libre. Pero en este momento sus planes son de ir a Aviñón.

D: ¿Sería una indiscreción preguntarle a qué va?

J: Le pregunto: "¿Por qué tiene que ir a Aviñón?" Y dice: "A decir verdad, eso no es de vuestra incumbencia". (Risas)

D: (Risas) Dile que sólo es curiosidad.

J: Dice: "Vaya, lo entiendo. La gente tiene curiosidad por todo lo que hago; vosotros por mi vida personal".

D: Es nuestra naturaleza hacer muchas preguntas.

J: (De repente) En este momento me enseña una especie de armario.

D: ¿Un armario?

J: Y es un... (sorprendido) retrete. (Fuertes risas.) Es como si quisiera que supiéramos: "¡Eh, soy una persona! También yo tengo que defecar".

D: (Risas del grupo.) ¿Qué aspecto tiene?

J: Es un habitáculo muy especial con apariencia de armario. En su interior hay un asiento de madera con un agujero. Hay un cubo con cenizas que vierte en el retrete. También hay un cubo de agua en el que se lava.

D: ¿Ah, sí? ¿Es habitual en su tiempo tener algo así?

J: Dice: "NO. He mandado poner esto especialmente en mi casa. Mis criados y mi mujer usan el de fuera". En el exterior hay un excusado que es el que ellos usan. Pero dice: "Éste es para mi uso personal. A veces aquí dentro es donde mejor pienso. (Risas del grupo.)

D: ¡Vaya! Eso le hace humano.

J: Sólo quiere decir que, sí, es humano. Es tan real como lo eres tú. Ha bebido un vaso de vino, de modo que está achispado y juguetón.

D: Bien, dile que nunca le haría preguntas tan personales si él no nos lo hubiese mostrado. (Risas.)

J: (Risas) Ya. Sólo está de buen humor.

D: Entonces ¿está dispuesto a hablar un rato con nosotros?

J: Dice: "Me sentiré muy feliz de hablar con vosotros. ¿Os interesaría indagar de nuevo en la vida del joven Anticristo?"

D: *Sí, podríamos hacerlo.*
J: Me pide que me acerque al espejo. Éste se despeja y una imagen se va formando en él.

John se detuvo, luego inspiró con fuerza. Su ánimo risueño cambió de repente.

J: Esto es muy escalofriante.
D: *¿A qué te refieres?*
J: (Su voz era muy baja.) El Imam sabe que estamos en la habitación con él.
D: *¿Lo sabe?*
J: Sí, y no le agrada.
D: *Pero no puede hacer nada al respecto, ¿verdad?*

Más tarde lamenté haber dicho esto porque supe de inmediato que sí podía hacer algo.

J: En estos momentos genera todo un campo de fuerza negativa y perversa, y trata de bloquearnos.

Fue cuando ocurrió algo de lo más extraño. Literalmente sentí algo; una energía, un campo o lo que fuese. Me golpeó tan fuerte que casi me tumbó de la silla. Por un instante se me nubló la vista y la habitación se volvió borrosa y negra. Sentí el claro impacto de algo invisible. En la grabación se podía oír el crujido de la silla en la que me hallaba sentada, como el de un movimiento brusco. No pudo ser producto de mi imaginación. Los demás en la habitación también se dieron cuenta de que algo me embistió contra la silla pero, al igual que yo, no sabían lo que ocurría. Me quedé sin aliento, la visión se me aclaró. Todo mi cuerpo temblaba y percibí una extraña sensación en la frente que duró varios segundos. No pareció afectar a John puesto que siguió hablando, pero yo estaba mareada y me costaba concentrarme en la conversación. Los demás en la habitación estaban sentados bastante más lejos y no parecían afectados. Uno de los observadores dijo más tarde que vio algo parecido a una nube negra que oscurecía repentinamente la figura durmiente sobre la cama y esparcirse por la habitación. De inmediato proyectó mentalmente un campo de energía de luz blanca para contrarrestar lo que fuera que estaba ocurriendo.

John continuó, aparentemente sin saber lo que había ocurrido desde nuestro extremo de la conexión.

J: Él instruye al joven sobre técnicas mentales. Dice: "En este mismo momento nos influyen otras fuerzas que necesitamos expulsar. Piensa en odio, piensa en odio..."

Esto se repitió varias veces como un canto estimulado por una tremenda fuerza. Luego, parece que empezó a afectar a John.

J: Tenemos que irnos. No puedo seguir con esto.
D: *Sé que tienes que dejarlo. Lo percibo y no me gusta. Está bien. No tenemos por qué estar ahí. Vayámonos.*
J: Sí. El espejo está negro. El humor de Nostradamus ha cambiado. Dice: "No entiendes la importancia de lo malvado que puede ser este hombre. Será extremadamente perverso. No te das cuenta de lo que es capaz de hacer, y lo hará".

En el instante en que nos vimos obligados a salir de la escena, mi cabeza volvió a su estado normal y pude pensar de nuevo con claridad. Tengo que reconocer que esto me perturbó.

D: *¿Cómo supo que estábamos ahí?*
J: Nostradamus dice que el Imam es uno de los nigromantes más sagaces que han existido jamás. Es la encarnación del mal. Desciende del mal que ha rodeado la Tierra durante siglos. Es uno de los que guían a los espíritus que se rebelan contra su destino, su evolución o crecimiento espiritual. Dice que los occidentales le han denominado el Diablo. Vino a la Tierra y se encarnó en el Imam -es el Imam-y sabe lo que tiene qué hacer. Es indescriptible lo maligno que es este hombre. Nostradamus dice:" Ah, John, tú no lo entiendes. Es horrible. No tienes idea de lo que yo he visto".
D: *Creo que si lo que yo acabo de sentir es un poco de eso, puedo imaginar que podemos empezar a entenderlo.*

J: Nostradamus dice que es importante enfrentarnos de antemano a este problema para reducir su efecto. Dice que es como en astrología - hombre prevenido vale por dos.

D: *Vaya, aparentemente el Imam percibió cuando entramos en la habitación.*

J: Sí, es lo que dice Nostradamus. Este malvado mentalista sintió nuestra presencia y sabe que le espiamos.

D: *Entonces más vale que no le veamos por ahora.*

J: No. Se ha ido. Quiero decir, estamos fuera de eso. Dice que intentarán impedir que les contemplemos y veamos lo que hacen.

D: *¿Saben que lo hacemos en este momento?*

J: Sí, dice que están al tanto de nuestra presencia.

D: *Pero antes no lo estaban, ¿verdad?*

J: Este mentalista presentía algo, pero ahora nos ha visto.

D: *(Sorprendida) ¿Dices que nos ha visto?*

J: Me ha visto a mí... en forma de espíritu.

D: *En forma de espíritu. Vaya, tal vez eso no sea tan malo parque no podría reconocerte.*

J: Nostradamus dice que tenemos que detenerle porque es realmente siniestro. Es como un vampiro que podría sorberte el alma del cuerpo. Vive de la energía generada. Vive de otras almas.

D: *¿No fue suficientemente poderosa nuestra protección?*

J: Sí, nuestra protección es muy poderosa. Pero lo que me dice ahora mismo Nostradamus sobre esta entidad es que su energía pasará después al Anticristo.

D: *¿Crees que el hecho de habernos visto ocasione problemas?*

J: (Serenamente y con seriedad) Nostradamus insiste en que tengamos cuidado.

D: *Después de todo, estamos a medio mundo de distancia. (Me reí nerviosamente.)*

J: Si Dice: "No os preocupéis por ello; estaréis protegidos. Pero... tened cuidado en vuestros sueños. Proteged vuestros sueños. John, protégete en el estado astral previo al sueño porque podría entrar en ese momento".

D: *(Esto producía un gran desasosiego.) Está bien. ¿Ve él algún daño en lo que hacemos si tenemos una adecuada protección?*

J: Nostradamus sólo mueve la cabeza y dice: "Tened cuidado. Eso es todo".

D: *Vaya, creo que es mejor que no volvamos a ver al Anticristo. No tenemos que echar un vistazo a sus vidas. Bastará con que los hayas visto y tengas una idea de cuál es su aspecto. Es todo lo que necesitamos. De ahora en adelante sólo hablaremos con Nostradamus. ¿Le parece bien?*
J: (Con seriedad) Hmmm, su humor ha cambiado un poco. Antes estaba risueño y optimista; ahora parece un poco deprimido.
D: *Tal vez no esperaba que ocurriera eso. Posiblemente también le pilló por sorpresa.*
J: Sí, es como. (Frunció el ceño.) Está de muy mal humor. No te das cuenta de que esto es como un infierno incontenible. El espíritu de este hombre consumirá todo aquello que esté a su alcance. Nostradamus dice: "No te preocupes, no te lo volveré a mostrar".

Nostradamus también parecía alterado por lo ocurrido. Pienso que realmente él no esperaba que el Imam percibiera nuestra presencia. Con una gran dosis de inocencia nos mostró lo que hacían en ese momento, como lo había hecho un par de veces en anteriores ocasiones. No creo que quisiera ponernos deliberadamente en ninguna clase de peligro, y probablemente estaba tan sorprendido como nosotros cuando esa fuerza surgió del espejo. Había estado de un humor excelente antes de suceder esto, y nos adelantamos a los acontecimientos tratando de interpretar algunas de las cuartetas a través de John. Pero este incidente produjo tal cambio en su estado de ánimo que Nostradamus sugirió que nos marcháramos y la sesión terminó bruscamente.

Después de que John volvió al estado consciente, habló de lo que veía mientras contemplaba al Anticristo cuando la fuerza irrumpió.

D: *No nos has hablado de lo que veías antes de que esa fuerza nos sacara de escena.*
J: Ellos estaban en esta habitación. Las persianas estaban cerradas y había oscuridad. Era como si practicaran control mental porque parecían estar en trance. El Imam y el hombre que ha de ser el Anticristo practicaban técnicas mentales.
D: *¿Ambos estaban en trance?*
J: Era como si estuvieran en trance, sí. Y fue así como él pudo verme.

D: *Tal vez se hallaran más bien en un estado psíquico para saber que les estábamos espiando. Antes, cuando les vimos en la mansión, él sospechó que estábamos ahí y tuvo la sensación de que alguien le observaba. Esta vez has dicho que él sabía que estábamos ahí y puso el campo de fuerza para expulsarnos.*
J: Me expulsó a mí. Quiero decir que produjo en ese espejo un fuerte impacto."
D: *Así lo sentí yo. (Risa nerviosa.) Fue claramente una sensación física que no me gustaría volver a tener.*
J: Yo me sentí protegido, pero esta persona que es el Imam es muy poderosa. Era como el espíritu del Diablo. Quiero decir, yo no creo en el Diablo, pero era como él.

Intenté tranquilizarle, y a mí también.

D: *Menos mal que está en el otro extremo del mundo, en Egipto.*
J: Aparentemente eso no cambia nada.
D: *El sentido común nos dice que están allá lejos y nosotros aquí. Pero ¿cómo pudimos sentir algo a través con toda esa distancia de par medio?*
J: Nada de eso tiene sentido. Nostradamus me lo mostraba desde su tiempo mientras se proyectaba a nuestro presente; sin embargo, el Imam se dio cuenta de mi presencia y fue capaz de afectarte físicamente a ti desde el otro extremo del mundo. Todo esto es muy complejo.
D: *Realmente no creo que estuvieras en peligro. Tal vez el Imam sólo pudo verte con una vaga forma espiritual brillante y pensó que eras un fantasma. (Risas) No creo que pudiera imaginar que eras una persona humana que le espiaba.*

Esto es lo que yo deseaba creer desesperadamente.

J: (Serio) No lo sé. No tengo la menor idea de cómo me vio.

A John no parecía preocuparle la situación. Si bien toda esta experiencia producía desasosiego, no presentí peligro porque pensé que el Imam sólo había visto a John. Sabía que nunca más me olvidaría de entrar en el círculo de protección y también a cualquiera que tuviera interés en estar en la habitación. Creo que después de un a situación tan desagradable como ésta, una persona normal hubiese decidido no seguir adelante con este proyecto y hubiese renunciado a hacer más sesiones. Pero al parecer la curiosidad de John era tan fuerte como la mía. Él recordó que Nostradamus le había advertido que se protegiera a sí mismo, sobre todo de noche antes de dormir. Dijo que él lo hacía habitualmente, ya que siempre pedía la protección divina durante la noche. No estaba preocupado y pensó que tenía la fuerza mental para poder manejar esta extraña situación. A mí me resultaba inconcebible que un sacerdote en el lejano Egipto pudiese hacemos daño con toda esta enorme distancia de por medio. Pero siempre quedaba esa sensación sobrecogedora y persistente de que Nostradamus sabía más que nosotros sobre esta siniestra fuerza. Pronto descubriría John que hay muchas cosas extrañas en este universo que nuestras mentes mortales no pueden abarcar.

John tuvo su primera experiencia extraña pocos días después de nuestro inesperado encuentro con el campo de fuerza del Imam. Ocurrió cuando intentaba conciliar el sueño. Grabé su descripción del incidente.

J: Empezaba a dormirme, pero estaba aún medio despierto. Sentí que estaba en una habitación cubierta por una cúpula de cristal; yo miraba hacia arriba y venía ahí a un hombre que por encima de mí intentaba entrar en la habitación. Yo le veía pero él a mí no. Buscaba la manera de introducirse en la habitación, pero no podía. No era mi habitación aquí, sino que parecía serlo en el otro mundo. Era el mismo hombre que había visto antes, el Imam. Tiene rasgos árabes y una nariz de ave carroñera. Todo su empeño era entrar en esta habitación, pero no podía.

John dijo que podía ver que el hombre palpaba el cristal con las manos y miraba a través de él, buscando la manera de entrar.

D: *¿La pared era de algún tipo de cristal?*
J: Sí, era como cristal. Pero no podía ver a través de él, así que debe de haber estado oscuro. Creo que la pared era la energía protectora que me rodeaba. Tuve la sensación de que él intentaba encontrarme y ver cómo era yo. A mi vez yo no tenía miedo ni

nada semejante porque me sentía protegido. Creo que esta perversa entidad sabe que algo pasa, pero no puede averiguarlo por la protección que tenemos. Desperté justamente después de esta experiencia y dije: "Tengo que acordarme de esto para contárselo a Dolores". No sentí miedo, pero fue muy insólito. No suelo tener sueños así.

A LO LARGO DE la semana siguiente no trabajé con John porque tuvo la visita de amigos. En una de esas noches se olvidó de envolverse en su habitual protección antes de dormir, básicamente por la interrupción de su rutina. Durante la noche despertó de repente porque una gran sombra negra borrosa arremetió desde el armario hacia su cama. Lo único que él pudo distinguir fue un largo cuchillo árabe. Era una cimitarra, la espada curva que normalmente se asocia a esa parte del mundo. La negra figura se abalanzó hacia él con el cuchillo preparado para atacarle. John giró frenético al otro lado mientras el cuchillo se hundía junto a él en la cama. De inmediato pidió protección y la figura con el cuchillo se evaporó. Él sabía que no era un sueño, pero no encontró ninguna otra explicación. Más tarde él se preguntaba si podía tener alguna relación con el malvado Imam, y tal vez el sacerdote persistía en su intento de localizarle. Yo no sabía qué pensar. Incluso si fuera el Imam, ¿por qué usar un cuchillo contra John? Algo así no podía representar daño físico alguno si se trataba de una manifestación espiritual, ¿o sí? Tal vez el propósito no era hacerle daño sino atemorizarlo. Sea cual sea la razón, no creo que John vuelva a olvidar protegerse a sí mismo, sobre todo de noche cuando estamos en nuestro estado más vulnerable.

Capítulo 14

666, El Secreto del Número de la Bestia

Una vez más iniciamos nuestro viaje a través del tapiz para localizar a Nostradamus.

John: (Con tristeza) Hoy no parece muy feliz.
Dolores: ¿Sabes por qué?
J: (Con profunda compasión) Ha llorado.
D: ¿Sabe que estás ahí?
J: (Pausa) Aún no. Dejaré que sienta su dolor.
D: ¿Sabes qué ocurre?
J: (Con tristeza) Alguien cercano a él ha muerto. Luce mucho más viejo.
D: Tú sabes que no deseamos entrometernos, pero nos gustaría hablar con él. ¿Qué opinas?
J: (Pausa) Ha percibido mi presencia en la habitación y ha levantado la vista desde su dolor. (Pausa) Le he dado todo mi afecto y compasión, y he llenado de amor la habitación para que sienta que le aman y cuidan.
D: ¿Esto le ayuda?

Realmente tuve la sensación de que molestábamos y que debíamos marcharnos, pero tal vez a nuestra humilde manera podíamos ayudar a Nostradamus.

J: Sí, le ayuda. Ahora... enjuga sus lágrimas un poco.

D: *¿Querrá decirte lo que ha ocurrido?*

J: Dice que su sobrino ahijado favorito acaba de morir; él intentó ayudarle como médico, pero en realidad no pudo hacer nada. Hizo todo lo posible para salvar a este pequeño y su sensación es de impotencia. Dice que su mujer tiene una hermana y ambas familias están muy unidas. También llevó a bautizar al bebé; por eso le llama ahijado. La familia acaba de marcharse y se preparan para el entierro.

D: *¿Qué le ocurría al niño?*

J: No conoce como nosotros la palabra "genética", pero dice que había algo en los padres (al parecer Nostradamus tenía dificultades para comunicar lo que quería decir) y fuera lo que fuese, lo transmitieron a su hijo y a él le fue muy difícil encontrar un remedio. Era parecido a un problema bronquial respiratorio y al niño le costaba cada vez más respirar. Dice que es como si al niño no se le hubiesen desarrollado completamente los pulmones. Tenía tres o cuatro años cuando murió. A él le sorprendió mucho que viviera tanto. Pero al menos sabía su nombre y el de sus padres. "Era como un pequeño ángel", dice Nostradamus. Fue muy duro para él porque era una criatura deliciosa. Dice: "Mis hijos ya son mayores y viven su vida. A mi mujer y a mí nos gusta ver a los pequeños; nos da gusto verlos con su gran curiosidad por la vida. Para mí era como una pequeña chispa".

D: *Es una pena que con esa clase de enfermedad no hubiese nada que él pudiera hacer, así que no puede culparse por ello.*

J: No, él lo sabía. No se culpa a sí mismo. Pero... el dolor que siente es muy grande.

D: *Sí, y sabemos que Nostradamus es un ser humano. Hay limitaciones en lo que puede hacer.*

J: Es lo que le hace sentirse inútil.

D: *¿Qué piensas? ¿Estará dispuesto a trabajar con nosotros un rato para distraer un poco su mente? ¿O cree él que le molestamos?*

J: (Pausa) Parece recogerse en si mismo. (Pausa) Tiene dispuesto un recipiente con agua y se lava la cara y las manos. Se seca con una toalla y esto le ayuda a despejarse un poco. Y dice, (resueltamente) "Estaré aquí para ayudaros". Toma el recipiente de agua, abre la ventana y la arroja fuera. Después coloca de nuevo el recipiente en el trípode. Se sienta a la mesa y saca el espejo negro de obsidiana de una bolsa de terciopelo.

Sólo pude pensar: "¡Qué dedicación más maravillosa!" Su disposición a trabajar pese a estar embargado de dolor daba énfasis a que realmente debía sentir su compromiso con este proyecto.

D: *¿Guarda el espejo dentro de una bolsa?*
J: Sí, así lo guarda. Y dice: '"Hoy hablaremos sobre visiones del futuro, John. Te mostraré cómo veo el futuro". Se sienta en reposo meditativo y al parecer realiza unos ejercicios respiratorios, luego se concentra y visualiza mentalmente la llama de una vela. De forma repentina el espejo estalla en luz; así es como ve el futuro.
D: *¿Puedes ver algo en el espejo?*
J: Está muy nublado. Con todos esos cúmulos da la impresión de que se acerca una tormenta de truenos. Él sigue meditando.
D: *Quiero que quede en él la impresión de que valoramos mucho lo que hace, aunque no esté en el mejor estado de ánimo. Esto demuestra su dedicación al proyecto.*
J: Dice: "Bien1 vayamos a lo nuestro".
D: *¿Le importa si leo algunas cuartetas y le pido que traduzca?*
J: Dice que hablará acerca del espejo. ¿Quieres preguntar algo de lo que te gustaría ver en el futuro? Él me mostrará las respuestas en el espejo. En otra ocasión podemos repasar cuartetas porque ahora es más importante ver a través del espejo.
D: *Con el otro vehículo yo leía cuartetas y él me decía su significado.*
J: Él lo sabe1 y comprende. Pero ahora no quiere hacerlo por el gran dolor que siente. Es más fácil trabajar con el espejo. Dice que harás muchas preguntas al espejo.
D: *De acuerdo. Respeto su estado de ánimo y no deseo hacer nada que le altere.*
J: Dice que éste es un modo maravilloso de meditar en la vida humana y su realización. Tengo la sensación de que Nostradamus no cree en la reencarnación. Por eso le afectó mucho la muerte del niño. Y es su creencia íntima y personal. Parece haber un muro en torno a la posibilidad de hablar con él de ese aspecto1 así que es mejor no intentarlo. Pero está contento de hablar con el espejo. Dice: "Puedo mostrarte cosas que veo en mis meditaciones".

Eché una ojeada a los demás que estaban en la habitación. Esto era tan inesperado que no se me ocurría qué preguntar. Había planeado trabajar con las cuartetas. Los otros sólo movieron la cabeza. Me encogí de hombros y seguí.

D: *De acuerdo. ¿Puede ver él las próximas elecciones de finales de los ochenta en Estados Unidos?*
J: Vaya1... ya capto ese evento. (Pausa)
D: *Dime lo que ves.*
J: Me muestra la imagen del discurso de victoria en una elección. (Pausa) Y dice que este hombre no vivirá hasta el final de su cargo. Morirá mientras está en el cargo.
D: *¿Puede decirte qué aspecto tiene?*
J: Su pelo es oscuro con algunas canas1 y aparenta una edad cercana a los sesenta años. No creo que sea George Bush. Más bien es otro. No puede darme un nombre, pero dice que eso no importa. Las elecciones y las personas cambian constantemente. Dice: "No trivialices la información que tengo en mi espejo".

En esta época en abril de 1987 nadie tenía idea de quién se presentaría para Presidente. Más tarde, entraron tantos candidatos en la campaña que podía haber ido en cualquier dirección. No había daros favoritos. Después de las primarias de 1988, Michael Dukakis fue nominado. John no reconoció al hombre que Nostradamus le mostró, sólo se dio cuenta que no era George Bush. Esto parecía tener sentido ya que muy pocos habrían reconocido a Dukakis antes de las primarias. Después de las elecciones, George Bush fue elegido Presidente. No sé si esto cuenta o no como error por parte de Nostradamus. Él pudo haberle mostrado a John a uno de los candidatos en pleno discurso, no necesariamente al ganador. Al final este tipo de trabajo se reduce a la interpretación individual de lo que se muestra, o la forma en que la persona relaciona los conceptos que se le presentan. Como todos nosotros somos humanos, no somos infalibles. Nos vimos ante la misma situación que en el capítulo 21, cuando Nostradamus nos preguntó quién sería el próximo rey de Francia.

J: Me muestra más imágenes.
D: *De acuerdo. Tal vez pueda mostrarnos algo y después le haremos preguntas.*
J: Sí, me muestra cómo llega el Anticristo al poder.

Aprendimos nuestra lección cuando nos zarandeó la fuerza del malvado sacerdote. Y aunque ya no mostrábamos interés en ver el presente de la vida del Anticristo en ciernes, sería interesante ver lo que sería su futuro.

J: El Anticristo dispondrá de grandes sistemas de comunicación porque le veo hablando en ordenadores que e activan con la voz. Hay grandes baterías de ordenadores por todo el lugar. (Pausa) En este momento hay una coalición de otros hombres que le serán útiles y a los que él conseguirá cautivar. Se refiere a líderes religiosos... como el Ayatolá Jomeini. Intenta unir a gente del estilo de Jerry Falwell* y la derecha religiosa en Estados Unidos con espíritu de ecumenismo y proyectos como la ayuda a los países pobres del mundo. Pero en realidad los engañará.
D: *¿Es así como él va a empezar?*
J: Sí. Pero Nostradamus dice: "No te preocupes".
D: *Parece que tendremos mucho de qué preocuparnos si estalla esta guerra.*
J: Eso está todavía un poco lejos. Al principio, al Anticristo se le considerará como un salvador mundial. Tendrá inventos maravillosos que comercializará y utilizará para ayudar a la gente. En otras palabras, se presenta como un salvador del mundo para ayudar a la humanidad.
D: *¿Estos inventos proceden de su país?*
J: No, él mismo los inventará.
D: *¿Qué tipo de inventos?*

---

* Telepredicador fundamentalista de una secta protestante nacido en 1933 en Virginia, Estados Unidos. (N. de la T.)

J: Ordenadores muy avanzados, jardinería hidropónica y cultivos intensivos para ayudar a aliviar el hambre en las naciones que la padecen. Aparecerá con estos valiosos inventos, y la gente le admirará porque ganará mucho dinero con ellos. Será muy innovador y así es como llegará al poder.

D: *¿En ese tiempo se proclamará como salvador del mundo, como un salvador religioso?*

J: No, no dirá que es el salvador del mundo, pero intentará influir en la gente con el pensamiento racional. Les dirá que *ellos* piensan, pero de hecho él manipula.

D: *¿Entonces no aparecerá como líder religioso?*

J: Tomará la apariencia de líder espiritual, pero no en el sentido religioso convencional.

D: *¿Se unirán para apoyarle estos otros líderes religiosos, convencidos de que él está en el camino correcto? Quiero decir, ¿cómo puede un musulmán influir en los principales líderes cristianos?*

J: El dinero resolverá muchos de los problemas de la gente, y ésta será una de las maneras en que se ganará su respeto. Intentará unir al mundo mediante la ayuda a las naciones más pobres sin tener en cuenta sus religiones. Se le contemplará como un gran benefactor de la humanidad que intenta ayudar a los afligidos, a los pobres y a los enfermos. Realmente ayudará mucho, pero sus planes son otros. Ésta es solo una parte de su estratagema de manipulación.

D: *¿Qué hará al final para manifestar su verdadera naturaleza?*

J: Hasta este punto él funciona desde su verdadero yo humanitario, pero tras la muerte del Imam su manto de maldad se traspasará enteramente a él. Es cuando aparentemente conspirará para tener el control del mundo.

D: *¿Qué quieres decir con "aparentemente"?*

J: Pedirá dinero a las naciones más ricas de la Tierra con el pretexto de darlo a las naciones más pobres, pero desviará parte de ese dinero hacia sus propios recursos privados. También inaugurará redes de comunicación de proporciones descomunales. Y tendrá éxito en la ayuda a otros países. De ese modo se ganará el respeto de todos los líderes religiosos así como de todos los gobiernos.

D: *Y ellos creerán que todo está bien por todas las cosas buenas que él hace. En este momento ¿es posible que hasta él está convenci.do de que hace lo correcto?*
J: Tiene una vena humanitaria muy fuerte que se esfumará tras la muerte del Imam. Después se llenará de hastío y de corrupción.

Alguien en la habitación se preguntó: si se nos daba toda esta información sobre el Anticristo para que fuéramos conscientes de la situación, ¿qué medidas podíamos tomar para impedirlo? ¿Qué se podía hacer para detenerle?

J: Éste es su propio destino, el que fue vaticinado desde hace siglos. Su destino en la vida es convertirse en el Anticristo. Pero otros sabrán quién es él. No caerán en la trampa de su falso encanto. Cuando todo el mundo le aclame como benefactor de la humanidad o como servidor de la paz en el mundo, habrá una minoría muy ruidosa que dirá: "Eh, es él. Éste es el Anticristo". Le reconocerán y finalmente se desplegarán rápidamente en una red clandestina que ayudará a que avance la causa de la verdad, no el hombre de los engaños y las mentiras. Por lo tanto, la información de esta naturaleza será útil, porque ayudará en la resistencia.
D: *¿Crees que someterá a las naciones antes de que se den cuenta de lo que hace?*
J: No. Intentará reunir al mundo siéndole útil. Primero une al mundo como verdadero bienhechor. Esto es muy difícil ya que para cuando él llegue al poder, habremos pasado por una pérdida económica y financiera y por hambre. Entonces él intentará unir a todas las naciones del mundo para ayudar a toda la gente. Él se aprovecha de la bandera del humanitarismo. ¡Debemos recordar eso! ¡Recordadlo! De eso se valdrá este hombre.
D: *Será muy difícil convencer a la gente porque dirán que sólo hace cosas buenas. La gente no va a creer que sea malo y el movimiento de resistencia no será muy popular.*
J: Eso es. Cuando veamos todas las señales de este líder que llega al poder, mucha gente casi se postrará ante él y le adorará por lo mucho que ha ayudado al mundo. Será respetado y admirado y ganará todo tipo de premios y alabanzas. (John dijo más tarde que

incluso le había visto como ganador del Premio Nobel de la Paz.) Todos creerán que es maravilloso porque ha ayudado a recuperar el sentido de prosperidad a todos los países que han sufrido quiebra económica. Pero mientras ayuda a todos esos otros países y a través de sus redes de comunicación, él tendrá acceso a los archivos de toda la gente: datos de nacimiento, información financiera y cosas por el estilo. Así que será sumamente difícil enfrentarse a él cuando controle todo el sistema bancario y el crédito económico mundial. Finalmente tratará de aniquilar el movimiento clandestino y de resistencia. Pero esto lo hará de manera encubierta, no claramente.

D: Alguien que está en esta habitación querría saber el significado del número 666 en el Apocalipsis. ¿Tiene algo que ver con esto o no?

J: Me muestra infinidad de columnas de números y más números. Parece información que habitualmente se almacena en ordenadores. Este número, el 666, podría ser el código personal del Anticristo que él introduce en los diferentes sistemas mundiales porque él establece un sistema mundial de comunicaciones y una red de ordenadores.

D: En el Apocalipsis se menciona como el número de la bestia. ¿Es el Anticristo la bestia a la que se refiere? Nostradamus dijo antes que pudieron presentirlo incluso en tiempos bíblicos.

J: Será una bestia vestida de cordero. Tendrá la apariencia de un cordero, pero en su interior lleva escondida una horrenda bestia.

D: ¿Es éste el significado de algunas de las predicciones en el Apocalipsis de la Biblia?

J: Le traslado esa pregunta a Nostradamus y dice: "Estudio la Vulgata que fue escrita en latín. Dado que las traducciones de muchas Biblias son diferentes, leer el Apocalipsis de San Juan es como leer una alegoría".

D: Entonces probablemente difiere de nuestra actual Biblia. Él dijo antes que el Anticristo haría muchos progresos con el uso de su lengua de oro. Y que ése sería su modo de hacerse con el poder.

J: Vaya ¿no te parece que tiene sentido? Él ayudará a muchas naciones que han sufrido pérdidas económicas y hambre. Al proporcionarles cereales y alimento y ayudarlos en la reconstrucción, todos le tendrán por un servidor y un salvador mundial.

D: Cuando cambie y se convierta en ese ser perverso, ¿será cuando empiece a someter a las naciones?

J: Ya habrá establecido una red informática que hará vulnerables a las naciones. Con el acceso a la información él tendrá en sus manos la posibilidad de destruir su base económica. Nostradamus me muestra ahora la imagen de un globo rodeado de muchos hilos. Dice: #Él tendrá la llave maestra de todo y destruirá completamente a las naciones cortando sus comunicaciones con el resto del mundo".

Un miembro del grupo preguntó si el Anticristo quería ser como Napoleón y controlarlo todo.

J: Él no quiere ser Napoleón. Napoleón sólo quería la visión de una Europa unida sometida a él. El Anticristo quiere todo el planeta.

D: Hitler también quería el control del mundo.

J: Sí, Hitler quería asumir el control del mundo pero no lo logró. Realmente ninguno de estos hombres llega a conseguirlo; sin embargo no podemos cerrar los ojos a los estragos que todos ellos causaron.

Don: ¿Hará uso de la guerra psicológica además de los ordenadores y la tecnología? ¿Tendrán problemas la resistencia y la minoría ruidosa si él puede detectar mentalmente las acdon.es que emprendan en su contra?

J: Éste es un campo en el que él tendrá grandes poderes. Tendrá el poder de usar sus energías al máximo, incluso hasta el punto de inventar un ordenador que funcione desde un nivel mental del cerebro. Una persona podrá encenderlo con una orden mental, en vez de activarlo por medio de la voz. De modo que se le considerará un genio por su creatividad, ingenio y ayuda.

D: Imagino que nuestro país también tendrá ordenadores. ¿Podrá él controlarlos todos?

J: En el *presente* todos los ordenadores están conectados en red en todo el mundo. Nuestros sistemas de comunicación, sistemas de satélites y cosas de este tipo están conectados ahora mismo en una red. Hacerse con el control de ese sistema le dará una sensación de poder que él usará para unir los sistemas mundiales en un intento de ayudar a pacificar el caos económico que existe en este momento. Con los sistemas de comunicación en red podrá hacerlo fácil y rápidamente. El caos económico y el incremento del hambre que se habrá producido en el mundo, no sólo afectarán a los países pobres sino también a los países del mundo desarrollado. Él ganará autoridad al instituir planes y cambios con el poder de las comunicaciones.

D: *Ya hemos traduci.do varias de sus cuartetas que trataban sobre explosiones atómicas y guerras, y creí que el había dado a entender que esto ocurriría cuando el Anticristo dominara a estos países.*

J: No inicialmente. Él se apoderará de las naciones a través de la red de comunicaciones. Él, como un niño que juega a la cunita*, sabrá tirar de los cordeles apropiados.

D: *También hemos traduci.do cuartetas que decían que él asesinaría a los líderes del mundo.*

J: En cierto modo los asesina por el solo hecho de tenerlos bajo su control.

D: *¿Y los países no intentarán rebelarse más tarde?*

J: Verás, al principio experimentarán una gran prosperidad con el uso de su sistema. Gozarán de privilegios económicos si se integran en su sistema; pero si no "cooperan", serán eliminados y sufrirán las consecuencias. Recuerda, él es un servidor del mundo y un benefactor de la humanidad. Parecerá bueno, pero no lo será.

Don: *¿Qué hará al final para hacer sufrir a la gente?*

J: El movimiento de resistencia ganará en popularidad, y cuando se vea envuelto totalmente por el manto de perversión empezará a exterminar a la gente que considere inútil para su sistema. Es cuando empezará el caos y la rebelión.

D: *¿Exterminar a la gente?*

J: Es donde él causará problemas. Hará que el futuro aparezca próspero y prometedor. Y luego, a medida que el mal se apodera de él y le cambia, intentará acabar con todo aquel que no represente ningún beneficio económico para su proyecto mundial.

* *Juego infantil consistente en formar diferentes figuras utilizando los dedos y un cordel. (N. de la T.)*

D: ¿Te refieres a países o qué?
J: Exterminará a grupos de personas. Al igual que Hitler exterminó a los judíos, él exterminará a gente que cree que no merece vivir en este planeta: los enfermos, los pobres, los débiles, y personas que a sus ojos carecen de valor. Con el uso de su red, incitará a la eutanasia masiva. No habrá escape porque todo estará archivado. Por ejemplo, si el hijo de alguien fuese retrasado, o si la madre de alguien fuese demasiado mayor e improductiva, o si la hermana de alguien fuese mental o emocionalmente desequilibrada, todos serían candidatos al exterminio.

Esto se parecía mucho al plan que tenía Hitler para controlar el mundo y producir la raza dominante. Nostradamus dijo que el Anticristo estudiaría minuciosamente a Hitler para usarlo como modelo, aprender de sus errores y triunfar donde Hitler había fracasado.

D: Cuando esto ocurra ya tendrá al mundo bajo su /rechizo.
J: Sí. Así será porque la red de comunicación será muy potente.
Don: Una vez que el manto de perversidad pase a él, ¿cuánto tiempo pasará hasta que es derrotado? ¿Cuánto tiempo tenemos que vivir con todo este exterminio y control?
J: Mucho. Nostradamus mueve la cabeza y dice: "No puedo decirlo".
D: ¿Quiere decir que antes de ese momento la gente no puede luchar?
J: Todo está inutilizado porque él controla la red de comunicaciones. Por lo tanto tiene conocimiento de lo que ocurre en todas partes. Para entonces nos habremos convertido en una sociedad informatizada y cada uno de nosotros tendrá un número determinado que estará almacenado en este ordenador principal. Este número lo llevarás indeleblemente tatuado en la mano, en el antebrazo o en la frente, según el nivel que te corresponda en este sistema. La gente del nivel superior de su sistema lo llevará grabado en la frente de manera que pueden ir a cualquier lugar. La lectura automática de ese número les permitirá la entrada. La mayoría lo llevaremos indeleblemente grabado en el antebrazo o en la mano. Esto lo harán con láser y será indoloro. No se verá como marca de nacimiento ni defecto sino que será invisible salvo para el lector óptico. De este modo podremos ir de tiendas,

comprar comida y entrar en ciertos lugares necesarios para nuestro trabajo o carrera.

Un miembro del grupo quería saber si el movimiento de resistencia tendría influencias externas que les ayudaran a combatir a este hombre, tales como guardianes de otros planetas o de planos superiores.

J: Habrá guardianes procedentes de otros mundos. Desde todos los puntos del universo habrá vigilantes que observarán este drama. Hay una gran lección espiritual qué aprender cuando un alma experimenta la total aniquilación. Aquí se quebrantará una ley cósmica y ello significa la extensión de esa energía. Ésta es una lección muy importante. De este modo, muchos otros seres de todo el universo se reunirán aquí para observar este espectáculo.

Esto me resultaba familiar. Después recordé que en mi libro, *Keepers of the Garden* (Guardianes del Jardín), mi sujeto, Phil, había dicho lo mismo. Que seres de todo el universo se reunían para observar los acontecimientos que se producían en la Tierra en esta época. Estos sucesos tenían una importancia mucho mayor de lo que se pudiera imaginar y sus efectos serían cósmicos por naturaleza. Cuando yo trabajaba con Phil en ese libro, no podía imaginar las proporciones gigantescas que alcanzarían estos acontecimientos.

D: *¿Cuál es la ley cósmica que será quebrantada? ¿Puede él aclarar eso?*
J: Es la ley cósmica de vivir en armonía con el universo. El Anticristo intentará utilizar el universo para crear su propia armonía; volverse omnipotente en su propia armonía. Ésta es la ley cósmica que él transgredirá. No es frecuente la destrucción de un alma.
D: *¿Cómo? No pensé que fuese posible destruir a un alma. ¿Lo dice en sentido literal?*
J: No es posible a menos que... (Pausa) Esta información es más de lo que él quiere compartir.
D: *Muy bien. Pensé que lo daba a entender en sentido figurado y no literal.*

J: No. Esta información procede de planos superiores con los que él ha contactado y no lo puede revelar en esta ocasión. No está en nuestras manos. Depende de un concilio superior o de seres espirituales superiores que observan esto. Aunque este poder se desarrolla en el mundo físico, es una lección espiritual muy importante que tiene que ser aprendida por almas o espíritus más avanzados, más que por la gente de la Tierra.

Una frase me rondaba tenazmente en la cabeza y nunca me pareció más oportuna que en este momento. "De nada le sirve al hombre ganar el mundo entero si pierde su alma inmortal".

Don: ¿Hay algo que podamos hacer como movimiento de resistencia? ¿O en realidad este drama tendrá que desarrollarse hasta el final?

J: El drama se desarrollará hasta el final. El movimiento de resistencia será consciente de lo que ocurre, pero la gente no prestará oídos a la clandestinidad. Serán renegados que no pueden encajar en una sociedad compuesta de tribunales o redes de comunicación. Tienen que vivir fuera de la ley. La resistencia la constituirán personas procedentes de muchos y diferentes sistemas económicos y creencias espirituales, pero todos se unirán para el derribo. Pero ellos no podrán derribar la red de comunicaciones del Anticristo, porque si lo hacen, su país sufrirá inmensamente. Como resultado, estas personas tendrán que vivir como marginados.

D: ¿Es aquí donde surge la figura que conocemos como Ogmíos?

J: Ogmíos tendrá un sentido de destino y reunirá a su alrededor a gente de todo el mundo. Ellos usarán colectivamente sus poderes intuitivos para emprender la batalla. Veo que toman represalias en una guerra psicológica. Será más parecido a ocasionarle un dolor de cabeza al gigante.

D: ¿En vez de una verdadera guerra?

J: No. Será una guerra real. Éste es un drama que se representa no sólo para la gente de la Tierra, sino para enseñar a los más evolucionados. Es parte de su conocimiento y del progreso de su alma. De modo que no podemos entender las múltiples y diferentes capas que tendrá esta historia. (Repentinamente)

Nostradamus se encuentra cansado. No olvidemos su duelo. Mostrar imágenes a través de su espejo ha sido el mejor modo de explicar sus centurias. Tranquilízate, Dolores, él te ayudará con las cuartetas en un futuro próximo, pero él quería darle a este vehículo una idea de cómo manipula el Anticristo para volverse poderoso. Dice que en realidad no se ha explicado en detalle la forma en que el Anticristo transmite el sentido de poder que tiene en esta vida, pero a este vehículo le mostró cómo conseguiría este poder.

D: *Sí, parece del todo imposible que un solo hombre sea capaz de alcanzar tanto poder.*

J: Tendrá subordinados que también serán muy poderosos, pero él será el cabecilla. Dice que se parece a los acuerdos que tomamos para ayudar a los agricultores y a los que padecen el azote del hambre. La gente se une en una red de comunicaciones en diferentes partes del globo con un objetivo común. De aquí sacó él la idea de cómo conectarlos y unir al mundo.

D: *¿Usa él todo esto en el plan que se ha propuesto desarrollar?*

J: Si En este momento Nostradamus necesita un poco de tranquilidad. Desea que me vaya. Dice: "Es maravilloso serte útil y te ayudaré con más cuartetas en el futuro, pero por ahora me siento un poco apesadumbrado".

D: *Le agradezco que haya hecho a un lado momentáneamente su dolor; eso es una muestra de su dedicación al proyecto.*

J: Quiere que me vaya. Estoy en el espejo pero me muevo hacia el tapiz. Ahora me encuentro en la Sala del Tapiz y es sencillamente hermoso.

John fue educado como católico, pero no conoce tanto las Escrituras como yo. Por lo tanto, en esta sesión desconocía las implicaciones del cumplimiento de las profecías bíblicas del libro del Apocalipsis. Esta parte de la Biblia está fuertemente cargada de simbolismo, y la gente ha tenido dificultad para entenderlo desde que fue escrito. Supuestamente es una visión, lo cual explicaría los símbolos. En el Volumen I Nostradamus dijo que San Juan tuvo la misma visión que él había tenido, y la describió lo mejor que pudo. Al Anticristo no se le llama así en el Apocalipsis, pero la Bestia parece referirse al mismo hombre.

Parece haber cierta correspondencia en los siguientes extractos (Ap. 13:11-18):

"Vi luego otra Bestia que surgía de la tierra y tenía dos cuernos como de cordero, pero hablaba como un dragón. Realiza grandes señales, hace bajar ante la gente fuego del cielo a la tierra. Seduce a los habitantes de la tierra con las señales que le ha sido concedido obrar... diciendo a los habitantes de la tierra que hagan una imagen en honor de la Bestia, de suerte que la imagen pudiera incluso hablar y hacer que fueran exterminados cuantos no adoraran la imagen de la Bestia. Y hace que todos, pequeños y grandes, ricos y pobres, libres y esclavos, reciban una marca en la mano derecha o en la frente, y que nadie pueda comprar nada ni vender, sino el que lleve la marca con el nombre de la Bestia o con la cifra de su nombre. Aquí está la sabiduría. Que el inteligente calcule la cifra de la Bestia; pues es la cifra de un hombre. Su cifra es 666".

Es interesante que la traducción del arameo de la Biblia hecha por George Lamsa es como una lectura casi exacta de las predicciones de Nostradamus. Ap. 13:17-18:

"Para que nadie pueda comprar o vender a menos que tenga la marca del nombre de la bestia o el código de su nombre. Aquí está la sabiduría: Que el que tenga comprensión descifre el código de la bestia; es el código del nombre de un hombre; y su número es seiscientos sesenta y seis (666)".

Los capítulos 14 y 15 del Apocalipsis hablan de un hombre que viene a ayudar a combatir a la bestia, y algunos de los versículos podrían referirse simbólicamente al movimiento clandestino. Durante este tiempo siete plagas se propagan en la Tierra, cada una más terrible que la anterior, que crean más y más confusión en los ciudadanos de la Tierra. Parece no haber esperanza para la humanidad hasta que la última plaga se extienda en un lugar llamado Armagedón cuando una gran voz desde el cielo exclame: "Todo está acabado".

Los capítulos posteriores a esto se refieren a la abolición del viejo mundo y al establecimiento de los mil años de paz que podría referirse a la descripción de Nostradamus del reino del Gran Genio cuya llegada ve él después de los tiempos difíciles y que restaura la armonía del mundo. (Esto se describe detalladamente en el Volumen I.)

En mi desesperación por rechazar aquello que Nostradamus ve que ocurrirá, me aferro al hecho de que Nostradamus conocía la Biblia de su tiempo. Ha dicho repetidas veces que los santos y los profetas han visto los mismos acontecimientos que él ha visto. Mantengo la esperanza de que esto en parte haya influido en Nostradamus y que lo que él ve es una extensión de estas profecías bíblicas y seguramente no ocurrirán. Pero aquí hay demasiadas correlaciones para ser sólo coincidencia. La interpretación de John de la invención del Anticristo de una red informática es una mejor explicación del número 666 que nadie más ha podido ofrecer con el uso de la lógica.

Capítulo 15

La Casa de Nostradamus

Antes de empezar esta sesión le hice a John algunas preguntas sobre la casa de Nostradamus.

Dolores: ¿Qué tenía en su estudio? ¿Has podido ver algo?
John: Sí, he visto muchas cosas. Tiene estanterías donde guarda toda clase de rollos de pergamino y sólo unos pocos libros encuadernados como los nuestros.
D: ¿Qué instrumentos usa?
J: Había cosas semejantes a brújulas, y plumas que usa para escribir. Tiene un vaso de cristal... bueno, no es de cristal pero es un receptáculo lleno de plumas variadas de diferentes formas. He observado que tiene en un rincón un trípode con un recipiente. También tiene una mesa larga con dos sillas en las que trabaja, y un banco porque a veces aquí es donde habla con sus discípulos. Tiene un cofre de madera labrada que mantiene cerrado con llave.
D: Hmmm, me pregunto qué guarda en él.
J: Aún no he llegado hasta ahí.
D: Me pregunto si hay ahí algo más que use para sus predicciones, como el espejo o cosas así.
J: Usa el espejo y tal vez el trípode con el recipiente. El forjado tiene muchas florituras y detalles; parece muy antiguo. Es como un brasero o algo similar de la época romana.
D: ¿Hay algún otro tipo de instrumentos con los que el trabaja?
J: No he visto instrumentos de laboratorio; no, nada semejante.
D: ¿Nada que él usaría para alquimia o algo parecido?

J: No, tiene cajas de hierbas, pero están en la habitación de al lado.
D: *¿La habitación donde cura a sus pacientes?*
J: Correcto, la habitación delantera. Verás, estamos en el estudio de atrás. Tiene otro estudio en la parte delantera donde cura a sus pacientes; en ella hay hierbas y una especie de camilla. No me permite entrar ahí. Ya sabes, no me... atañe.
D: *No quiere que vayas a esa parte de la casa.*
J: No. Es una zona en la que él no quiere que entre. Mientras él me hablaba, yo echaba un vistazo a su estudio. La habitación no es muy grande, para nosotros sería más bien pequeña.

Cuando John entró en trance, empezamos la sesión. Ante todo, yo quería que me hiciera una descripción completa de la habitación.

J: Ah, está en su escritorio hoy -que en realidad no es un escritorio sino una mesa- y parece muy absorto en sus escritos.
D: *¿Querías echar un vistazo en la habitación antes de entrar en contacto con él?*
J: Sí. A mi izquierda está el cofre. En verdad se trata de una caja cuadrada de madera tallada que se cierra con llave, pero en realidad no es una llave sino un cerrojo muy simple en forma de gancho. Fácil de abrir, si quisiéramos. Pero creo que a Nostradamus no le gustaría. El cofre está labrado con mucho detalle y a veces guarda cosas en él. Junto a este cofre hay un mueble con pequeños compartimentos donde coloca los manuscritos. No es papel como el que nosotros tenemos; es pergamino. Y junto a éste hay una pequeña ventana que parece de cristal, pero no creo que lo sea. Es como piel de animal curtida. Es opaca pero deja pasar la luz.
D: *¿Es de una sola pieza?*
J: No, está formado por trozos pequeños unidos por una especie de filamento.
D: *¿Cuadrados?*

Pensaba en los trozos de cristal emplomado de una vidriera. Aparentemente esto era algo totalmente distinto.

J: No, no son cuadrados sino redondos. Me llega la palabra "médula", pero no creo que sea ése el material del que está hecho.

D: *Pero no es translúcido.*

J: No. Veo que la luz pasa a través de él, pero rio puedo ver al exterior. A la derecha de esa ventana está el cuartito que usa como aseo. Dentro hay un cubo grande de agua y un cubo con cenizas que él vierte en el retrete después de cada uso. Al parecer, dentro hay una rampa que baja hasta la tierra. No hay malos olores porque de vez en cuando Nostradamus echa unas hierbas para evitarlos.

D: *Tal vez ideó su aseo por lo que ha visto en el futuro. (Risas)*

J: (Risas) Sí, es muy posible. Y luego está la mesa con una gran silla en la que se sienta. Bajo la silla hay una alfombra de colores rojo, negro y marrón. Hay también esterillas limpias de junco, o de paja. El suelo que hay debajo es de fría baldosa de piedra. Por eso hay esterillas, para mantener el calor. En la zona por la que entro hay una chimenea que calienta todo el lugar. Por lo general no puedo verlo porque ésta es la parte de la habitación por la que entro. En un rincón detrás de la mesa está el trípode con el recipiente brasero en él y que él emplea para invocar espíritus y personas. Lo usa para rituales, pero también como fuente de calor. Cuando hace mucho frío lo pone en el centro de la habitación.

Esto se parece mucho a la descripción de algunos de los métodos de adivinación de Nostradamus que aparecen en sus primeras dos cuartetas (Centuria I-1 y 2): "Sentado en la noche, en secreto estudio; está apoyado en el trípode de bronce. Una tenue llama sale del vado y hace prosperar aquello que no debe creerse en vano". "La vara en la mano está colocada en medio de las patas del trípode. Con agua asperja la costura de su túnica y su pie. Una voz, temor, tiembla en sus vestiduras. Esplendor divino, el dios se sienta cerca". Estas dos cuartetas fueron interpretadas en el Volumen I, pero son en sí evidentes y probablemente las más fáciles de entender de todas las cuartetas de Nostradamus.

J: Cuando hace mucho frío y él necesita estar en esta habitación, prepara un fuego en el recipiente. Enciende la chimenea pero también pone cerca el brasero para tener buen calor mientras escribe. Asimismo usa mitones que dejan libres los dedos. Las paredes están hechas de algo parecido al yeso. Si se cepillara con fuerza, se desprendería.

D: *¿Ves sus instrumentos por ahí?*

J: Sus instrumentos los guarda bajo llave porque tiene una criada muy curiosa. Le disgusta que rebusque en sus cosas. Dice: "A Dios gracias no sabe leer, porque probablemente metería las narices en todos mis libros". (Risas) Y lo que él llama libros son de hecho sus rollos. Sólo tiene dos o tres libros y están copiados a mano.

D: *¿Hay cuadros o algo así colgados en las paredes?*

J: No hay nada en las paredes, pero sobre el cofre hay percheros donde cuelga sus ropas.

D: *¿Dónde está la puerta que da a la otra habitación?*

J: A mano izquierda, justo al lado de... el cofre está en un lado y.... ah, hay algo más ahí. No recuerdo haberlo visto aún. Parece como... No sé qué es. Lo veo con detenimiento. (Pausa)

D: *¿Junto a la puerta?*

J: Está del otro lado de la puerta. En un lado está el cofre, y hay algo más ahí. (Habla entre dientes para sí mismo mientras lo examina.) Es como un trípode, pero no es un trípode. Se parece a un candelabro, sólo que mucho más grande. Tiene de un metro a metro y medio de altura y huecos para cinco velas... o más... Cinco, seis, siete, ocho, nueve, diez velas. Quiero decir que puede encenderse. Creo que lo hace cuando está muy oscuro y tiene que trabajar hasta muy tarde.

D: *Pensaba que debía de tener algún tipo de iluminación.*

J: Ajá. Lo pone en el centro para iluminar toda la habitación. Cambia mucho de sitio las cosas. También hay un par de bancos cerca de la mesa donde se sientan sus alumnos cuando vienen para estudiar con él.

D: *¿Esa puerta es la que da a la otra parte de la casa?*

J: Da al estudio de la parte delantera donde él guarda sus reservas medicinales y hace sus consultas.

D: *Y no nos está permitido entrar en ese otro estudio, sólo en éste.*

J: No, realmente no quiere que vayamos a ninguna otra habitación. Hay una especie de bloqueo o barrera. En el umbral de la puerta parece haber algo como aceite o sal que nos impide la entrada a esa zona.

D: *¿Tiene algún efecto real o es sólo simbólico?*

J: Tan simbólico como efectivo. Él ha colocado un campo de energía. No quiere que los espíritus del futuro traspasen ese punto. Yo sólo he podido echar una ojeada a esa habitación, pero entrar, no.

D: *Nosotros respetamos sus deseos.*

J: Él sigue ocupado en su escritorio. No se ha dado cuenta de que estoy aquí. ¿Se lo hago saber?

D: *Sí, por favor; así podemos reanudar nuestro trabajo.*

J: De acuerdo. Aparezco en el espejo, él levanta la vista de sus escritos y dice: "Ah, hola. Sí, es John del futuro".

D: *Sólo por curiosidad, dile que nos gustaría saber qué guarda en el cofre cerrado.*

J: Dice: "John... (Él pronunciaba el nombre 'Jean', equivalente francés de John.)

D: *¿Pronuncia tu nombre como Jean?*

J: Sí. Dice que soy Jean. Sonríe y dice: "Jean, no es de tu incumbencia, pero te lo diré. Ahí guardo cosas que necesito tener bajo llave porque mi joven criada es curiosa y le gusta rebuscar en mis cosas. Intenta abrir el cofre porque cree que ahí debe de haber un montón de dinero. Vaya, sí que guardo ahí algo de dinero porque tengo monedas que se remontan a la antigüedad, pero en su mayor parte, Jean, guardo ahí cosas que son muy antiguas". Él las guarda bajo llave porque con tanta gente... Dice: "Tengo tres criadas y cuatro o cinco estudiantes, y las cosas podrían empezar a desaparecer muy fácilmente". Son antigüedades de épocas romanas y griegas. Guarda ahí una antigua espada romana.

D: *¿Entiende que sólo tenemos curiosidad por las cosas que hay en la habitación? Él no tiene nada qué temer de nosotros.*

J: Él sabe quiénes somos. Dice: "Realmente no tiene nada que ver con lo que hacemos ahora. Sólo son antigüedades que he coleccionado". A veces va al campo y encuentra cosas entre ruinas o cavando en la tierra. La parte de Francia donde él vive fue en tiempos una gran provincia romana. Los granjeros se encuentran muchas cosas en la tierra cuando plantan, y él las compra y las colecciona. Es como un coleccionista de antigüedades porque le parecen interesantes. Dice que el trabajo en estas piezas es de una factura muy refinada en comparación con el de su propio tiempo.

D: *Sí, puedo entenderlo. A mí también me gustan las cosas antiguas. ¿En qué parte de Francia vive? ¿Puede decírtelo?*

J: Me enseña un mapa de Francia y al parecer es en algún lugar del sur... No está cerca de París. Está más cerca de Italia. No puedo ver con exactitud en qué dudad, pero dice que es irrelevante y no merece la pena.

D: *De todos modos yo quería saberlo. Él sabe que somos espíritus muy curiosos. (Risas) Hay gente en nuestro tiempo que quiere saber sobre él y su vida y por eso hacemos tantas preguntas.*

Cuando hice mi propia investigación descubrí que Nostradamus pasó casi toda su vida en Salon que está situada en el extremo sudeste de Francia cerca de Italia y del Mar Mediterráneo. Como dijo John, estaba muy distante de Paris. Se encuentra en la región de Provenza y esa zona fue conquistada por los romanos en el segundo siglo a c. En esa época se llamaba Provincia Romana, de la que derivó el nombre de Provenza. De modo que era del todo posible que Nostradamus encontrara reliquias romanas.

Segunda Seccíon

La Traducción

Capítulo 16

Empieza la Traducción a Través de John

Habíamos conseguido contactar una vez más y ahora estábamos preparados para continuar con la traducción de sus cuartetas. Habíamos tenido mucho éxito a través de Brenda y yo no sabía en absoluto si podríamos obtener los mismos resultados con John. Existía la posibilidad de que nos llegara información conflictiva que podría poner en peligro todo el proyecto. Lógicamente, parecería una tarea imposible que dos personas interpretaran por separado estos complicados rompecabezas y que encontraran las mismas respuestas, a menos que estuviésemos de verdad en contacto con la mente que los originó. Corríamos un riesgo y lo sabíamos, pero ambos estábamos dispuestos a probar el experimento.

Encontré varias cuartetas que Nostradamus no pudo interpretar claramente a través de Brenda por sus elementos astrológicos. Sugirió que las reserváramos hasta poder trabajar con John. Éstas fueron las primeras que yo quería explorar. Dado que algunas de ellas contenían frases difíciles, esto sería una verdadera prueba para John que él no podría pasar con su calculadora mente consciente. Las respuestas tendrían que venir con la ayuda de Nostradamus. Aunque había funcionado dos veces anteriormente, las probabilidades de recibir las traducciones a través de una tercera persona eran prácticamente nulas. Pero estábamos en contacto con Nostradamus y nuestra curiosidad no nos dejaría flaquear a estas alturas del juego.

Le pregunté si quería que las leyera del mismo modo que había hecho con Brenda.

John: Sugiere que las leas de nuevo y si hay datos astrológicos, nos los transmitirá.

CENTURIA I-42

Le dix Kalende d'Avril de faict
    Gothique,
Resuscité encor par gens
    malins:
Le feu estainct assemblé
    diabolique,
Cherchant les os du d'Amant
    & Pselin.

El décimo día de las Calendas de abril, según cálculo al estilo gótico lo revive de nuevo la gente malvada. El fuego es extinguido y la diabólica reunión busca los huesos del demonio de Psellus.

John me pidió que la repitiera. Por el desconcertado gesto en su rostro era evidente que no tenía ni la menor idea de su significado. Después empezó a llegarnos la traducción de la cuarteta, no de la mente de John, como es obvio, sino de una tercera persona.

J: Esta cuarteta tiene que ver con la destrucción de la Iglesia. Durante los tiempos difíciles, en mayo de mediados o finales de la década de los noventa, la Iglesia pasará por momentos difíciles. Dice que el Papa en esa época será asesinado en el seno mismo de la Iglesia para que pueda entrar en funciones el último Papa, y a eso se refiere esta cuarteta. Por ahora es todo lo que puede decir acerca de ella.

Dolores: La palabra "Calendas" era confusa. Los traductores dicen que es el primer día del mes romano.

J: No es abril sino el primer día de mayo. De vez en cuando le gusta jugar con las palabras y dice que ése fue un anagrama en el que quiso ser un poco engañoso. Pero significa el primero de mayo. ¿Cómo interpretan esa cuarteta?

D: Lo interpretaron como abril. Los traductores creen que se refiere a la institución del calendario gregoriano.

J: Dice: "Esa gente no sabe lo que hace". Se refiere a la Iglesia y a sus interesantes escaramuzas internas. Surgirá un Papa que será asesinado por uno de los suyos pero esto lo ocultarán Esto hará que llegue al poder al último Papa. Pide que vuelvas a la parte que habla del veneno.

Me quedé sorprendida. En la cuarteta no había una referencia clara a ningún veneno. Leí de nuevo la última parte. "Lo revive de nuevo la gente malvada. El fuego es extinguido y la diabólica reunión busca los huesos del demonio de Psellus".

J: Asesinarán. al Papa con un veneno que se infiltrará en sus huesos. Será un veneno especial que ataca el sistema nervioso central y el sistema óseo; hará parecer que entra en choque o sufre un derrame cerebral. Así es como presentarán su muerte al mundo. De este modo el último Papa de la Iglesia Católica Romana llegará al poder.
D: *Los traductores andan bastante desorientados. Su interpretación se refiere a cuando Nostradamus empezó a escribir sus profecías.*
J: Dice: "Sí, ya hemos hablado antes de sus inexactitudes".
D: *(Risas) Sí, lo sé. A veces eso le molesta sobremanera.*
J: Dice: "No, no estoy molesto. Sólo que... no sé dónde está. la inteligencia de esta gente".
D: *En realidad usan su sentido común, es todo lo que pueden hacer.*
J: Sí, pero no usan su memoria intuitiva, dice. Eso probablemente funcionaria mejor. Él sabe que en nuestro tiempo se escribirán muchos libros sobre él, pero apenas contendrán un rastro de la verdad de sus palabras.
D: *Sí, así es. Todos intentan encontrar sus propias interpretaciones.*

CENTURIA I-52

Les deux malins de Scorpion conjoinct,
Le grand seigneur meutri dedans sa salle:
Pe te a l'Eglise par le nouveau roy joinct
L'Europe basse & Septentrionale.

Dos malas influencias en conjunción en Escorpión. El gran señor es asesinado en su habitación. Un recién designado rey persigue a la Iglesia, al parte baja de Europa y en el norte.

J: Las dos influencias maléficas son Marte y Saturno en el signo de Escorpión. Esto se refiere a la pérdida de la monarquía británica.

D: *¿Es éste el gran señor?*

J: El gran señor es el monarca británico que será asesinado por subordinados, gente a la que no le gusta su estilo o su gobierno. Él es un símbolo, de modo que no asesinan al hombre sino al símbolo. Los que lo cometen son miembros del IRA.

D: *(No entendí.) ¿Miembros del qué?*

J: Si el IRA ya no es problema en el momento en que esto ocurra, será un grupo similar de insatisfechos con motivos similares. Dice que le asesinarán después de que él se convierta en rey.

D: *¿Puede decirnos algo más sobre el año? ¿O podrás averiguar algo por esa conjunción?*

J: Tendrá lugar después del año 2000 más o menos.

D: *¿Se refiere al que será el rey en ese tiempo?*

J: Sí, el príncipe Carlos será el Rey Carlos en ese momento, y se refiere a él. ¿Puedes leer el resto de la cuarteta?

D: *"El recién designado rey persigue a la Iglesia, en la parte baja de Europa y en el norte".*

J: La muerte de este rey causará mucha división en Irlanda e Inglaterra. Los ingleses hostigarán a las iglesias católicas porque ahí suelen concentrarse los irlandeses dentro del Imperio Británico. Aquí es donde esa cuarteta se cumplirá; son sus lugares de reunión. La gente sabrá que este grupo de descontentos asesinó al rey porque se alegrarán por ello.

D: *¿Te muestra estos acontecimientos o te habla de ellos?*

J: Me muestra imágenes.

D: *Sentía curiosidad porque también al otro vehículo le mostraba imágenes.*

Cuando pudimos conseguir un libro de efemérides del año 2000, descubrimos que Marte y Saturno estarán en conjunción exacta en Escorpión el 26 de agosto de 2014. Entran en este signo el 27 de julio de 2014, y esta configuración durará varios meses. El Rey de Inglaterra podría estar en grave peligro durante este lapso de tiempo.

CENTURIA I-83

Le, gent estrange divisera butins,
Saturne en Mars son regard furieux,
Horrible estrange aux Tosquans & Latins,
Grecs qui seront á. frapper curieux.

La nación extranjera dividirá los botines. Saturno en muy mal aspecto en Marte. Espantoso y ajeno a los toscanos y latinos. Los griegos, dispuestos al ataque.

J: Esta cuarteta describe el país que conocemos como Turquía. Es la nación extranjera. Turquía va a entrar en guerra con Grecia en breve. Grecia pedirá ayuda a Italia y a los países cercanos porque Turquía al parecer será muy superior. Podrían incluso usar armas nucleares, no tanto bombas, sino esa clase de armas. También usarán la avanzada tecnología de los rusos. Éstos darán apoyo a Turquía durante este levantamiento que tendrá lugar a principios de los 90. El "muy mal aspecto" es Saturno en cuadratura con Marte, o bien Marte en cuadratura con Saturno. Le pregunto dónde estará Saturno en ese tiempo. Responde que Saturno estará en su posición de dominio de Capricornio; Marte estará en Aries. Asegura que esta información me ayudará a descubrir el punto en el que esto ocurrirá.

D: "La nación extranjera dividirá los botines". ¿Significa eso la implicación de Rusia, o se refiere a uno de los bandos en guerra?

J: Representa a Turquía porque allí existirán muchas facciones internas. Iniciará una guerra para que la gente se concentre en ella y no en los problemas internos que surgen en el interior del país.

D: *Sí, la guerra eso siempre distrae la mente de todo lo demás.*
J: Correcto. Dice que empezará una guerra con Grecia, que pretende aniquilar a Turquía. Pero mientras Turquía cuente con el apoyo de Rusia, Grecia no tendrá el apoyo de otros países. Pedirá ayuda a Italia, Estados Unidos y otros países, pero todos permaneceremos neutrales. Sólo durará un par de meses. Será una guerra breve en la que habrá fuego en la gran ciudad de Atenas. Le pregunto si van a incendiar el Partenón, y responde: "No, no veo que incendien el Partenón esta vez".

Esto parece coincidir con las predicciones en el Volumen I relacionadas con la destrucción de los centros clásicos durante los tiempos difíciles.

J: Él insiste en que Marte estará en el signo de Aries y Saturno en el signo de Capricornio.

Más tarde se descubrió que estos signos aparecerían del 31 de mayo al 12 de julio de 1990 con una cuadratura exacta entre Saturno y Marte el 1 de julio de 1990.

ACTUALIZACIÓN: Esta cuarteta y la CENTURIA III-90 en el Capítulo 21 ("El ataque cardíaco") se relacionan entre sí y según Nostradamus se refieren al mismo acontecimiento. Las fechas proporcionadas sugieren claramente esta conexión con el breve conflicto en el Golfo Pérsico que empezó a fraguarse en el verano de 1990 y culminó en guerra antes de febrero de 1991. Las fechas, países implicados (Turquía, Israel, Siria, Irán, Estados Unidos, Rusia y la zona oriental del Mediterráneo), y todos los demás detalles mencionados en las cuartetas parecen indicarlo. La única parte que no encaja es la mención de Grecia en ambas cuartetas. Descubrí que durante siglos ha habido una gran hostilidad entre Turquía y Grecia que se remonta a los tiempos del Imperio Otomano por ser Grecia una nación cristiana. No sería inconcebible que el conflicto adquiriera intensidad allí, ya que toda la zona es como un polvorín que no tardaría mucho en estallar y arrastrar a Grecia en la confusión. Creo que esta cuarteta significa que las semillas se sembraron a mediados de 1990 y brotarán cuando la situación empeore cinco años más tarde (según otras cuartetas.) En este caso el ochenta y cinco por ciento de la cuarteta se ha cumplido y el quince por ciento restante se reserva a futuros acontecimientos.

CENTURIA III-1

Apres combat & bataille navale, *Le grand Neptune a son plus haut befroi:* *Rouge adversaire de peur deviendra pasle* *Mettant le grand Ocean en effroi.*	Tras el combate y batalla naval, el gran Neptuno en su campanario más elevado; el adversario rojo palidecerá de miedo infundiendo terror al gran océano.

J: Dice que esta cuarteta alude a la Segunda Guerra Mundial y al avance de Japón por el Pacífico.
D: *¿Se refiere a las batallas navales que ocurren allí?*
J: Sí. Dice que en ese entonces Neptuno estaba en el signo de Virgo en Libra.
D: *¿Es eso lo que significa el campanario más elevado?*
J: Sí. Dice que corresponde a todo el lapso que duró la Segunda Guerra Mundial.
D: *Pensé que tal vez el adversario rojo se refería a Marte. ¿Es correcto?*
J: Marte estaba en mal aspecto con Neptuno en ese momento. También representa el avance de los soviéticos hacia China y ésta convertida en país comunista. Dice que representa los años 40.
D: *¿Neptuno es en este caso alusión a un signo astrológico?*
J: Dice que significa el signo astrológico y también el arquetipo del soberano de los mares. Cuando Neptuno estaba en los signos de Libra y Virgo y en cuadratura con Marte, es cuando él vio que ocurrirían las grandes batallas navales. En esas fechas se perdieron muchas vidas, y surgió Neptuno para llevarse a los muertos al fondo del océano. Dice que esto también representa el avance de la Unión Soviética para implantar el comunismo en China.

Más tarde, cuando John analizó estos signos en su libro de efemérides, encontró que la fecha referida era el mes de abril de 1944. Mi investigación reveló que en 1944 tuvieron lugar algunas de las batallas navales más sangrientas de la historia en las islas cautivas del Pacífico.

También era exacto que Rusia estaba convirtiendo a China en país comunista durante los años cuarenta. Se aprovecharon de la preocupación de la gente por la guerra con Japón para hacer sus incursiones políticas. Así pues, antes de 1949 todo el continente chino sacudido por la guerra cayó en manos de los comunistas y el gobierno nacionalista huyó a Taiwán.

Incluyo la interpretación que hizo Brenda de la siguiente cuarteta porque es interesante constatar el enorme parecido con la de John. Es obvio que a ambos les mostraron casi las mismas imágenes, y es probable que cada uno interpretara de forma ligeramente distinta lo que vio. Dado que Nostradamus había dicho que la misma cuarteta podría contener referencias de otros acontecimientos, tal vez ellos también contemplaron diversos aspectos de acontecimientos similares que él trataba de presentar. Son demasiado parecidos para ser simple coincidencia, sobre todo tomando en cuenta que los traductores ni siquiera se acercaron a lo que Brenda y John interpretaron. Creo que esto podría explicar cualquier pequeña inconsistencia. Nostradamus también ha explicado que todos verán las imágenes de forma distinta y las interpretarán en el contexto de su propio conocimiento y experiencia.

CENTURIA II-51

Le sang de juste a Londres fera faulte,	La sangre del justo será requerida de Londres
Bruslés par fouldres de vingt trois les six:	consumido por fuego en tres veces veinte más seis. La
La dame antíque cherra de place haute,	anciana dama caerá desde su elevada posición, y muchos de
Des mesme secte plusieurs seront occis.	la misma confesión serán asesinados.

[Interpretación de Brenda.]

B: Dice que esta cuarteta tiene un significado múltiple. "La sangre del justo que matan con fuego" se refiere a los ataques terroristas del IRA en Londres. Las bombas incendiarias y otras armas herirán a muchos inocentes. "La anciana dama que cae desde su elevada posición" se refiere a la destrucción de la Torre de Londres. Dice que es una cuarteta algo confusa porque se refiere a un gran número de incidentes distintos de escasa magnitud, pero en su totalidad forman parte de acontecimientos de mayor envergadura.

D: ¿Cuándo destruirán la Torre de Londres?

B: Durante los tiempos difíciles. Para averiguar más exactamente el momento en que ocurre, deberás contar a partir del bombardeo alemán durante la Segunda Guerra Mundial. (Pausa) Llega de un modo confuso. Dice que tiene dificultad para hacernos llegar conceptos de tiempo. Tres veces veinte más seis... por el modo de expresarlo puede referirse a dos números distintos. Dice que puede referirse o bien a sesenta y seis o a setenta y ocho, según la forma de leer el número. Lo escribió así porque tres veces veinte son sesenta, más seis, sesenta y seis; o tres veces la suma de veinte más seis, setenta y ocho.

Esto es algo que nunca se me habría ocurrido, ni nadie más. Los traductores han interpretado la fecha como 1666.

B: Dice que usó estos números como proporciones para representar planetas específicos en el horóscopo. Creo que se refiere a las proporciones (setenta y ocho y sesenta y seis) de sus órbitas alrededor del sol. Dice que cuando estén en conjunción o en una determinada relación, indicará el momento en el que ocurra esta destrucción durante los tiempos difíciles. La línea: "La anciana dama caerá desde su elevada posición, y muchos de la misma confesión serán asesinados" se refiere a un suceso que ya ha ocurrido. Está en el pasado desde nuestra perspectiva, pero para él está en el futuro. Este acontecimiento se refiere a la pérdida de poder de la Iglesia Católica en Inglaterra, y la identificación de Inglaterra con otra iglesia. Tanto la alta dama como su elevada posición son referencias a la Iglesia Católica. Dice que también asesinaron a sacerdotes católicos durante la guerra resultante de la conversión de Inglaterra en un país protestante.

D: *¿Crees que John podrá entender esos números de la información que Nostradamus nos ha dado?*

B: Debería. Si necesitara más información, no dudes en contactarle de nuevo.

D: *Los traductores creen que esto se refiere al Gran Incendio de Londres en 1666.*

B: Y así es, pero no es lo único a lo que se refiere. Puesto que para nosotros ese acontecimiento está en el pasado, él hablaba sobre otras cosas no relacionadas con ese hecho.

D: *Entonces tienen razón en lo que cabe. Les pareció interesante que él usara esos números. Se lo mostraré a John para ver si puede encontrar la fecha. Y si tuviera más preguntas, volveremos a el.*

B: Dice que los números corresponden a un par de planetas más distantes con tiempos de giro más prolongados.

[Interpretación de John.]

J: Dice que esta cuarteta se refiere al esfuerzo bélico cuando los ejércitos del Anticristo intentan bombardear Londres. La antigua dama representa a la catedral de San Pablo porque en ese lugar había un templo dedicado a la religión antigua, y en las entrañas de la iglesia está la antigua dama. La descubrirán cuando ocurra el bombardeo. Eso es parte del significado. La cuarteta también pronostica que Bretaña tendrá muchos conflictos durante los tiempos difíciles porque los cristianos serán perseguidos por cristianos. También habrá mucha persecución entre los ricos. La gente se rebelará contra los ricos porque nadan en la abundancia mientras que ellos no tienen casi nada. Esto ocurrirá al final de los 90 cerca del cambio de siglo. Ése es el tiempo de estos acontecimientos.

D: *¿Puede él explicar el significado de esos números? Tres veces veinte más seis.*

J: (Larga pausa.) Parecen un anagrama, pero son números. Representan 1996.

D: *La única interpretación que pudieron encontrar los traductores fue el gran incendio de Londres en 1666.*

J: Sí, dice que han interpretado correctamente lo del fuego en Londres, pero también representa cosas del futuro, como conflictos en 1996 para los británicos.

CENTURIA III-4

*Quand seront proches de
defaut des lunaires,
De l'un a l'autre ne distant
grandement,
Froid, siccité, danger vers les
frontieres,
Mesme ou l'oracle a prins
commencement.*

Cuando esté cerca la derrota de los de la luna no estarán muy lejos unos de otros. Frío, sequía, peligro en las fronteras, incluso donde tuvo su origen el oráculo.

[Interpretación de Brenda.]
B: Dice que esta cuarteta se refiere a la creación de estaciones espaciales en los puntos L-5 en relación con la luna y la Tierra. Los viajeros del espacio deben estar al tanto de las condiciones de vacío profundo en el espacio. A pesar de los mejores preparativos e incluso de la información sistematizada, a la que se refiere aquí como el "oráculo", aún no estarán preparados para los insospechados aspectos de este entorno. Él se refirió a los ordenadores en general como un oráculo porque los usarán para extrapolar información no conocida basándose en información que se conoce en la actualidad.
D: Creo que antes has mencionado el establecimiento de estaciones espaciales L-5 en la luna.
B: ¡No en la luna, sino en el punto L-5! (En tono exasperado) Dice que ojalá tuvieras un mínimo de conocimientos elementales de astronomía. El L-5 es el punto entre la luna y la Tierra en el que la atracción gravitatoria es igual en ambas direcciones. Ali se necesita menos combustible para mantener las estaciones en posición puesto que la gravedad hará la mayor parte del trabajo.
D: *De acuerdo. Cuando él lo mencionó antes, simplemente dijo estaciones espaciales L guión cinco, y por eso supuse que quería decir en la luna.*
B: Él se alegra de que no lo hayas impreso porque habrías sido blanco de burlas. Los puntos L-5 son un concepto astronómico muy elemental.

D: *"Cuando esté cerca la derrota de los de la luna no estarán muy lejos unos de otros"*. Esto presagia problemas en las estaciones espaciales. *"Frio sequía"*, etcétera, se relaciona con los vacíos profundos.

B: Sí. Dice que cuando se establezcan estas estaciones L-5 también se construirán observatorios astronómicos en la superficie lunar misma. Será un proyecto de colaboración entre Estados Unidos, Rusia e Inglaterra. Estados Unidos e Inglaterra se implicarán porque tienen la información científica necesaria y Rusia porque cuenta con los mejores científicos. Rusia y Estados Unidos también tienen tecnología espacial. Habrá accidentes como los hay siempre que se exploran nuevas tecnologías.

D: *¿Será en un futuro lejano?*

B: No tanto como supones.

D: *¿Ocurre en el tiempo del Gran Genio?*

B: Sí, o antes. Ya existe la tecnología necesaria para todo esto, pero por presiones políticas y económicas creadas por la cábala, no puede hacerse en este momento. Así que es sólo cuestión de quitar de en medio al Anticristo y a la cábala; después la humanidad podrá empezar a hacer estas cosas. Y más tarde, el Gran Genio aparecerá.

CENTURIA III-5

Pres loing defaut de deux grands luminaires,	Luego, tras el eclipse de las dos grandes estrellas que
Qui suviendra entre l'Avril & Mars:	ocurrirá entre abril y marzo. ¡Ah, qué pérdida! Pero dos
O quel cherté nais deux grans debonnaires,	grandes influencias benéficas ayudarán por todos lados por
Par terre & mer secourrant toutes pars.	tierra y mar.

B: Él podría empezar a explicar ahora esta cuarteta, pero prefiere traducirla con John, el astrólogo, cuando esté disponible. También observa que en cierto modo se relaciona con la cuarteta anterior y quizás quiera abarcarlas a ambas durante la traducción.

D: *¿Quieres decir la cuarteta sobre las estaciones espaciales?*

B: Sí, quiere hacerlas con John.

[*Interpretación de John.*]
D: *Nostradamus me dijo que las dos cuartetas siguientes están relacionadas. ¿Las leo juntas o por separado?*
J: Léelas juntas. (Así lo hice.) Ambas se refieren al futuro, al período del 2000 o 2100. Tienen qué ver con la exploración espacial y temas relacionados. Dice que después de la formación del gobierno mundial nos uniremos con otros países para llevar a cabo exploraciones espaciales alrededor de la luna y de otro planeta que podría estar al otro lado de la luna. (John parecía confuso y habló con Nostradamus.) "¿Es eso lo que quieres decir?" De acuerdo. Ya lo entiendo. Dice que está al otro lado de la luna, lo que significa que tenemos que ir más allá de la luna. También representa un tiempo en el que podríamos tener contacto inteligente con extraterrestres en un trabajo conjunto con ellos para construir estaciones espaciales y colonizar el espacio. Esto ocurrirá en el siglo veintiuno o en el veintidós.
D: *¿Será después del tiempo del Anticristo?*
J: Ah, sí. Dice que esto no tiene que ver con el Anticristo. La exploración espacial, la colonización del espacio y el esfuerzo conjunto de la Tierra y otro sistema planetario ocurrirá a mediados del siglo veintidós.
D: *La segunda cuarteta dice: "Tras el eclipse de las dos grandes estrellas que ocurrirá entre abril y marzo - ¡Ah, qué pérdida!".*
J: Esto ocurre a mediados del siglo veintidós. Capto el año 2158 o algo así.
D: *¿Qué tiene esto que ver con la otra cuarteta?*
J: Dice que podría haber algunas dificultades, y podrían perder una de las estaciones base. Pero llegará ayuda desde otra galaxia.
D: *¿Es lo que quiere decir con "Dos grandes influencias benéficas ayudarán por todas partes por mar y tierra"?*
J: Sí. Él da a entender que otra conciencia plantearía contactará con la Tierra. (De forma repentina) Dice que le agrada ser útil, pero ahora quiere escribir en su libro.
D: *¿Ha terminado con nosotros?*

J: Sí. Su deseo es ponerse a escribir. Dice que es hora de meditar en el libro, así es como lo ha expresado, y quiere que nos vayamos.
D: *¿Puedo continuar con la traducción de las cuartetas cuando volvamos de nuevo?*
J: Sí; él te ayudará, pero por el momento desea volver a su trabajo. Ha sacado la pluma, y quiere escribir un poco. Dice algo como: "Que tengáis un buen día", pero no es "día" lo que dice. Es acontecimiento:
D: *¿Qué tengáis un buen acontecimiento? (Risas)*
J: No entiendo, pero mueve la mano en señal de despedida. De acuerdo, nos veremos más adelante. Adiós.

Era obvio que nos estaba echando, de modo que no nos quedó otra alternativa que irnos. Inmediatamente John se encontró de nuevo en la Sala del Tapiz.

D: *No dejo de preguntarme si cuando leemos las cuartetas se desencadena la imagen que él te muestra, o...*
J: Sí. Nos sentamos en una mesa con el espejo negro en medio de nosotros. Suelo repetir mentalmente la cuarteta, sólo que con imágenes, y él escribe las palabras. Mientras escribe, surge una imagen en el espejo que él señala con los ojos.
D: *¿Crees que él iba escribiendo a medida que hablábamos?*
J: Posiblemente hay algo de eso. Tal vez tomaba notas de lo que hablábamos para no olvidarlo.
D: *Tenga curiosidad por saber si contribuimos a que escriba él estas cuartetas.*
J: Creo que sí.
D: *Sé que originalmente las escribió en francés.*
J: Sí, pero él dice que lee mi mente en francés.
D: *Ni siquiera estoy segura de si las tradujeron correctamente al inglés. Pero la lectura de la cuarteta es lo que desencadena la imagen. ¿Explica él después lo que significa?*
J: Si, a través del espejo.
D: *Siempre me he preguntado si era al revés, es decir, primero él veía la imagen y luego escribía la cuarteta. (John movió la cabeza.) Eso significa que realmente le ayudamos a hacerlo. Pero ¿no es esto una gran responsabilidad para nosotros en nuestro tiempo*

influir en lo que él hace en el pasado? ¿Está permitido? ¿Es correcto o ético?

J: Para nosotros es correcto hacer esto. Él no sólo se comunica con nosotros, también lo hace con gente de otros puntos del futuro.

D: ¿Le cuentan lo que ocurre?

J: No. Veo que en el tapiz su hilo se conecta con hilos de todas las edades. Así que él tiene la habilidad de estar en contacto con gente de otros tiempos al igual que del nuestro.

D: ¿Es así como conoce los acontecimientos que ocurren?

J: Sí, es así como conoce el futuro. Él viaja en el tiempo. Es un alma grande.

D: Me pregunto si de alguna manera influimos en él. Si así fuera, ¿estaría mal?

J: En cierto grado influimos en él porque toda vida influye en la vida. Ahora está aquí el guardián del tapiz y dice: "No te preocupes por eso".

D: No me gustaría que influyéramos en él de forma negativa.

J: No. Dice que tu influencia no es en absoluto negativa.

D: Pero ¿es ético para nosotros contribuir, en cierto sentido, en la composición de sus las cuartetas? Es ahí donde me siento desconcertada.

J: Dice que no te preocupes por esto. "A medida que evoluciona tu conciencia, podrás entender las vidas paralelas y el sentido del tiempo". Una voz dice: "Por favor, esto os supera. Estáis en primaria y hacéis preguntas de nivel universitario".

D: (Risas) De acuerdo. Siempre y cuando no lo consideren como una interferencia.

J: Dice: "No te preocupes. Todos los que estáis en esto hacéis el mejor esfuerzo".

Nostradamus había cumplido su promesa de venir a través de otro vehículo. Yo no tenía por qué preocuparme de que el contacto con él pudiera perderse. Después de todo, él me había elegido a mí, y no al revés. Lo sorprendente de las primeras interpretaciones de John es que no se apartaban de la historia básica que Nostradamus trataba de transmitirnos. No contradecían las interpretaciones de Brenda, tan sólo. añadían más piezas al rompecabezas. Esto daba mayor validez a la posibilidad de un verdadero contacto con él. No puede haber otra explicación.

Capítulo 17

El Destino del Anticristo y el Mundo

De todo el tiempo que trabajamos con Brenda, una pregunta importante permanecía sin respuesta. ¿Cuál era el destino del Anticristo? Habíamos visto el horror que sembraría en el mundo y que al parecer avanzaría de un modo irrefrenable. Pero Nostradamus vio que después vendría el tiempo del Gran Genio, así que supimos que ocurriría algo que pondría fin a la locura. Inesperadamente encontramos la respuesta en una cuarteta que a Brenda le había costado interpretar porque contenía información astrológica. Nostradamus sugirió hacerla con John y, por lo tanto, la puse entre las primeras cuartetas a presentarle.

CENTURIA VIII-49

Saturn: au beuf joue en l'eau, Mars en fleiche,
Six de Fevrier mortalité donra,
Ceux de Tardaigne a Briges si grand breche,
Qu'a Ponteroso chef Barbarin mourra.

Saturno en Tauro, Júpiter en Acuario, Marte en Sagitario, el sexto día de febrero trae muerte. Los de Tardaigne cometen una iniquidad tan grande en Brujas que el jefe bárbaro morirá en Ponteroso.

John: (corrige mi forma de pronunciar los nombres) Él pregunta: "¿No hemos revisado ya esta cuarteta anteriormente?"

Dolores: Correcto, fue a través de Brenda. Pero había cosas que no estaban claras, y él quiso que un astrólogo examinara los signos para ayudar a encontrar una fecha. (Me pidió que repitiera los signos astrológicos.) Saturno en Tauro, Júpiter en Acuario, Marte en Sagitario, el sexto día de febrero.

J: Dice que esta cuarteta tiene que ver con el cambio en la Tierra. Tendrá lugar a comienzos del siglo veintiuno; en esa época mucha gente abandonará el planeta. Esto te da una idea del momento en que ocurrirá este evento.

D: ¿Se trata del gran cambio en la Tierra? ¿Será después del tiempo del Anticristo en el siglo veintiuno?

J: El Anticristo aún estará en el poder. Ésta es una de las maneras en que muchos de sus seguidores abandonarán el planeta.

D: Dice: "El jefe bárbaro morirá en Ponteroso".

J: Eso representa la muerte del Anticristo.

D: ¿Ah sí? Nos gustaría saber qué le ocurre.

J: Muere a causa del cambio en la Tierra.

D: Nostradamus dijo repetidamente que sería un acontecimiento misterioso, y no quiso decirnos más.

J: Esta cuarteta predice el cambio en la Tierra en el que mucha gente abandonará el planeta, sobre todo este malvado ser. En tu tiempo verás que el mundo cambia. Me transmite una imagen de la Tierra. Parece como si nuestros polos se movieran más deprisa, lejos de sus posiciones actuales. Como resultado, las aguas se desplazan.

D: ¿Ve él lo que le ocurre al Anticristo cuando esto suceda?

J: El Anticristo será aniquilado por un maremoto. Él y su ejército estarán dispuestos al ataque y ésta será la última defensa de la humanidad contra él. Finalmente él quedará reducido a la nada en el momento en que se produce el cambio en la Tierra. Él cree que su poder es omnipotente y que puede controlar las fuerzas de la Tierra -no sólo a sus pobladores, sino la dinámica de la Tierra misma- pero no cuenta con el maremoto. Nadie puede controlar el espíritu de este planeta. El planeta se rebela y tiembla y veo que los temblores y maremotos desorganizan su ejército y le doblegan cuando es arrastrado por un aluvión de agua.

D: Parece mentira que tenga que ocurrir algo de esa magnitud para detenerle.

J: Bueno, el Anticristo cree que puede controlar no sólo a la gente del mundo, sino también al espíritu del mundo. Ahora me muestra una imagen. Veo un campamento entero donde hay diferentes tipos de aviones, barcos y vehículos que nunca antes había visto. Y todo es arrastrado por terremotos y enormes masas de agua. Ocurrirá muy deprisa.

D: *En la cuarteta dice que esto ocurrirá en Ponteroso. Ésta es una palabra que los traductores no entienden. ¿Puede él explicar su significado?*

J: Se refiere a la zona alpina del norte de Italia y Suiza.

D: *¿Es el nombre de un lugar?*

J: Sí. Está cerca de donde él será arrastrado.

D: *¿Dicen los signos astrológicos cuando ocurrirá esto?*

J: Será a principios del siglo veintiuno. Tú puedes encontrarlo.

D: *Nuestros libros de efemérides no se van tan lejos en el tiempo.*

J: Tendrás acceso a lo que necesites.

Podría parecer sencillo encontrar la fecha del cambio a partir de los datos astrológicos proporcionados, pero fue más difícil de lo previsto. Parte del problema se debió a un error en la traducción de la Sra. Cheetham y localizar esta fecha fue tan complicado como la labor del detective que sigue pistas para resolver un misterio. Esto se describe en el capítulo 29, "Búsqueda de la fecha del cambio", en el que aparece la fecha obtenida.

D: *Entonces ése será el fin de la guerra del Anticristo.*

J: Sus seguidores intentarán continuar, pero el sufrimiento y dolor del cambio en la Tierra en sí hará que la gente deponga las armas e intente reconstruir la civilización.

D: *¿Tendrá el Anticristo mucho control del mundo antes de ese momento?*

J: Sí, será un tiempo de tensiones culminantes entre la gente del mundo, y un tiempo en el que la Tierra se renueva a sí misma.

D: *¿Estados Unidos llegará a estar dominado por el Anticristo?*

J: No. Estados Unidos se quedará al margen. Básicamente el Anticristo dominará en Europa. (Pausa) Pero me muestra una imagen de Estados Unidos... posterior. En su mayor parte son islas.

D: ¿Después del cambio en la Tierra?
J: Sí. Aparentemente serán todo islas.

Lo que John hizo a continuación fue extremadamente difícil. Intentó describir el mapa tal como Nostradamus se lo mostró. Contemplar una vista topográfica de Estados Unidos sin límites estatales ya es difícil, pero lo es aún más ver una masa terrestre que había cambiado e intentar determinar lo que quedó de los estados. Había pocos puntos de referencia por los cuales guiarse y era difícil para cualquiera. Por lo tanto no espero que esta descripción sea totalmente exacta. Creo que en estas circunstancias John hizo un trabajo admirable.

Como yo no tenía a mano ningún mapa al cual referirme, me dejé llevar por mis conocimientos de geografía para hacer preguntas.

J: Hay una gran isla que empieza con el norte de Québec y New Brunswick, y engloba las zonas norteñas de Maine, New Hampshire, Vermont, estado de Nueva York, y Pennsylvania. Más abajo hay otra masa insular hacia el sur y veo que abarca el sur de los Montes Apalaches y el oeste de Virginia. Hay tierra alrededor de Tennessee, las dos Carolinas, el norte de Georgia, Alabama y Kentucky. Toda esta zona es otra masa de tierra dividida por un estrecho. A ésta la separa del gran océano una enorme isla al sudoeste que es casi circular; está formada por Iowa, Missouri y Arkansas. También abarca parte del este de Oklahoma, Kansas y Nebraska. Omaha es un puerto marítimo. También es una gran ciudad.

D: ¿Y San Luis?
J: No la veo. Veo zonas de Missouri y Arkansas partidas en dos, según su actual ubicación en el siglo veinte. Lo que queda son los confines norteños de lo que sería el noroeste de Arkansas, el sudoeste de Missouri, y casi todo el oeste de Missouri. Iowa, partes de Minnesota, partes de las dos Dakotas, partes de Nebraska, Kansas y Oklahoma forman una isla tan grande que casi tienen la dimensión de un continente. Aquí es donde se concentrará la mayor parte del comercio del país porque será la mayor extensión de tierra rodeada por agua. Por encima de ella veo el noroeste del Pacífico y Alaska unidos como una sola masa

de tierra que se extiende hacia abajo hasta el norte de Colorado y en línea con las cadenas de montañas que atraviesan Colorado. Esa es otra zona que aparece como continente. La mayor parte de Texas está sumergida, pero una parte del este de Texas y el este de Oklahoma están unidas a la gran masa de tierra que constituye el Medio Oeste.

D: *¿Ha desaparecido el resto de Texas?*

J: La costa marina de Texas ha desaparecido y sólo su parte oriental parece seguir ahí. El norte de México parece ser sólo agua, pero las montañas de Atizona, Nuevo México y California forman parte de otra masa de tierra.

D: *¿Sigue ahí California?*

J: Partes de California sí, pero no la zona sur. Las regiones montañosas están ahí pero separadas de Nuevo México, Colorado y Utah por otro estrecho. Fuera de esa zona hay algunas islas que eran parte del sur de California donde las montañas son altas, pero son como islas de canal. Son más como santuarios de pájaros con escasos habitantes.

D: *¿Y qué me dices de Florida?*

J: Florida ha desaparecido.

D: *Entonces lo que ves es algo así como una serie de islas separadas por agua. ¿El río Mississippi forma parte del océano?*

J: Sí, así es. La principal masa de tierra se halla donde hoy están Missouri, Arkansas y partes de Kansas, de Nebraska y de Iowa.

D: *Puedo imaginar que habrá muchas ciudades destruidas. ¿Y Nueva York?*

J: Nueva York ha desaparecido. Omaha parece ser una ciudad muy grande, al igual que Knoxville, Tennessee, Harrison y Arkansas. Jefferson City en Missouri es una gran ciudad. Des Moines es el gran centro industrial y de comunicaciones. Muchos trabajadores de la red proceden de Des Moines y parte del norte de Iowa. Al norte de Iowa habrá una nueva ciudad que aún no tiene nombre, pero será un puerto marítimo.

D: *Tiene sentido que la tierra cercana a los Grandes Lagos y los grandes ríos y golfos sería la primera en inundarse cuando se produzca el cambio.*

J: Habrá un gran desplazamiento de agua cuando los continentes vuelvan a elevarse. Las islas Hawai desaparecen, como la mayor parte de Alaska; el cambio la ha convertido en una zona más tropical.

D: *¿Qué me dices de las partes del norte de Canadá?*
J: Es otra zona de islas. Son más tropicales porque el desplazamiento polar ha creado un clima más tropical.

Creo que si a nosotros nos interesaban tanto los cambios en nuestro continente, también a otros habitantes del mundo les interesaría saber cómo habían quedado sus propios continentes.

D: *¿Qué ocurre en Sudamérica?*
J: Sudamérica ha cambiado por completo. Su aspecto es el de una isla alargada que desde su extremo sur se extiende por todo lo largo hacia el norte hasta abarcar el conjunto de América Central. Todo eso tiene la forma de una hoja, pero de una hoja muy estrecha. No hay mucho terreno. Pero en el Cribe ha surgido una nueva tierra que se conecta con esto. Ahí hay gran cantidad de agua que la separa de las islas de del Norte. Da la impresión de que también el ecuador ha cambiado, porque gran parte de esta zona tendrá un clima muy moderado, aunque no tropical.

D: *Zonas de tierra nueva en el Caribe se han unido a Sudamérica. ¿Existen otras masas de tierra nueva?*
J: Sí. Hay nuevas masas de tierra del tamaño de continentes en medio de lo que eran los océanos Pacífico y Atlántico. Éstas se han elevado desde el fondo del mar. La nueva tierra en mitad del Atlántico está conectada con Groenlandia, creando un nuevo continente. El agua la separa de las islas que constituyen lo que fue Norteamérica.

D: *¿Puede él mostrarnos qué aspecto tendrán los continentes europeo y asiático después de ocurrir este cambio?*
J: Sí, me muestra el globo. La mayor parte de India y la península de Arabia parecen haber desaparecido pero hay grandes islas que forman Asia. Japón, Filipinas y toda esa zona del sudeste asiático han desaparecido, pero el interior de lo que era Rusia y China forman lo que parece una inmensa masa de tierra. Europa se ha esparcido. Está formada por islas que van desde el interior de lo que era España hasta Noruega. Estas zonas están abundantemente salpicadas de islas, casi como las que actualmente hay en la costa

de Grecia. Las dos nuevas grandes extensiones de tierra son las que están en el Pacífico y en el Atlántico.

D: ¿El agua separa Europa de lo que conocemos como Asia?

J: Sí. Parece haber mucha agua por su frontera oriental.

D: ¿Qué ocurre con Inglaterra?

J: La mayor parte de Inglaterra ha desaparecido, salvo una fracción de ella. Siempre ha sido una isla, pero no es tan grande como antes.

D: ¿Y el Mediterráneo?

J: Ha desaparecido. Todo es un océano hacia el sur. Italia ya no existe. Queda algo de su parte norte, pero básicamente Italia ha desaparecido. Sorprendentemente, la mayor parte de Grecia sigue intacta, pero ahora es una isla. Gran parte de Europa del este está ahí, excepto Polonia, que desapareció bajo el agua.

D: Y Suiza, Suecia...

J: Hay partes de Suiza, Suecia y Noruega, pero todas esparcidas como islas rodeadas de agua. Con todo, el agua no es muy profunda. Tiene una profundidad aproximada de entre sólo 15 y 30 metros, de modo que son como islas en un lago. Casi la totalidad de África ha desaparecido, de ella quedan sólo algunas islas de tamaño medio, la mayor parte hacia el oeste.

D: ¿Y la Antártida?

J: La Antártida es una masa de tierra que de algún modo parece estar conectada con Australia.

D: Tengo la impresión de que las zonas del mundo que ahora son montañosas son las únicas que permanecerán.

J: Sí, así parece. Porque cuando ocurra el cambio en la Tierra habrá nuevas masas de tierra en el Atlántico y en el Pacífico que desplazarán gran cantidad de agua.

D: ¿Podría él mostrarte donde estarán el ecuador y los nuevos polos después del cambio?

J: No es fácil de describir porque realmente se percibe una falta de equilibrio en comparación con nuestro mundo.

D: No importa. Creo que ya me has dicho bastante. ¿Has mencionado que cambiará el clima en todos estos países?

J: Sí. Los confines del norte serán tropicales. Lugares como Alaska y la Patagonia serán cálidos. En otros lugares el clima será moderado. No veo mucho clima frío ni casquetes polares.

D: *Entonces parece que Estados Unidos tendrá básicamente un clima moderado. ¿Es así?*

J: Sí, en su mayor parte el clima será moderado.

D: *Me alegro de tener una idea de cómo será el mundo en ese tiempo. Pero esto me plantea una duda. Él ve que vamos a tener cambios drásticos en la Tierra, y a pesar de ello, ve en nuestro futuro exploración y viajes espaciales. ¿Cómo avanzará nuestra tecnología después de semejantes desastres?*

J: Habrá mucha gente que llevará la nueva tecnología a estas zonas seguras.

D: *Pensaba que semejante cambio en la Tierra sería tan drástico que haría desaparecer todo lo que existe.*

J: Se realizarán muchos avances antes de que todo esto ocurra. El gobierno ya tiene lugares al noroeste donde se podrá continuar con la exploración espacial si se producen grandes cambios en la Tierra. Harán falta de 10 a 15 años para que la tecnología recupere el nivel que había alcanzado antes del cambio. Pero al mismo tiempo estaremos en contacto con extraterrestres. Dice que otros seres estarán allí para ayudar durante este periodo. Nos asistirán en el progreso tecnológico para la exploración espacial. Son un poco diferentes de nosotros, pero aún así son una parte de nosotros.

D: *Me parecía algo contradictorio que después de tan terribles catástrofes nos ocupáramos simultáneamente de la reconstrucción y del avance tecnológico. Pero él ve que otros seres nos ayudan a reconstruir el mundo después del Anticristo. Me temía que el cambio significaría el final de todo. Creí que él daba a entender que después de esto no quedaría ningún rastro de civilización porque sería muy traumático.*

J: Habrá reconstrucción y una sobria utilización de la tierra. No la explotaremos como lo hemos hecho en el pasado. Tengo la sensación de que Nostradamus nos está diciendo que no nos preocupemos por esto porque otros seres y otros guías desde todos los puntos del universo ayudarán a la gente que pase por estas transiciones. Percibo su deseo de tranquilizamos: "No os preocupéis. No os corresponde. Los guardianes vigilan el planeta". Y me muestra a un ser que tiene el aspecto de un ángel.

D: *Lo esencial es que podremos reconstruir nuestra civilización.*

J: Sí. Las ciudades serán mucho más agradables. Estarán más limpias. No veo coches ni esa clase de vehículos.

D: Bien, yo quería descubrir la suerte del Anticristo porque todo el tiempo que hemos trabajado en estas cuartetas nos hemos preguntado qué le ocurriría. Imagino que haría falta algo de esa magnitud para detenerle.

J: Él intenta controlar el espíritu mismo de la Tierra y ella se rebela. Así que en su destrucción él es aniquilado.

Al contemplar un mapa irreconocible puedo valorar lo difícil que fue para John obtener este tipo de información. Más tarde decidimos que un artista tratara de dibujar un mapa con esta versión del mundo. Esto se explica en el capítulo 28, "El trazado del mapa".

PODRÍA SER RELEVANTE VOLVER una vez más al libro del Apocalipsis en la Biblia y observar cómo parece ajustarse a esta predicción. El lector debe recordar que este libro bíblico está lleno de referencias simbólicas y debe interpretarse del mismo modo que las cuartetas. El capítulo 16 del Apocalipsis narra cómo los siete ángeles derraman sobre la Tierra las últimas siete plagas.

Apocalipsis 16:2-20: El primero fue y derramó su copa sobre la tierra; y sobrevino una úlcera maligna y perniciosa a los hombres que llevaban la marca de la Bestia y adoraban su imagen. El segundo derramó su copa sobre el mar; y se convirtió en sangre como de muerto, y toda alma viviente murió en el mar. El tercero derramó su copa sobre los ríos y sobre los manantiales de agua; y se convirtieron en sangre El cuarto derramó su copa sobre el sol; y le fue encomendado abrasar a los hombres con fuego, y los hombres fueron abrasados con un calor abrasador. No obstante, blasfemaron del nombre de Dios. El quinto derramó su copa sobre el trono de la bestia; y quedó su reino en tinieblas y los hombres se mordían la lengua de dolor. No obstante, blasfemaron del Dios del cielo por sus dolores y por sus llagas, y no se arrepintieron de sus obras. El sexto derramó su copa sobre el gran río Éufrates; y sus aguas se secaron para preparar el camino a los reyes del Oriente. Y vi que de la boca Dragón, de la boca de la Bestia y de la boca del falso profeta, salían tres espíritus inmundos como ranas. Son espíritus de demonios, que realizan señales y van donde los reyes de todo el mundo para convocarlos a la gran batalla del Gran Día del Dios Todopoderoso. Mira que vengo como ladrón. Dichoso el que esté en vela y conserve sus vestidos, para no andar desnudo y que se vean sus vergüenzas. Los convocaron en el lugar llamado en hebreo Armagedón. El séptimo derramó su copa sobre el aire; entonces salió del santuario del cielo una fuerte voz que decía: Hecho está. Se escucharon voces, se produjeron relámpagos, fragor, truenos y un violento terremoto, como no lo hubo desde que existen hombres sobre la tierra, un terremoto tan violento. La gran ciudad se abrió en tres partes, y las ciudades de las naciones se desplomaron. Entonces todas las islas huyeron, y las montañas desparecieron.

Capítulo 18

El niño Herido

Una vez traducidas las cuartetas que contenían datos astrológicos, yo quería continuar. Pregunté si esto era posible; expliqué: "Tenemos el libro de cuartetas que él publicó hace muchos años y nos gustaría trabajar en su traducción, si él está dispuesto a continuar con ese trabajo".

John comentó: "Sí que lo está. En este momento se sienta en una silla y me invita a sentarme en una banqueta. Dice: 'Haremos algunas. No te preocupes'".

Expuse el procedimiento que había utilizado con Brenda. Primero yo leía la cuarteta y después él me daba la interpretación. Él había mencionado que no quería perder tiempo con cuartetas que hablaran de un pasado distante desde nuestro punto de vista. Quería concentrarse en las que afectaban nuestro presente y futuro. Ésas eran más importantes. Yo quería saber si le parecía bien seguir el mismo procedimiento.

John: Tú sólo lee la cuarteta y él te dirá dónde ponerla.

Decidí continuar con la lectura de las cuartetas en el punto en el que había quedado con Brenda, en lugar de escoger algunas al azar.

En los siguientes capítulos, las cuartetas no aparecerán en orden cronológico puesto que los hechos que se producían en cada sesión me persuadieron de dejar intactas las sesiones. Sólo se eliminaron las cuartetas correspondientes a acontecimientos lejanos que Nostradamus pensó que no nos concernían.

CENTURIA III-40

Le grand theatre se viendra se redresser,
Les des jettez & les rets ja tendus:
Trop le premier en glaz viendra lasser,
Par ares prostrais de long temps ja fendus.

El gran teatro se levantará de nuevo, echados los dados y las redes ya lanzadas. El grande que ve acercarse su fin estará demasiado agotado, destruido por arcos hace mucho tiempo rotos.

J: La frase "el teatro que se levanta de nuevo" no se refiere a un teatro con gente en escena sino más bien un teatro parecido a las arenas romanas con gladiadores. Está escribiendo. Acaba de anotar todo eso y ahora me muestra esta imagen. Se asemeja a nuestros estadios de fútbol o a un coliseo, sólo que a la gente se la ve realmente excitada. Tienen motocicletas y toda clase de vehículos distintos, y luchan montados en ellos.

Dolores: ¿Está en nuestro futuro?

J: Ocurre en este momento. La gente se lesiona, pero no van allí para eso. Me muestra imágenes de pistas de carreras. La excitación de la multitud que observa los desastres que a veces ocurren en las pistas de carreras, arrastre de tractores y competencias demoledoras, se revive como en el antiguo teatro. Es como el populacho romano. Pide que leas la última parte de la cuarteta.

D: *"Echados los dados y las redes ya lanzadas".*

J: Piensa en la cantidad de dinero que se gasta y se apuesta hoy en día. Es como la resurrección de los antiguos juegos romanos de gladiadores, salvo que no intervienen gladiadores que se matan entre sí, sino vehículos. Dice que se apuesta y se pierde mucho dinero.

D: La última línea era: *"El grande que ve acercarse su fin estará demasiado agotado. Destruido par arcos hace mucho tiempo rotos".*

J: Esto se relaciona con la manera en que la gente percibirá la religión. Será el principio del fin de la mayor parte de las religiones de tu tiempo a medida que nace una mayor luz y comprensión. Dice que esta cuarteta tiene una conexión metafórica. En su tiempo adoraban a Jesús en la cruz. Dice que este símbolo no se usará en el futuro porque se considerará demasiado aterrador. La gente creerá que es bárbaro y pagano contemplar el sufrimiento y la muerte. Este símbolo no se usará en las religiones del futuro porque es negativo. Representa muerte, destrucción, dolor y desesperación cuando espiritualmente todos somos eternos. Así que esta cuarteta representa la muerte de la imagen de la crucifixión. Es el final de la adoración de la cruz, y especialmente de Jesús en la cruz.

D: *En eso estoy de acuerdo con él. Pero ¿por qué están unidas esas dos cosas en una cuarteta? ¿Hay alguna conexión entre ellas?*

J: Sí, existe una gran conexión si reflexionas en ello. La religión se ha convertido en parte de las masas y lo que las masas quieren es entretenimiento, al igual que hacían en Roma. Es una imagen de nuestro mundo tal como es ahora. La gente aún no ha aprendido que sólo crecemos espiritualmente de forma individual, y para descubrir el propio sentido de la existencia tenemos que volver la mirada a nuestro interior.

CENTURIA III-41

Bossu sera esleu par le conseil,
Plus hideux monstre en terre n'apperceu,
Le coup voulant crevera l'aeil,
Le traitre au Roí pour fidelle reçu.

El jorobado será elegido por el consejo, nunca se había visto sobre la tierra un monstruo tan repugnante. El disparo deliberado le perforará el ojo, el traidor a quien el rey recibió como leal.

J: Dice que esta cuarteta se refiere al último Papa. Realmente no es jorobado pero tiene un defecto físico por la curvatura de la columna y en ambas piernas.

D: *¿De modo que esta cuarteta se refiere a su deformidad?*

J: Correcto. Se alineará con los materialistas de su tiempo y aparentemente engañará a Europa.

D: *¿Qué significa: "el disparo deliberado le perforará el ojo. El traidor a quien el rey recibió como leal"?*

J: Él intenta mostrarme una imagen de algo. Parece que es el Papa en una visita de estado. Lo que ocurre es que un disparo destinado a él en realidad mata a un rey, un presidente o alguien en una posición de poder.

D: ¿El disparo iba dirigido a este Papa?

J: Sí. Tenían intención de matarle pero el que resultó muerto fue un alto cargo de gobierno, un presidente o gobernante.

CENTURIA III-42

L'enfant naistra a deux dents en la gorge,
Pierres en Tuscie par pluie tomberont:
Peu d'ans apres ne sera bled ni orge,
Pour saouler ceux qui de faim failliront.

El niño nacerá con dos dientes en la boca; caerán piedras como lluvia en la Toscana. Pocos años después no habrá ni trigo ni cebada para saciar a los debilitados por el hambre.

J: Él describe esto como una hambruna de proporciones mundiales. Los niños nacerán hambrientos, dispuestos a comer pero no tendrán alimento. Ése es el simbolismo de los "dos dientes en la boca". Dice que en su tiempo la Toscana era un centro agrícola muy importante. Veo muchas granjas, viñedos y huertos, pero todo está completamente seco. Los campos están como quemados por el sol. Esto representa hambruna mundial.

D: Dice: "caerán piedras como lluvia".

J: Me transmite imágenes de tormentas de granizo que destruyen zonas productoras de alimentos en Estados Unidos, Rusia, Europa, Centroamérica y Australia. Él habla de cambios climáticos mundiales.

D: ¿Puede decirnos cuándo ocurrirá esto?

J: Responde: "Muy pronto en vuestro tiempo".

D: ¿Será antes de que el Anticristo llegue al poder?

J: Sí. Es una de las herramientas que usará el Anticristo.

Toscana es una región del norte de Italia. En la actualidad esta zona sigue siendo predominantemente agrícola y su productividad es elevada porque casi la totalidad de su terreno es fértil. Nostradamus la utiliza aquí como símbolo de productividad y no para singularizar esa zona como tema central de la cuarteta.

CENTURIA III-44

Quand l'animal á l'homme domestique, *Apres grands peines & sauts viendra parler,* *De fouldre vierge sera si malefique,* *De terre prinse & suspendue en l'air.*	Cuando el animal domesticado por el hombre aprenda con gran esfuerzo y dificultad a hablar, el rayo tan nocivo para el cetro será alejado de la tierra y suspendido en el aire.

J: Me muestra la imagen de un laboratorio donde hay monos, gorilas y otros primates. Veo científicos que los enseñan a hablar... (sorprendido) ¿hablar? ¡Sí, a hablar! Pero no con la boca sino con las manos mediante el lenguaje de signos. Esto representa un progreso en la tecnología humana. Él me muestra cosas que ocurren ahora en nuestro tiempo y la forma en que los científicos han podido desarrollar misiles, satélites y cohetes. A eso se refiere la cuarteta. El hecho de que los científicos enseñen a los primates a hablar y a comunicarse representa en cierto modo un avance espiritual. La cuarteta también simboliza lo que llamaríamos avance tecnológico.

D: *¿Qué significa la última parte: "El rayo tan nocivo para el cetro será alejado de la tierra y suspendido en el aire"?*

J: Su aspecto es el de un rayo láser. Así lo llamaríamos nosotros. Obviamente él no tiene ni idea de lo que es el láser porque para él es como un relámpago. Él ve cierto tipo de aparatos militares de rayos láser y cómo los emplean en la Tierra para suministrar energía a diferentes zonas. Así que esto también representa avance tecnológico.

D: *Los traductores dicen que esta cuarteta se refiere a las comunicaciones inalámbricas y a la electricidad.*

J: (Risas) Dice: "Ah, no, no es eso. La mujer que escribió ese libro se basaba en pura especulación". No, él me muestra una escena de laboratorio donde los animales se comunican con sus guardianes con el lenguaje de signos. Asegura que esto es muy importante porque representa un avance espiritual. Tú sabes que en su día perseguían y mataban a los animales porque los consideraban peligrosos. Así que para él esto es un avance maravilloso.

D: *¿Quieres decir que se consideraba peligroso a este tipo de animal?*
J: Tenían algunos monos, pero no muchos. Por lo general sentían desdén por los animales. Y ahora, esta cuarteta representa que el hombre actual desea entender el reino animal e intenta comunicarse con él.
D: *Sé que en su tiempo usaban a los animales como bestias de carga.*
J: Sí. Dice que la gente golpea y maltrata a los animales. Y en esta visión él vio que ahora la gente trata de entenderlos.
D: *Es más fácil entender esta cuarteta cuando la vemos desde su perspectiva.*

Esto parecía como una extraña predicción, pero cuando empecé mi investigación descubrí que ya había ocurrido en nuestro tiempo. En el número de octubre de 1978 de *National Geographic* se habla de algunos de los avances realizados en la comunicación con primates. En los años 60 Keith y Cathy Rayes trabajaron con un chimpancé durante seis años y consiguieron enseñarle a pronunciar oralmente varias palabras. Tiempo después, R. Allen y Beatrice Gardner descubrieron que la dificultad que tienen los chimpancés para adquirir lenguaje no se debía a una falta de inteligencia sino a su incapacidad para controlar labios y lengua. Luego decidieron intentar enseñarles el lenguaje americano de signos (AMESLAN) usado por los sordos americanos. Con increíble paciencia consiguieron enseñar a un chimpancé a comunicarse de forma efectiva con el lenguaje de signos. En 1972 Francine Patterson de la Universidad de Stanford en California1 inició un proyecto similar con un gorila. Los científicos quedaron sorprendidos al descubrir que el gorila era más tranquilo y más reflexivo en la comunicación que el chimpancé. Los simios no sólo son capaces de conversar usando el lenguaje de signos, sino que ahora usan ordenadores con sintetizadores de voz. Todo esto era sumamente inesperado y bastante sobrecogedor porque, según todos los conceptos admitidos de la naturaleza animal y humana, los simios no eran capaces de hacer algo así. Tradicionalmente1 semejante conducta se consideraba exclusivamente humana. Podría parecer que Nostradamus estaba en lo cierto al definir esto como un tremendo salto adelante en la relación del hombre con el mundo animal.

CENTURIA III-45

Les cinq estranges entrez dedans le temple
Leur sang viendra la terre prophaner
Aux Tholousains sera bien dur example,
D'un qui viendra les lois exterminer.

Los cinco extranjeros entraron en el templo; su sangre profanará la tierra. El ejemplar castigo a los de Toulouse será muy duro, impuesto por el hombre que viene a suprimir sus leyes.

J: Esto se refiere a un templo judío que se construye en Israel. Los fanáticos musulmanes intentarán profanarlo porque lo construirán en uno de sus lugares sagrados. Dice que esto ocurrirá en los años 90 después de un terremoto que afecta a Tierra Santa. Durante el terremoto, el Templo de la Cúpula de la Roca, que es la mezquita o templo musulmán, quedará destruido. Como resultado se construirá un nuevo templo judío. Y dado que se construye en el lugar de su mezquita sagrada, fanáticos musulmanes disfrazados de judíos profanarán el templo y en su interior cometerán un suicidio ritual. Él afirma que ésta será una señal del avance del Anticristo en el mundo árabe. Será el grito de guerra que llevará a la batalla de Armagedón.

D: ¿Es éste uno de los terremotos que se produce durante el tiempo de tensiones?

J: El terremoto ocurrirá antes de eso. Luego reconstruirán el templo. Será una hermosa réplica del antiguo templo de Salomón porque la mezquita estaba sobre el lugar original del templo de Salomón. Se construirá con gran rapidez y los árabes no tendrán oportunidad de recuperar su lugar sagrado. Cuando lo terminen, la sangre de los infieles lo profanará. Los judíos serán considerados infieles. A su vez, esto es como un rayo de esperanza para el mundo árabe y para el liderazgo del Anticristo que en ese tiempo será muy activo en el mundo árabe.

D: *¿Es éste "el hombre que viene a suprimir sus leyes"?*

J: Eso también se refiere al ejército israelí en lucha contra las fuerzas del Anticristo.

D: *Los traductores dicen que se refiere a la batalla de Toulouse en 1800.*

J: Bueno, Toulouse es otra forma de nombrar a los franceses que se implicarán en esto.

D: *¿Es lo que significa "el ejemplar castigo a los de Toulouse"?*

J: En su tiempo los de Toulouse también fueron herejes y tiene relación con eso. Dice que en nuestro tiempo nosotros ya no usamos la palabra "hereje", pero él sí. Ésta es una comarca francesa próxima a donde él vive y era el centro de... (John tiene dificultad con la siguiente palabra. Para él era desconocida.) ¿Albaneses? Albi- no sé qué. Dice que la iglesia persiguió a esta gente. La conexión es que estos otros serán fanáticos, se hacen pasar por turistas judíos de Francia que acuden a la dedicación del templo. Pero no lo son; son árabes y musulmanes que cometen un suicidio ritual en las escalinatas del templo para profanarlo.

D: *Me doy cuenta que cuando él usa la expresión "los de Toulouse", en realidad quiere decir "herejes". Es un significado de su tiempo.*

J: Sí. Dice que en su tiempo Toulouse era un centro de prácticas heréticas contra la iglesia.

D: *Los intérpretes ni siquiera se acercaron a esa definición porque es algo que desconocían.*

No me sorprendió descubrir en mi investigación que Nostradamus estaba en lo cierto en sus observaciones sobre Toulouse. La ciudad se encuentra al sudoeste de Francia, y es muy posible que estuviera cerca de él porque una vez mencionó que vivía al sur de Francia, muy lejos de París.

A comienzos del siglo doce, los Condes de Toulouse tenían tanto poder que controlaban la mayor parte del sur de Francia. Durante ese tiempo se produjo la rebelión Albigense contra la Iglesia de Roma. (Albigenses es al parecer la palabra que a John le costaba identificar.) El Conde de Toulouse apoyaba esta rebelión y a consecuencia de esto la ciudad fue sitiada en 1211. Más tarde se convirtió en capital de la real provincia de Languedoc, y en 1302 se fundó la sede del

Parlamento (Tribunal) de Toulouse. Este tribunal adquirió fama por las severas medidas contra los herejes religiosos.

Era obvio que esta información no surgía de ninguna de las mentes de los participantes en este experimento. Para Nostradamus tenía una gran importancia porque era parte de la historia de la zona en la que vivía, y por lo tanto la utilizó como simbolismo. Por esta misma razón esta traducción nunca se le habría ocurrido a ninguno de los otros intérpretes - era demasiado oscura. Una vez más se demuestra que la única forma de entender la complejidad de sus predicciones es conocer cómo funcionaba su mente durante su vida y darse cuenta de que él usaba elementos que le eran conocidos. La historia y la filosofía eran muy importantes para él.

Mientras se preparaba este libro para su publicación, aparecieron artículos en el periódico en mayo de 1989 que parecían encajar en esta cuarteta. En ellos se decía que un grupo de rabinos israelíes esperaban reconstruir el antiguo Templo judío en Jerusalén donde ahora están las mezquitas islámicas. Cito textualmente:

"El plano situaría el altar del Templo en lo que algunos judíos ultra-religiosos afirman que es su lugar histórico. El lugar donde hoy se encuentra la dorada Cúpula de la Roca es un punto de referencia en Jerusalén y uno de los lugares más santos del Islam. La reivindicación aparentemente irreconciliable hecha por árabes y judíos de ese lugar, conocido para los judíos como el Monte del Templo y para los árabes como Haram Al Sharif o 'Noble Recinto', es uno de los temas más efervescentes del conflicto árabe- israelí.

Cualquier intento de Israel de reclamarlo ciertamente reactivaría las tensiones en todo el mundo islámico. El gobierno no apoya el plan de los rabinos de reconstruir el Templo.

Los 50 rabinos y artesanos del Instituto del Templo han hecho naves del Templo y elaborado por ordenador el plano del recinto sagrado, como preparación para su reconstrucción en el lugar donde estuvo hasta el año 70 a.C. cuando fue destruido por los romanos.

En los siglos transcurridos desde la destrucción del Templo, la plataforma rectangular de 14,16 hectáreas se ha convertido en un lugar sagrado islámico que marca el punto en el que se dice que el profeta Mahoma ascendió al cielo. Abarca la Cúpula de la Roca y las mezquitas de Al Aqsa -consideradas los más sagrados lugares de culto después de la Meca y Medina."

El grupo en cuestión se dedica a recuperar el control israelí del lugar y han reunido más de 200,000 dólares, principalmente de judíos estadounidenses, para financiar el proyecto. También han prometido ayudar a los musulmanes a trasladar las dos mezquitas a la Meca y reconstruirlas allí.

Así que, una vez más, Nostradamus parecía haber visto un posible resultado que implicaba un tema con fuerte carga emocional entre dos religiones importantes. También parecía probable que pudiera construirse un templo en un lugar tan controvertido.

CENTURIA III-46

Le ciel (de Plancus le cité) nous presage,
Par clers insignes & par estoilles fixes:
Que de son change subit s'aproche l'aage,
Ne pour son bien ne pour ses malefices.

Los cielos anuncian sobre la ciudad de Lyon por medio de cielos claros y estrellas fijas, que de pronto se acerca el tiempo de cambio, mas no por su buena o mala fortuna.

J: Esta cuarteta representa la destrucción de la ciudad de Lyon durante el cambio en la Tierra. Dice que está predestinado. Los astrólogos sabrán que el cambio es inminente, pero en este tiempo muchos lugares no se salvarán. (Con desánimo) Él está triste porque a lo largo de su vida tiene un fuerte vínculo con Lyon, y como dice él, su amada Lyon desaparecerá.

Debe de haberle afligido mucho ver la destrucción de un lugar al que estaba emocionalmente vinculado y no poder hacer nada, ni siquiera por el conocimiento derivado de su visión.

J: Imagino que Lyon es una de sus ciudades favoritas. Tengo la impresión que fue donde se educó. (Repentinamente) Alguien toca a la puerta.

No entendí. Pensé que John quería decir que alguien tocaba a la puerta del apartamento. Normalmente no suelen molestarle los ruidos porque él estaba

completamente apartado de nuestro mundo. Miré a los demás en la habitación. Se encogieron de hombros. No había nada que perturbara nuestro espacio temporal, de modo que continué.

D: *En el francés original, en vez de Lyon, él lo llama "Plancus". Los intérpretes dijeron que significaba lo mismo, "llamado así tras la fundación de Lyon por Lucius Munatius Plancus en el año 43 a.C.," ¿Tiene sentido para él?*
J: Dice que Lyon fue una antigua ciudad romana. En una época fue la capital romana de su provincia.

De nuevo la investigación lo confirma. Esa ciudad fue la capital de los Segusianos, una tribu gálica anterior al César. Fue ocupada por Munatius Plancus en el 43 a.C., y se convirtió en el centro del gobierno político de la Galia por su situación geográfica. Ésta era historia local que sólo tendría importancia para Nostradamus, pero al menos los traductores pudieron descubrir que Plancus se refería a Lyon.

J: Esta cuarteta también se refiere al liderazgo del Papa francés durante el tiempo del Anticristo porque también él tendrá una conexión con Lyon.
D: *¿En qué sentido se refiere a él?*
J: Dice que procederá de Lyon, y la ciudad será muy importante para este Papa francés. (Bruscamente) Se oye de nuevo que alguien toca a la puerta. Una sirvienta entra en este momento y él me dice que vuelva al espejo porque le llegan clientes.
D: *¿Entonces no podrá seguir hablando con nosotros?*
J: No. Dice: Te ruego que vuelvas en otro momento". Tiene que hacer una cirugía. La criada le pregunta qué necesita. La clase de agua que hace falta hervir y qué cuchillas tiene. A él le disgusta hacer cirugías. Pero este niño tiene el pie destrozado y por el aspecto que ofrece, será necesario amputar. Tiene mala traza. Él sale de la habitación y pasa al otro estudio. Yo no puedo entrar pero puedo

observar por la puerta abierta. Ahora vuelve y me dice que debo marcharme.

D: ¿La criada llamó a la puerta o sólo entró?

J: Llamó a la puerta y luego entró. A él le molestó un poco, pero el niño necesita atención inmediata. Es una urgencia. Vuelve a toda prisa a la otra habitación y sostiene el pie del niño en el aire. Le grita a todo el mundo para que traigan esto y lo otro. Creo que es el momento de marcharme. Estoy en el espejo.

D: Cuando nos pide que nos vayamos, debemos obedecer sus órdenes. Eso es muy importante. No quiero molestarle de ningún modo.

J: Estoy fuera. Él fue amable. Sólo que ocurrió muy deprisa.

D: Bueno, no sabía que esto iba a ocurrir.

J: No. Él disfrutaba de nuestra visita. No se dio cuenta de lo que ocurría hasta que todo un grupo de gente entró de repente con el niño. Había cuatro o cinco personas, su esposa y su criada, y otros dos hombres. Todos estaban en la habitación. El niño con el pie que parecía completamente destrozado. Él me dijo: #Tienes que irte".

D: Has dicho que no le gusta realizar cirugías.

J: No le gusta hacerlas, pero ha tenido que atender esto. Sostuvo en el aire el pie del niño, supongo que para detener la hemorragia. Luego pidió a la criada que hirviera agua y a su mujer que se ocupara de sus cuchillas. Daba órdenes a todo el mundo para hacer diferentes cosas y el niño sangraba y gritaba al mismo tiempo. Él gritaba con fuerza. Una situación realmente urgente. Así que dijo: "Por favor, dejemos esto por ahora": En este momento he salido del espejo y he vuelto a la sala del Tapiz.

D: Creo que hicimos muy bien. Pudimos empezar la traducción desde tu -perspectiva.

J: (Se estremeció.) La situación era de auténtico pánico.

D: No hay otra alternativa cuando algo así ocurre. De todos modos, con todo ese alboroto creo que no se habrían dado cuenta de tu presencia.

J: No, nadie se percató de mi presencia, pero él tomaba nota de lo que leía en mi mente y de lo que yo le decía. Me comunicaba con él telepáticamente y él escribía mientras yo hablaba. Ahora estoy de nuevo en la Sala del Tapiz con el guardián y él dice: "¡Ah! Ya veo por qué te has ido". Él puede ver el acontecimiento.

D: *Vaya, el guardián sabe por qué no nos quedamos tanto como queríamos.*
J: Nostradamus ya está fuera de mi campo de visión.
D: *Nuestra intención es respetar sus deseos porque entramos inesperadamente en su vida en distintos momentos. Así que queremos tener cuidado de no interferir.*

Capítulo 19

Un Poco de Vino Malo

En esta sesión llegamos antes que Nostradamus.

John: Ahora entra en el estudio y se sienta. Sabe que estoy en la habitación y dice: "Ve al espejo". Cuando aparezco en el espejo, me reconoce; se alegra de verme.
Dolores: Supongo que primero percibe una presencia en la habitación pero no sabe quién es.
J: Eso es, siente una presencia. Dice: "La mayoría cree que soy un nigromante, y que invoco a los espíritus de los muertos, pero no lo soy. Sé que vuestros espíritus son eternos".
D: ¿Luego él realmente no sabe qué espíritu es hasta que apareces en el espejo?
J: Sí, es verdad, porque en este espejo también aparecen los rostros de otras personas.
D: ¿Sabe él que somos personas vivas de nuestro tiempo y que hablamos con él desde el futuro?
J: Ha tenido un vislumbre de lo que es nuestra vida, pero es tan diferente de la suya que le parece algo casi maravilloso.
D: Pero él sabe que no habla con los muertos.
J: No. Entiende el concepto de espiritualidad. Sabe que es verdad que no existe lo que llamamos muerte.
D: ¿Sabe que estamos vivos en nuestro tiempo y hacemos experimentos para contactar con él?
J: Lo entiende.
D: Por lo tanto, tenemos las mismas limitaciones que él.

Abrí el libro para continuar con las cuartetas. Decidí ordenar las interpretaciones de John, no cronológicamente como había hecho con las de Brenda, sino dejarlas tal como habían surgido. Cuando contactamos con Nostradamus a través de Brenda solíamos encontramos en un brumoso lugar especial de encuentro que aparentemente se hallaba en otra dimensión. Por lo tanto, no había por nuestra parte una implicación personal con él. Si él se veía en la necesidad de alejarse o interrumpir la comunicación nunca sabíamos la razón. Pero cuando trabajamos a través de John, en cada visita que le hacíamos nos veíamos implicados en una pequeña porción de su vida. Si yo sacara de su contexto las traducciones, perderían el impacto que estas visitas tenían en nosotros.

CENTURIA III-47

Le vieux monarque dechassé de son regne
Aux Orients son secours ira querre:
Pour peur des croix ployera son enseigne,
En Mitylene ira par port & par terre.

El viejo rey expulsado de su mundo irá a buscar la ayuda de los pueblos del Este: por temor a las cruces plegará su bandera; viajará a Mitilene por tierra y mar.

J: Dice que esta cuarteta describe al Sha de Irán y el derrocamiento de su gobierno. Es importante darse cuenta de que cualquier tipo de fascismo fundamentalista tendrá impacto en la gente.

Nostradamus nos había dicho a través de Brenda que si la cuarteta predecía acontecimientos ocurridos en nuestro pasado prefería no detenerse demasiado en su significado para centrarse en las que eran relevantes para nuestro futuro inmediato. Insistía en esto con énfasis y repitió las mismas instrucciones a través de John. Él decidiría las que fueran importantes para un conocimiento más amplio por nuestra parte.

La interpretación de la siguiente cuarteta me pareció tan controvertida que tuve muchas dudas sobre si debía o no incluirla. Le prometí a Nostradamus que sería todo lo fiel que me fuera posible a sus interpretaciones y que personalmente no las censuraría. Así que decidí incluirla, aunque no esté en la línea de mis creencias, y espero que no se cumpla.

CENTURIA III-48

Sept cens captifs estachez rudemente
Pour la moitié meurtrir, donné le sort:
Le proche espoir viendra si promptement,
Mais non si tost qu'une quinziesme mort.

Setecientos cautivos toscamente atados, la suerte está echada para matar a la mitad; súbita esperanza vendrá con mucha rapidez, pero no lo bastante para unos quince muertos.

J: Quiere que la leas de nuevo. Está tomando notas.
D: *(Risas) Lo he sospechado a menudo. (La repetí.)*
J: Dice que esta cuarteta se refiere a la crisis del sida. Me muestra en el espejo muchas imágenes diferentes que describen cómo empezó la enfermedad. Son imágenes de monos en los árboles en África. El mordisco de un mono extendió una infección que es mutación de cierto tipo de enfermedad entre los monos. Veo que una mujer es mordida. Esto a ella no le preocupó porque viven en el campo. La enfermedad mutó, cambió en su interior, y poco después ella murió. Se parece a la rabia. Ella lo transmitió a su esposo por vía sexual. Él también murió, pero antes lo extendió también por vía sexual a otras personas. Es una gran reacción en cadena. Luego veo a personas en una fila que esperan recibir dinero por su sangre y plasma. Acuden a una unidad móvil en África. Veo laboratorios. Esta sangre se utiliza en productos biológicos, como medicamentos, y la enfermedad ha pasado a estos productos. No fue tanto por la sangre sino por el plasma y los instrumentos no esterilizados. Así se extendió. Él me muestra ahora cómo afecta al sistema endocrino. Se convertirá en una enfermedad mundial que seguirá extendiéndose. Luego veo muchos centros en Estados Unidos donde se ha implantado entre la gente.
D: *¿Qué quieres decir?*

J: Veo a gente con la que se hacen pruebas... ¡Aah! No me gusta lo que veo.

D: *¿Te importaría hablar de ello?*

J: Bueno, veo gente que está en centros experimentales, y les inyectan drogas para estudiar sus reacciones. Veo que a un hombre de aspecto muy afeminado le aplican la droga. Éste a su vez recibe el pago por este experimento y se va a celebrarlo. Se lo pasa bien y extiende la enfermedad. ¡Le han contagiado la enfermedad! Inocularon a setecientas personas con un producto químico... o tuvieron una reacción química. Y desde entonces, este grupo base de 700 personas entró en contacto con otros y ha extendido la enfermedad hasta que ésta se convierte en epidemia.

D: *Por eso él escribió: "Setecientos cautivos toscamente atados, la suerte está echada para matar a la mitad". ¿Quiere explicar lo que significa "inocularon"? ¿Quién las inoculó?*

J: (En voz baja y vacilante.) Tu propio gobierno, dice él.

Esta inesperada respuesta me dejó estupefacta.

D: *¿Puede él decir por qué harían esto?*

J: Dice que repares en la intolerancia religiosa.

D: *Eso sería muy drástico.*

J: Está de acuerdo contigo.

D: *¿No sabían que podría extenderse?*

J: Todos eran voluntarios pagados que se prestaron al experimento con un nuevo producto químico que creían que serviría para tratar la hepatitis, y lo cierto es que el experimento se les fue de las manos. El gobierno creyó poder contenerlo.

D: *¿Lograrán algún día médicos y científicos encontrar la cura para el sida?*

J: Será muy difícil puesto que la ciencia creó e hibridizó esta enfermedad. Ahora veo imágenes que vuelven a la mordedura del mono y a la sangre utilizada en investigación científica. Ellos mutaron la enfermedad y la inyectaron a otra gente. "Quince muertos" es un anagrama para 15 años. Dice que pasarán quince años desde el primer caso hasta que se encuentra la cura. Para entonces será comparable a la plaga de su tiempo. Matará a mucha gente. ¡Esto es terrible! ¡Es un genocidio! Se les ha ido de las

manos y por eso afecta a más gente. Se supone que no debía extenderse; sólo debía afectar a determinados grupos de personas.
D: Trato de entender esto. ¿Se hizo con el pretexto de inocular a la gente de hepatitis o en realidad les inocularon otro virus?
J: Se les inoculó con químicos como voluntarios pagados y las reacciones químicas les hicieron vulnerables a la enfermedad.
D: ¿Era consciente el gobierno de que iba a tener este efecto?
J: (Bajando la voz) Sí, el gobierno lo sabía. Lo planificaron desde el principio.
D: Creí que habías dicho que fue un accidente.
J: Me parece que no hace falta hablar más de esto.

Su tono de voz me inquietó y pensé que era mejor no seguir adelante.

D: De acuerdo. Es un tema delicado en nuestro tiempo. No volveré a mencionarlo. ¿Qué opina él?
J: Esta información será del dominio público antes de que este libro aparezca.

Me preocupó mucho esta información y quise pasar a la siguiente cuarteta. En este trabajo con el gran vidente, era frecuente escuchar cosas que yo hubiera preferido seguir ignorando.

Esta interpretación con sus violentas acusaciones contra nuestro propio gobierno parecía demasiado espantosa de imaginar hasta que casualmente la mencioné a un grupo de gente. Un joven dijo que, después de todo, tal vez no era una idea tan descabellada. Me mostró un artículo de la revista Wildfire de 1989 que parecía confirmar todo lo que Nostradamus le había revelado a John.

El artículo era un compendio extraído de un libro publicado en 1988: AIDS and the Doctors of Death: An Inquiry into the Origin of the AIDS Epidemic (El SIDA y los doctores de la muerte: Investigación del origen de la epidemia del sida) por el Dr. Alan Cantwell, Jr. Se le considera un experto en el campo microbiológico del cáncer y del sida. En su anterior libro, AIDS: The Mystery and the Solution (SIDA: Misterio y solución) mostraba su convicción de que el sida era simplemente una forma altamente agresiva de cáncer. Cambió de opinión cuando descubrió la investigación del Dr. Robert

Strecker. Ahora está convencido de que el virus del sida y la epidemia no fueron accidentes de la naturaleza, sino el resultado de la manipulación genética de un virus que fue propagado deliberadamente. Él cree que la enfermedad fue creada mediante la división o mezcla de dos virus diferentes, que, introducidos en seres humanos, eran capaces de producir una enfermedad "nueva". En su libro menciona las pruebas experimentales de una vacuna para la hepatitis B iniciadas en Nueva York a finales de los años 70 en las que se utilizaron a hombres homosexuales como voluntarios. Él comentó que la vacuna comercial era segura, pero se trataba de una vacuna experimental y no estaba destinada al público general. Strecker dijo que no era coincidencia que los primeros casos de sida en Estados Unidos se descubrieran en Manhattan inmediatamente después de sus experimentos. Ya en los años 80, a medida que se realizaban pruebas experimentales en otras ciudades, poco después aparecían también nuevos casos. Cuando aumentó el número de casos, los médicos se percataron de que se hallaban ante una nueva enfermedad fatal. En su libro, el Dr. Cantwell presenta pruebas de que el nuevo virus de sida no existía en América antes de 1978 cuando empezaron los experimentos.

El Dr. Cantwell dice que a Robert Gallo sugirió la hipótesis de que el virus se había originado en África central en los monos verdes africanos. La historia cuenta que la "especie resultante" del virus del sida de los monos se introdujo en la población negra africana y luego se extendió a Haití. Se supone que de ahí se extendió a Nueva York por homosexuales que habían tenido contacto con hombres infectados en Haití.

El Dr. Cantwell manifestó que le había inquietado la idea de que un virus pudiese atacar sólo a hombres homosexuales. Biológicamente era imposible que ocurriese tal cosa, y sin embargo ocurrió. Esto le llevó a sospechar que tal vez había tropezado con la horrible verdad de que el poderoso culpable detrás de esto era nuestro propio gobierno, puesto que estos experimentos estaban subvencionados por el Centro para el Control de Enfermedades (CDC), de los Institutos Nacionales de Salud (NIH), y el Instituto Nacional de Enfermedades Alérgicas e Infecciosas.

Todo el proyecto estaba dirigido por el Dr. Wolf Szmuness, un científico que había escapado de la Unión Soviética. También estaba al frente de un proyecto de investigación de la hepatitis en África en 1973 donde utilizó al ejército senegalés para obtener muestras de sangre. Esto fue anterior al experimento en la ciudad de Nueva York Strecker cree que hubo maniobras sucias en África y Haití, al igual que en nuestro propio país, y que la enfermedad se "fomentó" en esos países. Dice: "Sólo un tonto sería incapaz de reconocer la 'conexión' africana con el sida". Él cree que esta conexión implica mucho más que sólo monos verdes.

Después de encontrar esta asombrosa correlación, decidí incluirla en mi libro. Es reconfortante encontrar evidencias que corroboran estas extrañas visiones. No añado nada más, para que otros saquen sus propias conclusiones. Yo he hecho mi trabajo de cronista.

CENTURIA III-50

La republique de la grande cité	El gobierno popular de la gran ciudad no tolerará la represión.
A grand rigeur ne voudra consentir:	El rey, emplazado por las trompetas a dejar la ciudad, la
Roi sortir hors par trompette cité.	escalera en el muro, la ciudad se arrepentirá.
L'eschelle ay mur, la cité repentir.	

J: Señala que esta cuarteta se refiere a América y de modo específico a Nueva York. A los problemas de la economía de la isla. Me muestra una imagen de Nueva York y la gente realmente va loca por las calles. Parecen manifestaciones ocurridas durante los años de guerra en Vietnam. Dice que es una situación económica y que muchos de los negocios sufrirán un gran cambio. Algunos cambios físicos en la masa terrestre también podrían ser necesarios. Ahora me dice que no es problema mío; se resolverá por sí solo.

D: *¿Será en nuestro futuro?*
J: En un futuro muy cercano. Ocurrirá en los próximos dos años.

¿Es posible que él contemplara la quiebra de la bolsa de valores ocurrida a finales de 1987?

CENTURIA III-52

En la campaigne sera si longue pluie,
Et en la Pouille si grand siccité:
Coq verra l'Aigle, l'aesle mal accompli
Par Lyon mise sera en extremité.

En Campania habrá lluvia prolongada y una tremenda sequía en Apulia; el gallo verá al Águila, muy malherida en el extremo de su ala por problemas que el León le crea.

J: Esta cuarteta contiene muchos símbolos astrológicos entre los que destaca Leo y el signo del gallo. Esto augura el comienzo de una sequía mundial. La sequía empezará en Campania, una región italiana, y se extenderá por todo el mundo. Según él, la zona de Campania es la despensa de Europa. En sus huertos se cultivan alimentos, pero no hay suficiente agua dulce para cuidar de estas plantas.

Campania y Apulia se encuentran en Italia. Ambas son regiones agrícolas importantes que producen grandes cantidades de alimento para exportación. Es interesante que mencionara Apulia porque las únicas cosechas que se obtienen allí son las que pueden resistir largas temporadas de sequía o cuyos ciclos de crecimiento son breves y tempranos. Creo que él indica una sequía que será tan grave que afectará incluso a una región como Apulia que es utilizada para cosechas que no requieren mucho riego. Es un simbolismo interesante.

J: Es posible que se produzca un accidente en una planta de energía nuclear en el norte de Italia que envenenará la tierra porque me muestra la imagen de una planta nuclear.

D: *¿Cuál es el simbolismo del águila?*

J: El águila representa a Escorpión. Percibo en mi mente la imagen de un horóscopo. Dice que los planetas en cuadratura son negativos o tienen energía discordante. Ahora lo entiendo. Él indica que parte de esta cuarteta ya ha ocurrido, pero ha sido muy recientemente. Dado que el agua del río Rin quedó contaminada, finalmente afectará la agricultura en parte de Europa: Suiza, Italia y Yugoslavia. El agua estaba envenenada y contaminada. Ocurrió cuando Escorpión y Leo no estaban bien aspectados entre sí.

D: *¿El gallo es un signo astrológico?*

J: No, al menos tradicionalmente. Dice: "Usé el gallo porque habrá advertencias antes de que esto ocurra. Al igual que el gallo, el ave mañanera, nos avisa que ha llegado la mañana, habrá advertencias. Pero la gente no las escuchará". Los símbolos tradicionales son escorpión-águila y Leo-león.

D: *"Muy malherida en el extremo de su ala". ¿Puedes sacar fechas del horóscopo que te muestra?*

J: Hmmm. Las fechas que obtengo indican que tal vez ocurrió el año pasado o el anterior (1986). Dice que esto afectará el suelo y el agua subterránea, y envenenará toda la zona de Campania y que llevará a una posterior sequía en los años 90.

D: *Los traductores han interpretado que esos símbolos representan distintos países.*

J: (Sonriendo) Él dice que no es verdad.

CENTURIA III-54

L'un des plus grands fuira aux Espaignes
Qu'en longue playe apres viendra saigner:
Passant copies par les hautes montaignes,
Devastant tout & puis en paix regner.

Uno de los grandes huirá a España que a partir de esto sangrará por una profunda herida. Las tropas llegarán por las altas montañas, todo lo devastarán, y después él reinará en paz.

J: Señala que esta cuarteta se refiere a los próximos cambios. Intento que su idea llegue hasta ti. Me muestra una imagen de... ¿qué es esto? (Daba la impresión de que examinaba algún objeto) Algún tipo de máquina o artilugio.

D: *¿Qué aspecto tiene?*

J: Es cuadrado y muy pequeño. (Pausa) No le encuentro sentido a lo que él intenta explicarme. Dice que habrá saboteadores que usarán este instrumento para comunicarse entre sí aunque el sistema de información lo sepa todo sobre ellos. Formarán parte de una operación secreta.

D: *Los traductores creyeron que se relacionaba con el General Franco y la guerra civil española en los años 30.*

J: También, pero igualmente con el futuro. Hay combatientes que estarán en lucha contra el Anticristo y usarán este artilugio para interceptar las líneas de información.

Aparentemente se relacionaba con el control del Anticristo de los sistemas informáticos y con el hecho de que la gente no podía hacer nada sin ser controlado. Así pues, el movimiento clandestino inventará un artilugio para crear interferencias que les permita esquivar este sistema y contactar unos con otros.

CENTURIA III-55

En l'an qu'un oeil en France regnera,	El año que Francia tiene un rey tuerto la corte tendrá grandes problemas. El gran hombre de Blois matará a su amigo, el reino en gran peligro y doble duda.
La court sera a un bien facheux trouble:	
Le grand de Blois son ami tuera,	
Le regne mis en mal & doubte double.	

J: Surgirá un presidente francés con un ojo vago o débil. Mientras éste permanezca en el poder a mucha gente le será muy difícil crecer espiritualmente. Muchos sufrirán persecución en esta época.

D: *Los traductores pensaron que la cuarteta se refería a Enrique II. Fue un rey al que hirieron en un ojo.*

J: No, es un presidente que llegará al poder y hundirá la economía de Francia por comprometerla en cosas en las que el país no desea implicarse. Esto ocurrirá en los próximos diez años.

CENTURIA III-56

Montauban, Nismes, Avignon
 & Besier,
Peste tonnere & gresle a fin de
 Mars:
De Paris pont, Lyon mur,
 Montpellier,
Depuis six cens & sept vingts
 trois pars.

Montauban, Nimes, Aviñón y Beziers, plaga, relámpago y granizo al final de marzo. Del puente en París, el muro en Lyon y Montpellier, desde seiscientas siete veintenas tres pares.

J: (Él corrigió la pronunciación de cada nombre.) Esta cuarteta se refiere a un tiempo en marzo en el que Francia estará en guerra. Será un tiempo de cruel sufrimiento para su amada Francia. Comenta que se trata de la Segunda Guerra Mundial y lo fácil que fue para los alemanes apoderarse del país. Él usa la palabra "Allemande".

D: ¿*Qué significa?*

J: Supongo que tiene algo que ver con los alemanes. Pronuncia la palabra como si la escupiera.

 Más tarde confirmé que Allemagne es Alemania en francés. Es similar a la palabra que él usó, si bien la pronunciación no es igual. En la Centuria III-78 (que se interpreta en el Capítulo 21: "El ataque cardíaco"), Nostradamus empleó "d' Alemaigne" para referirse a los alemanes. ¿Es la misma palabra que John desconocía?

 También encontré que en la antigua Roma, Alemania estaba constituida por muchas tribus que estaban en guerra con los países vecinos. Uno de estos grupos se llamaba los Alemanni, una confederación ubicada en la parte alta de los ríos Rin y Danubio. En el año 357 de la era cristiana el emperador romano Juliano tuvo que combatirlos cuando penetraron hasta Lyon. Más tarde luchó contra ellos en su propio país. Puesto que Lyon era una de las ciudades favoritas de Nostradamus, ¿hacía él una comparación entre dos acontecimientos similares en la historia? ¿La palabra que él usó era "Alemanni" o" Allemagne", o un anagrama, símbolo de ambos?

J: En su tiempo los alemanes no estaban unidos. Eran muchos estados distintos e independientes y se unirán para formar un solo estado poderoso.
D: *¿Qué significan los números: "'seiscientas siete veintenas tres pares"?*
J: Se refiere a bombas. Los alemanes amenazarán con bombardear y arrasar la mayor parte de las ciudades de Francia. Pretendían volar el principal puente de París. Por eso los franceses capitularon con los alemanes para evitar la destrucción de sus ciudades.
D: *Los traductores intentaran sin éxito convertir esos números en fechas. Dijeran que era imposible porque había demasiadas combinaciones posibles.*
J: Se refiere al número de bombas que lanzarían en cada ciudad. Son números simbólicos que indican una gran cantidad de cualquier cosa.

CENTURIA III-57

Sept fois changer verrez gent Britannique	Siete veces verás cambiar a la nación británica, teñida de sangre durante doscientos noventa años. En absoluto libre por el apoyo germano, Aries teme por el protectorado de Polonia.
Taintz en sang en deux cents nanante an:	
Franhce non point par appuy Germanique,	
Aries doubte son pole Bastarnien.	

J: De nuevo, esta cuarteta se refiere a la Segunda Guerra Mundial, y me muestra una imagen de Gran Bretaña que se une a Francia para proteger a Polonia durante la guerra.
D: *Al mencionar a Polonia, pensé que tal vez tendría algo que ver con la Segunda Guerra Mundial.*
J: Fue la caída del Imperio Británico. En este momento me señala un mapa en su estudio y dice: "Basta... no más poder".
D: *¿Después de la guerra?*
J: Sí, es lo que dice.
D: *¿Es lo que significa doscientos noventa años?*
J: Dice que han tenido poder durante mucho tiempo.

Inglaterra no empezó a adquirir el terreno que se convertiría en el Imperio Colonial Británico hasta principios del siglo XVII cuando empezaron a realizar largos viajes por mar. La adquisición de tierra a menudo implicaba guerras y en verdad que estaba "teñida de sangre". Su imperio se expandió hasta abarcar todo el globo, luego menguó tras la Segunda Guerra Mundial al conceder la independencia a varias de sus posesiones. Eso representaría aproximadamente los 290 años que vio Nostradamus. La Sra. Cheetham interpretó correctamente esta cuarteta en su libro.

CENTURIA III-58

Aupres du Rhin des Montaignes Noriques,
Naistra un grand de gens trop tard venu.
Qui defendra Saurome & Pannoniques,
Qu'on ne sçaura qu'il sera devenu.

Cerca del Rin desde las montañas Nóricas nacerá un gran hombre del pueblo, llega demasiado tarde. Defenderá a Polonia y Hungría y nunca sabrán lo que fue de él.

J: Esta cuarteta se refiere a Ogmios, el Hércules de los Celtas, y al lugar del que procede. La gente no sabrá de él porque será un líder de la resistencia durante los confusos días del Anticristo.

D: *La cuarteta dice: "nunca sabrán lo que fue de él".*

J: Se refiere a cuando pasa a la clandestinidad. Después de que ha hecho lo que ha venido a hacer, no quiere que nadie se fije en él. Vivirá el resto de sus días en paz y serenidad.

Esta cuarteta describía el destino de otro de nuestros personajes principales.

CENTURIA III-59

Barbare empire par le tiers usurpé,
Le plus grand part de son sang mettre a mort:
Par mort senile par lui le quart frappé,
Pour peur que le sang par le sang ne soit mort.

El imperio bárbaro es usurpado por un tercero que mata a la mayor parte de su gente. El cuarto hombre, anciano, herido de muerte por su país, teme que se acabe su linaje.

J: Esta cuarteta se refiere a la gran nación oriental de China y a las diferentes formas de gobierno que ha tenido en su historia: emperadores, mandarines, y ahora... él dice comunalismo, pero quiere decir comunismo.

Es curioso que usara esa palabra. Las definiciones de comunismo y comunalismo están tan cerca que al parecer en su mente eran intercambiables.

Del diccionario del Nuevo Mundo de Webster:
COMUNISMO: 1A. Teoría o sistema de propiedad de todos los bienes por la comunidad en conjunto. 1B. Teoría o sistema de propiedad de los medios de producción (y distribución) por la comunidad, en la que todos los miembros comparten el trabajo y los productos. 2A. Movimiento político que establece el mencionado sistema. 2B. Doctrinas, métodos, etc. de los partidos comunistas. 3. De modo aproximado, comunalismo.
COMUNALISMO: Teoría o sistema de gobierno en el que las comunas tienen autonomía virtual (o autogobierno) dentro de un estado federado.

Nuestras modernas mentes no habrían usado este término porque por lo general no solemos oír hablar de comunismo con ninguna otra denominación.

J: A través de todas las variaciones de su liderazgo, el pueblo de China ha sufrido mucha devastación.

D: *¿Se refiere al comunismo cuando dice: "El cuarto hombre, anciano"?*

J: El cuarto hombre representa al comunismo y al hombre que será el presidente de China en torno a esta época. Habrá más dificultades para China y de nuevo perderá gente. La palabra anciano se refiere tanto al estado del gobierno y al presidente que probablemente será un anciano para entonces.

Nota: Cuando traducíamos esto en 1987, no había ningún indicio de que el pueblo deseara una nueva forma de gobierno o de que brotaría la violencia en China en mayo y junio de 1989. Creo que esta cuarteta podría referirse a estos acontecimientos, y a las bajas en la nación, como ocurre durante una transición. En esta referencia, la línea: "el cuarto hombre, anciano, herido de muerte por su país, teme que se acabe su linaje", sería más apropiado. Podría significar un líder que es simbólicamente asesinado y que teme que no continúe la forma de gobierno que él representa. Esta cuarteta es parecida a la CENTURIA II-47 que fue interpretada en el capítulo 5, en la que el líder de China aparece simbólicamente asesinado.

CENTURIA III-61

La grand band & secte crucigere,
Se dressera en Mesopotamie:
Du proche fleuve compagnie legiere,
Que telle loi tiendra pour ennemie.

La gran adhesión a la secta de la cruz surgirá en Mesopotamia. Compañía ligera del río cercano quien considerará semejante ley como enemiga.

J: Él predice que habrá un grupo de cristianos que se unirá en Oriente Próximo durante el tiempo del Anticristo. Este grupo de gente estará implicado en lo que llamaríamos "movimiento de resistencia".

CENTURIA III-62

Proche del duero par mer
Cyrrene close,
Viendra percer les grands
monts Pyrenées:
La main plus courte & sa
percee gloze,
A Carcassonne conduira ses
menées.

Cerca del Duero cerrado por el mar de Cirene él llegará a cruzar las grandes montañas de los Pirineos. La mano más corta y su abertura a la vista llevará a sus seguidores a Carcasona.

J: Él está tomando notas. ¿Te importaría repetirlo?

D: *Los traductores han mencionado en su libro que consideran que algunas de estas líneas son intraducibles.*

Empecé a repetirlo, y él pidió que deletreara Mar de Cirene.

D: *Se escribe de forma diferente en francés: C-y-r-r-e-n-e. ¿Es así como lo pronuncia él?*

J: Lo pronuncia como la palabra Siria.

D: *No se deletrea como nosotros escribiríamos la palabra Siria hoy en día.*

J: No. Representa a Turquía. Cirene se refiere a la invasión de Europa por el Anticristo a través de España y Grecia. El Anticristo tomará posesión de Chipre lejos de los turcos cuando por primera vez ascienda al poder. También tomará la antigua ciudad de Carcasona que está al sur de Francia.

¿Podría ser Cyrrene un anagrama de Chipre por el parecido de su ortografía?

Carcasona se conocía como la Antigua Ciudad en tiempos de Nostradamus, así que John estaba en lo cierto cuando oyó a Nostradamus llamarla la "antigua ciudad". Esta ciudad también controla una importante ruta al sur de Francia; el camino más fácil desde la Bahía de Vizcaya al Mediterráneo. ¿Es éste el significado de la línea: "La mano más corta y su abertura a la vista. Llevará a sus seguidores a Carcasona"? Podría ser la razón por la el Anticristo la considera un punto estratégico.

CENTURIA III-64

Le chef de Perse remplira grande Olchade,
Classe Frireme contre gent Mahometique:
De Parthe, & Mede, & piller les Cyclades,
Repos long temps aux grand port Ionique.

El líder persa llenará la gran España. Una flota de trirremes contra los mahometanos de Partia y Media, saqueará las Cícladas: después una Larga espera en el gran Puerto Jónico.

J: Esta cuarteta describe cómo luchará el Anticristo contra los mahometanos y la gente del Islam en Irán e Irak. También habla del frente bélico en Europa que está cerca de Grecia. Eso es lo que representan los nombres.

Partía y Media son nombres antiguos de porciones del Imperio Persa, la Cicladas son islas griegas, y el puerto Jónico también se refiere a Grecia. Ésta parece ser otra de las piezas del rompecabezas, que completa lo que ya sabemos sobre la primera campaña del Anticristo.
Para los traductores era difícil entender estas cuartetas porque no conocían el panorama de conjunto que él nos había mostrado. Contemplaban estas cuartetas como piezas individuales.

J: (Bruscamente) En estos momentos dice: "Ya es suficiente". Hoy parece melancólico. (Sanriendo) Ah, ahora lo entiendo. No se encuentra bien. Dice que la noche anterior bebió un poco de vino en mal estado y todo el día ha tenido un fuerte dolor de cabeza. Ha tomado algo pero no acaba de sentirse bien. Dice: "Creo que me voy a descansar un poco. Me marcho".
D: Supongo que además estas reuniones le suponen un gran esfuerzo.
J: Dice: "Pensé que me ayudaría la poción que me he tomado antes, pero no ha hecho ningún efecto. Estas preguntas que tienes son muy importantes para mí al igual que para ti. Pero me duele la

cabeza. ¡Mucho! Se mal de ter (fonético)". Se señala la cabeza y gime. (El diccionario francés define dolor de cabeza como Mal de tete. ¿Suena como "ter" cuando es pronunciado por un francés?)
D: *Tal vez puedas ayudarle a que se sienta mejor. ¿Se te permite hacerlo?*
J: No. Es muy reacio a que la gente de nuestra dimensión le toque. No le gusta.
D: *De acuerdo. Pensé que tal vez podrías darle un poco de energía.*
J: No. Dice que tiene algunas hierbas en la otra habitación y que va a hervirlas y mezclarlas con un poco de vino. (John dijo después que Nostradamus usaba opio en esta poción.) Luego dormirá un poco. Pensó que el vino que tomó anoche era añejo, pero en realidad estaba estropeado. Dice: "Te ruego que vuelvas. Espero no tener este mismo mal de ter". Se ha ido a la otra habitación y ha cerrado la puerta. Yo vuelvo al espejo.

Una vez más nos despedían bruscamente y sin otra alternativa que volver a nuestro mundo presente-.

Capítulo 20

Llegamos de Noche

John: Estoy en el espejo. Al parecer Nostradamus confecciona gráficos de horóscopos. Tiene una... especie de brújula. No es como la nuestra del siglo veinte. Parece una brújula muy tosca hecha de madera. Espera un poco... No creo que sea un horóscopo; traza un dibujo. Tiene círculos, cuadrados y triángulos... pero ahora ve mi rostro en el espejo y dice: "¡Ah! Estás aquí". Se rió sorprendido. Hoy está de muy buen humor. Se ve que ha estado sumido en un profundo pensamiento. Le pregunto qué hace con los diseños y dice que tiene que ver con los arcos de las diferentes energías planetarias. Ha estado trabajando en el arco de energía que emana de Marte y observa la forma en que está afectando a Europa en este tiempo.

Dolores: *¿En su tiempo?*

J: Correcto. Dice que este arco de energía ha causado cierta fricción. Muchas de las naciones, capitales y países están embrolladas en numerosas guerras. Puesto que Marte rige la guerra, quería saber si en ese tiempo Marte emana mucha energía hacia esta zona del mundo.

D: *¿Cómo supo de estos arcos de energía?*

J: Ha estudiado a muchos de los maestros antiguos como Tolomeo y Kricinimos. (Este nombre resultaba difícil de transcribir fonéticamente. Sonaba como Krick-in-imos, Trick-in-imos, o posiblemente Kritimos.) Y ha podido tener acceso a muchos, muchos libros. De modo que sabe bastante sobre la astrología de los antiguos griegos y del período romano.

Cuando investigué por mi cuenta, encontré que Claudio Tolomeo fue el último gran astrónomo griego que prosperó en Alejandría durante el siglo segundo d.C. Contribuyó grandemente a la supervivencia de la astrología. Sus libros más famosos, Almagesto y Tetrabiblos, fueron textos de astrología y astronomía de reconocida autoridad durante 1200 años después de su tiempo. Este nombre le era familiar a John, pero no el otro. Es difícil trabajar con transcripciones de cintas grabadas, y he de esforzarme todo lo posible con la ortografía fonética de palabras extrañas. Busqué en las enciclopedias pero no pude encontrar ninguna que se acercara al menos a la pronunciación fonética de Kricinimos o Tricinimos. Ya me había dado por vencida hasta que de un modo casual encontré un nombre en Origins of Astrology (Orígenes de la Astrología) de John Lindsay. Intentaba verificar los antiguos símbolos del horóscopo que John había visto emplear a Nostradamus cuando de pronto me resaltó el nombre "Kritodemos". Supuestamente fue uno de los pioneros y fundadores de la astrología. Lindsay escribió que se trataba de uno de los primerísimos griegos que emplearon directamente la astrología babilónica o recurrieron a sus fuentes. Otros astrólogos griegos lo citaban y lo consideraban una de las máximas autoridades, pero después de su tiempo fue ignorado por ulteriores autores. Esto puede explicar su anonimato y la razón por la que no pude encontrarlo en otros libros de consulta. También explicaría por qué un astrólogo moderno como John no reconociera su nombre. Para Nostradamus era muy conocido, porque él había estudiado a los inventores de la astrología y especialmente había profundizado en el estilo babilónico. Esto demostró ser un ejemplo más de un hecho poco conocido que no podría proceder de nuestras modernas mentes.

Los griegos aplicaban la astrología a todos los niveles del mundo material y asignaban a cada signo del zodíaco el control de cada una de las partes del cuerpo. La astrología médica tenía una aceptación tan amplia que incluso en tiempos medievales resultaba inconcebible que un médico ejerciera sin el conocimiento y uso de la astrología. Tras la caída del Imperio Romano, los árabes convirtieron en ciencia la astrología de la adivinación. La astrología se enseñaba en las universidades de Europa de los siglos XII al XVI. La astrología médica se imbricó en la astrología adivinatoria, y tras un periodo de tiempo se entremezcló mucho más con la magia. No fue desacreditada hasta los siglos XVII y XVIII, después del tiempo de Nostradamus. Esto explica por qué la práctica no fue condenada por la Iglesia durante su tiempo. Se reconocía como parte integrante de la instrucción de un médico.

La invención de la imprenta tuvo como resultado la edición de libros en el siglo XV y esto favoreció la publicación de efemérides y tablas trigonométricas, de forma que el astrólogo ya no tenía que saber astronomía y matemáticas superiores para practicar su arte. En consecuencia, se abrió la puerta a cualquiera que supiera leer, sumar y restar. Los que se oponían a la astrología en el tiempo de Nostradamus estaban en contra de los astrólogos sin escrúpulos más que de la práctica en sí. Parece ser que Nostradamus lo practicó de la forma admisible, pero también exploró sus otros usos desaprobados por la Iglesia por entremezclarse con la magia. Ésta fue tal vez la parte que él intentó mantener oculta.

Descubrí que en Sumeria y Babilonia existen datos que se remontan al año 3000 a.C. Al principio, la astrología consistía exclusivamente en la observación y tabulación de datos del sol y la luna y en el uso de los mismos para predecir el tiempo y circunstancias de su recurrencia. Estos esfuerzos eran verdaderamente científicos en el sentido moderno de la palabra e iban seguidos de intentos de correlacionar la información con las condiciones climáticas. Fue por lo tanto un breve paso para conectar la correlación con sucesos como el hambre, desastres naturales, guerra y paz, victoria y derrota. El siguiente paso la trasladó a las vidas y destinos de los gobernantes. La Enciclopedia Collier dice: "La contribución de los babilonios a la información astrológica es incuestionable. Antes del siglo segundo a.C. ya era posible elaborar con antelación efemérides (tablas de coordenadas planetarias en los signos, ortos y ocasos del sol, tiempos y lugares de conjunciones y oposiciones de los planetas.) Tal vez la contribución más importante de los babilonios al pensamiento posterior se apoya en su conclusión, extraída de los ciclos invariables de los cuerpos celestes, de que el mundo es eterno". Parece enteramente posible que Nostradamus tuviera acceso a este tipo de información antigua, y que la hubiese integrado en el libro personal que según él usaba para hacer sus predicciones. Decía que parte de la información procedía de los babilonios y se remontaba aproximadamente al año 3000 a.C.

D: *Debe de ser difícil medir un arco de energía si no puedes verlo.*
J: Existen fórmulas escritas por los antiguos astrólogos, pero gran parte de estos trabajos será destruido. Muchos ya lo fueron cuando incendiaron la biblioteca de Alejandría. Pero parte de esta información fue continuada por gente del mundo árabe. Él ha habló con ellos. "Aunque soy cristiano y a ellos se les considera infieles, yo para ellos soy un infiel. Somos hombres de ciencia y hacemos intercambio de conocimientos". De hecho, él viajó expresamente a Malta para reunirse con algunos de estos hombres.
D: *¿Fue cuando él era más joven?*
J: Dice que ocurrió hace tiempo, pero ya era adulto. No quiere hablar más sobre eso, pero fue donde obtuvo parte de su información.
D: *Sentí curiosidad por saber cómo conoció estas cosas.*
J: La insaciable curiosidad es importante, pero ciertas cosas es mejor ignorarlas o no darlas a conocer. Dice: "¡Basta!" Ya no quiere hablar más de esto.

Malta fue gobernada por los musulmanes después de ser conquistada por los árabes en el año 870 hasta 1090. En 1530 (el tiempo de Nostradamus) el Santo Emperador Romano concedió Malta a los Caballeros de San Juan de Jerusalén. La orden era al principio ampliamente internacional en sus miembros, pero pronto se volvió predominantemente francesa. Es enteramente posible que en esa isla Nostradamus se reuniera con astrólogos árabes por la probabilidad de que ahí vivieran aún muchos árabes. John pensó que era extraño que Nostradamus hiciera esto, algo que rotundamente mantendría en secreto. Podría causarle problemas con la Iglesia si la Inquisición llegara a saberlo y esto explicaría su renuencia a hablar del tema.

J: Dice que le gustaría oír más cuartetas, pero hoy sólo unas pocas. Es importante en verdad que reflexionemos. Ha permanecido en un estado meditativo muy profundo y su mente está llena de hechos y de figuras.
D: *De acuerdo, le alejaremos un momento de su trabajo. Avísame si en algún momento él quiere que paremos.*

CENTURIA III-66

Le grand Baillif d'Orleans mis a mort,
Sera par un de sang vindicatif
De mort merite ne mourra, ne par sort,
Des pieds & mains mal le faisoit captif

El gran Alguacil de Orleans es condenado a Muerte por venganza de sangre. No morirá de muerte merecida, ni por jurados; le tendrán cautivo y torpemente [atado] de manos y pies.

J: Esta cuarteta trata de la historia antigua. No es historia antigua, pero los hechos ocurren cien años antes de tu tiempo. Es historia francesa, un militar fue encarcelado por error porque era judío, y a esto le llamaron el asunto Dreyfus. Puso "alguacil" en esta cuarteta para señalar a un hombre de poder porque este hombre pertenecía al ejército. En el espejo negro me muestra una imagen de militares con uniforme. Dice que esta profecía ya se ha cumplido.

D: De acuerdo. No queremos dedicar mucho tiempo a hechos pasados.

Descubrí que efectivamente el asunto Dreyfus ocurrió hace unos cien años, en 1894. El militar, capitán Alfred Dreyfus, se enfrentó al prejuicio de antisemitismo en su juicio y corte marcial por ser judío. Este complicado caso tuvo una poderosa influencia en la historia del socialismo francés, y debilitó a Francia en su papel de estado europeo y mundial.

CENTURIA III-67

Une nouvelle secte de Philosophes,
Mesprisant mort, or, honneurs & richesses:
Des monts Germains ne seront limitrophes,
A les ensuivre auront appuy & presses.

Una nueva secta de filósofos que desprecia la muerte, el oro, los honores y riquezas no le limitarán las montañas de Alemania, en su seguimiento habrá multitudes y apoyo.

J: Esta cuarteta se refiere a lo que llamaríamos filosofía de la Nueva Era. Un hombre muy famoso en el movimiento metafísico o Nueva Era nació en Alemania. Este hombre fue un vanguardista de un movimiento enteramente nuevo que nos llevará hasta la edad dorada a la que nos referimos como la Era de Acuario. El movimiento surgió en Alemania, pero la filosofía de este hombre conectará con el mundo entero. Sus ideas están fuertemente motivadas por lo espiritual y sus seguidores las usarán para desarrollar otras filosofías que se entremezclarán como un sistema de pensamiento Nueva Era. Me muestra una catedral muy bella. Dice que a medida que aumentaba la energía espiritual de este hombre, la oscuridad del nazismo también creció proporcionalmente. El hombre era Rudolf Steiner. Esta cuarteta se refiere a sucesos ya ocurridos, pero estos hechos influyen en tu tiempo, el siglo veinte.

D: *Los traductores creen que esta cuarteta se refiere al auge de las sectas protestantes.*

J: Se ríe y dice: "Todas las iglesias están metidas en dinero y honores. No, esto no tiene nada que ver con las sectas protestantes." De nuevo, dice que tus traductores falsean sus cuartetas con sus propios intereses personales. Dice: "¡Fuera! ¡Que se vayan!" (Risas) Esta cuarteta se refiere a este líder espiritual. Ha señalado a este hombre y dice: "Cuando los Señores de la Oscuridad empezaron a manifestarse a través del nazismo, tenían que ser vigilados por los Señores de la Luz que se manifiestan a través del talento de Rudolf Steiner. Él procedía de las montañas de Alemania, y su filosofía se ha expandido en todo el mundo".

Rudolf Steiner sí que existió pero yo nunca había oído hablar de él. Yo creía estar familiarizada con el pensamiento de la Nueva Era, pero su nombre me resultaba desconocido. Murió en 1925 y le describen como un filósofo social de nacionalidad austriaca. Dio conferencias y escribió extensamente. Según la enciclopedia: "Fue el fundador de la antroposofía, una doctrina que explica la vida en términos de la naturaleza interior del hombre y da por cierta una facultad para la percepción espiritual y el pensamiento puro independiente de los sentidos".

CENTURIA III-69

Grand excercite conduict par jouvenceau,
Se uiendra rendre aux mains des ennemis:
Mais la vieillard nay au demi-porceau,
Fera Chalon & Mascon estre amis.

El gran ejército guiado por un joven, llegará a ponerse en manos del enemigo. Pero el anciano nacido de la mitad del cerdo hará que Chalon y Macon se conviertan en amigos.

J: (Él corrigió mi pronunciación.) De nuevo, esta cuarteta predice el pasado. Se refiere a Francia en su rendición a los alemanes durante la Segunda Guerra Mundial. Veo que para él la mitad del cerdo representa al nazismo. Dice que eran repugnantes, bestiales. El joven es alusión a todos los jóvenes nobles del ejército francés que tuvieron que abandonar Francia durante este período. Fue un tiempo muy malo en la historia de Francia. Los ancianos que se rindieron también aceptaron que los jóvenes hicieran lo mismo, lo cual produjo una sensación de deshonor. En sus ojos hay lágrimas.
D: Es parque será un tiempo oscuro para Francia en su futuro.
J: Sí. Esto le ha entristecido mucho.

CENTURIA III-70

La grande Bretagne comprinse l'Angelterre,
Viendra par eaux si haut a inonder
La ligue neufue d'Ausonne fera guerre,
Que contre eux ils se viendront bander.

Gran Bretaña, Inglaterra incluida, será cubierta por muy fuertes inundaciones. La nueva liga en Ausonia hará la guerra para que se unan en contra de ellos.

J: Esta cuarteta se refiere a un tiempo en tu futuro. Por los cambios en la Tierra, Gran Bretaña y gran parte de las islas británicas quedarán inundadas por el agua. Los británicos se congregarán en lugares altos, en los Montes Peninos, y en las montañas de Irlanda central, que serán islas muy pequeñas todas. Buscarán más tierra, y se trasladarán al territorio que rodea los Alpes franceses. Tendrán conexiones con esa gente y aunque existan ligeras diferencias en estilo de vida y opiniones, mucho de ellos se establecerán en esta zona porque su tierra ya no podrá acogerles después del cambio de la Tierra.

CENTURIA III-71

Ceux dans les isles de longtemps asseigez,
Prendront vigeur force contre ennemis:
Ceux par dehors mors de faim profligez,
En plus grand faim que jamais seront mis.

Los largo tiempo sitiados en las islas tomarán fuertes medidas contra sus enemigos. Los de fuera, vencidos, morirán de hambre, una tal inanición como nunca antes ocurriera.

J: Esta cuarteta se refiere a muchas cosas. Son acontecimientos ya ocurridos en tu espacio temporal. Por ejemplo, cuando los japoneses invadieron las diversas islas en la cuenca del Pacífico mataron de hambre a muchos para dar soporte a su máquina de guerra. Pero también se refiere a un tiempo en el futuro, cuando, por el cambio en la Tierra, muchas masas de tierra se convertirán en islas. En ese tiempo, la gente tendrá que aprender a usar los recursos que tenga al alcance para sobrevivir. Como resultado, muchos morirán de hambre; también habrá muchas enfermedades.

D: *Los traductores dicen que se refiere al bloqueo de Gran Bretaña durante la Segunda Guerra Mundial y a los campos de concentración.*

J: No. Dice que su idea era correcta pero el sitio equivocado.

D: *Andan bastante desencaminados.*

J: Correcto. Me muestra una imagen del globo. Dice que no mucha gente de su tiempo entiende que hay otros países fuera de Europa. Conocen lugares como Catay e India, pero no se dan cuenta de que existen otros países, por ejemplo, las Filipinas y la Cuenca del Pacífico. Surgen nuevas maravillas. Algunos han escrito sobre estas nuevas tierras, pero aún están frescas en la mente europea. Pide que la leas una vez más y después tiene que retirarse. Es muy de noche... para él. Escribe estas cosas mientras hablamos, y dice que necesita dormir. A través de la pequeña ventana veo la luna. Dice: "He pasado ya muchas horas de la noche en mi estudio". Me muestra un candelero con diferentes marcas en él que representan horas. Dice: "Esto se acerca a la undécima hora del día. Es hora de que me vaya a descansar".

D: *Nunca sabemos la hora que es cuando venimos porque para nosotros es mediodía. De acuerdo. Entonces sólo haremos una más.*

CENTURIA III-72

Le bon vieillard tout vif enseveli,
Pres du grand fleuve par fausse souspeçon:
Le nouveau vieux de richesse ennobli,
Prins a chemin tout l'or de la rançon.

El buen anciano es enterrado vivo cerca de un gran río por falsa sospecha. El recién llegado es viejo, engrandecido por la riqueza, porque se llevó de paso todo el oro del rescate.

J: Señala que esta cuarteta se refiere al asesinato de un grande, a saber, el Papa. En los últimos tiempos el sucesor de Pedro será un Papa que administre el tesoro y las finanzas del Vaticano. Pero el Papa que hubiese sido un gran líder y un maestro espiritual será abatido pronto.

D: *¿Es éste el Papa que tenemos en la actualidad?*

J: No. Dice: "Ocurre en tu espacio temporal pero... no puedo darte una fecha exacta. Ocurrirá dentro de las próximas dos décadas." A este Papa le matarán los suyos.

D: *¿Es todo lo que quiere hacer con las cuartetas?*

J: Sólo dice: "Gracias, ahora debo irme". Se levanta y apaga las velas de la habitación. También la vela de las horas. Inclina la cabeza y dice: "Te lo ruego, volveremos a encontrarnos. En paz". Se marcha. Ha salido por la puerta.

D: *No hay manera de saber la hora que es en su mundo cuando aparecemos de este modo. Es probable que esté muy cansado si lleva ahí todo ese tiempo.*

J: Sí, ha permanecido en su estudio muchas horas. Hoy ha estado mucho tiempo en contemplación. Ahora salgo yo de su estudio y vuelvo a la Sala del Tapiz.

Esto mismo solía ocurrir cuando trabajaba con Brenda. A menudo Nostradamus interrumpía repentinamente nuestra sesión. Nunca supimos la razón porque no estábamos conectados directamente con su vida. Estas interrupciones no ocurrían porque Brenda o John estuviesen cansados físicamente y querían acabar la sesión, ya que después de marcharse Nostradamus, nosotros continuábamos nuestro trabajo en algo distinto durante el tiempo que nos quedaba.

Capítulo 21

El Ataque Cardíaco

Esta sesión fue excepcional porque marcó el comienzo de una extraña sucesión de acontecimientos. Empezamos a entrar en la vida de Nostradamus en distintos momentos. Él tenía edades diferentes, a veces era joven, a veces viejo. Unas veces nos reconocía, otras no. A menudo resultaba confuso y no teníamos otra alternativa que aceptarlo y dejar que el hilo dorado nos transportara a su antojo. Me preguntaba si era el guardián quien lo controlaba porque ciertamente no éramos nosotros.

Pensé en organizar las cuartetas en este libro con cierta idea de orden cronológico, como lo hice en el Volumen I. Pero llegué a la conclusión de que al hacerlo así desaparecería la sensación de aventura, la sensación de lo inesperado que experimentábamos cada vez que teníamos una sesión. Nunca sabíamos lo que encontraríamos tras aparecer en el espejo.

John: Él escribe en su libro.
Dolores: ¿Sabe ya que estás ahí?
J: No. Me dirijo al espejo. "Hoy no te he llamado".
D: ¿Él ha dicho eso?
J: Sí. Dice que trabaja en un códice de símbolos, y no nos necesita. Pero añade: "Ya que estáis aquí, trabajaremos".
D: ¿Para qué san los símbolos?
J: Éste es el antiguo sistema hebreo de cosmología llamado la "Cábala".

La Cábala se define como "Saber popular místico-esotérico del Judaísmo, basado en una interpretación oculta de la Biblia y transmitido a los iniciados como doctrina secreta". Una vez más, Nostradamus ahondaba en algo que la Iglesia no aprobaría, y que él mantuvo oculto a la Inquisición.

D: *Da la impresión de algo complicado.*
J: Sí. Él pone arena en la página que acaba de escribir. Es para secar la tinta. Guarda el libro y dice que lo deja para que podamos hablar.
D: *De acuerdo. Si a él le parece bien, nos gustaría continuar con la interpretación de sus cuartetas.*
J: Dice que intentará ayudar.

CENTURIA III-73

Quand dans la regne parviendra la boiteux, *Competiteur aura proche bastard:* *Lui & le regne viendront si fort roigneux,* *Qu'ains qu'il guerisse son faict sera bien tard.*	Cuando el cojo llegue al reino, con él competirá un bastardo cercano a él. Él y el reino sufrirán un grave quebranto, antes de que remedie su acción será demasiado tarde.

J: Afirma que muchas de sus cuartetas conciernen al futuro y también al pasado. Ésta se refiere a la historia de Francia y también al Papa francés.
D: *Eso pensé porque menciona al hombre cojo.*
J: Tendrá rivalidad desde dentro del papado. Ha herido los sentimientos de mucha gente para conseguir la tiara papal.
D: *¿Quién es el bastardo?*
J: El hijo ilegítimo de un cardenal que ha ascendido del sacerdocio al cardenalato. Será como un perro para este Papa francés, siempre detrás de él. No se llevarán bien. También le recordará que gracias a él consigue la tiara papal.

CENTURIA III-74

*Naples, Florence, Favence &
    Imole,
Seront en termes de telle
    fascherie:
Que pour complaire aux
    malheureux de Nolle
Plainct d'avoir faict a son chef
    moquerie.*

Nápoles, Florencia, Faenza e Imola tendrán tal discrepancia que para complacer a los desgraciados de Nola se quejan de haberse burlado de su jefe.

J: Esta cuarteta se refiere a un tiempo pasado en el que los estados italianos se congregaron para formar la nación italiana. En un tiempo fueron ciudades estatales, y ahora se han unido en el reino de Italia. Esto ocurrió en el siglo XIX.

Ésta fue una de las muchas pequeñas incidencias relacionadas con la historia ocurridas durante este experimento. Sirvió para convencerme de que estábamos realmente en contacto con Nostradamus porque si para nosotros mismos era difícil definir fechas en nuestra historia americana, más aún lo sería proporcionar fechas relacionadas con la historia europea. Yo ignoraba cuándo ni si era verdad que los estados italianos se unieron para formar el reino de Italia. En nuestro tiempo lo conocemos como país, por lo tanto sólo alguien conocedor de la geografía e historia europea podría obtener las respuestas instantáneamente. Durante la investigación, descubrí que la proclamación del reino italiano tuvo lugar en 1861. Los últimos estados de Roma y Venecia fueron liberados y el país surgió en 1870.

CENTURIA III-76

En Germanie naistront diverses sectes,
S'approchant fort de l'heureux paganisme,
Le coeur captif & petites receptes,
Feront retour a payer le vrai disme.

Diversas sectas surgirán en Alemania que se acercarán a un paganismo feliz. El corazón cautivo, los beneficios pequeños, volverán a pagar el verdadero diezmo.

J: Esta cuarteta se refiere al futuro próximo. Habrá un grupo de gente que surgirá de Alemania por su riqueza. Me muestra ahora una imagen en el espejo de algo parecido a una manifestación. Dice que quieren volver a las formas sencillas del pasado. Ellos son un gran grupo de gente. Parece como si estos manifestantes estuvieran en una planta de energía nuclear y se oponen la guerra. Contestatarios, eso es lo que son. Ahora lo entiendo. Esto se refiere a los diferentes movimientos de protesta que surgirán de Alemania y se volverán mundiales. Esta gente influirá en otros países y otras naciones en Europa, y su influencia se extenderá por todo el mundo. Están a favor de la paz y luchan contra la polución y las armas nucleares. Están mucho más organizados que cualquiera de las agrupaciones similares aquí en Estados Unidos. Contarán con apoyo.

D: Los traductores dicen que trata de la aparición de sectas protestantes durante el siglo XVI.

J: Pues están en un error. Dice que en su tiempo sólo dos sectas controlaban el protestantismo. La Confederación y postulados de Martín Lutero. Dice: "¿Cuántas sectas puedes sacar de Martín Lutero y su intolerancia para con la Iglesia de Roma?" Esto no tenía nada que ver con ellos, pero puede entender de donde sacan esa idea porque el grupo de contestatarios tiene la misma apariencia que una secta. Tienen el sentido del propósito religioso, pero se dedican a sus ideales. Esta gente se manifestará contra el orden establecido.

Comentario: Juan Calvino es la persona a la que se refiere como Confederación Suiza. Tanto Calvino como Lutero fueron contemporáneos de Nostradamus.

D: *Los traductores se sorprendían cuando él dio una fecha exacta en la siguiente cuarteta parque no muchas cuartetas incluyen una verdadera fecha y mes. Tenían curiosidad y pensaron que tal vez cometió un error al dejarla. Quizás él pueda explicarlo.*

CENTURIA III-77

Le tiers climat sous Aries comprins,
L'an mil sept cens vingt & sept en Octobre:
Le Roy de Perse par ceux d'Egypte prins:
Conflit, mort, perte: a la croix grand approbre.

El tercer clima incluido bajo Aries, en el año 1727 en octubre el rey de Persia, capturado por los egipcios: lucha, muerte, pérdida, gran oprobio a la cruz.

J: ¿Puedes repetirla lentamente? Trato de formar las palabras en mi mente para que él pueda escucharlas. Él puede leer mi mente por telepatía. (La repetí con más lentitud.) Dice que esta cuarteta se refiere a lo que ocurrirá en el mundo árabe. Él ve que los turcos Shazik conquistarán territorio que originalmente fue conquistado por los persas. Se apoderarán de casi toda la zona de Oriente Próximo que se extiende hasta India. Esta cuarteta trata del ascenso al poder de los estados árabes por toda esa zona del mundo. Dice que la cruz sufrirá porque a los árabes no les gustan los cristianos. Esto es parte del avance del imperio turco y turco-otomano. Y esto ocurrió de verdad.

La investigación reveló que durante los años 1726 a 1729, los otomanos atacaron Persia. De nuevo esto daba validez a una fecha proporcionada por Nostradamus, una fecha que habría sido desconocida para nosotros.

D: Los traductores se preguntaban por qué usó una fecha exacta. Generalmente él intenta ocultarlas.

J: Le he preguntado. Dice que fue una interpretación muy clara que la mayoría de la gente podía adivinar y por eso dejó ahí la fecha. En su tiempo no puede mencionar muchas cosas relacionadas con Europa, pero esta cuarteta trata de otra parte del mundo que carece de interés para los cristianos. Estaba a salvo de la Inquisición porque cualquier cosa en la que se menciona la muerte de persas, árabes o cualquier grupo del mundo musulmán, contaría con el beneplácito de la Iglesia. Ese tipo de cosas las aceptaban. Todo lo que se refiere a los estados europeos tiene que ser oscuro debido a la intriga política de su tiempo. De hecho, en ese sentido le han pedido que utilice sus conocimientos como astrólogo. A él no le gusta, porque no quiere tomar partido. Llega a ser una verdadera monserga, dice. No le gusta la intriga de la corte y las maniobras políticas. Está muy en contra de eso.

D: Lo entiendo. Vayamos a la siguiente.

J: Espera. Voy a hacerle una pregunta.

D: Está bien, adelante. (Pausa) ¿Qué le preguntas?

J: Le pregunto si este es el espejo en el que mostró a Catalina de Médicis las imágenes de los reyes de Francia. Me responde que sí, es correcto; él se llevó ese espejo a su corte en París y le mostró la sucesión de los reyes.

D: Creía que no permitía a nadie más ver cosas en el espejo.

J: No suele permitirlo, pero su joven criada lo vio mientras hacía sus tareas diarias de limpieza de esta habitación, y se fue de la lengua. Mencionó que él tenía un espejo guardado en una bolsa de paño y que de él obtenía Nostradamus sus predicciones del futuro. Le llevaron ante un oficial eclesiástico que le respetaba y apreciaba, pero este conocimiento llegó hasta París, a oídos de Catalina de Médicis. Por eso ella le pidió que le ofreciera una visión del futuro. Él no tuvo alternativa. Como su sirvienta le causó problemas, ya no trabaja para él. Tuvo que echarla y está muy indignado por toda esta situación. "Me causó mucha tristeza y pesar y casi dividió a mi familia. Yo me porté bien con ella, pero su deslealtad es repugnante".

D: Me sorprendió que dejara que alguien más viera su espejo. Par lo general intenta mantenerlo todo en secreto.

J: Él suele guardar bajo llave sus cosas.
D: *En este caso, él tuvo que llevar consigo el espejo a París.*
J: Sí, llevó el espejo porque así se lo exigieron. Se asegurará de que la próxima chica a su servicio sea muda. Así como hay gente ciega y sorda, también hay personas mudas, y la próxima lo será. Hace muy poco que ocurrió esto, por eso aún se muestra enfadado.

No creo que sea la misma chica que él mencionó antes porque ha pasado bastante tiempo y creo que ya no sería tan joven. A menos que a todas las criadas las llamen así sin tener en cuenta su edad. Pero lo que es evidente es que Nostradamus parecía estar constantemente incomodado por problemas con los criados.

D: *Me pregunto qué pensó Catalina de Médicis. ¿Le sorprendió poder ver cosas en el espejo?*
J: Estaba acostumbrada a los magos de la corte y en realidad no se sorprendió mucho. Para ella, era como magia y un poco como novedad. Cuando él le dijo que sería la madre de muchos reyes, a ella no le gustó. Se sintió incómoda porque vio que ninguno de sus hijos sobreviviría. Llegarían a ser reyes, pero a su vez morirían. No le gustó saber esto, pero fue generosa y agradable. Él dice que le dio algo de dinero y contribuyó a su reputación, pero ella es - (amplia sonrisa) él usa la palabra "intrigante"- muy intrigante por el poder que tiene.
D: *Ella pidió verlo, así que es su propia culpa si no le gustó.*

CENTURIA III-78

Le chef d'Escosse avec six d'Alemaigne,
Par gens de mer Orienteaux captif:
Traverseront le Calpre & Espaigne,
Present en Perse au nouveau Roy craintif

El líder de Escocia con seis alemanes serán capturados por marineros orientales. Pasarán Gibraltar y España y serán presentados en Persia al nuevo y terrible rey.

J: Dice que esta cuarteta se refiere al hombre al que llamarán Anticristo. Cuando éste llegue al poder pedirá expertos en comunicación de Escocia, pero ellos realmente tendrán su base en Londres y Alemania. Le serán enviados por barco y los utilizará como su soporte intelectual o "grupo de expertos".
D: ¿Y esta gente no tendrá nada que decir de ello?
J: Tendrán algo qué decir al respecto, pero ambicionan el oro. Nostradamus me muestra ahora monedas de oro.
D: Pensé que tal vez iban contra su voluntad.
J: No. No les obligan a nada. Van voluntariamente porque les pagan bien. De hecho, esto va a ocurrir en los próximos 10 años. En 1991, dice, en abril de ese año.
D: Entonces esto ocurre cuando él empieza a formar su red.

ACTUALIZACIÓN: *Creo que esto podría referirse a los países de Oriente Medio que intentan poner al día sus capacidades de armamento e informática. Durante los años 1991 y 1992 había muchos expertos informáticos, así como científicos nucleares, cuyos talentos se ofrecían al mejor postor por la desmembración de los países comunistas y los problemas económicos mundiales.*

CENTURIA III-79

L'ordre fatal sempiternal par chaisne,
Viendra tourner par ordre consequent:
Du port Phocen sera rompu la chaisne,
La cite prinse, l'ennemi quant & quant.

El orden eterno y fatal del ciclo volverá al orden debido. Las cadenas de Marsella se romperán, la ciudad tomada y el enemigo al mismo tiempo.

J: Cuando ocurra el cambio en la tierra y la caída del Anticristo, habrá lucha en el teatro bélico del sur de Europa. Cuando esto suceda, Marsella desaparecerá al igual que los ejércitos del Anticristo.
D: ¿Es eso lo que significa el delo?

J: Sí. El fin del mundo. El final del ciclo es el final del mundo tal como lo conocemos. (Resultaba extraña la calma con la que dijo estas palabras.)
D: *¿El final de nuestro mundo, es eso?*
J: Tal como lo conocemos.

Aunque haya escuchado muchas veces esta declaración, siempre me perturba.

CENTURIA III-80

Du regne Anglois l'indigne dechassé,	El hombre indigno es expulsado del reino inglés. El consejero será quemado con ira. Sus seguidores se degradarán hasta tal punto que el pretendiente será casi admitido.
Le conseiller par ire mis á. feu:	
Ses adhera iront si bas tracer,	
Que le batard sera demi receux.	

J: Aquí se describe que en el próximo futuro habrá desdicha en la casa real de Windsor. Se refiere a la monarquía inglesa en el futuro y al ascenso del primer ministro. No matarán al primer ministro, sino que será quemado, pero -espera un poco, él me muestra un accidente de avión- perderá la vida en un accidente aéreo. Pero lo que provocará el accidente será una bomba en el avión. Su muerte causará un escándalo en la familia real.
D: *¿Ocurrirá pronto?*
J: En los años 90.

CENTURIA III-83

Les longs cheveux de la Gaule Celtique,
Accompaignez d'estranges nations:
Mettront captif la gent Aquitanique,
Pour succomber á Internitions.

La gente de largos cabellos de la Galia celta, reunidos por naciones extranjeras capturarán a los nativos de Aquitania para que sucumban a sus planes.

J: Me muestra ahora una imagen de Inglaterra en la que es sólo una isla muy pequeña. Para empezar, sé que era una isla pequeña, pero aquí se ve enormemente reducida. Inglaterra pretenderá obtener tierra en partes de Francia después del cambio en la Tierra. Intentarán tener más tierra y será como un feudo entre estos dos países. Dice que esto también ocurrió en la historia reciente.

Hay cierta similitud entre esto y la Centuria ill-70 del Capítulo 17. Tal vez las dos cuartetas tengan relación. Aquitania fue un antiguo distrito al sudoeste de Francia.

CENTURIA III-84

La grand cité sera bien desolee,
Des habitans un seul n'y demoura:
Mur, sexe, temple & vierge violee,
Par fer, feu, peste, canon peuple mourra.

La gran ciudad pronto quedará muy desierta, no quedará ni un solo habitante. Muro, sexo, templo y virgen violada, el pueblo morirá por la espada, fuego, plaga y disparo de cañón.

J: Esta cuarteta se refiere al final de la ciudad de Nueva York. Habrá destrucción, pero no veo fuego. Veo que se usa una especie de arma nuclear, pero no es un arma nuclear. Es una bomba que mata a toda la gente pero no destruye los edificios. Es un tipo de armamento químico. Envenena la ciudad y destruye la vida. Eso es lo que me muestra en este momento. Colocarán una bomba en el puerto de Nueva York y hará estallar la estatua de la Libertad. Esto es lo que él da a entender por la virgen mancillada.

D: La cuarteta dice: "el pueblo morirá por la espada, fuego, plaga y disparo de cañón".

J: Obviamente todo esto se combina en una sola cosa. Probablemente él no podía describir un arma química, así que utilizó esa metáfora.

En la siguiente cuarteta hay una palabra que él pone en mayúsculas, pero los traductores no saben lo que significa. Podría tratarse de un anagrama.

CENTURIA III-85

La cité prinse par tromperie & fraude,	La ciudad es usurpada con engaño y falsedad, tomada por la mediación de un gallardo joven. Raubine ataca cerca de LAUDE, él y todos los demás mueren, por haber engañado tan bien.
Par le moyen d'un beau jeune attrappé:	
Assaut donne Raubine pres de LAUDE,	
Lui & tous morts pour avoir bien trompé.	

J: Dice que esta cuarteta se refiere a los tiempos difíciles cuando el Anticristo se apoderará del sur de Europa y las batallas que están relacionadas con ese evento.

D: *Pensé que él era el joven gallardo. ¿Par qué puso "Laude" en mayúsculas?*

J: Confirma que es un anagrama, pero no me dirá su significado. (Sonríe.) Dice: "Ya os he ayudado mucho con éstas. Hay algunas cosas que tendréis que adivinar por vuestra cuenta". Quiere que pensemos.

D: *Vaya, eso nos deja en la duda. Aún nos quedan algunos rompecabezas por resolver.*

CENTURIA III-86

Un chef d'Ausonne aux Espaignes ira,
Par mer fera arrest dedans Marseille:
Avant sa mort un long temps languira
Apres sa mort on verra grand merveille.

Un líder de Italia irá a España por mar y se detendrá en Marsella. Allí permanecerá mucho tiempo antes de morir, después de su muerte se verán grandes maravillas.

J: Dice que esta cuarteta fue muy fácil, pero no pudo ponerla por escrito en ese tiempo. Se refiere al último Papa y a algunos de sus viajes. Al final de su reinado empieza un nuevo mundo y una nueva forma de contemplar la religión y la espiritualidad.
D: *Después de él no habrá más Papas. ¿Morirá en Marsella?*
J: Dice que es sólo una metáfora que representa sus viajes, morirá en Roma.

CENTURIA III-87

Classe Gauloise n'approches de Corsegne,
Moins de Sardaigne tu t'en repentiras:
Trestout mourrez frustrez de l'aide grogne,
Sang nagera, captif ne me croiras.

Flota francesa, no te acerques a Córcega; ni tampoco a Cerdeña, lo lamentarás. Todos moriréis, vana será la ayuda del cabo, cautivo, nadando en sangre no vais a creerme.

J: Esta cuarteta también se refiere a los tiempos difíciles y al Anticristo. Él usará las islas de Córcega y Cerdeña como base de operación para atacar Francia. Otros que son conscientes de lo que va a ocurrir intentarán advertir a los franceses.

CENTURIA III-90

Le grand Satyre & Tigre d'Hyrcanie,
Don presenté a ceux de l'Occean:
Un chef de classe istra de Carmanie,
Qui prendra terre au Tyrren Phocean.

El gran Sátiro y Tigre de Hircania; don que es ofrecido a la gente del Mar: el líder de una flota vendrá desde Carmania y tomará tierra en Focea de Tiro.

J: Dice que esta cuarteta habla de una guerra entre Turquía y Grecia que ocurrirá muy pronto. Los turcos intentarán pedir la paz y el rey griego será víctima de un engaño. El rey y la reina serán ultrajados por el poder militar de Turquía y su ambición de controlar muchas de las islas griegas en el Mar Egeo.
D: *Él dijo antes que la guerra no duraría mucho.*
J: No. Pero esta cuarteta habla de esta guerra al este del Mediterráneo.
D: *¿Cuál es el simbolismo del Sátiro y el Tigre?*
J: Dice que el tigre representa a Israel, y el Sátiro representa la gloria de la antigua Grecia. Establecerán una alianza y esto contendrá a los turcos y árabes que intentan destruir Israel.

Cuando empecé mi investigación, me pareció que esto podría ser un error. Hircania fue una provincia del antiguo Imperio Persa a orillas del Mar Caspio. ¿Cómo podía relacionarse con Israel? Pero descubrí a dos hombres famosos con el nombre de Hircán que fueron muy importantes en la historia antigua de Israel. Uno fue el fundador de la línea monárquica de Judea que continuó en su familia hasta el ascenso de Herodes al trono. El otro hombre fue soberano pontífice y rey de los judíos, condenado a muerte por su sucesor Herodes en el año 30 a.C. Imagino que Nostradamus usó el nombre Hircania como anagrama de Hircán. Así podía referirse a Israel, según su complicada forma de pensar.

Carmania fue una provincia de la antigua Persia. ¿Significa eso que tendrán algo más que un interés pasajero en esta corta guerra?

Tiro fue un importante puerto marítimo en la antigua Fenicia. Fenicia fue el antiguo reino en el Mediterráneo de la moderna Siria y

Palestina. Focea podría ser un anagrama de Fenicia. Nuevamente, esto parece ser una referencia oculta a Israel y al Mundo árabe.

D: Dice: "don que es ofrecido a la gente del Mar", y la palabra Mar con mayúscula.
J: Se creará una alianza entre Grecia e Israel contra Turquía, y sus ceremonias se realizarán en el agua.

Nostradamus indicó en otra cuarteta (Centuria I-83, Capítulo 16) que esta guerra ocurriría pronto, a mediados de los 90.

CENTURIA III-91

L'arbre qu'estoit par long temps mort seché,
Dans une nuict viendra a reverdir:
Cron Roy malade, Prince pied estaché,
Criant d'ennemis fera voile bondir.

El árbol que ha estado seco y marchito mucho tiempo volverá a florecer en una noche. El rey Cronio caerá enfermo. El príncipe con un pie dañado, por temor a sus enemigos izará velas.

D: *Los traductores incluyen una nota interesante en el libro sobre las palabras "Cron Roi".*
J: Rey Corona. (Larga pausa. John parecía confuso.) Su concentración se interrumpe... Ya no está ahí...
D: *(No entendí lo que quería decir.) ¿No quiere darte una interpretación para esta cuarteta?*
J: (Perplejo) Se ha ido.
D: *¿Dónde está?*
J: Sigue en su mesa. (Larga pausa)
D: *¿Qué le ocurre?*
J: Es como si le... estuviera dando un ataque. Se pone rojo y después azul. Y tiene el aspecto de... Me da la sensación de que algo le pasa a su corazón.
D: *¿Puedes hacer algo para ayudarle? (La sensación era de una gran impotencia.) ¿Te está permitido?*

J: No. No se me permite. Tengo que permanecer junto al espejo. Él no va a morir, pero está... está... (John también se sentía impotente.)
D: *¿Sigue sentado en la silla?*
J: Se ha desplomado. (Pausa) Parece que ha tenido un ataque cardíaco.
D: *¿Puedes darle algún tipo de energía o hacer algo que le ayude?*
J: (Pausa) ¡Hay una campana! ¡Está cerca de su puerta!... No puedo levantarla. Puedo poner la mano en el badajo dede la campana. Muevo la campana. No puedo levantarla, pero la muevo.
D: *¿Es muy grande?*
J: Es muy pesada. Muy pesada para mí. Para la gente no lo es. (Pausa) Hago que suene... ¡Estoy tocando la campana!

Más tarde dijo que pudo conseguir que el badajo se moviera dentro de la campana y esto la hizo sonar. Le supuso un esfuerzo enorme.

D: *¿Crees que alguien la oirá?*
J: Sí, ahora llega gente a la habitación... su esposa y un chico de unos 17 años. Corren hacia él. También llega un hombre de unos 30 años. Escucha su corazón y le realiza un masaje de bombeo. Le está bombeando. (Pausa) Ya respira. (Con sensación de alivio.) Nostradamus respira.

Ésta fue una emotiva experiencia para John. Ya es de por sí tremendo ver a alguien en nuestro estado físico que sufre un ataque cardíaco y sentirse impotente al no poder hacer nada para ayudarlo. Debe de haber sido aún más frustrante observarlo desde un estado espiritual. Al menos no impidió que John intentara ayudar al hombre que se había convertido en nuestro querido amigo.

D: *Desde luego están demasiado ocupados para darse cuenta de que estás ahí.*
J: No me ven en absoluto. Sienten pánico. Creían que él estaba muerto.
D: *Pero ya respira de nuevo.*
J: Respira. Su rostro está inflamado. Está rojo y también un poco azulado.
D: *¿Qué más le hacen?*

J: Le han quitado el sombrero y abierto su túnica. Le masajean y golpean el pecho. Ahora sus ojos... (bruscamente) Tengo que irme. El guardián del tapiz me dice que tengo que irme. Me llama desde el espejo, y me introduzco de nuevo en él. Pero dice que no me preocupe, que Nostradamus estará bien. Él ya ha tenido otros ataques antes. Estoy en el espejo y miro al exterior. Ahora le dan algún tipo de medicina para el corazón en un vaso de vino. (Confiado) Estará bien. Es sólo la edad. Es más viejo que la última vez que estuvimos con él y esto debe de ser parte de su proceso de envejecimiento. Ahora estoy en la Sala del Tapiz.

D: *Pregúntale al guardián si tuvimos algo que ver con su ataque cardíaco.*

J: No, no es culpa nuestra. El guardián dice que en esta época Nostradamus es un anciano. "No se ha cuidado. Es médico, mas no para sí mismo. Debería haber tomado un remedio para el corazón y no lo ha hecho. Este terrible incidente que acabas de presenciar será un recordatorio para él de que tiene que cuidar su cuerpo."

D: *Sólo quería estar segura de que nuestra visita no le...*

J: No, no hemos tenido nada que ver con ello. Es la vida de Nostradamus y forma parte de la pauta que su alma ha elegido, acaba de decir el guardián del tapiz. Ésta es la razón por la que Nostradamus no resultaba nada claro, porque en ese momento se producía el ataque.

D: *Entonces si volvemos... cuando volvamos de nuevo tenemos que encontrarle en una edad más joven, para evitar los problemas que tiene como anciano.*

J: Sí, el guardián dice que iremos a un punto en su vida en el que puedes trabajar con él, pero él no puede predecir el momento en el que entrarás en su vida. Dice que te muestras demasiado importuna, y eso no le gusta. No se puede ser impertinente respecto a ninguna forma de vida. Dice que al imponer nuestra entrada en sus vidas se hace un bien negativo. (Desconcertado) No entiendo lo que significa eso... ¿un bien negativo?

D: *Pero yo no lo considero una imposición si él nos pidió que viniéramos.*

J: No, no es eso lo que él quiere decir. Dice... (Risas) "Simplemente no abuséis. Sed amables. El acontecimiento que habéis presenciado ha sido muy traumático y no creo que volváis a ser testigos de ello." Pero dice que Nostradamus sólo puede permanecer durante breves períodos de tiempo en un nivel receptivo a nuestros impulsos. Su sentido del tiempo, cuando él nos ve en forma de espíritu, es de horas en comparación con el tuyo que es de minutos. En su percepción del tiempo es como si esto ocurriera en el transcurso de tres o cuatro horas, mientras que en el nuestro es quizás un poco más de una hora. El guardián del tapiz explica ahora que es un sentido del tiempo diferente porque Nostradamus lee mi mente. La comunicación no es instantánea todo el tiempo.

D: *Pero siempre que él quiere parar la comunicación, lo hace. De ese modo no creo que le forcemos a hacer algo que él no quiere.*

J: Él disfruta de la presencia de los espíritus del futuro e intenta trabajar con ellos. Pero los espíritus del futuro tienen que darse cuenta de que su sentido del tiempo no es el mismo que el suyo.

D: *Hacemos esto parque él lo pidió.*

J: Ah, el espíritu del tapiz lo sabe muy bien. Él sólo explica la distorsión de la dimensión del tiempo. (Suspira) La cuestión es que tenemos que aclarar este tema. Quiere que nos demos cuenta de que cada sesión que pasamos con él podría parecer de 90 minutos, pero de hecho dura tres o cuatro horas para Nostradamus, lo cual es demasiado tiempo alejado de su vida cotidiana. No entiendo cómo puede ser eso.

D: *No, yo tampoco. Pero en realidad hay mucho sobre esto que no entendemos.*

J: Intento que el guardián del tapiz me proporcione una perspectiva más clara. Dice que si nos resulta difícil entender esto, no te preocupes. Lo que importa es entender que hay una asignación del tiempo. Nostradamus tiene una cierta cantidad de horas en las que él puede comunicarse con los espíritus del futuro. Lo que para ti puede decirse en diez minutos podría de hecho ser una hora para él.

D: *Vaya, él también tiene una visión completa que puede abarcar mucho más tiempo.*

J: Sí, él tiene estas visiones mientras medita, aunque a veces fueron inducidas por las drogas, al tomar un poco de vino y opio.

D: *¿Ah sí? Supongo que eso le hace más propenso a tenerlas.*

J: Sí. El guardián dice: "Intentaremos arreglar que la próxima vez entres en su vida en una situación más favorable".

D: *Por eso pensé que no sería una arrogancia pedir que nuestra llegada coincidiera con un momento en el que él fuese más joven, más saludable.*

J: No, a él también le parece que eso sería mejor. El guardián es un espíritu muy bondadoso, sólo que tiene que esforzarse mucho para mantener este tapiz en condiciones óptimas. Su responsabilidad es enorme. Dice que a veces ocurren estos incidentes, pero cuando me fui él no se dio cuenta de que llegaba en el momento en el que Nostradamus sufre un ataque cardíaco. Dice: "La próxima vez que vengas, nos aseguraremos que Nostradamus esté en el estado de ánimo correcto y que no va a enfermar". Y añade que ya es hora de marcharnos.

Fue toda una experiencia que sacó a colación muchas cuestiones. ¿Al tocar la campana, salvó John la vida de Nostradamus? ¿Era ésa la razón de nuestra presencia ahí en ese preciso instante, para poder ayudar? Aparentemente y debido a la confusión, ninguno de los que estaban en la habitación se cuestionó respecto al toque de campana. ¿Habría él muerto si John no les hubiese llamado? Estas personas estaban acostumbradas a las largas horas que él pasaba en su estudio sin ser molestado, por lo que nadie habría hecho ninguna comprobación. John dijo que durante las sesiones no había visto la campana que colgaba de la pared junto a la puerta siendo Nostradamus más joven. Tal vez la puso al hacerse viejo para pedir ayuda en caso de necesitarla.

En verdad Nostradamus había dicho: "Hoy no te he hecho venir". Tal vez en esta etapa de su vida ya había terminado sus cuartetas y ya no veía tan a menudo a los espíritus del futuro como cuando era más joven. Fuesen cual fuesen las razones, no deseábamos que se repitiera esta experiencia.

Capítulo 22
La Habitación Secreta

Tras la traumática experiencia de la última sesión, queríamos intentar contactar con Nostradamus en una época de su vida en la que su salud fuese mejor.

John: El guardián dice: "Deseáis hacerle una visita a Nostradamus ahora, ¿no es así?

Dolores: *Sí, y no queremos repetir la experiencia que tuvimos la última vez. Preferiríamos un día en el que disponga de tiempo para hablar con nosotros, un día en el que su salud física sea buena.*

J: De acuerdo, voy bien encaminado... Ya he llegado. (Sonríe) Nostradamus se ocupa ahora de guardar toda clase de cosas.

D: *¿Qué quieres decir?*

J: Ah, tiene abierta la puerta que da al estudio y él está en la otra habitación. Está guardando cosas al igual que nosotros guardaríamos la compra en la despensa. Tiene hierbas e incienso y otras muchas cosas. Ya viene hacia aquí. Hoy tiene muy buen aspecto. Se le ve animado. Hemos venido en un buen momento de su vida. Ya tiene algunas canas, pero anda por los cuarenta.

D: *Eso está mejor. No queremos que ocurra nada parecido a lo de la vez pasada.*

J: (Muy serio) No puedo hablar de eso.

D: *¿De qué?*

J: De lo ocurrido la vez pasada.

Al parecer a Nostradamus no le estaba permitido conocer el incidente del ataque cardíaco en su futuro que casi le cuesta la vida.

En este caso nosotros poseíamos un conocimiento sobre él que nos estaba prohibido transmitir.

D: *¿Puedes comunicarle que estamos aquí?*
J: Me ve en el espejo, pero está ocupado. Trabaja y dice: "Ya voy. Es sólo un momento. (Risas) Necesitaré papel, libros y rollo de pergamino, y después arena y tinta". Lo organiza todo. Ahora se va a la zona de la cocina.
D: *¿Es otra habitación?*
J: Sí. Le dice a su esposa que no quiere que nadie le moleste por ahora. Al volver pasa por los estudios y cierra la puerta con llave.
D: *Eso está bien, tal vez podamos trabajar hoy.*
J: Sí, se siente muy bien.
D: Entonces ¿le gustaría continuar con la traducción de las cuartetas?
J: Sí, dice: "Adelante".

CENTURIA III-91

L'arbre qu'estoit par long temps mort seché,	El árbol que ha estado seco y marchito mucho tiempo volverá a florecer en una noche. El rey Cronio caerá enfermo. El príncipe con un pie dañado, por temor a sus enemigos izará velas.
Dans une nuict viendra á reverdir:	
Cron Roy malade, Prince pied estaché,	
Criant d'ennemis fera voile bondir.	

Ésta era la cuarteta que yo leía cuando Nostradamus tuvo el ataque cardíaco durante la anterior sesión. No pudimos interpretarla entonces, así que empecé con ella.

J: El rey Cronio. ¿Cómo se escribe Cronio?
D: *Es algo que los traductores no entienden. En francés él tiene "Cron Roy", y ellos lo tradujeron como "Cronio". En su traducción piensan que la palabra latina Cronos puede referirse a Saturno.*
J: No, dice que no es así. Describe a la familia real de Inglaterra en nuestro presente. Es sobre el príncipe Carlos y el rey Cronio, que de hecho lo que tenía en mente era Cron. Dice que representa a

una reina; una reina de más edad. La familia real británica ha perdido parte de su prestigio y poder en este siglo, pero esto cambiará dentro de breve tiempo cuando el príncipe -que tuvo o tendrá algún tipo de problema en un pie- llegue al poder. Izará velas para ayudar a que la familia real recupere su prestigio y poder. No significa que vaya a alejarse navegando. El árbol que se había secado ahora florecerá de nuevo.

D: *Puedo ver el simbolismo que encierra. Han tenido una reina que ya lleva mucho tiempo.*

CENTURIA III-93

Dans Avignon tout le Chef de l'empire
Fera arrest pour Paris desolé:
Tricast tiendra l'Annibalique ire,
Lyon par change sera mel consolé.

En Aviñón se detendrá el jefe de todo el imperio porque París está desierta. Tricast contendrá la ira africana, el León tendrá un pobre consuelo por el cambio.

John repetía en voz alta cada línea después de mí.

J: Esta cuarteta se refiere a dos cosas: por un lado a los nazis y la ocupación de Francia; por el otro al león, símbolo de Londres, Inglaterra, que tendrá verdaderos problemas durante este tiempo. También representa los problemas que creará el Anticristo -la palabra que él emplea es destructor del mundo- cuando pase por el sur de Francia cerca de Avíñón. Dice que Aviñón fue una ciudad de mucha importancia en su época porque fue sede papal en determinado momento, unos doscientos años antes de su tiempo. En ese entonces fue una ciudad importante, aunque en tu tiempo ya casi no lo sea.

De nuevo Nostradamus demostraba conocer con exactitud la historia local francesa. Debido a los difíciles tiempos que devastaban Italia, el Papa trasladó la sede del papado a Aviñón. Los papas permanecieron allí durante 68 años, de 1309 a 1377, a doscientos años del tiempo de Nostradamus.

J: Esta cuarteta indica la ruta que seguirá el Anticristo cuando entre por el sur de Francia. París quedará desierta porque él amenazará con bombardearla, como bombardeó Roma y Atenas. Levantará un campamento fuera de lo que es ahora Avíñón; Inglaterra no podrá hacer nada por temor a ser la siguiente.

D: *Entonces el león representa a Inglaterra en ambas interpretaciones.*

J: Y París también quedó desierta durante la Segunda Guerra Mundial.

D: *¿Puede decirte en qué período causará problemas el Anticristo, o sólo te muestra una imagen?*

J: Ocurrirá durante su reinado de terror, como él lo llama.

CENTURIA III-96

Chef de Fosan aura gorge coupee,
Par le ducteur du limier & laurier:
La faict patre par ceux de mont Tarpee,
Saturne en Leo 13 de Feurier.

El líder de Fossano será degollado por el que entrenó a sabuesos y galgos. Cometerán el acto los de la Roca Tarpeya, cuando Saturno esté en Leo el 13 de febrero.

Él pidió que deletreara los nombre y a continuación corrigió mi pronunciación.

J: Esto ocurrirá después del año 2000. Se relaciona con facciones que lucharán entre sí después del Anticristo. Un poco de agitación durante este período dará origen a que uno de los líderes sea asesinado por una facción que aún mantiene las creencias del Anticristo, aunque éste ya haya desaparecido de la faz de la Tierra. Esta gente causará dificultades durante este período, pero él afirma que de esto saldrá un gobierno mundial.

D: *Pensé que después de la muerte del Anticristo la gente ya no quería guerras.*

J: Bueno, dice que son más bien maniobras políticas. Matarán a este hombre porque cambia de bando.

D: *¿Cuál es el simbolismo de los sabuesos y los galgos?*

J: Los sabuesos son perros de guerra. Así es como él los considera. Son perros que siguen el olor de un animal herido para encontrarlo y rematarlo. Lo devoran si no se les detiene. El galgo es otro perro de caza, pero es más noble porque obedece al que le guía. Este simbolismo se refiere a los distintos tipos de facciones que existirán en ese tiempo.
D: *Si pudieras averiguar esos signos astrológicos, ¿nos ayudaría a encontrar la fecha?*
J: Sugiere que consultemos un libro de efemérides después del año 2000.

Más tarde, cuando John pudo encontrar las efemérides del 2000 calculó la fecha como 13 de febrero de 2036, cuando Saturno está en Leo y Júpiter en Tauro.

Hay un simbolismo interesante en la referencia que hace Nostradamus a la Roca Tarpeya. Ésta fue una roca en la Colina Capitolina de Roma, desde la que los romanos republicanos arrojaban a los criminales de estado. Esto parece ser otro ejemplo en el que Nostradamus toma la historia romana como referencia. ¿Significaría esto que el asesinato fue cometido por los que eran considerados criminales o rebeldes contra el orden establecido?

CENTURIA III-98

Deux royals freres si fort guerroierent,	Dos hermanos reales lucharán violentamente y la guerra entre ellos será tan mortal que ambos vivirán en plazas fortificadas. Su gran disputa será sobre sus vidas y el reino.
Qu'entre eux sera la guerre si mortelle:	
Qu'un chacun places fortes occuperont,	
De regne & vie sera leur grand querelle.	

J: Esta cuarteta se aplica a muchos gobernantes a través de la historia, pero de modo especial veremos que estos acontecimientos ocurren en nuestro tiempo entre los hijos del príncipe Carlos de Inglaterra.
D: *¿Significa que habrá problemas entre ellos dos?*

J: En este momento ya existe rivalidad entre hermanos. Este problema ya ha empezado y aún son muy niños.
D: *Entonces la cuarteta predice futuros eventos, pero algunos ya han ocurrido.*
J: Sí. Esto ha ocurrido muchas veces en diferentes países, como Rusia e Inglaterra en la primera parte de nuestro siglo. Esto representa una agitación que surge en su tiempo y llega al nuestro hasta el nuevo orden mundial.

CENTURIA III-99

Aux champs herbeux d'Alein et du Vaineigne,
Du mont Lebrou proche de la Durance,
Camps de deux parts conflict sera si aigre
Mesopotamie defaillira en la France.

En los verdes campos de Alleins y Vernegues de los montes Luberon cerca de Durance, la lucha a ambos lados será tan feroz para los ejércitos que Mesopotamia se alejará de Francia.

John repitió frase por frase después de mí y corrigió mi pronunciación.

J: Dice que esta cuarteta alude a la lucha que habrá cuando el Anticristo y sus ejércitos traten de tomar Suiza. No lo conseguirá, pero destruirá parte de Francia en el intento. Lanzarán una bomba para destruir Ginebra y Zurich, pero en vez de ello caerá en Francia y provocará contaminación.
D: *¿Contaminación atómica?*
J: No exactamente; mata a las personas pero no destruye el paisaje.

Esto se parece a la cuarteta que describe la destrucción de Nueva York (CENTURIA III-84, Capítulo 21).

D: *Él emplea muchos nombres en la cuarteta.*
J: En su tiempo todos estos eran nombres de lugares en Francia. También hay anagramas.
D: *¿Anagramas de otros nombres de lugares?*

J: Me muestra un mapa de Suiza y me señala la zona fronteriza entre Francia y Suiza.

CENTURIA IV-1

Cela du reste de sang non espandu,
Venise quiert secours estre donné,
Apres avoir bien long temps attendu,
Cite livrée au premier cornet sonné.

La sangre que queda no será derramada. Venecia pretende que se le dé ayuda; después de esperar durante mucho tiempo la ciudad es entregada al primer toque de trompeta.

J: Venecia fue un gran estado marítimo en su tiempo. En nuestro presente, se hunde lentamente en el fangal de la laguna. Dice que esta cuarteta representa la ruina de esta hermosa joya de ciudad. Debido a los cambios que ocurren y la elevación de los océanos, pronto la mayor parte de Venecia estará bajo el agua. Esto será especialmente crítico en los años 90 porque él me muestra un nivel del agua que sube cada vez más.

D: *En la actualidad intentan hacer algo para evitar su hundimiento. ¿Crees que lo conseguirán?*

J: Hasta cierto punto, pero con el cambio en la Tierra quedará completamente cubierta. Él me muestra la Tierra y esa zona está sumergida.

Descubrí que en tiempos de Nostradamus Venecia era el estado marítimo más importante de Occidente, poderoso en la política europea y foco de una intensa actividad cultural. En verdad, debe haberle entristecido mucho ver cómo se hundía.

CENTURIA IV-3

D'Arras & Bourges, de Brodes grans enseignes,
Un plus grand nombre de Gascons batre a pied,
Ceux long du Rosne saigneront les Espaignes:
Proche du mont ou Sagonte s'assied.

Desde Arrás y Bourges grandes lábaros de los Siniestros, un gran número de gascones lucha a pie. Los que bordean el Ródano harán sangrar a los españoles. Cerca del monte donde se halla Sagunto.

De nuevo él corrigió mi pronunciación.

J: Dice que esta cuarteta se refiere a los tiempos difíciles y a cómo el Anticristo invadirá la mayor parte de Francia, salvo París. Conquistará gran parte del sur de Francia y también intentará tomar Italia y España. Para entonces ya ha destruido Roma y se concentrará en esta parte de Francia porque es una zona agrícola muy rica. De aquí provienen todos nuestros alimentos de lujo. Él me muestra una trufa, gansos, y cosas así. Dice que éste será un tiempo muy importante.

D: Supongo que los oscuros representan a los miembros del ejército del Anticristo, pero dice: "un gran número de gascones lucha a pie". ¿Quiénes son los gascones?

J: Gascuña fue una provincia de Francia en ese tiempo, y por lo tanto los gascones simbolizan a los franceses libres porque son del norte.

CENTURIA IV-4

L'impotent Prince faché, plaincts & querelles,
De rapts & pille, par coqz & par Libiques:
Grand est par terre par mer infinies voilles
Seule Italia sera chassont Celtiques.

El inepto príncipe se indigna, quejas y disputas, robo y pillaje, por el gallo y los libios. Por tierra es grande, por mar incontables velas; Italia sola expulsará a los celtas.

J: Esta cuarteta se refiere a un tiempo en tu siglo en el que un príncipe de una antigua casa querrá poder, pero no lo conseguirá.
D: *¿Puede decirnos de qué país?*
J: Está en los estados árabes. Es difícil de ver. Dice: "No entiendo todos los nombres de vuestros nuevos países". Él se muestra muy ambiguo.
D: *¿En este caso, quién es el gallo?*
J: (Sorprendido) Egipto. No sé cómo...
D: *Dice: "Italia sola expulsará a los celtas". ¿Quiénes son los celtas en esta cuarteta?*

Dudó como si Nostradamus no le respondiese, y luego continuó.

J: Los celtas eran la antigua tribu que habitó la península itálica antes de los romanos y los etruscos. Dice que deberías conocer tu historia romana. Añade: "Nosotros la conocemos muy bien; tú también deberías". Y me señala a mí.
D: *Ya me ha dicho eso antes. Sé que deberíamos conocer mejor la historia romana, pero hay mucha historia posterior que la sustituye.*
J: Dice: "Quiero ver la brillantez de tu mente". (Risas). Dice que busques la clave en tu historia romana y después volveremos a hablar de esta cuarteta.
D: *¿Por qué no hablaba él hace un momento? ¿Le ocurría algo?*
J: Estaba en profunda contemplación. Como si estuviera en otro planeta...
D: *El caso es que se produjo aquí un gran ruido (una cortadora de césped en el exterior) y pensé que eso le molestaba.*
J: No, eso no le molestaría. No oye nada en mi dimensión. (Bruscamente) Ya no desea interpretar más cuartetas. Acaba de dejar su pluma. Dice: "Si quieres más información podemos mirar en el espejo. ¿Qué te gustaría saber? Esa última cuarteta me hizo pensar en un montón de cosas".
D: *¿Algo en especial?*
J: Dice: "Estudia la historia romana. Debemos estudiarla en nuestro tiempo y tú deberías estudiarla en el tuyo. Fue parte de vuestra civilización al igual que de la mía".

D: *Sí. Pero para nosotros ha pasado mucho más tiempo entre entonces y ahora y ha quedado muy atrás. Supongo que la gente no la usa tanto como debería. Si él no quiere hablar de las cuartetas, ¿tiene algo en particular que quisiera mostrarnos en el espejo?*
J: No... dice que no seguiremos con ellas por el momento. Tiene otra habitación arriba y me pregunta si me gustaría verla.

Esto fue una sorpresa. Nunca nos habían permitido acceder al resto de la casa.

D: *¿Podemos?*
J: Sí, me lleva arriba y entramos en la otra habitación. Es minúscula, la usa para rituales. Aquí es donde él guarda todos sus instrumentos mágicos y otra cosas, excepto el espejo. Hay muchos tapices en las paredes, y es realmente hermosa. Su tamaño es algo mayor que el de mi cuarto de baño; tiene unos 3 metros por lado. No cabría una cama, pero hay un círculo mágico en el suelo. Tiene diferentes clases de manuscritos, libros, un gran incensario, y una silla de patas cruzadas, así (hace un movimiento con la mano) por la parte baja. Está a un lado. Aquí es donde él viene a meditar y a rezar. Es un hombre muy espiritual. Dice que es muy importante que la gente rece.
D: *¿Qué aspecto tienen los tapices de la pared?*
J: Ah, son muy bellos, y están hechos de un paño parecido al terciopelo. Algunos están bordados y otros están tejidos como tapices. En todos hay diferentes tipos de símbolos ocultos. Le he preguntado quién se los hizo y contestó: "Ése es mi secreto". (Risas) Tiene que mantener oculta esta habitación. La puerta tiene una gruesa cerradura y piensan que es el escondite donde guarda dinero y cosas de valor. Su mujer puede verla, pero no la joven criada porque si ella lo viera podría denunciarle como brujo. Es su retiro espiritual y sólo quería decirme que pensaba en ello. Dice: "Me gusta sentarme aquí y pedir a mis ancestros que bendigan mi vida y la de mi familia". Ahora quiere que me vaya. Quiere rezar.
D: *¿Sólo quería mostrarte esa habitación?*

J: No sé por qué, pero quería traerme aquí. Quiere rezar y me lo dice -ah, ahora lo entiendo. ¿Ves? A veces tiene sensaciones de que tal vez no seamos buenos; que somos espíritus negativos.

D: *No entiendo por qué podría pensar eso.*

J: Cree que si rezamos con él, lo sabrá. Ahora rezamos juntos. Recitamos el Padrenuestro.

John lo pronunció en voz baja. Yo lo repetí con él mentalmente.

D: *¿Usa las mismas palabras que nosotros?*

J: No, es ligeramente distinto, pero la oración es la misma. Quiso ponernos a prueba. Dice: "Ahora sé que no eres un espíritu malo porque no podrías pronunciar esa oración si lo fueras". Ahora quiere que me vaya.

Su mención de espíritus malos despertó mi curiosidad y quise saber más.

D: *¿Puedes preguntarle si él ha...*

J: No quiere hablar. Ha sacado un manuscrito y recita lo que en él lee, reza.

D: *Sólo tenía curiosidad si algunos espíritus...*

J: Ya estoy de nuevo en la Sala del Tapiz. El guardián me ha hecho salir y me habla en este momento: "Él no quiere que sigas ahí. Para él es muy importante rezar. La oración eleva al hombre". Nostradamus quería probarnos porque había tenido algunos incidentes en los que "se vio implicado con demonios".

D: *En eso consistía mi curiosidad.*

J: Algunos espíritus negativos han venido a través del espejo, dice el guardián. "La oración es muy importante porque es cuando hablamos con Dios. Cuando meditamos, escuchamos lo que Dios tiene que decirnos", dice.

D: *Pensé que era extraño que nos dejara entrar en otra parte de su casa.*

J: Quería comprobar si éramos espíritus negativos, y si lo éramos, él tenía sal en el suelo. (Risas) Yo lo sabía. Pero por eso él quería ver si rezábamos, para alabar al Creador, como dijo.

D: Hubiese creído que a estas alturas él ya sabía que éramos espíritus buenos. Eso lo daba yo por hecho. Ya llevamos tiempo visitándolo.
J: Te darás cuenta de que esto no es coherente. Nosotros no venimos todos los días en un momento específico. Venimos en diferentes épocas de su vida. El guardián dice que él ha tenido alguna dificultad con espíritus negativos.
D: Vaya, me alegro de que hayamos pasado la prueba.
J: Sí. El guardián dice que lo harás muy bien.

También yo creo que el guardián no nos hubiese permitido encontrar a Nostradamus a través del tapiz si él hubiese percibido en nosotros cualquier negatividad. Dijo al principio que él conocía nuestros motivos mejor que nosotros mismos.

Capítulo 23

El Primer Contacto de Nostradamus

Al principio de esta sesión, cuando John aparecía a través del espejo, saltó inesperadamente y exclamó sorprendido: "¡Lo está tocando!"

Dolores: ¿Tocando?
John: Sí. Tiene una varita. Se parece a la de un mago, pero es más larga que la que usarían nuestros magos en el siglo veinte. Tiene unos 50 centímetros pero es gruesa. Se parece a la fina rama de un árbol que ha sido pulida y barnizada. Pensé que había dibujos cabalísticos grabados en ella, pero son letras hebreas. Es su nombre escrito en hebreo.
D: ¿Y ha tocado el espejo con la varita?
J: Sí. Tocó el espejo así. (John movió la mano como un director de orquesta que golpea el podio con la batuta.)
D: ¿Por qué lo ha hecho?
J: Tal parece que está en plena ceremonia mágica. En el suelo bajo sus pies hay un círculo con el trazado de un pentagrama y en él una diversidad de signos hebreos. El círculo está en el suelo cerca de la mesa y hay dos velas dentro de él. El espejo está sobre la mesa. Él lo tocó así (movimientos de la mano) y dijo: (sorprendido) "¡Ah! Tú eres uno de los espíritus, ¿verdad?" Y yo respondí: "Sí, lo soy".
D: ¿Crees que con esta ceremonia intentaba llamar a un espíritu a través del espejo?

J: Sí.

D: Supongo que no sabía que éramos nosotros.

J: No, buscaba espíritus que le ayudaran a trabajar en su libro.

D: Entonces aparecimos en el momento oportuno. Me pregunto si hay otros espíritus que hubiesen venido a través del espejo de no haberlo hecho nosotros.

J: Sí, los hay.

D: ¿Sí? ¿Dónde están?

J: Uno es mi espíritu guía, y hay todo un coro de espíritus que han sido convocados. Ellos observan. Ha hecho la ceremonia en el nombre de Dios, por lo tanto sólo pueden acudir espíritus buenos.

D: ¿Les importa a ellos que seamos nosotros quienes hablemos con él? Alguien más pudo haber estado aquí antes.

J: No, no les importa. Son curiosos. Nostradamus tiene un aspecto muy joven. Tiene una abundante cabellera oscura y sólo unas pocas canas. Diría que por su aspecto debe de andar a finales de los treinta o principios de los cuarenta.

D: ¿Crees que ésta podría ser una de las primeras veces que él convoca la presencia de espíritus?

J: Sí, eso creo. Está algo sorprendido. Está... (sonríe ampliamente) un poco nervioso.

D: (Risas) Tal vez éste fue su primer experimento de este tipo.

J: No, no es su primer experimento, pero es la primera vez que ha visto salir del espejo una visión. Creo que hace muy poco que tiene el espejo.

D: Si está un poco nervioso, tal vez deberías hablar con él para que se sienta mejor.

J: Hablo con él telepáticamente. Le digo que he venido con amor y luz para él y que queremos ayudarle. También le ayudaremos con su libro.

D: ¿Qué dice él?

J: Merci, gracias.

D: ¿Aún siente miedo?

J: No se mueve del círculo. (Nos pareció gracioso.) Pero tiene instrumentos. Tiene un libro... no, no es un libro, es un rollo en el que escribe con pluma.

D: Vaya, no le culpo por su cautela. Creo que esto sería extraño.

J: (Bruscamente) Tiene una especie de problema en la piel.

D: *¿Qué quieres decir?*
J: No lo sé. Al parecer tiene una especie de sarpullido en la cara. Tal vez la reacción a alguna droga. Probablemente se trate de urticaria o una reacción alérgica similar. Se rascaba así. (John se rascó la barba y las mejillas por encima de la barba.)
D: *¿Crees que toma alguna droga?*
J: Sólo las toma por razones de salud. No abusa de las drogas como hacemos nosotros en el siglo veinte. Dice que suele beber uno o dos vasos de vino, pero no abusa de ello. Dice algo, pero no lo entiendo. "Borrachera es la..." Es un proverbio o algo parecido. "La borrachera hace que los demonios hablen por ti".
D: *Pensé que tal vez tome algunas drogas y no se de cuenta de sus posibles efectos.*
J: No, dice que él sabe bastante sobre lo que él llama "farmacopea".

El término me sonó extraño, pero supuse que tenía relación con farmacia o drogas. Definición de farmacopea: Libro oficial en que se listan las substancias medicinales y se describen sus propiedades y el modo de prepararlas.

D: *Si ésta es la primera vez que nos ve, tal vez siente curiosidad. ¿Quiere él preguntarnos algo?*
J: Nos pregunta quién será el próximo gobernante francés.

Casi me echo a reír. Una típica primera pregunta que la gente suele hacer a los espíritus. También era una pregunta que le hicimos cuando él quería saber lo que deseábamos ver en el espejo. Preguntamos quién sería nuestro siguiente presidente. En esa ocasión él nos reprendió por hacer una pregunta tan trivial porque dijo que los gobernantes van y vienen. Pero aquí Nostradamus nos demostró que en sus primeros días de experimentación su curiosidad seguía la misma tendencia que la nuestra. Nos hizo gracia. Aquí él nos hacía el mismo tipo de pregunta por la que más tarde nos criticó. Pero yo me preguntaba cómo le respondería John. Ciertamente yo no podía recordar quién gobernaba en su tiempo, si es que lo sabía. Era historia antigua y la única forma de que yo respondiera sería recurriendo a una enciclopedia y buscarlo a toda prisa. Sería difícil hacer esperar a Nostradamus mientras lo hacíamos. John dijo más tarde que en su estado consciente tampoco sabía la respuesta, pero ésta le llegó de alguna parte.

D: *¿Lo sabes? ¿Puedes ayudarle en eso?*
J: Le digo que no lo será el actual delfín, sino uno de sus hermanos.
D: *Vaya. Yo ni siquiera recuerdo quién era rey en aquel tiempo. ¿Puedes decirle que entre ese tiempo y el nuestro hay una enorme distancia y que esa información es historia antigua para nosotros?*
J: Sí. Se rió cuando se lo dije.
D: *¿Porqué?*
J: Simplemente porque no llega a abarcar 500 años desde su tiempo.
D: *Podrías decirle que su libro ya se ha publicado y que lo leemos. Durante 400 años la gente ha estado perpleja con él.*
J: Vaya, pues le alegra saber que durará todo ese tiempo, pero es reacio a hablar de su propio futuro. No quiere saber nada de eso.
D: *De acuerdo. ¿Ya ha empezado a escribir su libro de cuartetas?*
J: No. Ha investigado para un libro sobre la Cábala. También ha trabajado en un libro astrológico de información que abarca un período muy largo, dice, y señala un enorme libro con tapas de piel de ternero que contiene hojas sueltas. Ha pasado mucho tiempo en ello. Pero también es médico y dedica tiempo a hacer curaciones. Asimismo piensa escribir un libro sobre cierto tipo de filosofía. Verás, en este tiempo se traduce la mayor parte de las grandes obras de la antigua Grecia y Roma del griego y latín al inglés o al francés. También está comprometido en eso.
D: *Entonces realmente no ha empezado a escribir sus cuartetas.*

Podría ser problemático que no hubiese empezado a escribirlas o si ni tan siquiera hubiese pensado en ellas. Si yo se las leyera, tal vez le resultarían tan confusas como a nosotros. Yo esperaba que sólo se sintiera confuso porque no tenía idea de lo que eran. A menos que... a menos que realmente le estuviésemos ayudando a escribirlas.

D: *Vaya, yo quería leer algunas cuartetas y que él las explicara. ¿Crees que sería conveniente para él?*
J: "Absolutamente", dice; "intentémoslo". Acabo de hablarle de las cuartetas y las profecías que le serán atribuidas en el futuro. Tiene

en el rostro una mirada muy perpleja, pero añade: "Lo intentaré, lo intentaré". (El tono de su voz era confuso. Me reí.)
D: *En 400 años nadie ha podido entenderlas plenamente. Por lo tanto eso es lo que intentamos hacer, traducirlas. Por eso fuimos a la fuente; si es que él entiende ese concepto.*
J: Dice: "Lo intentaré". (Con voz resignada y encogiéndose de hombros.)
D: *¿Quería él hacerte más preguntas, además de quién será el próximo gobernante de Francia?*
J: Eso es todo por ahora.
D: *De acuerdo. Leeré una para ver si puede interpretarla para nosotros. En todo caso, podemos ver su reacción.*

CENTURIA IV-5

Croix paix, soubz un accompli divin verbe,
L'Espaigne & Gaule seront unis ensemble:
Grand clade proche & combat tresacerbe,
Coeur si hardi ne sera qui ne tremble.

Cruz, paz bajo uno que ha cumplido la divina palabra. España y la Galia se unirán. Un gran desastre está cerca, la lucha muy feroz, ningún corazón tan valiente temblará.

J: Dice que en el futuro surgirá un grupo religioso de gente a la que no le interesará la política sino el trabajo humanitario y compasivo. Este grupo se formará durante los tiempos difíciles.
D: *¿Qué significa: "España y la Galia se unirán?"*
J: La Galia era el antiguo nombre de Francia. Esto se relaciona con un territorio que aparecerá en ese tiempo. Habrá muchas islas y terrenos rocosos en España, no como es ahora. De este modo, la gente con consciencia espiritual emigrará a este territorio y formará un grupo espiritual para servir al mundo y al único gobierno mundial.

Resultó que Nostradamus podía traducir las cuartetas a pesar de no entender lo que ocurría.

D: Cuando leí la cuarteta, ¿pudo él ver una imagen?
J: Sí, pudo verla. Dice: "Todo esto me resulta muy familiar, pero no sé por qué". Se diría que experimenta el tiempo simultáneo pero no se da cuenta de ello.
D: Me preguntaba cuál sería su reacción. Tengo la impresión de que le parece algo confuso. Al menos parece saber lo que significa la cuarteta. De acuerdo. Sigamos para ver sus reacciones.

CENTURIA IV-6

D'habits nouveaux apres faicte la treuve,	Tras hacer una tregua, nuevas ropas se usarán, malicia, conspiración y confabulación.
Malice tramme & machination:	El que lo demuestre será el primero en morir, el color de la traición veneciana.
Premier mourra qui en fera la preuve,	
Couleur venise insidation.	

D: Los traductores dicen que esta cuarteta es muy oscura. No la entienden.
J: Él me muestra una imagen del Káiser durante la Primera Guerra Mundial y dice que esta cuarteta se refiere al alcance de esa guerra y al militarismo de Alemania durante ese tiempo. El polvorín de la Primera Guerra Mundial estalló con el asesinato del Archiduque Fernando. El hombre que le mató, vivió en Venecia durante un tiempo pertinente y recibió su entrenamiento, suministros y dinero en Venecia. Ésta es la conexión veneciana.
D: Eso fue en nuestro pasado.

Me fue imposible encontrar si el hombre que asesinó al Archiduque Fernando tenía o no alguna relación con Venecia. Hasta el presente aún se desconocen muchos hechos relacionados con los asesinatos. La cuestión de quién estaba detrás de ellos y quién les ayudó nunca se ha resuelto de forma satisfactoria. Tal vez Nostradamus vio más detalles sobre el incidente de los que estaban al alcance de los investigadores.

CENTURIA IV-7

Le mineur filz du grand & hai Prince,
De lepre aura a vingt ans grande tache,
De deuil sa mere mourra bien triste & mince,
Et il mourra la ou tombe cher lache.

El hijo más joven del odiado y gran príncipe quedará muy marcado por la lepra cuando llega a los 20. Su madre morirá de pena, y él morirá cuando se le caiga (de los huesos) la carne a pedazos.

D: *Los traductores toman muy literalmente esta cuarteta, pero no la entienden.*
J: Hmm. Es una cuarteta muy interesante.
D: *En todo caso, tiene un simbolismo interesante. ¿Qué ves tú?*
J: Esta cuarteta implica a un presidente de nuestro futuro cercano. Su hijo morirá de sida. Será durante la crisis de esta enfermedad al final de los 80 y a mediados de los 90. Dice que el sida será similar a la peste negra de su tiempo. Uno de los hijos de nuestro presidente electo, que no ha llegado aún a los 20, sucumbirá a esta enfermedad. Me muestra llagas en el cuerpo de la persona que son púrpura, como la plaga, y dice: así es como su carne se pudrirá en su cuerpo. Se rasca la cabeza y dice: "La peste negra, o como la llamamos, 'Mort de Mal, muerte macabra' es peor que esto porque es muy dolorosa. Pero ésta también es una plaga".

D: *¿La llamó lepra porque era lo único con lo que podía identificarla?*
J: Sí, porque por su aspecto es como si las úlceras desintegraran el cuerpo.
D: *Entonces ése era el único modo de interpretarla. Vaya, es muy interesante. ¿Será en nuestro futuro inmediato?*
J: Dice que muy pronto. Pregunta: "Vosotros estáis a mediados del siglo XX, ¿verdad?"
D: *En este tiempo nos acercamos al final del siglo veinte.*
J: "También tengo contacto con espíritus del siglo XXIII", dice.

Tal parece que el interés de la gente por las cuartetas de Nostradamus no decaerá si continúa vivo 300 años después de nuestro tiempo.

D: Dice: *"el hijo más joven del odiado y gran príncipe"*. No da la sensación de que será un presidente muy popular. ¿Puede él explicar por qué usa esa palabra?
J: (Sonríe) Toda la humanidad odia a sus gobernantes. Es lo que acaba de decir. Hasta el líder más noble fue perseguido y crucificado.
D: Es verdad.

Era obvio que se refería a Jesús.

Cuando organizaba el primer volumen de esta obra, vi algo en una cuarteta interpretada por Brenda que podría corresponder a ésta. Repetiré aquí una parte de la misma.

CENTURIA II-53

La grande peste de cité maritime,	La gran plaga en la ciudad marítima no cesará hasta que sea vengada con sangre la muerte de un justo apresado y condenado sin crimen; la gran dama es ultrajada por la vanidad.
Ne ceserra que mort ne soit vengée	
Du juste sang par pris damné sans crime,	
De la grand dame par feincte n'outragée.	

En el Volumen I Nostradamus explicó que esta cuarteta se refería tanto a la peste negra que afectó Londres como a la actual plaga llamada sida. Dijo que se extendería como un incendio destructivo por todo el país y afectaría a una gran parte de la población. Le pedí que aclarara la parte que dice: "La plaga no cesará hasta que sea vengada con sangre la muerte de un justo apresado y condenado sin crimen".

Respondió que si tuviese que explicar esa parte realmente no tendría sentido, pero que con el tiempo se vería claro. Pensé que se refería a una cura, pero dijo que para esta plaga no se encontraría una cura a tiempo. La muerte sólo seguiría su curso.

Estas dos cuartetas son tan parecidas en contenido que me pregunto si se refieren a lo mismo. La plaga no cesaría hasta que el hijo del presidente de Estados Unidos cayera enfermo. Ese acontecimiento, más que ninguna otra cosa, sería el acicate para buscar una cura. Esto también encajaría en el plazo de tiempo de 15 años antes del descubrimiento de una cura, lo que Nostradamus indicó en la Centuria III-48, Capítulo 19.

CENTURIA IV-8

La grand cité d'assaut prompt & repentin,
Surprins de nuict, gardes interrompus:
Les excubies & vieilles sainct Quintín,
Trucidés gardes & les pourtails rompus.

La gran ciudad sorprendida de noche por un repentino y rápido asalto. Interrumpidas las cautelas; el vigilante y los guardianes de San Quintín asesinados, las defensas y las puertas derribadas.

J: ¿Puedes leerlo de nuevo? Él tiene problemas para escribirlo. (La repetí.) En su tiempo la gran ciudad era Roma. Esta cuarteta alude a la destrucción de Roma durante la crisis del Anticristo.
D: *¿Qué es San Quintín?*
J: El guardián de la puerta del Vaticano.

Descubrí que San Quintín fue un romano que vivió en el año 286 d.C. Fue torturado y decapitado porque se negó a abandonar su fe cristiana y volver a adorar a dioses romanos. Hay en torno a él una complicada leyenda, pero no encontré ninguna mención de él como "guardián de la puerta del Vaticano". Tal vez así le llamaban en el tiempo de Nostradamus. Hoy nos referimos a San Pedro como guardián de las puertas del Cielo, pero a San Quintín apenas se le conoce.

D: *Los traductores relacionan esta cuarteta con una ciudad llamada San Quintín aunque se escribe de forma distinta.*
J: (Pausa) Él no entiende.

D: *Digo que los traductores, los que han traducido estas cuartetas en nuestro tiempo, han asociado esta cuarteta con una ciudad llamada San Quintín, pero el nombre se escribe un poco distinto.*
J: Dice: "¿Quiénes son ésos?" (Me reí.) Está bastante enfadado. No le gusta que le hables de ellos.
D: Son gente de nuestro tiempo que intenta entender sus escritos porque son como rompecabezas.
J: Sí. Dice que el espíritu del siglo XXIII se lo ha dicho.

Al parecer, le indignaba la idea de que la gente interpretara incorrectamente su obra aunque no hubiese escrito aún las cuartetas.

D: *Así que esa cuarteta se refería a la caída de Roma durante los tiempos difíciles.*

CENTURIA IV-9

Le chef du camp au milieu de la presse,	El jefe del ejército en medio de la multitud es herido en los muslos con una flecha.
D'un coup de fleche sera blessé aux cuisses,	Cuando Ginebra en aprieto e infortunio es traicionada por Lausana y los suizos
Lors que Geneve eu larmes & detresse,	
Sera trahi par Lozan & Souisses.	

J: Este acontecimiento tuvo lugar durante la confederación suiza. En otras palabras, la cuarteta se refiere a los diferentes cantones y provincias antes de efectuarse la confederación helvética. Ocurrió hace algunos siglos.
D: *¿Cuál es el significado de esta línea sobre el jefe? "En medio de la multitud es herido en los muslos con una flecha".*
J: Eso le ocurrió a uno de los máximos generales implicados en la consolidación de Suiza.
D: *Entonces ocurrió en nuestro pasado.*
J: Sí. Fue casi en su tiempo.

De nuevo él era exacto en sus notas históricas que nosotros no podíamos conocer. En el tiempo de Nostradamus, Suiza constituida por muchos cantones y provincias distintas. Lo llamaban Confederación Suiza. En ese tiempo intentaban consolidar y emerger como un país independiente. A mediados del siglo XVII fueron reconocidos por todos los estados europeos. Y esto ocurrió en un tiempo cercano al de Nostradamus aunque fue después de su muerte. Hace doscientos años su constitución estableció por primera vez en la historia suiza un gobierno central fuerte. De modo que también estaba en lo cierto cuando dijo que esto ocurrió algunos siglos antes de nuestro tiempo.

CENTURIA IV-10

Le jeune prince accusé faulsement,
Mettra en trouble le camp & en querelles:
Meutri le chef pour le soustenement,
Sceptre appaiser: puis guerir escrouelles.

El joven príncipe, falsamente acusado causará en el campamento disputas y dificultades. El líder es asesinado por su apoyo para pacificar la corona: después cura el mal del rey.

J: Esta cuarteta se refiere a Inglaterra en el futuro. Habrá dificultades en la línea de sucesión de los hijos del príncipe Carlos que viven actualmente.
D: *¿Qué quiere decir con "el líder es asesinado"?*
J: Dice que no es bueno predecir la muerte de otras personas.
D: *¿No le gusta hablar de eso?*
J: En este momento no es conveniente que hables de eso. Esta cuarteta tiene algo que ver con la línea de sucesión al trono de Inglaterra.
D: *Dile que muchas de sus profecías hablan de muerte, y me sería difícil encontrar alguna que no lo hiciera. Ése es el problema, que algunas son muy morbosas.*
J: Hablar de muerte le trastorna.
D: *De acuerdo. Si hay algo de lo que no quiera hablar, sólo tiene que decirlo.*

Parece que también Nostradamus tenía que aceptar sus visiones y crear una actitud objetiva a medida que aumentaban sus habilidades.

CENTURIA IV-11

Celui qu'aura gouvert de la grand cappe,
Sera induict a quelques cas patrer
Les douze rouges viendront fouiller la nappe.
Soubz meutre, meutre se viendra perpetrer.

Aquel que tenga el gobierno del gran manto se verá empujado a actuar en ciertos casos. Los doce rojos vendrán a estropear la protección, durante un asesinato, un asesinato se perpetrará.

J: Esta cuarteta alude a la elevación del Zar y la aristocracia rusa y su derrocamiento por el partido comunista en ese tiempo.
D: ¿Quiénes son los doce rojos?
J: Soldados rojos.
D: "El gobierno del gran manto". ¿Se refiere al comunismo?
J: No. La aristocracia de Rusia vivió bajo un gran manto. Un manto debe proteger a alguien, pero sólo unos cuantos gozaban de esta protección. El resto quedó abandonado a su suerte.
D: "Los doce rojos vendrán a estropear la protección".
J: Esta línea representa la marcha de liberación del partido marxista y comunista.
D: Los traductores lo relacionan con el Papa y sus doce cardenales.

CENTURIA IV-12

Le camp plus grand de route mis en fuite,
Guaires plus outre ne sera pourchassé:
Ost recampé, & legion reduicte,
Puis hors ses Gaules du tout sera chassé.

El más grande ejército en marcha puesto en fuga apenas será perseguido. Reunificado el ejército y reducida la legión, serán después expulsados para siempre de Francia.

John repitió esto en voz alta línea por línea después de mí.

J: Todo esto se refiere a Estados Unidos y a acontecimientos en el pasado reciente. Francia romperá con nosotros el tratado de la OTAN cuando pasemos por dificultades económicas. Esta cuarteta habla de que fuimos la mayor nación guerrera sobre la tierra, pero el humilde Vietnam nos demostró que el gigante puede ser vencido. Esta cuarteta describe lo que sufrió América a través de Vietnam.

D: *Dice que serán expulsados para siempre de Francia.*

J: En el próximo futuro y por decreto popular, Francia prohibirá bases aéreas o armas nucleares norteamericanas en su país.

ACTUALIZACIÓN: En 1992 se dio a conocer que esta cuarteta podía estar a punto de cumplirse. La nueva Alemania unificada había iniciado un programa que los observadores interpretan como un llamado a Europa a alejarse de sus influencias americanas. Para poner de relieve esta cuestión, Alemania y Francia establecieron un ejército conjunto de 50.000 hombres que al parecer operaría independientemente de la OTAN. Estas mismas naciones han mostrado su rechazo a las restricciones internacionales sobre la proliferación de armas de destrucción masiva. También, como lo predijo Nostradamus en una de sus cuartetas, un pequeño pero creciente y muy ruidoso movimiento neo-nazi surge entre la juventud alemana (CENTURIA I- 61, Volumen I).

CENTURIA IV-13

De plus grand perte nouvelles raportées,
Le raport fair le camp s'estonnera:
Bandes unies encontre revoltées,
Double phalange grand abandonnera.

Se informa de grandes pérdidas; la noticia asombrará al campamento. Surgen bandas que se unen contra los rebeldes, la doble falange abandonará al grande.

De nuevo John repitió la cuarteta línea a línea después de mí. Me costó pronunciar la palabra "falange" y empecé a deletrearla, pero él me interrumpió. Dijo que sabía lo que significaba y luego la pronunció correctamente.

J: Esta cuarteta crea la imagen de una guerra civil que ocurrirá en el futuro de América. Implicará a cristianos fundamentalistas, sectas de la Nueva Era y todo tipo de persecución religiosa. Dice que en su tiempo hay persecución religiosa y volveremos a presenciarla al final del siglo veinte. (Esto no me sonó nada bien.)
D: *¿Cuál es el significado de la palabra "falange"?*
J: Una falange es una columna de soldados. Estos cristianos se verán a sí mismos como soldados de Cristo, cuando de hecho son soldados de su propia ansia desorbitada por gobernar, saquear y robar. (Bruscamente) Ya no quiere seguir hablando. Algo ocurre en su círculo mágico. Necesita salir de este lugar.
D: ¿Le ha alterado ver todas estas cosas?
J: Digamos que no está habituado a ello. No está acostumbrado a nosotros. Verás, ésta es una de las primeras veces que aparecemos. Él tiene su visión en el espejo y en la mano una varilla con la que señala. Así es como me comunico con él, los dos dentro del círculo. Pero el hechizo se ha terminado y dice: "Se acabó, tienes que marcharte".
D: *Así que ¿esto es todo lo que quiere hacer esta vez?*
J: Ha estado escribiendo en su rollo y siente mucha curiosidad pero... no está muy seguro de lo que quiere. Pide que nos marchemos. Él hace una invocación... "En el nombre de Jehová, Elohim, os ordeno a vosotros, espíritus, que volváis a vuestro lugar".
D: *De acuerdo, lo respetamos.*
J: Ahora me encuentro en la Sala del Tapiz.
D: *Se ve que sus hechizos son muy poderosos.*
J: Sí. Si me hubiese quedado por ahí, me habría dado un latigazo con algo parecido a la electricidad.
D: *(Risas) ¿Estabas dentro del círculo en el suelo?*
J: Sí. Fue muy extraño.
D: *¿Qué quieres decir?*
J: Bueno, como espíritu del futuro, fue básicamente mi primera reunión con él. (Confuso) No sé qué es esto ni cómo ocurre.

D: *Vaya, debe de haberle sorprendido. Tal vez realmente él no esperaba lo que ocurrió.*
J: Sí, creo que así fue. El guardián del tapiz está aquí. ¿Quieres hablar con él?
D: *Tengo curiosidad. ¿Cree él que hemos molestado a Nostradamus parque fue una de nuestras primeras reuniones?*
J: No, no le molestó, me lo dice el guardián. Sólo que los que deciden emplear las fuerzas de la naturaleza en una encarnación física deben estar preparados para ciertos resultados extraños. Lo dice con una sonrisa.
D: *Así que si pueden hacer estas cosas, simplemente tienen que estar dispuestos a asumir las consecuencias. Cuando te pidió que te marcharas, el círculo y su invocación fueron muy poderosas. Eso es muy importante. Significa que también podemos hacer uso de esas cosas para protegernos.*
J: Es verdad.

No creo que haya una explicación clara para lo que ocurrió en esta sesión. Nuestras experiencias añaden credibilidad a la teoría del tiempo simultáneo que es la idea de que todo ocurre de forma simultánea, en vez de proceder en un plano lineal. Si ésta es la explicación, sigue siendo difícil de entender.

Esta vez Nostradamus no nos reconoció y parecía tener miedo, aunque deseaba realizar un atrevido experimento para contactar con espíritus del más allá. En su tiempo, hacer esto era radical y peligroso para él. Pero su curiosidad era tan grande como la nuestra, y se arriesgó más de lo que nunca podríamos imaginar.

Nuestro papel en esta extraña e hipotética situación parecía fácil comparado con aquello a lo que él se sometía. En esta época de su vida parecía desconocer totalmente las cuartetas y ni siquiera tenía la idea de escribir un libro sobre ellas. Cuando le leí unas cuantas, dijo que experimentaba una especie de *déjà vu*, la sensación de haberlo oído antes en alguna parte. Imagino que esto le confundía. Por una vez estábamos más informados que él porque ya habíamos participado con él en su futuro. Todo este episodio era extraño. Fue imprevisible ya que desconocíamos a dónde nos llevaría el hilo dorado en la vida de Nostradamus. Parecíamos estar en un violento vaivén de un punto a otro en el tiempo, con un único objetivo de contactar con Nostradamus sin importar en qué fase de su vida entrábamos. Algo como esto era demasiado complicado para ser comprendido por nuestras mentes terrenales. Me alegré de que el guardián estuviese a cargo de todo. Él era el único que no estaba confuso respecto a lo que ocurría. Sólo nos decía una y otra vez: "¡Continuad! ¡No hagáis preguntas! En todo caso, es demasiado complicado para que lo entendáis. Así que limitaros a hacer vuestro trabajo y todo funcionará para bien". Y nosotros, como peones o títeres, no teníamos otra alternativa que continuar el trabajo en un plano aparentemente trazado a una gran escala incomprensible para los mortales.

Capítulo 24

La Filosofía de Nostradamus

John: Aparezco a través del espejo y estoy en su habitación. Diría que está en los comienzos de la cincuentena. Tiene canas en cabellos y barba. En este momento de su vida reflexiona seriamente en sus escritos y escribe sobre cierto tipo de filosofía. No sé de qué se trata. Dice que es su propio trabajo personal y no es de nuestra incumbencia. (Risas) Es lo que ha dicho: "No es asunto vuestro. Es mi filosofía personal. Tal vez ni siquiera la publique, pero es algo en lo que siento la necesidad de trabajar".
Dolores: Bien, ¿le parece bien trabajar un rato con nosotros?
J: Sí. Está preparado, dice. Saca otro libro grande en el que escribe cuartetas.

Puesto que él estaba preparado, continuamos con las cuartetas.

CENTURIA IV-14

La mort subite du premier personnage.	La repentina muerte del principal personaje habrá
Aura changé & mis un autre au regne:	cambiado y colocado a otro para gobernar. Pronto, pero
Tost, tard venu a si haut & bas aage,	demasiado tarde llega a elevada posición, de edad
Que terre & mer faudre que on la craigne.	joven, por tierra y mar habrá que temerle.

J: Esta cuarteta alude al primer Anticristo, Napoleón, que vendrá en un tiempo en el que Francia tendrá problemas en la transición de la monarquía a la república. También podría aplicarse al futuro. Habrá un líder nacido después de los tiempos difíciles, joven para su edad, pero será un ser avanzado. Le temerán, pero no en el sentido de temor que tenéis en vuestro tiempo. Él es la personificación de un gran espíritu. Será como la vuelta de Cristo. Nostradamus dice que no es como Jesús el Cristo, pero la situación es muy similar.

D: *¿Existe relación con la figura de la que hemos hablado antes, el Gran Genio?*

J: Sí. Esta cuarteta se refiere tanto a Napoleón como a él. Pero el Gran Genio no será temido, será respetado. Para él, así es como debería traducirse la cuarteta.

D: Los traductores pensaron que se refería a John F. Kennedy, un presidente de nuestro tiempo. Han tratado de relacionar muchas de las cuartetas con la familia Kennedy.

J: Los traductores están obsesionados con ellos, ¿verdad? Algunas cuartetas sí que se refieren a los Kennedy, pero no tantas como ellos creen. Dice: "Sabía que serían hombres importantes en vuestro tiempo, pero su poder ha decaído. Eran encarnaciones de los hermanos romanos Gracos".

Fonéticamente sonaba como Gracius. Así lo pronuncié puesto que el nombre era desconocido para mí y para los que estaban en la habitación. Una posterior investigación reveló que existía el nombre Gracos, notablemente similar en sonido.

D: *¿Hermanos Gracos? No sé nada sobre ellos.*

J: (Bruscamente) "¡Dolores! ¡Es necesario que estudies la mitología! ¡Y la historia!" Es lo que él dice.

Me reprendía de nuevo por mi ignorancia.

D: *(Risas) Lo sé, pero en nuestros tiempos no es tan importante.*

J: Dice que muchas de las cosas a las que se refiere son de esa época porque era característico de la educación clásica en su tiempo.

Pero entiende que estudiemos distintas asignaturas, como álgebra y geometría, algo de lo que él se entera justo en este momento.

D: *Nosotros aprendemos ciencia e informática y cosas que él no entendería. Así que hemos relegado a un puesto secundario la mitología y la historia antigua.*

J: Pero te conviene revisar estos temas para que entiendas sus ulteriores trabajos. Eso es lo que dice.

D: *Sí, lo investigaré. Pero ¿son los Kennedy una reencarnación de los hermanos Gracos?*

J: Dice: "Sí, ahora sí creo en la reencarnación. Durante mucho tiempo me costó aceptarla. Pero ahora que veo desde el espejo la trasmigración de almas, puedo entender su proceso".

D: *¿Quiere decir que ahora le es más fácil entender de dónde venimos? ¿Puede ver la conexión que tuve con su estudiante cuando estuvimos en contacto por primera vez?*

J: Sí. Está en su etapa de vejez; ha aprendido mucho y madurado a su manera.

La investigación reveló que Nostradamus volvía a referirse a la historia romana antigua. Tiberio Sempronio Graco y Gayo Sempronio Graco, llamados los Gracos, eran dos hermanos que intentaron instituir reformas políticas y sociales en Roma durante el segundo siglo a.C. Hay varios paralelismos entre la vida de estos dos hermanos y la de los hermanos Kennedy. El más notable fue su intento de aprobar leyes que beneficiaran a la persona corriente. Hicieron frente a problemas como la crisis de mano de obra militar y un populacho miserable y sin trabajo en Roma. Su modo de pensar les creó oposición. Tiberio fue asesinado durante un disturbio cuando pretendía gobernar un segundo año como tribuno, un acto que era considerado inconstitucional. Su hermano, Cayo, intentó vengar su muerte y entró en la política para llevar adelante los planes de su hermano. A Gayo se le consideraba más como un agitador de masas mientras que su hermano fue más mesurado. Durante su carrera, Gayo llegó a ser tan popular que fue declarado rey sin corona de Roma. Pocos años duró su popularidad porque cometió el fatal error de proponer un proyecto de ley muy impopular. De nuevo, estalló un motín y Gayo se suicidó al verse acorralado por una cuadrilla armada del senado que le perseguía por las calles de Roma. Tal vez lo hizo para escapar al mismo destino que su hermano. Dos mil de sus seguidores fueron ejecutados después de su muerte. La época de los Gracos es llamada la Revolución Romana.

He incluido toda esta información no porque de por hecho que los Kennedy sean reencarnación de los Gracos, aunque su historia está plagada de similitudes. La he incluido porque fue un incidente en la historia romana antigua que ninguno de los que estaban ahí conocía; pero los paralelismos a los que se refería Nostradamus no pueden ser coincidencia. Una vez más, si no era de la mente de Nostradamus ¿de dónde procedía esto? Esto subraya su constante referencia a la historia y mitología romana que él usaba para explicar sus cuartetas y despistar a la Inquisición. Ellos meramente suponían que sus escritos versaban sobre historia antigua, y eran incapaces de ver sus solapadas insinuaciones a la profecía. Estos pequeños detalles eran notables y nunca dejaron de asombrarme cuando hacía mi investigación.

CENTURIA IV-15

D' ou pensera faire venir famine,	Desde el sitio donde él creerá traer hambruna, desde ahí
De la viendra la rassasiement:	vendrá el alivio. El ojo del
L'oeil de la mer par avare canine	mar, como perro avaricioso; el uno le dará aceite y trigo al
Pour de l'un l'autre dorna huile, froment.	otro.

J: Esta cuarteta habla de la relación kármica que existe entre la Unión Soviética y Estados Unidos. El ojo del huracán, él me muestra un lugar que...

Yo le corregí: El ojo del mar", aunque su expresión también fuese adecuada.

J: El ojo del mar. Él me muestra un lugar en el océano Pacífico frente a la costa de Lima, Perú. Dice que esta característica ambiental ha sido perturbada por la humanidad y que en su época no existía.
D: *¿Qué significa característica ambiental?*

J: Parece el ojo de un huracán. Origina la fluctuación de las pautas climáticas en Estados Unidos, y ha sido controlado por el hombre. Hay estudios de control climático realizados por Estados Unidos y la Unión Soviética. La razón por la que América es una gran nación es por su producción alimentaria; ésta es su riqueza. Rusia lo pasa mal por la dureza de su clima. Así que la Unión Soviética intentará despojar a América de su riqueza mediante la manipulación del clima. Esto les colocará en igualdad de condiciones con Estados Unidos. Ellos proyectaron este centro de tormentas. Ha estado en marcha durante los últimos cuatro años y creen que causará destrucción o hambruna en Estados Unidos. En realidad no será así, porque en contrapartida Estados Unidos empleará a sus propios científicos e ingeniería. Como resultado mejorará el comercio y la amistad entre estos dos países en el futuro.

D: *¿Puede él indicar cuándo ocurrirá esto?*

J: Sí. Ha estado ocurriendo desde 1945.

D: *¿Todo ese tiempo han estado experimentando con el control del clima? Parece extraño pensar que pueden hacerlo.*

J: En tu vida presente has podido ver cómo impregnan de partículas sólidas las nubes para producir lluvia. Es una práctica que empezó a principios de tu siglo. Esto no lo dice con palabras, me lo muestra en el espejo.

D: *¿Es parecido a la impregnación de nubes?*

J: Ellos usan toda clase de métodos. También hay tecnología del espacio y satélites que afectan el clima.

D: *Son cosas que por lo general no sabemos.*

J: ¡Pues deberías!

D: *Quiero decir que la gente ignora muchas cosas porque las mantienen en secreto. El gobierno no nos lo dice todo. ¿Qué quiso decir con relación kármica entre nuestro país y Rusia?*

J: Hay fuertes vínculos entre las dos naciones. Dice: "Al igual que entre Inglaterra y Francia. Hemos luchado y discutido y tenido dificultades con Inglaterra. Somos parte de su equilibrio". Verás, parte de su tratado filosófico es sobre vínculos kármicos y por eso ha hecho esa correlación.

D: *Para mí es inusitado pensar en vínculos kármicos entre naciones.*

J: Todo tiene un equilibrio kármico, ¿no es así? Es la ley de causa y efecto o la ley de retribución. Las naciones, las razas, e incluso el planeta tiene un sentido de karma. Al igual que todos los seres vivos desde la más pequeña brizna de hierba, pasando por minerales, rocas y aceite hasta los animales. Todas las cosas animadas e inanimadas tienen un sentido de propósito. Él me muestra un enorme campo verde y todas las conexiones que existen en su interior.

D: *Los traductores creyeron que esta cuarteta hablaba de submarinos por mencionar el ojo del mar.*

J: No, lo han entendido mal. Se lo toman demasiado al pie de la letra. No es eso lo que significa. El ojo de mar representa una zona del mar. La zona que él me muestra es la que llaman "El Niño".

D: *Pensé que podría ser eso a lo que él se refería.*

J: Y éste es también ojo del mar. Dice que no se trata de un anagrama sino que existe una correlación entre el "ojo del mar" y la palabra en español "El Niño". Este fenómeno fue fabricado de forma geofísica (le costaba pronunciar esa palabra) por los soviéticos. Dice que han usado submarinos y barcos en esa zona para crear este patrón climático que puede producir estragos en América, sobre todo en su reserva de cereales.

D: *Se habla mucho sobre El Niño. Los meteorólogos creen que ocurre con mayor frecuencia y en épocas inusuales.*

J: Date cuenta de que está manipulado por científicos. Él no me lo dice, me lo muestra en el espejo negro.

El Niño es un fenómeno climático que se caracteriza por una corriente costera cálida que recorre en dirección sur las costas de Ecuador y Perú alrededor de la época de Navidad. Las cálidas aguas de la superficie y las perturbaciones biológicas asociadas con el Niño se extienden en dirección sur hacia Chile y en dirección norte hacia Colombia británica. Su nombre se deriva del nombre del niño Jesús ("el Cristo niño"). Es la irregularidad más considerable en las fluctuaciones anuales de los sistemas oceánico y atmosférico. Suele empezar alrededor de Navidad y dura varias semanas, pero los de mayor fuerza pueden durar más. Varias catástrofes se asocian con los fenómenos El Niño de mayor fuerza, por ejemplo lluvias torrenciales e inundaciones en una costa normalmente seca, la ausencia de peces, y la muerte por inanición de aves marinas que se alimentan de pescado. En 1972 El Niño produjo el hundimiento de la que en un tiempo fue la gran industria pesquera peruana de la anchoa. Otras perturbaciones en El Niño pueden afectar gran parte del planeta. Australia y partes de Indonesia sufren sequía; el clima invernal en Norteamérica es anormal; las tormentas al norte del Pacifico aumentan; y cambian las pautas de la aparición de huracanes.

En 1987 el Niño fue la noticia climática dominante. Las aguas inusualmente cálidas en el Océano Pacifico ecuatorial produjeron alteraciones en la circulación atmosférica y los resultados se sintieron en todo el mundo. Esta situación fue detectada a principios de ese año y se realizaron controles cautelares. La ausencia de lluvia monzónica en la India provocó graves carencias de alimento y el gobierno se vio obligado a importar arroz para evitar la hambruna. En el pasado, la falta de lluvias en la temporada del monzón producía hambruna y miles de muertes. Sin embargo en el presente los fenómenos El Niño pueden pronosticarse de seis a nueve meses antes de que ocurran, lo cual da un margen a los gobiernos para planificar y paliar las inclemencias que este fenómeno climático puede producir.

La hipótesis de Nostradamus de que una característica climática de semejantes proporciones puede ser manipulada por el hombre es casi inexplicable. Pero ya no resulta más descabellado que las otras muchas cosas que se nos han mostrado. Con frecuencia tuve que hacer un gran esfuerzo para no hacer juicios y limitarme a informar sin comentarios. No debía olvidar que estas cosas tienen que haberle parecido a Nostradamus mucho más increíbles que a nosotros.

CENTURIA IV-16

La cité franche de liberté fair serve,
Des profligés & resveurs faict asile:
Le Roy changé a eux non si proterve
De cent seront devenus plus de mille.

La ciudad franca de la libertad es esclavizada, convertida en refugio de libertinos y soñadores. El rey cambia y no es tan fiero con ellos. De cien aumentarán a más de mil.

J: Dice que esta cuarteta se refiere al florecimiento de París como centro cultural.
D: *¿Ocurrió esto en nuestro pasado?*
J: Sí. Tú sabes que en su tiempo Paris era un centro administrativo y religioso, pero a finales del siglo XIX París cambió y se convirtió en la capital del arte del mundo. Fue un centro neurálgico para el arte y la cultura. También dice que los reyes no suelen tener muy buena disposición respecto a los artesanos y la gente creativa a menos que pongan a su servicio sus talentos. Esta cuarteta predice la transición de un rey a otro, de un antiguo sistema monárquico a un proceso democrático más libre.
D: *Luego los números carecen de importancia, salvo que representan el desarrollo de...*
J: El nacimiento de la capital francesa como centro cultural.
D: *Los traductores no lo relacionaron con eso en absoluto.*

CENTURIA IV-17

Changer a Beaune, Nuy, Chalons & Dijon,	Cambios en Beaune, Nuits, Chalon & Dijon, el Duque
Le duc voulant amander la Barrée	desea mejorar a los Carmelitas. Andando cerca del
Marchant pres fleuve, poisson, bec de plongeon,	río, un pez, el pico (de ave zambullidora), hacia la cola;
Vers la queue; porte sera serrée.	cerrarán con llave la entrada.

John repetía cada nombre después de mí con impecable pronunciación.

J: Ahora me enseña un mapa de Francia y llama mi atención a la zona del Golfo de Vizcaya. Dice que mucha gente no se da cuenta de ello pero los franceses en esta época de tu siglo cuentan con un gran arsenal de agua... (duda sobre cómo describirlo) un algo acuático... un ejército acuático. Me muestra barcos, pero más que nuevos tienen el aspecto de los barcos antiguos. Dice que esa cuarteta se refiere a la fortificación de toda esta zona. Se ha estado haciendo paulatinamente, pero avanzará de forma repentina en el futuro. Las ciudades que se mencionan estarán cerca de las instalaciones militares más importantes para el ejército francés porque Francia va a desligarse de lo que conocemos como la OTAN. Ellos asumirán su propia defensa nacional mediante el refuerzo de estas zonas.

D: *¿Qué significan los Carmelitas?*

J: Dice que no lo entenderías porque no estudias historia, pero muchos de los carmelitas eran guerreros arrepentidos. Renunciaron a la vida militar para seguir una vida religiosa. Esto tiene un simbolismo importante porque las fuerzas militares retiradas de la Francia del siglo XX querrán expandirse y separarse de las demás naciones.

Los Carmelitas eran miembros de una orden religiosa católica romana. En su origen fueron un grupo de eremitas. A pesar de que su número fue en aumento, continuaron bajo severas normas y su vida era aislada y solitaria. Tal vez, como lo indica Nostradamus, los guerreros arrepentidos elegían este tipo de vida como reparación de la violencia que ocasionaron. Después del tiempo de Nostradamus las órdenes religiosas se volvieron más abiertas y cambiaron sus estrictas normas. Su interpretación de esta cuarteta va en correlación con lo que sabía de la orden durante su vida, de ahí el simbolismo.

D: *Los traductores creen que esta parte es muy oscura: "Andando cerca del río, un pez, el pico de un ave pescadora, hacia la cola. Cerrarán con llave la entrada".*

J: Se refiere a.... no es una flota. Me muestra una imagen de fortificaciones militares.

D: *¿Es ése el pez y el pico del ave zambullidora?*

J: Es como un submarino. Ya sabes, submarinos, aviones y cosas por el estilo. La mejor forma en la que él podía describir estas cosas es con metáforas de animales que conocía.

D: *Sí, tiene lógica. ¿Qué significa: "Cerrarán con llave la entrada"?*

J: Que sólo será la armada de Francia.

D: *Y no necesitarán a las otras naciones o a la OTAN.*

J: Exacto. Asumirán su propia defensa.

D: *Esa cuarteta no la entendieron los traductores en absoluto. No pudieron descifrarla.*

CENTURIA IV-18

Des plus lettrés dessus les faits
celestes
Seront par princes ignorans
reprouvés:
Punís d'Edit, chassez comme
scelestes,
Et mis a mort la ou seront
trouvés.

Algunos de los hombres más ilustrados en las celestes artes serán reprendidos por príncipes ignorantes; castigados por Edicto, expulsados como malhechores y enviados a la muerte si son encontrados.

J: Esta cuarteta debería ser muy evidente. Se refiere a la degradación de la astrología después de su tiempo.
D: *Las celestes artes se refiere a la astrología.*
J: Sí. Dice que un colega francés -y me da el nombre, Voltaire- contribuirá a desacreditar la astrología y a divulgar un punto de vista filosófico enteramente nuevo. A consecuencia de esto perseguirán a los astrólogos.

Voltaire vivió más de un siglo después del tiempo de Nostradamus. Fue un filósofo y escritor prolífico. Figura preeminente del período de la Ilustración, o "Siglo de las Luces". A medida que se creaban nuevas filosofías todo era objeto de ataque. Escribió sobre muchos temas, entre otros: libertad religiosa y reforma penal, y sus obras siguen gozando de popularidad hoy en día. La Enciclopedia Collier's dice: "Dedicó su vida entera a protestar contra males existentes". De modo que es posible que también escribiera contra el en un tiempo respetado campo de la astrología.

D: *Es parecido a lo que dijeron los traductores. "En este verso persisten sombras de la Inquisición, porque de hecho los astrólogos nunca fueron tan intensamente perseguidos tras la muerte de Nostradamus como lo fueron el siglo anterior".*

Por mi propia investigación ya he mencionado que en tiempos de Nostradamus no perseguían a los astrólogos a menos que traspasaran los límites que se rozan con la magia. Solían ser muy respetados y tolerados. La astrología era absolutamente necesaria para un médico. Nostradamus señaló que la persecución y la falta de comprensión vendrían después de su tiempo. Era algo que yo nunca habría sospechado.

J: Dice que es peliagudo ser astrólogo en su tiempo porque si eres bueno puedes predecir muchos acontecimientos y tus clientes te respetan. Pero la Iglesia no lo mira con buenos ojos porque quiere poder. Quiere el poder.
D: Es lógico. Los traductores tenían razón, esta cuarteta habla de astrología.
J: Sí, así es.

CENTURIA IV-20

Paix uberté long temps lieu louera; *Par tout son regne desert la fleur de lis:* *Corps morts d'eau, terre la lou apportera,* *Sperants vain heur d'estre la ensevelis.*	Paz y abundancia perdurable exaltará el lugar: la flor de lis plantada por todo el reino. A tierra traerán los cuerpos ahogados, en vana espera de la oportunidad de ser enterrados.

J: Esta cuarteta se refiere al futuro lejano. Después del cambio en la Tierra -él me lo muestra en imágenes- una parte de Francia desaparecerá. Francia como entidad nacional se extinguirá porque toda la gente se unirá. Muchos cuerpos se lavarán en las costas de una nueva tierra que tendrá paz, felicidad y prosperidad. Pero los cuerpos de los que han muerto durante el cataclismo tendrán que ser enterrados.

CENTURIA IV-22

La grand copie qui sera deschasée,
Dans un moment fera besoing au Roi,
La foi promise de loing sera faulsée
Nud se verra en piteux desarroi.

El gran ejército que será expulsado en un momento dado el Rey lo necesitará. La fe prometida desde lejos se romperá, él se verá desnudo en deplorable desorden.

J: Si no te importa, léela de nuevo para que él pueda terminar de escribirla.

Así lo hice y John repetía cada frase después de mí.

J: Esta cuarteta se refiere a Charles de Gaulle. No fue rey de Francia pero llegó a presidente a pesar de que no gustaba a la gente. Fue fundamental a la hora de expulsar a los nazis de su amada Francia.
D: Sí, lo fue.
J: Pero no le recompensaron con la presidencia hasta mucho después en su carrera. Por esta razón a veces era áspero.
D: *En nuestro tiempo es una figura conocida.*

CENTURIA IV-23

La legion dans la marine classe,
Calcine, Magnes soulphre & paix bruslera:
Le long repos de l'asseuree place,
Port Selyn, Hercle feu les consumera.

Arderá la legión en la flota marina, cal, magnesia, sulfuro y brea. El largo reposo en lugar seguro; Puerto Selin y Mónaco serán consumidos por el fuego.

J: Esta cuarteta se refiere a Asia. En su mapa me señala Asia. Describe algún tipo de accidente naval que afectará la isla de...

A John le costó pronunciar el nombre. Hizo varios intentos hasta que finalmente pudo decir Macao.

J: Me muestra ahora un barco inglés. Explotará en su muelle y casi destruirá la ciudad.
D: ¿Es esto lo que significa la lista de productos químicos?
J: Sí. Dice que encontrarán estos químicos dentro del barco y provocarán la explosión. Habrá cierto tipo de accidente y el consiguiente incendio hará arder también la ciudad portuaria de Macao.

Esto podría parecer un error, puesto que yo había leído claramente la palabra "Mónaco" en la cuarteta. Mónaco se encuentra en la costa del Mediterráneo, muy distante de Macao, que está cerca de Hong Kong. Parecía una contradicción, y pensé que finalmente nos encontrábamos con algo que los escépticos podrían poner en tela de juicio. Pero tras un examen más minucioso, Mónaco es el nombre que dio el traductor a la ciudad. En la cuarteta original la palabra "Hercle", traducida por su transcripción latina como "Herculeis Monacei" es otro nombre para Mónaco. Es la personal interpretación de la Sra. Cheetham. En otros libros sobre las cuartetas falta la palabra "Hercle". Si con mi lectura yo hubiese influido en John, con toda seguridad le habría hecho conectar con Mónaco en vez de con Macao. Esto, más allá de toda duda, destaca que John no usaba su mente lógica sino que transmitía lo que Nostradamus le mostraba en el espejo mágico.

D: ¿Habrá pérdida de vidas?
J: Sí, morirá mucha gente. Esto será muy pronto... a decir verdad, a mediados de los 90.
D: Los traductores creyeron que tal vez se refería al "fuego griego", si sabe él lo que es.
J: (Imperturbable) Sí, dice que ya lo ha hecho antes.
D: ¿Ah, sí? Estaban seguros de que él se refería a eso.
J: (Fastidiado.) ¡No! Dice que ese material existe desde hace siglos. Los griegos y los romanos lo usaban en sus embarcaciones bélicas. A los venecianos se les conoce por usar esto siempre en la conquista de nuevas tierras para el comercio.
D: Pensaron que podría tratarse de la receta del fuego griego.

J: (Risas) Dice: "¿Por qué? Cualquiera con un mínimo de conocimientos sabe cómo hacerlo".

El fuego griego era una famosa arma secreta usada por los antiguos griegos y bizantinos en sus batallas navales. Se trataba de una combinación de varios químicos inflamables que por medio de tubos se arrojaban a las naves enemigas o ardían al contacto con el agua. Pero actualmente sólo se tiene una vaga idea de la lista exacta de ingredientes. Al parecer no era tan secreto para los sabios contemporáneos de Nostradamus.

CENTURIA IV-24

Oui soubs terre saincte dame voix fainte,	Se oye la débil voz de una mujer bajo el suelo santo. La llama humana luce para la voz divina. Hará que la tierra se tiña con la sangre de célibes y destruirá los santos templos para los malvados.
Humaine flamme pour divine voix luire:	
Fera les seuls de leur sang terre tainte,	
Et les saincts temples pour les impurs destruire.	

J: Dice que en tu siglo las mujeres accederán al poder. Provocarán la destrucción de las instituciones oficiales religiosas y financieras de su tiempo. Esta cuarteta también se refiere a la Tierra, la gran madre, y su rebelión contra su dominación.
D: *¿Qué harán las mujeres para provocar esto?*
J: Se guiarán por sus creencias.
D: *Da la impresión de ser un poco sexista.*
J: Sí, lo es, y mucho. Tú lo sabes. Pero prefiero no hablar de eso; a él no le agrada.
D: *De acuerdo. Pero él sí cree que las mujeres van a provocar estos acontecimientos.*
J: Sí. Cree que las mujeres tendrán más poder. En su tiempo, como sabes, las mujeres eran tratadas como asnos. Carga esto, lleva lo otro, haz esto, trae aquello. Hasta él muestra esa actitud. Las mujeres no recibían una educación en ese tiempo a menos que fueran muy ricas, o de una casa noble que tuviera tutores. Y los

tutores sólo trabajaban para la nobleza, como reyes, reinas, princesas y duques. Así que las mujeres en conjunto carecían de educación.

D: *Vaya, me doy cuenta de lo que son sus creencias en función de su tiempo. Eso no me molesta.*

J: Que eso no te preocupe, "Está bien".

D: *¿Lo veremos en nuestro tiempo?*

J: La cuarteta representa la liberación de las energías femeninas del universo. Es el mejor modo de describirla. Me muestra una imagen de la Virgen María. Representa el eterno aspecto femenino de Dios.

CENTURIA IV-26

Lou grand eyssame se levera d'abelhos,
Que non sauran don te siegen venguddos:
De nuech l'embousque, lou gach dessous las treilhos
Cuitad trahido per cinq lengos non nudos.

El gran enjambre de abejas aparecerá, mas nadie sabrá de dónde ha venido, la trampa de noche, el centinela bajo las vides, una ciudad es entregada por cinco lenguas no desnudas.

Una vez más él repitió cada frase en voz alta después de mí, y pidió que deletreara la palabra "lenguas".

J: Esta cuarteta se refiere a un ataque en una ciudad naval. Se parece a Pearl Harbor. La cuarteta se refiere a ese acontecimiento, pero también ocurrirá en otro lugar. Será un ataque encubierto, pero no será en América sino en India. Una base naval en India será atacada de noche.

D: *¿Sabe él quién les atacará?*

J: Los persas. Eso es lo que dice: º ¡Ellos, los persas!"

D: *¿Son ellos el enjambre de abejas?*

J: Sí, las abejas representan a los persas que dominarán y destruirán este lugar.

D: *¿Qué simbolismo encierra la frase "El centinela bajo las vides"?*

J: Simboliza a un centinela bajo palmeras.

D: *¿Y "una ciudad es entregada por cinco lenguas no desnudas"?*
J: La ciudad la entregan los que están en el poder.
D: *¿Tiene algún significado "cinco lenguas"?*
J: La cuarteta se refiere a India, porque en ella los principales idiomas que se hablan son cinco.
D: *¿"No desnudas"?*
J: En India hay un idioma nacional y muchos dialectos, incluso hay otros idiomas completamente diferentes. Es lo que él ha dicho.
D: *No sabemos estas cosas y por eso trabajar con él nos ilustra. ¿Puede él decirnos cuando ocurrirá esto aproximadamente?*
J: Antes del fin de tu siglo.
D: *¿Formará parte de la guerra del Anticristo?*
J: Sí, se relaciona con esos acontecimientos.

CENTURIA IV-27

Salan, Mansol, Tarascon de SEX. l'arc,
Ou est debout encor la piramide:
Viendront livrer le Prince Dannemarc,
Rachat honni au temple d'Artemide.

Salon, Mansol, Tarascon, el arco de SEX, donde la pirámide sigue en pie. Vendrán a entregar al Príncipe de Dinamarca, un vergonzoso rescate al templo de Artemisa.

J: Nostradamus vive en Salon.
D: *¿Ah, sí?*

Es una de las ciudades nombradas. Era el tipo de comentario que haría una persona real.

J: Se va a realizar una investigación arqueológica en las Pirámides de Egipto que desvelará muchos secretos. La financiará una persona de la noble casa de Dinamarca.
D: *¿Esa persona va a financiarla?*
J: Sí, pero la compensación que recibe no guarda proporción con lo que invierte, y se sentirá engañado. Los franceses se llevarán todos los honores. Dice: "Ahí estamos, una beligerante raza de

seres. (Risitas) Nos llevamos todos los honores cuando nos lo proponemos".

D: *¿Por qué nombra esas ciudades?*

J: Todas las ciudades están al sur de Francia y representan los diferentes puntos de donde procederán los arqueólogos.

D: *Los traductores creen que "el arco de SEX" es un anagrama, pero no lo entienden. ¿Qué quiere decir con eso?*

J: No es un anagrama. Piensa por un instante qué puede ser un arco sexual y él dirá.

Yo estaba segura de no encontrar la respuesta a menos que se tratara de una referencia simbólica a los órganos sexuales femeninos. Tal vez fue muy embarazoso para él hablar de esto con una mujer, pero no iba a ser yo quien hiciera alusiones de carácter sexual.

D: *Lo lamento. No consigo captarlo. Intento ver de qué manera se relaciona con las Pirámides. ¿Por qué? ¿Le molestaría mucho a él decirme lo que significa?*

J: No, justo ahora se echa a reír.

D: *(Risas) Vaya, he de decir que él ha conseguido oscurecer mucho sus significados.*

J: El arco del sexo simplemente se refiere al género femenino. Habrá miembros femeninos en este equipo de arqueólogos.

D: *¿Por eso lo puso en mayúsculas? ¿Es inusual?*

J: ¡Eso es! Las mujeres no realizaban este tipo de funciones en su tiempo.

D: *Porque no tenían el conocimiento.*

J: Correcto. Y por eso es importante. La clave fue el arco del SEXO y también el templo de Artemisa. Dice que tenías que haberlo entendido al instante.

Esto sería divertido si no fuese tan grave. Nostradamus ciertamente me concede crédito por mucho más conocimiento del que en realidad poseo, especialmente cuando se habla de mitología.

J: Recuerda, la diosa luna fue adorada en el templo de Artemisa. ¿Y quién adora a la diosa luna?

D: *¿Las mujeres? De acuerdo. ¡Ahora lo entiendo! Pero a simple vista no es tan sencillo.*
J: Él ríe de nuevo.
D: *Par eso le necesitamos para explicar estas cosas. Ahora lo veo claro, pero ni siquiera los traductores lo entendieran. Asociaban el símbolo can algunos monumentos históricos en cuya inscripción se encontraban las siglas SEX.*
J: Dice: "En tu tiempo la gente está obsesionada por el sexo. En nuestro tiempo lo disfrutamos, pero no tiene mayor importancia. Lo veo tal como es". Él tiene una visión de nuestro futuro. (Risas) Ve tiendas porno y prostitutas, y dice: "Incluso tenemos prostitutas en Salon igual que en Marsella, pero son sinceras respecto a lo que hacen". Dice que no es una obsesión; sólo forma parte de la vida.
D: *Por eso a la gente le resulta difícil entender sus cuartetas. Tiene una forma de pensar y una actitud mental diferentes.*
J: Es verdad.
D: *De modo que los arqueólogos van a descubrir más secretos sobre las pirámides. ¿Tiene idea de cuándo será eso?*
J: Está muy próximo en tu futuro. Y habrá mujeres francesas implicadas en este estudio arqueológico.
D: *Será un gran descubrimiento. Hace tiempo que se espera. Sabemos que hay muchos secretos sobre las pirámides.*
J: Es verdad.

CENTURIA IV-32

Es lieux & temps chair un poisson donra lieu,	En esos tiempos y lugares en los que la carne cede paso al
La loi commune sera faicte au cantraire:	pescado la ley común se hará en oposición. El viejo (orden)
Vieux tiendra fort plus osté du milieu,	se mantendrá, luego desaparece de la escena y
Le Pánta chiana philon mis fort arriere.	Todas las Cosas comunes entre Amigos se quedan muy atrás.

J: Esta cuarteta se refiere al crecimiento y desarrollo del comunismo en la Unión Soviética.
D: *"En lugares en los que la carne cede el paso al pescado".*
J: Representa la región primitiva. Me muestra una imagen de la tundra, hielo y nieve.
D: *¿Qué significa "cede paso al pescado"?*
J: El terreno se adentra en el Océano Ártico y ese tipo de aguas.
D: *Luego se refiere a esa zona. Es una forma de decir "Rusia".*
J: Para él lo es. Es uno de sus significados ocultos. Pero representa la Unión Soviética y la aparición del comunismo.
D: *Los traductores han puesto Amigos con mayúscula y afirman que se refiere al comunismo. Se han acercado bastante en su interpretación, pero creen que simboliza la decadencia del comunismo.*
J: ¡Ilusiones!
D: *(Risas) ¿Entonces no está a punto de hundirse?*
J: No, antes intentarán mejorarlo. Dice que los principios básicos de lo que él entiende del comunismo son buenos, pero no que ningún poder manipule a otras personas. Dice: "Tenemos reyes en nuestro tiempo. En el vuestro tendréis dictadores y presidentes. El mundo no cambia tanto, incluso después de siglos".

ACTUALIZACIÓN: En el Volumen III de esta obra, Nostradamus tradujo cuartetas que vaticinaban la caída del muro de Berlín. También dijo que varios países satélites de la Unión Soviética empezarían a rebelarse y conseguirían su libertad, algunos de forma pacífica y otros con violencia. Dijo que la Unión Soviética quedaría reducida al tamaño original de Rusia y Siberia. También dijo que cuando Rusia empezara a tener problemas económicos el resto del mundo la seguiría. Reveló que si América intentaba ayudar a Rusia en sus adversidades monetarias, también se arruinaría nuestra economía.

J: (Bruscamente) Dice que es hora de que me vaya. Saca su pipa y dice: "Ahora necesito distraerme un poco".
D: *Hoy hemos hecho bastante y realmente se lo agradezco.*
J: Podremos hacer más en otra ocasión. También dice que tendrás otros guías para ayudarte.

Yo no estaba tan segura de eso. Yo sabía bien que se me acababa el tiempo, pues John se mudaría a Florida pronto.

D: *¿Sabe él que este vehículo se marcha y que tal vez sólo nos quede tiempo para una sesión más?*
J: Lo entiende. Él me ve como un espíritu y no como individuo. Dice: "Otros espíritus van y vienen, pero llevaremos a cabo lo que necesitamos". Ha encendido su pipa y echa una gran bocanada. Estoy en el espejo. Vuelvo atrás. ¡Adiós!
D: *(Risas) ¡Adiós! Sólo espero que él esté dispuesto a hablar con quien yo le traiga.*
J: Ha dicho: "No te preocupes, que vengan a través del espejo". Es lo último que dijo. Llévalos hasta su espejo y que lo atraviesen. Afirma que será lo más práctico. Ya se ha ido, y ahora me encuentro en la Sala del Tapiz.
D: *Hoy hemos avanzado mucho y me sorprende. Él se ha quedado con nosotros más tiempo del habitual.*
J: Tenía una pipa de arcilla.

Los movimientos que John hacía con la mano indicaban que era una pipa larga, de cañón curvo de unos 30 centímetros y un pequeño recipiente.

J: Puso en ella tabaco y hierbas y quería fumar. Se sentía bien, relajado; pensaba en lo que habíamos hablado y le ayudaba a escribir.
D: *Para mí sigue siendo extraño pensar que le ayudamos a escribir sus cuartetas. Resulta confuso para nuestras mentes humanas.*
J: (Muy autoritario.) "No es un asunto que debas entender en este momento de tu existencia". Eso es lo que dice el guardián del tapiz.
D: *(Risas) ¿Sólo hazlo sin preguntar?*
J: (Risas) Sí. En resumen es lo que dice. Con el tiempo lo entenderás, pero ahora mismo no puedes. Dice que sigas adelante con tu buen trabajo.
D: *(Resuelta) De acuerdo. Lo esencial es que no interferimos. Nos han dicho que hiciéramos esto.*

J: Sí, él lo entiende. Ha estudiado este caso con mucho cuidado y detalle.

D: *Ojalá yo lo supiera en detalle. (Risas) Me siento como un simple peón en medio de todo esto. ¿Realmente es así?*

J: Dice que no puede hablar de eso en este momento. No quiere decir nada que te desanime o te entusiasme. "¡Simplemente hazlo!" Dice: "Lo que yo diga podría usarse para bien o para mal o en contra, y no tengo tiempo".

D: *De acuerdo. Estoy en, medio de esto sin saber dónde irá a parar o qué debo hacer. Supongo que yo hago mi parte y los demás harán lo correspondiente. ¿Es así? (Nada responde.) Lo dejaremos así.*

Al parecer él no estaba dispuesto a seguir hablando; "fin de la discusión, tema cerrado".

ES EXTRAÑA la rapidez con la que las cosas se vuelven triviales. Cuando sospeché por primera vez que podríamos estar ayudándole a escribir las cuartetas, resultó muy perturbador. Sobrecogía la mente. Y sólo un mes después, todo el tema era aceptado y reconocido como un trabajo importante. Ahora parecía normal aceptarlo en vez de sentirse atemorizada por ello y evitarlo. Al parecer esto había sido decidido en algún otro nivel. En cuanto a nosotros, sólo sabíamos que éramos parte de esa decisión.

Capítulo 25

El Nuevo Vástago

Ésta sería nuestra última sesión con John porque le quedaban dos días para irse a Florida. En mi fuero interno esperaba que fuese provechosa antes de despedirnos una vez más de Nostradamus. John dijo que tal vez volvería de visita y podríamos trabajar, pero por experiencia yo prefería no contar con eso. Por extraño que parezca, siempre que mis sujetos se marchaban, se iban lejos, como si su participación, su conexión kármica, en este proyecto terminara y tuvieran que cortar con él por completo. En este guión sólo mi papel permanecía constante. De hecho parecía estar orquestado con demasiada perfección para ser casual.

Así que, por última vez, usé la palabra clave y di a John instrucciones de seguir el hilo dorado que nos llevaba hasta Nostradamus. Cuando llegó a través del espejo vio a Nostradamus vestido de forma muy diferente a la de habituales ropas informales. John pasó largo rato tratando de describir el extraño sombrero que llevaba Nostradamus. Tenía dificultades porque nunca había visto nada igual. "El aspecto del sombrero es divertido. Redondo... de material grueso y rugoso; parece un gran plato encima de un gorro con alas que cubren las orejas. Además las túnicas que lleva hoy son voluminosas porque al parecer hace frío donde él está".

Esto se parecía un poco a la indumentaria con la que aparece Nostradamus en algunos retratos.

John observó que Nostradamus trazaba un horóscopo.

J: (Sonriendo) Me ve llegar a través del espejo y dice: "Éste es un día memorable. Mi mujer acaba de dar a luz un hijo". Yo pregunté: "¿Es su primera esposa?" Él dijo: "No, es mi segunda esposa, y estoy trazando el horóscopo de mi hijo. Hoy no dispongo de mucho tiempo, de modo que trabajaré sólo un poco con vosotros. Tengo que estar presente en los festejos por el nacimiento de mi hijo. Por eso me ves vestido de esta guisa. Vendrán a mi casa importantes invitados de todo Salon. Son viejos amigos que conocieron mi infortunio cuando perdí a mi primera familia. Estoy muy contento. Estoy trazando su horóscopo". (Sonriendo) Es un padre orgulloso vestido con sus mejores galas. Su túnica es de terciopelo color burdeos de la que asoma el encaje blanco de las mangas. Incluso lleva cintas a la altura de las rodillas. Dice: "Pero hoy no puedo pasar mucho tiempo con vosotros porque no tardan en llegar mis invitados".

D: *Vaya, nosotros también nos alegramos par su felicidad. ¿Es su primer hijo con esta esposa?*

J: Sí, éste es su primer hijo. Los padres de ella también vienen de camino para esta celebración.

D: *¿Puede él decirnos cuál es la fecha del horóscopo que traza?*

J: No estoy seguro. Su escritura es muy diferente de la nuestra y cuesta leer sus cifras. Parece 1557 o 1551, pero bien podría ser 1547 o 1541. Es el mes de... noviembre. Sé que el mes es noviembre pero no estoy seguro del año.

D: *¿El horóscopo lo traza del mismo modo que le has visto hacerlo anteriormente?*

J: No, es diferente del otro horóscopo que vi. También tiene forma de diamante, pero está dentro de un cuadrado. Él me dice que usa tres formas de horóscopos: el modelo de tres diamantes, el cuadrado dentro de la forma de diamante y la rueda. Dice que los antiguos usaban en sus horóscopos los modelos del cuadrado y el diamante. (Con argullo) Dice: "Tengo un hijo que continuará mi apellido. Me siento muy feliz y con mucho entusiasmo. Es simplemente maravilloso". Está en el séptimo cielo. Su apariencia es de unos cuarenta años.

Le di a John instrucciones post-hipnóticas de que sería capaz de dibujar el modelo del horóscopo cuando despertara.

D: *Tal vez podamos hacer algunas cuartetas antes de que se vaya.*
J: Dice que sólo podremos hacer un par de ellas porque para su presencia es importante en la celebración.

Esto tenía que ocurrir en nuestra última sesión. Nosotros disponíamos de mucho tiempo para trabajar, pero Nostradamus no. En un caso como éste te sientes como un invitado inoportuno que aparece en mal momento.

D: *Ojalá tuviéramos mejor control de los días en que venimos.*
J: Éste es un día muy feliz en su vida.
D: *Y nos alegramos con él, pero nunca sabemos de antemano en que momento vamos a entrar en su vida. Veamos qué podemos hacer en el limitado tiempo que tenemos. Hay una cuarteta que es la primera que quiero proponerle porque incluye signos astrológicos.*

CENTURIA V-23

Les deux contens seront unís ensemble,	Los dos hombres satisfechos se unen cuando la mayoría de
Quand la pluspart a Mars seront conjoinct.	planetas forman conjunción con Marte. El líder africano
Le grand d'Affrique en effrayeur & tremble:	tiembla de terror. La doble alianza disipada por la flota.
DUUMVIRAT par la classe desjoinct.	

J: Él saca un paño y lo pasa por el espejo negro. Dice: "Esto va a ocurrir muy pronto en vuestras vidas. Vosotros estáis en el año 1987. (Incrédulo) ¡Ahhh! En un futuro casi a 400 años de distancia de mi tiempo". Dice que esta profecía se cumplirá en África. Marte, Saturno, otros planetas, el Sol, y la Luna estarán en el signo de Sagitario en ese momento. Dice que ocurrirá cuando haya luna nueva en Sagitario en conjunción con Marte y Saturno. (Suspira) Dice que tal vez Marte no estará en Sagitario sino en Escorpión, pero lo bastante cerca de esta energía para verse afectado. Dice que durante esta época habrá un intento de derrocar al gobierno libio.

D: ¿Es eso lo que él quiere dar a entender por #El líder africano tiembla de terror"?

J: Sí. (Confuso) Da la impresión de que eso ya ha ocurrido. Él me muestra bombas y la flota norteamericana en contienda con Libia que ahora tiembla. Libia no es el gran poder que creyó que llegaría a ser.

A continuación Nostradamus trató de explicar los signos astrológicos, pero sólo lo embrolló más. ¿Es porque trabajaba en el horóscopo de su pequeño y la cuarteta le distraía?

J: No te preocupes de los presagios astrológicos. Dice: "Mira lo que muestra el espejo. En él aparece el Mediterráneo. Aquí en el Mediterráneo está Libia. Libia intenta expandirse y dominar a los países vecinos, los del este, el oeste y el sur. Quiere labrar un imperio en la mitad superior del continente africano". Él usa un puntero para indicarme esta esfera de influencia y dice: "Aquí está Libia, y aquí mismo están los gemelos. Los gemelos representan a Estados Unidos que extiende su fuerza y su poder. Hay operaciones clandestinas realizadas por el gobierno de Estados Unidos de América".

D: ¿Qué quiere decir?

J: Dice que tu gobierno trabaja en otros países para impedir que crezca esta esfera de influencia y esto hace temblar al príncipe -el rey africano.

Las conclusiones astrológicas demostraron que la fecha más probable para este acontecimiento sería el 20 de diciembre de 1987. Esto se basa en que el Sol, la luna nueva, Saturno y Urano se encuentran en Sagitario, y Marte en Escorpión. Había confusión respecto a estos signos, pero creo que Nostradamus indicó que el acontecimiento ya había ocurrido, y de hecho sigue ocurriendo. La implicación de Estados Unidos con Libia sigue muy presente en las actuales noticias mundiales.

Después de buscar en los volúmenes de actualización de mi enciclopedia Collier's era evidente que Nostradamus tenía razón cuando dijo que nuestro gobierno podría estar implicado en operaciones clandestinas en contra de Libia. También tenía razón cuando dijo que Libia intentaba expandirse hacia países vecinos. El volumen de actualización correspondiente al año 1987 informaba que se había revelado que el Ministerio de Relaciones Exteriores de Estados Unidos consiguió atajar un plan militar conjunto entre Estados Unidos y Egipto auspiciado por la Casa Blanca para atacar Libia en 1985. El plan, trazado por el Consejo de Seguridad Nacional requirió la ayuda de Egipto para atacar Libia, tomar la mitad del país con soporte aéreo norteamericano y derrocar a Muammar el-Gaddafi. Este plan nunca se llevó a cabo. Pero Estados Unidos sí que apoyó a la República del Chad en su guerra con Libia en la seguridad de que una derrota Libia precipitaría la caída de Gaddafi.

En 1986 Libia y Estados Unidos iniciaron un conflicto armado. En marzo, Libia atacó aviones y barcos norteamericanos cuando Gaddafi declaró que habían entrado en sus aguas territoriales. Estados Unidos respondió con ataques a barcos libios y un emplazamiento de misiles.

El terrorismo se convirtió en problema de escala mundial en 1986, y se sabía que era una política de estado declarada por Gaddafi. Por consiguiente, después de varios ataques terroristas en Europa con resultado de muchas muertes Estados Unidos manifestó que tenía evidencia de la implicación libia. Fue difícil obtener el apoyo de otros países por sus intereses petroleros en Libia, pero en abril Estados Unidos bombardeó el cuartel general de Gaddafi y causó la muerte de varias personas. La mayoría de países criticó esta acción. Se esperaba que en vista de todos los problemas el gobierno de Libia sería derrocado desde dentro. En esta época había constante presión de Estados Unidos y otros países para impedir que la influencia de Libia se extendiera a otros países.

En 1987, la guerra del Chad se extendió a Libia y se declaró un cese al fuego. Se sugirió que Gaddafi reconociera la imposibilidad de una victoria libia por el respaldo de Francia y Estados Unidos al Chad.

En 1988, Estados Unidos declaró que Libia construía una inmensa planta para fabricar armas químicas, mientras Gaddafi aseguraba que era para fabricar fármacos.

Es obvio que aún existen condiciones preocupantes entre Estados Unidos y Libia. De los signos astrológicos proporcionados por

Nostradamus se podría inferir que las condiciones descritas en la cuarteta prevalecían a finales de los 80. Al parecer él vio el manejo detrás de lo que ocurría mientras el mundo en general lo ignoraba. Ciertamente era una situación que yo desconocía hasta que sus observaciones me instaron a investigar.

ACTUALIZACIÓN: Nostradamus describió la zona de Oriente Medio como una tormenta que se fraguaba por debajo del horizonte, una bomba de tiempo -preparada para explotar. En abril de 1990, Muammar el-Gaddafi hizo las siguientes declaraciones, que muestran las inestables condiciones de la zona: "Si contáramos con la fuerza disuasoria de mísiles capaces de alcanzar Nueva York, los habríamos lanzado en ese mismo momento. (Durante el bombardeo de Estados Unidos a Libia en 1986.) Por lo tanto, debemos tener esta fuerza para que ni a los americanos ni a ningún otro país se les ocurra atacarnos de nuevo".

D: ¿Por qué se refiere a Estados Unidos como los gemelos?
J: Esto es digno de mención. Como él conoce el futuro, sabe que vivo en un país populoso constituido por estados independientes que se han unido. Sabe que Géminis es un signo muy prominente en el horóscopo de Estados Unidos. Es decir, está bajo el efecto gemelos. En este país hay ciudades gemelas, grandes ciudades en ambas costas. Existe positivo y negativo. En el sur hace mucho calor y en el norte mucho frío. Siempre hay una doble pauta o equilibrio de opuestos.
D: ¿Es lo que significa la primera frase? "Los dos hombres satisfechos se unen"?
J: Sí. Esto, una vez más, se refiere a Géminis.
D: Luego todo esto se refiere a Estados Unidos. Los traductores pensaron que representaba a dos aliados pero en absoluto tiene que ver con eso.
J: No. Dice que de hecho se refiere a dos hombres. No pienses en tu presidente, él no tiene el poder. Hay dos hombres que controlan toda la situación mundial en este momento en tu tiempo. Uno tiene su base en Nueva York y otro en -señala Londres en su mapamundi. Estos dos hombres son muy, muy poderosos. Están

bien escondidos, pero controlan la mayor parte de la economía, tanto del primer mundo como del tercer mundo.

D: *Esto no lo sabe el ciudadano medio.*

J: No. (Suspiro) Dice: "Te doy esta información porque es importante".

D: *¿Los gobiernos saben de la existencia de estos dos hombres?*

J: Los gobiernos están controlados por ellos. Me muestra al hombre de Nueva York que tiene el mismo aspecto de vuestros normales ejecutivos. Lleva gafas y tiene unos 55 años. Tiene mucho poder pero todo está oculto. Él manipula diferentes agencias del gobierno de Estados Unidos y otros países porque tiene el poder para hacerlo. El hombre de Londres es del mismo estilo. Hombres de carne y hueso que son los líderes ocultos. Dice que van a crear problemas, no porque quieran dinero, ya que poseen todo el dinero que podrían desear -me enseña toneladas de oro- sino porque quieren poder y control. Éstos son los hombres que prepararán la entrada en escena del Anticristo.

D: *Entonces los líderes árabes no son los únicos que ayudarán en esto al Anticristo.*

J: No. Ellos le introducirán en su organización y le harán avanzar con toda rapidez en su situación. Dice: "En tu tiempo ésta podría ser información muy peligrosa, pero, creo que la gente debe conocerla.

Esto se parecía a la referencia que hizo Brenda en el Volumen I a la misteriosa cábala: un grupo secreto de gente que está detrás de los gobiernos del mundo y que han tenido el control durante muchas generaciones.

J: Estos dos hombres son los líderes del mundo, pero no se sabe nada de ellos. Ni siquiera se conocen sus nombres. Los medios de comunicación no tienen conocimiento de ellos. Se mantienen en la clandestinidad, pero tienen una gran influencia, especialmente en los presidentes y líderes de los diferentes gobiernos del mundo. De hecho, intentan manipular al gobierno de la Unión Soviética para introducir a otro líder en la red.

D: Es difícil entender cómo pueden tener tanto control y permanecer en el anonimato. ¿Cómo pueden mantenerse fuera del alcance de los medios?

J: Porque ellos controlan parte de los medios y pueden hacer lo que quieran: su poder es enorme. En este momento me muestra la imagen del globo con líneas que él ha trazado y todo está conectado. Estos hombres son los que remueven y agitan el mundo. Es lo que acaba de decir. (Sonriendo) Me muestra que ellos zarandean el mundo. Añade: "Creemos que estas almas son encarnaciones de gente que ha tenido poder en otras vidas y ahora hacen su apuesta final por el dominio del mundo. Realmente ellos son el poder que está detrás del trono".

D: ¿Tuvieron ellos que ver con lo de Libia?

J: Dice: "Esos dos son los hombres vinculados entre sí que yo veo. Tienen un plan para controlar el mundo, y todo va encajando. Pero, el verdadero controlador del mundo será este hombre". Y me señaló a...

D: ¿Al que conocemos como el Anticristo?

J: Correcto. Pero él dice que no nos ocuparemos de él por ahora.

D: No, no queremos hablar de él.

Ciertamente yo no quería arriesgarme a repetir la escena de lo ocurrido la última vez que entramos en su vida.

J: Dice que estos dos hombres introducirán la figura del Anticristo en su red de poder. Y el Anticristo los derribará. (Enfático) Los derribará.

D: Les saldrá el tiro par la culata.

J: El espejo se ha oscurecido. Él dice: "Pasa a la siguiente cuarteta porque espero visitas".

En esencia se trata de la misma información proporcionada a Brenda. Ella también describió en el Volumen I que la cábala quería en su grupo al Anticristo con la intención de controlarlo. Y es él quien acaba por destruirlos en su apuesta por la superioridad mundial, sin darse cuenta de que realmente los necesitaba. En otras palabras, fue como "tirar piedras contra el propio tejado".

CENTURIA IV-34

Le grand mené captif
d'estrange terre,
D'or enchainé ay Roy
CHYREN offert:
Qui dans Ausone, Milan
perdra la guerre,
Et tout son ost mis a feu & a
fer.

El gran hombre hecho cautivo desde un país extraño, con cadenas de oro, ofrecido al Rey Chyren. Él, quien en Ausonia, Milán, perderá la guerra y todo su ejército perecerá a fuego y espada.

D: Él puso CHYREN en mayúsculas. Los traductores creen que es un anagrama.

Me pidió que deletreara Chyren y Ausonia.

J: Él intenta escribir... verás, ahora vuelve a su libro y ha sacado la pluma. Dice: "Empecemos desde el principio".

Volví a leerla y John decía en voz alta cada frase después de mí.

J: (Con tono resuelto.) "Helo aquí de nuevo. Me muestra el espejo. Dice que el lugar es Cirene, y me señala su ubicación. Esta cuarteta tiene que ver con África del Norte, representada por el Rey Chyren. Un diplomático muy importante de un gobierno muy poderoso será secuestrado y esto ocurrirá en los 90. Dice: "Creo que el rehén será un europeo de una rica nación". Veo cadenas de oro. Esta cuarteta también se refiere al Anticristo que conseguirá controlar el norte de África. Ocurre durante una de las batallas finales del Anticristo antes de introducirse en Europa. Él tomará a este hombre como rehén y prometerá negociar su liberación, pero en lugar de ello tratará bárbaramente a este cautivo. Debido a sus atrocidades este cautivo será destruido. Dice que Ausonia y Milán están en el norte de Italia. Ausonia está casi en Suiza, en los Alpes. El rehén podría ser suizo. Verás, el Anticristo quiere el dinero que está en los bancos suizos. Lo quiere todo. Cree que al tener todo ese oro puede controlar el mundo, pero van a combatirle hasta el final.

D: *No se conforma con poco ¿verdad?*
J: No, lo quiere todo.
D: *¿Por eso se reúne con este hombre?*
J: Sí. Va a reunirse con este hombre y tratará de utilizar el secuestro para obtener el dinero, pero la resistencia en Europa será muy fuerte. Será una gran batalla. Lanzarán contra él un proyectil nuclear y esto destruirá su ejército. Pero se retirará hacia lo más interior de Oriente Próximo. Cuando aparezca de nuevo será más poderoso que nunca. Esto ocurrirá a mediados de los 90.
D: *Los traductores creen que Chyren es un anagrama del rey Enrique.*
J: (Risas) No. Consulta tu libro de historia para saber dónde estaba Cirene.
D: *(Risas) Lo ignoro.*
J: Señala que Cirene está entre Egipto y Libia, en la costa del norte de África. Insiste en que debes estudiar la historia antigua.

¿Debía sorprenderme que una vez más él tuviera razón? Creo que se refería a Cirenaica porque usó este nombre varias veces cuando traducía a través de Brenda, para representar al Anticristo y los países del norte de África. Hoy en día Cirenaica es parte de Libia. En tiempos antiguos era mucho más grande y durante un tiempo, formó parte de Egipto. En consecuencia, cuando le mostró el mapa a John se trataba de la ubicación de Cirenaica en la antigüedad. Él lo usó para simbolizar esa zona del norte de África y también como anagrama para el Anticristo. Es interesante recalcar que Cirene, en tiempos antiguos, era el principal centro de población de Cirenaica. Ambos nombres encajan claramente con su anagrama "Rey Chyren". Los traductores, al sugerir que era un anagrama del Rey Enrique, olvidan por completo que en referencias simbólicas Nostradamus recurría profusamente a la historia antigua.

J: Sólo hará una cuarteta más y luego tendrá que marcharse.

CENTURIA IV-35

Le feu estaint, les vierges trahiront
La plus grand part de la bande nouvelle:
Fouldre a fer, lance les seulz Roi garderont
Etrusque & Corse, de nuict gorge allumelle.

El fuego apagado, las vírgenes traicionarán la mayor parte de la nueva banda; relámpago en la espada, sólo las lanzas salvaguardarán al rey. Toscana y Córcega, de noche cuellos cortados.

J: Esta cuarteta indica que las cabezas de playa europeas estarán en Córcega y también en la Toscana, al norte de Italia. Me muestra estas zonas en el mapa y dice que en el futuro van a ser muy importantes. Serán las cabezas de playa que utilizarán los ejércitos del Anticristo para entrar en Europa. El rey al que se refiere es el rey Carlos. A Gran Bretaña le irritará el intento del Anticristo de tomar Gibraltar, pero los británicos permanecerán en guardia. En otras palabras, protegerán muy bien lo que es suyo. Pero los europeos, sobre todo los italianos, lo pasarán muy mal. Córcega y los franceses también tendrán problemas. De hecho, los franceses probablemente harán una alianza con el Anticristo. Cuando él señala Francia se le arrasan los ojos. Dice que éste será uno de los grandes errores de su país porque con ello le proporcionarán al Anticristo un puente para alcanzar su verdadero objetivo, Suiza y el sur de Alemania, que en los años 90 serán las grandes zonas industriales. Esta cuarteta se aplica a toda esta actividad.

D: ¿Qué significa esta parte: "las vírgenes traicionarán la mayor parte de la nueva banda"?

J: (Sonriendo) Dice: "En tus días no hay muchas vírgenes. (Risas) Pero las verdaderas vírgenes que existen en tu cultura son figuras religiosas". Significa que usarán a los religiosos como tapadera. En otras palabras, los enemigos de Europa en este tiempo utilizarán a las monjas y otras figuras religiosas para infiltrarse en estos países. Aquí es donde las vírgenes son traicionadas porque creen que trabajan para una buena causa cuando de hecho van a ser "usadas" para ayudar a destruir Europa.

D: ¿Qué significa esa primera parte: "El Juego apagado"?

J: El fuego apagado significa que Roma fue bombardeada.
D: *También dice: "relámpago en la espada, sólo las lanzas salvaguardarán al rey". ¿Qué es eso?*
J: Dice que el Rey Carlos será protegido por armas superiores. Verás, será un ataque a gran escala contra el sur de Europa. Atacarán Gibraltar. No atacarán Francia porque querrán una alianza con Francia, pero atacarán Italia, Suiza, el sur de Alemania, Austria y Yugoslavia. Toda esta zona se convertirá en campo de batalla. Intentarán también conquistar Londres, pero Inglaterra dispondrá de armas superiores.

Esto se relaciona con cuartetas interpretadas por Brenda en el Volumen I que se refieren a las batallas navales en Gibraltar. Ella también relacionó los planes bélicos del Anticristo exactamente de la misma manera.

J: Dice: "Todo esto tendrá lugar a mediados de los 90. Tú lo verás en tu vida".
D: *No sé si queremos ver todo esto. Una cosa es tener conocimiento de estas cosas, y otra pensar que ocurrirán. Esperemos que no.*
J: (Con una gran sonrisa) ¡Ahh!
D: *¿Qué?*
J: Vaya, es increíble, pero... en este momento ve en el espejo cómo será la vida de su pequeño. Ve crecer a su hijo y convertirse en orgullo para él, y esto le hace muy feliz. (Bruscamente) Aquí llega su esposa con la sirvienta que trae al niño. Lleva puesta una túnica con muchas... bueno, en realidad parece una pequeña momia. (Risas)
D: *(Risas) ¿Qué quieres decir?*
J: Es un precioso bebé pero está completamente envuelto. Así... (cruzó las manos sobre el pecho.) Sus manos hacia arriba contra el pecho y todo envuelto. Lleva una túnica de bautizo y una pequeña capucha con encajes en todo el borde. La esposa de Nostradamus tiene aspecto de estar agotada. Y él dice: "Es hora de que te vayas. Ha llegado mi esposa". Me mira a través del espejo y dice:"¿No es precioso mi bebé?" (Una gran sonrisa) Es un padre muy orgulloso. Su mujer parece haberlo pasado muy mal. Parece exhausta por la palidez de su piel. Su tocado y la ropa que viste es

muy complicada. Son de pana aterciopelada de un intenso color verde esmeralda.

D: *Me pregunto por qué han querido celebrarlo tan pronto. ¿Por qué no dejan primero que ella se recupere?*

J: Le he hecho esa pregunta. Le digo:"¿Cómo es que no está en reposo?" Él responde que fue un parto muy fácil. El bebé nació a primera hora de esta mañana. Ya es la tarde, y ella ha descansado. Su aspecto es un poco fatigado, pero él insiste que fue un parto fácil. Añade: "Es una de las razones por las que me casé con ella, porque tiene buenas caderas. (Risas) Buenas caderas y muy buena capacidad para los embarazos". Asegura que a ella le preocupaba más la limpieza y orden de la casa que descansar. (Risas) Está muy orgulloso de ella y mandó aviso a todos de que se preparaba una fiesta para celebrar el nacimiento. Mañana llevarán al niño a bautizar. Dice que es una ocasión especial porque para él representa el nacimiento de un heredero. Además, sus abuelos (los padres de su esposa) son ricos y él establece un sentido de dinastía. Por eso es un acontecimiento tan importante para ellos. Va a haber una gran fiesta. Dice: "He mandado matar un par de ovejas y un buey. Ya los están preparando". Dice que ésta es la primera vez que su joven criada ha mostrado interés por hacer algo bien. Ha hecho falta que naciera un niño. Pero la casa está adornada con arreglos de flores otoñales. También tiene a otras tres chicas trabajando en la casa y hombres en el patio que se ocupan de trasladar una barrica de vino.

D: *Nos alegramos mucho con él y le agradecemos la dedicación de su tiempo para hablar con nosotros.*

J: Dice: "Puedes contactar de nuevo conmigo. Por favor, es muy importante que lo hagas. Estoy aquí para ayudar. Sin embargo, tienes que darte cuenta de que también tengo una vida. Mi vida continúa, pero me satisface poder ayudaros a todos".

D: *Ah sí, nos damos cuenta de ello. No queremos molestar. Nosotros también tenemos nuestras vidas.*

J: Ha cerrado la puerta y se ha ido.

D: *Vaya, en todo caso fue muy amable de su parte dedicarnos tiempo en un día tan importante para él.*

ÉSTA FUE NUESTRA última visita a Nostradamus y yo me alegré de que terminara con un acontecimiento feliz. Tenía que admitir que le echaría de menos. A través de John nos habíamos familiarizado bastante con el temperamento de Nostradamus así como con su vida personal. Habíamos llegado a considerar a este ceñudo disciplinario como un amigo querido y una persona estupenda. Estoy segura de que para John no sería fácil olvidar su notable relación con este gran hombre.

Uno de los aspectos más asombrosos de las interpretaciones que llegaron a través de John es que no había contradicciones entre lo que se le mostró a él y lo que vio Brenda. Es como si no hubiese habido interrupciones. Los mismos personajes principales pasaron de una al otro. El Anticristo, Ogmios, el último Papa, el Gran Genio, incluso las oscuras figuras de la cábala secreta siguieron representando sus papeles en este guión. La línea del complot futuro que Nostradamus vio también continuó sin desviaciones. Se añadieron más detalles y fragmentos, y algunos aspectos fueron expuestos y aclarados, pero no había alteración. Incluso se emplearon los mismos simbolismos y anagramas. Que una cosa como ésta ocurra por coincidencia es descabelladamente improbable.

Capítulo 26

Una Deuda Kármica Saldada

Cuando Nostradamus me dijo que me haría falta un "trazador de horóscopos" que colaborara en la interpretación de las cuartetas, yo sabía que tendría que encontrar a una persona especial. Tal vez haya mucha gente que entienda de astrología, pero no muchos a quienes también les interese la metafísica. Y son aun menos los que estarían dispuestos a trabajar con mente abierta en un proyecto tan extraño. La idea de trabajar con un profeta que lleva muerto 400 años es, sin lugar a dudas, algo que raya en la extravagancia. De modo que el astrólogo tenía que ser alguien que aceptara como normal tan extraña misión y estar dispuesto a seguir instrucciones poco habituales con respecto al simbolismo y a interpretaciones astrológicas arcaicas. Yo quería a un profesional, pero sabía que sería difícil acudir a un experto con una propuesta tan extravagante.

No había necesidad de preocuparme por eso. En aquel momento yo ignoraba que la solución ya estaba en marcha y completamente fuera de mi control. Cuando John Feeley acudió con sus amigos a nuestra reunión metafísica dijo que tenía la fuerte sensación de que estaba allí por una razón, pero no sabía cuál. Cuando descubrió aquello en lo que yo trabajaba, la respuesta fue clara: él debía ayudarme con este proyecto. Comentó que como astrólogo siempre se había interesado por Nostradamus y le fascinaba el misterio que le rodeaba. Para él era una oportunidad demasiado buena para dejarla pasar. Su curiosidad era tan fuerte como la mía.

En esa época no sospechábamos que había algo más en juego. Se había hecho un arreglo en el otro lado para el pago de una gran deuda kármica. John mismo lo ignoraba hasta que empezaron a encajar todas las piezas del rompecabezas. Cuando descubrió que también podía ayudar con las interpretaciones de las cuartetas, la lógica oculta en ello empezó a emerger.

Así como se desvanece una densa niebla, el propósito de nuestro encuentro se volvió más claro que el agua para John, pero hubiese quedado en el olvido para cualquier otro que no estuviera directamente implicado en este proyecto. La clave fue un recuerdo provocado por la regresión a una vida pasada.

Cuatro años antes de que yo conociera a John él intentó por su cuenta la regresión a una vida pasada mediante el uso de cintas grabadas para una regresión hipnótica. Estas cintas pueden utilizarse en la intimidad del propio hogar con sólo seguir unas sencillas instrucciones. Al usar este método él desenterró un recuerdo muy fuerte de una vida pasada guardado en recónditos rincones de su mente. Emergió con una extraordinaria cantidad de detalles. Ahora está incorporado en su existencia presente y forma parte de su propia historia personal del mismo modo que sus recuerdos de infancia.

Esto suele ocurrir con frecuencia cuando el sujeto es capaz de revivir e identificarse con una vida pasada. Desafía toda explicación lógica y muchos supuestos "expertos" dirían que no hay evidencia que apoye el recuerdo, pero el sujeto no necesita ninguna prueba. Sabe, desde alguna reserva en lo profundo de sí mismo, que la percepción es "correcta" y que aclara acontecimientos y situaciones en su vida presente que no podrían explicarse por métodos llamados "lógicos". Así que se convierte en parte de su historia, una parte innegable y muy esencial para él.

Trabajé con una mujer como sujeto que explicaba muy bien esto. Bajo hipnosis regresiva ella recordó una vida en Francia. Pocas semanas después ella se encontraba en una tienda cuando oyó por casualidad a unas mujeres que hablaban de una reciente visita a París. Sin pensarlo siquiera, casi se le escapó decir que ella había vivido en París. El impulso fue tan fuerte que tuvo que morderse los labios. Las mujeres nunca habrían entendido que de verdad ella hubiese vivido allí, menos aún que fuera 200 años atrás. Lo que a ella le parecía tan natural, para los demás podría resultar una extravagancia. Esto da una idea de cómo una persona se identifica con estos recuerdos una vez que los revive y acepta. Lo sé porque yo puedo recordar una vida en la que fui un monje que permanecía durante largas horas sentado en una fría biblioteca monacal ocupado en escribir copia tras copia las Escrituras. De vez en cuando podía sacar de las estanterías y ocultar en mi túnica algún texto prohibido, para más tarde leerlo en mi celda a la luz indetectable de una vela. Mi curiosidad y ansias de conocimiento eran entonces tan fuertes como lo son ahora.

Éste era el caso de John. Él sabía muchos detalles de su vida pasada y parecían muy naturales para él. Después de trabajar con Nostradamus finalmente pudo aplicar este recuerdo a su vida presente y escapar del karma que esa vida había representado para su subconsciente.

Ésta es la historia del recuerdo en sus palabras:

MI NOMBRE ERA FRANZ WEBBER y nací a finales de los años 1880 en el seno de una rica familia alemana. Mi padre escapó de la Primera Guerra Mundial porque mucho antes se trasladó con su familia a Suiza, donde me eduqué y crecí. Fui a la universidad de Basilea, en Suiza. Mientras me preparaba para mi graduación en la universidad, fui a visitar a una astróloga. Es interesante que fuera también una mujer astróloga. (Él hacía referencia a su aprendizaje en su vida presente con una astróloga, Isabelle Hickey.) Ella trazó mi horóscopo. Empecé a interesarme en estas cuestiones y ella me recomendó algunos libros para su lectura. Como me habían educado en un ambiente universitario, me fue muy fácil asimilar esta información. También poseía los medios suficientes para comprar todos los libros y materiales necesarios para trazar horóscopos, y empecé a hacerlo por mi cuenta. Creo que los mejores astrólogos son autodidactas y por eso fue tan importante para mí tomar clases ahora en esta vida porque en esa vida anterior básicamente fui autodidacta. Sé que obtuve la mayor parte de mis conocimientos fundamentales en esa vida y por eso me fue tan fácil asimilarlos en mi vida presente. (Chasqueó los dedos.) Estaba justo ahí. Pero en esa vida no sólo me interesaban los horóscopos. También aprendí a usar las runas y cosas de ese tipo que eran muy germánicas. Incluso en esta vida me fascinan todas esas cosas.

Me atrajo fuertemente el movimiento romántico alemán que tuvo lugar durante la década de 1890 y el cambio de siglo. En un tempo fui seguidor de Rudolf Steiner y estaba al tanto de todo lo que ocurría en

Alemania, Italia, Francia y en todo el continente europeo. A medida que los nazis empezaron su escalada al poder sentí curiosidad por ellos. Debido a la exaltación del estilo de vida germánico, realmente me aficioné a él. Me cautivó especialmente su propaganda, de modo que no fue extraño que yo decidiera volver a Alemania y trabajar con ellos en el desarrollo del nuevo gobierno. Me convertí en nazi y ayudé en la oficina de información de Berlín, que de hecho era el departamento de propaganda. Ellos querían aprovechar mis conocimientos de astrología. Hitler creía en la astrología y contaba con mucha gente que le ayudaba en esto. Él usaba toda clase de información esotérica. En esta etapa Hitler decidió que quería usar las cuartetas de Nostradamus para demostrar que Alemania conquistaría el mundo. Yo fui útil para encubrir información sobre Nostradamus. Fui una de las personas que trabajó en el gabinete de información que manejaba este material. Tergiversaban la información para encajar en ella su causa. Verás, a los alemanes les interesaba mucho, y siguen interesados en lo que llaman "ciencias ocultas". La oficina empleaba estas interpretaciones en emisiones de radio como propaganda. Anunciaban: "Nostradamus predijo que Alemania se elevaría al poder". Después recitaban una cuarteta, por ejemplo una que describía la caída de París. "Mirad qué rápidamente cae París. Nosotros ya tenemos total control en todo el continente. Somos un imperio milenario. Él nos predijo".

No me incomodaba copiarlas una y otra vez, de hecho sentía que la causa lo merecía. Podrás ver que realmente creía en el sistema nazi. Publicamos un libro de las centurias de Nostradamus que estaban en alemán, después de darles la vuelta para que se acomodaran a las circunstancias y lisonjearan el régimen alemán. Así creábamos una religión nacional. Uno de los propósitos para usar la ciencia de la astrología y cosas por el estilo era crear un sistema de creencias para los nazis, para la raza dominante. Ése era nuestro programa principal.

Fui miembro de la Sociedad Thule y me comprometí con muchas de estas personas porque tenía algo que ellos no tenían; poseía una gran fortuna. Nací en una familia muy rica y sentí que podía hacer algo. Ésta es la razón por la que en esta vida he de aprender a ser humilde, porque en aquella vida fui muy prepotente. Era una persona muy arrogante y severa.

Después ocurrió algo que cambió mi actitud respecto al insigne poder nazi. Descubrí que destruían vidas con brutalidad. Una vez mi mujer trajo a casa una pantalla de lámpara hecha con piel humana. Ella quería sustituir una pantalla y trajo ésta a casa. Observé su textura. Pensé que era cuero, pero luego descubrí que en realidad era... piel humana. Le exigí que me dijera de dónde la había sacado. Me dijo que la había obtenido de la esposa de uno de mis comandantes, y que las fabricaban en Dachau. Me pareció vergonzoso y sentí una profunda irritación. Eso me puso sobre la pista de que algo macabro estaba ocurriendo. Después de eso me desilusioné de los nazis, especialmente en la forma en que se solucionaba el problema judío. Después me di cuenta de que eran gente mentalmente enferma. Me impliqué en una trama para derrocar a Hitler y bombardear su oficina durante una reunión. En vista de eso, un agente de la GESTAPO me disparó al corazón por traidor al Tercer Reich. También mataron a mi esposa.

(Cuando le hicieron a John una radiografía de tórax descubrieron que tenía un pequeño agujero en el esternón. El médico no encontró ninguna explicación para ello y lo consideró defecto de nacimiento. No existe en la piel de John ninguna marca. ¿Pura coincidencia?)

Él prosiguió: Es interesante que mucha gente que he conocido en esta vida también participó en aquella. Mis actuales hermanos estaban implicados y todos murieron durante un bombardeo sobre Berlín en esa vida. Tal vez una de las comprobaciones más asombrosas fue cuando descubrí que un amigo mío de Dallas también estaba implicado en esa vida alemana. Él no sabía nada de mi experiencia, pero mediante una regresión a una vida pasada descubrió que era el presentador de radio alemán que leía mis textos. Yo solía darle el guión de los programas de radio. Su trabajo consistía en divulgar de este modo la propaganda. Descubrimos que había muchas semejanzas entre sus recuerdos y los míos. En esta vida, mi amigo habla alemán con fluidez. Le resultó muy fácil, y ahora sabe que fue porque tuvo que hablar varios dialectos alemanes en las emisiones de radio que llegaban a toda Alemania.

Después de que surgieran estos recuerdos hace cuatro años, no fui en búsqueda de Nostradamus. No era tan importante para mí. Me pareció interesante descubrir que también estaba metido en la astrología en esta vida, y me ayudó a entender por qué me había sido tan fácil aprender. Supe de sus profecías pero no las estudié.

Obviamente debo haberlas leído en esa vida, pero no en ésta. Nunca habría pensado que haría algo así (implicarse en las interpretaciones), porque yo no hacía este tipo de conexión, hasta este momento. De modo que creo que al trabajar contigo en este material de Nostradamus, estoy compensando el mal uso que hice antes. Ahora que le he conocido, me gustaría estudiar su vida y leer alguna biografía suya. Pero no lo haré; simplemente porque no quiero influir en la información que pueda surgir. He descubierto que éste es un trabajo muy interesante. Creo que doy cumplimiento a una especie de destino kármico con mi trabajo en aclarar la interpretación de estas cuartetas. También creo que por eso estoy tan comprometido en la astrología e intento emplearla para ayudar a la gente. En la Alemania de los tiempos de guerra tal vez algunos creyeron en mis profecías, que no eran otra cosa que mentiras, y ésta es la manera de limpiar aquello. En aquel entonces lo hice para el régimen nazi y ahora lo hago por una causa espiritual.

CUANDO EMPECÉ MI investigación para este libro a finales de 1988, descubrí varios libros que mencionaban que las cuartetas de Nostradamus fueron utilizadas con fines propagandísticos durante la Segunda Guerra Mundial. Así que tal vez la idea no era tan descabellada como lo parecía. En un de esos libros encontré una referencia a un libro oscuro, *Nostradamus and the Nazis*, (Nostradamus y los nazis), escrito por Ellic Howe. Pensé que contendría información relacionada con los recuerdos de la regresión de John. El departamento de intercambio de libros entre bibliotecas de la universidad donde hago mis investigaciones finalmente dio con la única copia existente en Estados Unidos. El ejemplar que recibí venía de la Biblioteca del Congreso. Las notas en el interior de la cubierta explicaban su rareza. Fue publicado de forma privada en Inglaterra como ejemplo de un particular tipo de proceso de impresión y técnica de encuadernación, y nunca salió públicamente a la venta.

El autor hizo una amplia investigación sobre Karl Krafft, de quien se dijo fue el principal astrólogo de Hitler durante los primeros días de la Segunda Guerra Mundial. No debería sorprender que Hitler se interesara en temas ocultos, pues al parecer durante toda su vida lo extraño y lo raro influyeron en él. Cuando los británicos supieron que él empleaba a astrólogos para que le aconsejaran, consiguieron valerse de Louis de Wohl para tener acceso a los consejos que se le daban a Hitler. Karl Krafft fue mencionado como el más destacado, pero el libro de Howe indica que, bajo el control del Gabinete de Propaganda, había utilizado a otros astrólogos. De forma simultánea, los nazis arrestaban a astrólogos y confiscaban sus libros, pero también contrataban a algunos para que de forma privada trabajaran y ayudaran a promover su causa. A simple vista parecía una contradicción, pero en realidad lo que ellos querían era un total control sobre todo aquello en lo que estuvieran implicados. Y el régimen de Hitler era ciertamente todo menos lógico.

Es una interesante coincidencia que Krafft también se hubiese educado en la Universidad de Basilea y que se interesara en la astrología mientras vivió en Suiza. Es posible que él y Franz Webber (John) se conocieran o hubieran coincidido en ese tiempo. Durante ese período entre las dos guerras hubo una oleada de interés por las ciencias ocultas.

Cuando el Dr. Goebbels se interesó en las cuartetas de Nostradamus (se le había hecho caer en la cuenta de la semejanza entre las profecías y la creación del tercer Reich), sugirió que podían utilizarse con fines de propaganda y guerra psicológica. Fue cuando contrataron al egoísta y neurótico Krafft para trabajar con ellos. Cuando el significado en la cuarteta no era lo suficientemente específico, le ordenaban que la alterara para favorecer a los nazis. Sostenían que como las cuartetas eran en todo caso tan difíciles de interpretar, nadie se daría cuenta de la diferencia. En el libro de Howe se sugería que la idea de pervertirlas en realidad no le había gustado a Krafft. Cita textual: "Lo único que el Dr. Goebbels quería era material de propaganda basado en las predicciones de Nostradamus. Pero tanto Krafft como yo estábamos de acuerdo en que alterar sus profecías sería, por así decirlo, una ofensa contra el espíritu de Nostradamus, y si lo hacíamos, él nos lo reprocharía severamente desde la tumba. Así que nos esforzamos al máximo para proporcionar sólo aquel material que fuese práctico y pertinente."

A Krafft le resultaba cada vez más difícil satisfacer las exigencias de sus jefes. En el libro se apuntaba que sus interpretaciones eran reescritas o adaptadas por un escritor mercenario del mismo Gabinete de Propaganda que probablemente no compartía el respeto de Krafft por la obra del profeta. El Gabinete de Propaganda inició la producción de material "negro" de guerra psicológica para que fuese diseminado en Francia a través de emisiones de radio y octavillas impresas. Lanzaban desde aviones los folletos que contenían cuartetas adecuadamente amenazantes, burdas falsificaciones que auguraban que Hitler saldría victorioso. Sólo un número limitado de los folletos publicados incluía la traducción alemana de las cuartetas seleccionadas. En represalia, los británicos redactaron su propia versión de las cuartetas y los pilotos aliados las lanzaron sobre Francia y Bélgica como propaganda anti-alemana.

Krafft se sentía cada vez menos dispuesto a participar en el proyecto y finalmente fue arrestado y trasladado a un campo de concentración con otros astrólogos que habían sufrido la misma suerte. Se llegó a decir que después de eso el proyecto Nostradamus quedó paralizado, pero yo me inclino a pensar que continuó en secreto y que tal vez John fue uno de los miembros del grupo que lo llevaron adelante dentro del Gabinete. La base de mi suposición es la mención de Howe de la implicación de la Sociedad Thule en el Gabinete de Propaganda. Una serie de médiums espiritualistas, adivinos, practicantes del péndulo, astrólogos, astrónomos y matemáticos se reunieron para colaborar en el esfuerzo bélico alemán mediante el uso de sus extraordinarios poderes psíquicos. John manifestó que en esa vida fue miembro de la Sociedad Tule.

No me fue posible encontrar nada en el libro que contradijera lo expresado por John sobre la implicación nazi con Nostradamus. Fue un fugaz método de propaganda usado durante esos frenéticos años.

TAL VEZ JOHN pagaba la deuda kármica de Franz Webber al trabajar conmigo en este proyecto. En su vida en Alemania utilizó su conocimiento para ayudar al segundo Anticristo, Hitler, a conquistar el mundo. Ahora tal vez su karma es emplearlo para derrotar al tercer Anticristo en sus ambiciones de conquista mundial. En ambos casos John empleó las cuartetas, la primera vez de forma negativa, y esta vez de forma positiva. También era evidente que tenía que compensar a Nostradamus por el daño que le hizo al corromper su trabajo. Ahora tenía la oportunidad de repararlo y limpiar su buen nombre con su trabajo para interpretar las cuartetas lo más exactamente posible.

Parece que la rueda del destino gira constantemente, pone a la gente en contacto unos con otros y luego los aleja en direcciones distintas. Pero para las almas implicadas, ese breve paso puede tener una importancia más trascendental de lo que podemos percibir. Es bueno que alguien en el otro lado se encargue de seguir la pista a todo esto. Es demasiado complejo para ser manejado por un simple mortal. Al menos ahora la deuda kármica parece haberse saldado, y los resultados de los esfuerzos de John pueden tener mucho mayor repercusión que las perversas emisiones radiofónicas en Alemania.

Capítulo 27

¿El Mundo del Futuro?

Después de rebuscar durante varias semanas el destino de la Tierra y de rastrear acontecimientos reservados a la humanidad para los próximos cien años, la sensación era deprimente. La idea vale para una historia interesante, pero no puedo en mi propia mente admitir la posibilidad de que los humanos se hundan en semejantes abismos de depravación. Yo prefiero creer que Nostradamus tenía razón cuando dijo "hombre prevenido vale por dos", y que al mostrarnos las más horribles situaciones hipotéticas tal vez hiciésemos algo para impedir que ocurriesen. Pero incluso con toda esta información, ¿realmente podemos hacer algo para impedir que ocurran esos acontecimientos futuros? ¿Pueden los humanos cambiar el curso del mundo? Creo más en la esperanza eterna en la propia alma que en la sempiterna negrura del lado oscuro. El único modo de saber con certeza es observar el futuro a medida que se despliega y ser consciente de cualquier indicio de que nuestro mundo se encamina hacia lo que Nostradamus vio en su espejo oscuro.

John también se preguntaba si lo que había visto podría llegar a ocurrir. Me llamó por teléfono inesperadamente. Estaba preparando sus pertenencias para almacenarlas cuando tuvo una repentina inspiración. Dijo: "Llévame al futuro a la vida que tendré entonces, y veamos qué aspecto tiene el mundo".

Yo nunca lo había intentado antes. Sonaba extraño pero si algo llamado tiempo no existe, bien podíamos movernos hacia delante al igual que lo hacíamos hacia atrás. Yo había hecho regresar a vidas pasadas a cientos de personas y ellas las recordaron con todo realismo.

¿Por qué no iba a funcionar igualmente bien adelantar a una persona a su futuro? Cuando se emplea este tipo de hipnosis se puede hacer seguimiento de un interesante desafío y lo imposible no tarda en convertirse en habitual. Valía la pena intentarlo, y fue una de las últimas cosas que John quiso probar antes de marcharse a Florida.

Esta última sesión tuvo lugar una vez más en medio de un desorden de cajas de embalaje, exactamente como había sido la de Elena. Empezaba a ser un entorno familiar y apropiado. Decidimos adelantar a John cien años, al 2087, y ver si vivía en ese tiempo.

Cuando terminé la cuenta atrás, John se encontró en el cuerpo de una mujer que miraba por la ventana o portilla de una nave espacial. Se retiró un poco para situarse como observador y la describió. "Tiene aproximadamente 30 años y es muy hermosa. Tiene pelo rubio, ojos azules y un escultural físico. Lleva lo que parece un traje espacial. Sí, es un traje espacial pero no acolchado como los usados en el presente ni pegado al cuerpo; es más bien holgado. Acaba de decirme que se encuentra en el interior de lo que llamaríamos un vehículo extraterrestre, una nave de un planeta diferente. Ella va a una misión de la federación a ese planeta con otros pueblos de la Tierra. Ésta es su primera misión. La nave viaja a más velocidad que la luz, de modo que lo que se ve a través de la ventana es como un borrón. Es reflexiva, y puedo captar sus pensamientos".

Dolores: ¿Es grande la nave?
John: No, no es muy grande. Se parece a un autobús interurbano. Es lo que ella dice. Se dirigen al sistema estelar de Sirio. Allí hay tres planetas muy importantes que son la causa de esta misión. Consigo llevan cosas, como por ejemplo, cristales, que son de gran valor para esos otros planetas porque los emplean como artículos comerciales.
D: ¿Has dicho que van otros con ella?
J: Son unos ocho o nueve en total; conversan, intercambian ideas y se lo pasan bien. Están entusiasmados porque son el primer grupo de terráqueos que irán a otra galaxia.
D: ¿Sabe ella cómo se organizó este viaje?
J: Sí, ella nació con el don natural de sanar y desde su más tierna edad ellos conocían sus talentos. Por lo tanto, ella estudió con personas versadas en diferentes formas de sanación. Ella es lo que nosotros

llamaríamos un "médico", salvo que no es como nuestros típicos médicos porque ella usa cristales, sus poderes mentales y la visualización. Es muy intuitiva. Está casada con uno de los hombres que va en la nave.

D: *¿Tiene él algún talento en especial?*

J: Le interesa estudiar la arquitectura de estos planetas diferentes en la constelación de Sirio porque éste es su campo. Algunos de los planetas tienen la misma gravedad que la Tierra en tanto que otros no. Quiere conocer los diferentes métodos de construcción y sacar ideas para construir nuevas estructuras no sólo en la Tierra, sino también en el espacio.

D: *¿Cómo se planificó este viaje? ¿Surgió en la Tierra la idea de llevarlo a cabo?*

J: No. Han tenido contacto con estos extraterrestres. Hay dos de ellos a bordo que pilotan la nave. Puedes distinguir que no son de nuestro planeta, pero su aspecto es humanoide y visten de forma parecida. Son calvos, tienen ojos saltones, y sus oídos son más estrechos, casi en el interior de la cabeza. Su oído tiene una estructura coclear semejante a la caparazón con cavidades del nautilo. Tienen dos fosas en la nariz pero ésta es algo más plana. Aparte de esas diferencias, su aspecto es muy parecido al humano.

D: *¿Son estos alienígenas de gran tamaño o son pequeños?*

J: Son de estatura media. Su piel no es blanca sino de un color marrón dorado. Sus cabezas no brillan por ser calvos, pero tienen una curiosa forma de cráneo. Son distintos pero no son feos; emanan una tal afabilidad que nos parecen sumamente irresistibles.

D: *¿Puedes ver sus manos? ¿Existe ahí alguna diferencia?*

J: Sí. Hay una ligera diferencia. Sus dedos son muy delgados y rematados en punta de forma cónica y carecen de uñas. No parecen tener vello o uñas, o cualquier cosa parecida en su cuerpo.

D: *¿Pertenecen al sistema estelar de Sirio?*

J: Sí. Son bastante bien parecidos. Se comunican entre sí y con los demás a bordo de forma telepática. Hablan de las diferentes cosas que van a explorar y de la misión de cada persona. Hay un gran ambiente de bondad a bordo de esta nave y estas personas se tocan y se abrazan mucho. Todos están de un humor excelente. Meditan en círculo y así es como se comunican con la gente allá en la

Tierra. Es un maravilloso conjunto de personas que están entusiasmadas porque son los primeros en hacer este tipo de viaje.

D: *¿Se decidió esta misión con los gobiernos de la Tierra?*

J: La Tierra ahora tiene un solo gobierno. Se llama Gobierno Mundial Único y su centro de operaciones está en lo que solía ser... (sorprendido) ¡Omaha! Es donde ella vivía, en el extrarradio de la zona de Omaha. Ese es uno de los mayores centros planetarios. Ya no se les llama ciudades sino centros planetarios. El mensaje salió de Omaha para invitar a la gente a ir en esta misión. Ella fue elegida por sus talentos sanadores. Zarea (sonido fonético) -ése es su nombre- realizará trabajo médico y de sanación. Su esposo Huran (fonético) va a investigar sobre arquitectura e ingeniería.

D: *Probablemente cada uno tiene un talento determinado.*

J: Sí. Hay un hombre negro, un hombre de India y una mujer oriental que va a estudiar su arte y su cultura. El hombre negro estudiará su flora y fauna, en tanto que el de India va a descubrir sus verdades filosóficas. Cada uno de ellos tiene una habilidad diferente, pero todos se interesan en la exploración y creación de nuevas colonias espaciales, porque ahora no hay mucho terreno en la Tierra.

D: *¿Par qué no lo hay?*

J: Bueno, simplemente no existe. Creen que para mantener el aumento de población que ocurrirá dentro de cien años en el futuro tendrán que colonizar el espacio que rodea a este planeta. También proyectan vivir un largo tiempo. Saben que verán cosas que existirán dentro de mucho tiempo, y esto es importante para ellos. Por eso visitan otros mundos. Ella dice que también piensan colonizar parte de la luna y una parte de Marte.

D: *¿Par qué no hay suficiente terreno? ¿Par la superpoblación?*

J: No, según lo que ella dijo es porque el mar está en todas partes. La mayor parte de la tierra está compuesta por islas con unos pocos continentes importantes. Ella ha dicho que la mayor parte de la Tierra es más océano de lo que fue en el tiempo del cambio.

Al parecer esto fue tras el gran cambio en la Tierra anunciado por Nostradamus.

D: *¿Se involucró la Tierra en viajes espaciales?*

J: Durante el cambio se hizo contacto con esta gente que les ayudó a formar los centros planetarios.

D: *¿Han colaborado con ellos durante mucho tiempo?*

J: Sí. Lo han estado haciendo durante los últimos... 80 años.

D: *¿Se implicó la tierra en su propio programa espacial con naves espaciales?*

J: En realidad no. Después del cambio terrestre, la mayor parte de las zonas que estudiaban la exploración del espacio quedaron sumergidas. Pero al noroeste hay una gran isla llamada "el Centro Seal". Son restos de lo que fue Seattle y Tacoma, Washington. Al este había una zona donde se continuó con el estudio de exploración espacial después del cambio terrestre. Como resultado, hay un puerto espacial que ellos llaman "Surveilas" (fonético).

D: *¿Qué significa?*

J: No lo sé. La zona de aterrizaje, Surveilas, es el puerto espacial adonde llevan sus naves. Aquí es donde aterrizan los Ovnis -según nuestra forma de llamarlos. Esta zona al noroeste es parte de lo que ellos llaman la "isla del noroeste". En un tiempo fue parte de Estados Unidos antes de que la casi totalidad de su territorio quedara sumergido, pero ellos no lo llaman por su antiguo nombre. Se está produciendo una conciencia planetaria. Ahora Estados Unidos está integrado en el sistema de gobierno mundial único. Ella busca en un mapa y ve el aspecto que una vez tuvo la tierra y el que tiene actualmente. Una gran porción del mundo que conocemos está bajo el agua.

D: *¿Se han vuelto a formar los casquetes polares en la Tierra?*

J: No. Ya no existen.

D: *Creíamos que después del cambio esas cubiertas de hielo volverían a formarse y esto reabsorbería parte del agua.*

J: No. Ella dice que por eso el terreno disponible es muy limitado. Debido a la polución y la destrucción, el ser vivo del planeta en sí ahora sólo tiene un diez por ciento de masa terrestre y un noventa por ciento de océano.

D: *¿Siguen contaminadas las masas terrestres?*

J: En su mayor parte quedaron limpias gracias a la interconexión y colaboración con gente de otras galaxias. Esta gente ayudó a regenerar lo que queda de tierra. Dice ella que a consecuencia de un trágico accidente nuclear, una inmensa zona de lo que era Asia -ella la llama la isla asiática- no dispone de tierra útil. Y añade: "Tuvimos la idea de inundar esa zona, pero nos dimos cuenta de que eso envenenaría el océano". Dice que es una "ciudad radiactiva" de casi 800 kilómetros cuadrados. Nadie vive en esa zona salvo gente que no quiere cambiar o que quieren volver al antiguo sistema. Como resultado hay cierto tipo de mutaciones que aparecen en sus nacimientos. Me muestra la zona... es en alguna parte en Asia.

D: *¿Qué ocasionó este accidente nuclear?*

J: Ocurrió durante el cambio. No fue una guerra nuclear, sino un accidente. El cambio en la Tierra produjo la ruptura de un reactor atómico. Se hundió casi completamente hasta el núcleo antes de apagarse. En consecuencia, toda la zona quedó envenenada.

D: *Pensé que pudo ser algo que ocurrió antes del cambio.*

J: No. En su percepción de la historia, no hubo guerra nuclear. Dice que la amenaza siempre estuvo ahí, pero nunca ocurrió.

D: *¿Sabe ella de las guerras ocurridas antes del cambio? ¿Hasta dónde se remonta su historia?*

J: Casi nunca hablan de lo que llaman el "viejo mundo". Estaba lleno de brutalidad, injusticia y odio. No quieren prestar consideración a ninguna de estas emociones y sentimientos negativos. Por lo tanto para ellos realmente todo comienza a partir de lo que llaman "Gobierno Mundial Único". Eso ocurrió en 2039. Diez años después del cambio. (Ciertamente estremecía conocer esta información.)

D: *¿Tienen algo que se remonte al viejo mundo?*

J: Sí, conservan algunos edificios y zonas así. De hecho, tienen un lugar en el que han recreado una aldea americana de los años 80. (Risas) Ya sabes, un supermercado, un centro comercial, con zonas de aparcamiento y coches. También tienen una aldea colonial con cosas de esa época. Se parece a un museo vivo. Lo utilizan para instruir a sus hijos sobre las diferentes eras por las que ha pasado la humanidad. Pero en este tiempo los humanos son seres espirituales evolucionados. Comprenden el conocimiento que procede de todos estos períodos ya experimentados. Estamos en el vértice de un tiempo nuevo, añade.

D: *Entonces no eliminaron todo el viejo mundo sin más.*

J: No. De hecho, la gente aún vive en casas que se construyeron en ese tiempo y que sobrevivieron al cambio en la tierra. Pero creen que la calidad de vida de entonces era muy primitiva y bárbara, de modo que la ven con cierta aversión. Lo mismo que sentiríamos al ver que hay gente primitiva que aún practica la caza de cabezas en Nueva Guinea.

D: *(Risas) Sí, ya lo veo. Entonces realmente no estudian las viejas historias.*

J: En su mayoría son seres espiritualmente iluminados que saben cómo han sido en vidas anteriores, por lo tanto conocen su ciclo. Todos se unen espiritualmente para sanar al planeta y compensar todas las pérdidas sufridas durante el cambio. No hay muchos habitantes en la Tierra. Dice que tiene... unos 120 millones de personas en este momento, 2087.

Según las estadísticas, la población mundial en 1987 era de cinco billones. La población de Estados Unidos eran 245 millones y más de un billón de personas en China. Los expertos predicen que, a pesar de los intentos del control de natalidad, otro billón de personas se añadirá al planeta en 1998. Esta tasa de crecimiento es descomunal. Se espera que la población se duplique a más de diez billones de personas en las próximas cuatro décadas. Si son correctos los datos sobre los desastres vistos por Nostradamus y los referidos por John desde su ventajosa posición en el futuro, significa que habrá de producirse una tremenda pérdida de vidas para que la población mundial quede reducida a 120 millones de personas.

D: *¿La mayoría pereció en el cambio terrestre?*

J: Muchísimos se perdieron durante el desplazamiento del eje terrestre y muchos más durante la transición a causa de la enfermedad y cosas por el estilo.

D: *¿Qué quiere ella decir por transición?*

J: El cambio en la Tierra.

D: *¿Después del desplazamiento del eje de la Tierra?*

J: Sí. Mucha gente murió porque fue un tiempo plagado de dificultades. Había enfermedades por todas partes y si no hubiese sido por la ayuda de los extraterrestres, el planeta habría perecido.

Pero los extraterrestres vinieron para sanar y también para educar a la gente y enseñarles una nueva tecnología.

D: *Pero predicen que en los próximos den años aumentará la población.*

J: Sí, por eso buscan nuevas tierras en otros lugares, porque ahora mismo la Tierra sólo cuenta con un 10 por ciento de su superficie. Tienen que buscar fuera de la Tierra y explorar el espacio.

D: *¿Han contactado con ellos otros seres extraterrestres además de este grupo a bordo de la nave?*

J: Sí. Habitantes de Sirio, Aldebarán, Betelgeuse, o de aproximadamente otros 15 sistemas estelares han contactado con nosotros. Ahora formamos parte de la federación galáctica. Somos uno de sus miembros más recientes. El requisito para hacerse miembro de la federación galáctica es conocer el plan del Creador, seguir ese plan y ser parte de la conciencia de unidad galáctica. Y esto sólo pueden realizarlo los seres evolucionados.

D: *¿Tenían todos estos colaboradores extraterrestres las más elevadas intenciones? ¿Es posible que fuesen negativas algunas de las personas que vinieron de otros planetas?*

J: Bueno, existe otra federación que podría considerarse negativa. Son de un sistema solar a aproximadamente 300 años luz de nuestro planeta central, el Sol. Andaban por ahí en el momento del cambio en la Tierra, pero los campos de fuerza de todos estos otros miembros de la Federación Unida les impidieron participar en el rescate.

D: *¿Hubo algún contacto previo de la gente de esa federación con la Tierra?*

J: Esa federación había influido en el planeta antes del cambio, sí. En el viejo mundo les llamaban "demonios", pero en la actualidad son una fuerza dentro del universo. Como sabes, el universo es eterno e ilimitado, pero existen entidades negativas.

D: *Entonces cuando ocurrió el cambio, ¿estaban dispuestos a ayudar o a destruir?*

J: En esa ocasión les impidieron actuar, pero ellos controlan mundos que continúan su evolución hacia la conciencia espiritual y humana.

D: *Sentía curiosidad porque pensé que podrían haber estado próximos durante estos cataclismos algunos seres que eran del todo positivos. ¿Se han hecho todos estos viajes espaciales en vehículos extraterrestres?*

J: En principio sí. Los extraterrestres nos ayudan en la Tierra a construir propulsores de energía para tener nuestros propios vehículos. Realmente su ayuda es muy generosa. Nos ayudaron a formar el Gobierno Mundial Único porque ellos reinventaron las líneas de comunicación entre las diferentes islas.

D: *¿Sabes qué tipo de energía usan esas naves?*

J: Electromagnética.

D: *¿Es el mismo principio básico que el de nuestros coches y motores?*

J: Es energía pura que se acumula en... (con mucho sigilo como si fuese una palabra extraña) células fotovoltaicas procedentes del sol. Esta energía es transmutada en vehículos como la nave espacial en la que ahora me encuentro.

D: *¿Es la única fuente de energía que se emplea?*

J: No, hay otras fuentes de energía que se usan en la Tierra, pero no puedo identificar sus nombres. Ella es sanadora y ésta no es su especialidad. Al parecer se trata de energía fotoeléctrica y similares.

D: *¿Sigue siendo efectiva incluso después de salir de nuestro sistema solar? Pensé que si la energía procede del sol, una vez que sales de...*

John gesticuló y gimió, claras señales de incomodidad física.

J: Empiezo a encontrarme mal. Tengo que salir de este vehículo espacial. En este momento entra en lo que ellos llaman... una dimensión diferente y no puedo entrar en esa zona.

En vista de la manifiesta incomodidad física y mental, hice volver a John a su plena consciencia.

Una vez despierto, dijo que la mujer era consciente de que él estaba ahí en la nave, y sabía que obtenía información de ella. No le molestó porque en ese tiempo poseían una elevada capacidad psíquica y conocían sus vidas pasadas. Simplemente lo aceptó como una de sus otras identidades.

ÉSTE ERA EL mundo futuro en el que John supo que viviría. Correspondía asombrosamente al mundo que vio Nostradamus en sus visiones a través del espejo negro, su ventana al futuro. Me agradó descubrir que los seres humanos habían sobrevivido a las catástrofes y reconstruido su mundo. También habíamos contactado con gente del espacio y teníamos los ojos puestos en las estrellas. El indomable espíritu humano había triunfado y el mundo no había perecido, a pesar de haber pasado por un gran cambio. Mi principal preocupación era que la humanidad pereciese, o si los humanos restantes tendrían que volver a una vida primitiva para sobrevivir. En cualquier caso todo nuestro progreso se habría perdido. Tal parecía que con la ayuda de los extraterrestres no sólo conservaríamos nuestra tecnología sino que avanzaríamos en un mundo completamente más allá de lo que hoy en día somos capaces de imaginar.

Éste era el futuro visto por John. Pero ¿era éste nuestro futuro, o sólo un futuro posible entre otros muchos que podrían ocurrir a lo largo de la red de líneas y nexos del tiempo, según los denomina Nostradamus? Él explicó que el tiempo podía ir en muchas direcciones diferentes y podía haber diferentes resultados según las decisiones tomadas en el camino. ¿Cuál será? No lo sabremos hasta llegar a nuestro futuro y tal vez sea mejor así.

ÉSTA FUE LA última sesión que pudimos tener con John. Él se mudó a Florida en el verano de 1987 para continuar su vida en otra dirección. Al parecer su papel en este extraño guión se había terminado. Ahora él podría trabajar o aclarar cosas con cualquier información astrológica que yo recibiera, pero tendría que ser por correspondencia.

Brenda sólo podía trabajar esporádicamente después de esto y en breves períodos de tiempo. Cuando trabajo con gente durante un tiempo prolongado, su vida normal siempre tiene preferencia. Ellos o bien experimentan agotamiento psíquico o se cansan del experimento. En todo caso, nunca constituye su principal interés, tan sólo una curiosa actividad suplementaria. Esto demuestra que tampoco tienen interés en incurrir en un engaño porque este experimento no es una fuerza motivadora en su vida. Y también porque su principal objetivo es vivir una vida tan normal como sea posible. Empezaba a ser claro que yo era la única energía estabilizadora de continuidad que se movía a través de esto. Tal vez yo era el verdadero catalizador que usaba Nostradamus para traer a nuestro tiempo sus interpretaciones.

Cuando John se fue, todo se volvió más lento y en varios meses fui incapaz de obtener nueva información sobre las cuartetas. Me dediqué a organizar el material y preparar este libro. Me hallaba en medio de ninguna parte, pero tenía suficiente confianza en Nostradamus para saber que él encontraría otro canal para llegar a él y así poder interpretar los significados de las restantes quinientas cuartetas que no habíamos cubierto. Durante el último año se había hecho realidad tantas veces lo imposible que tuve la certeza de que el proyecto continuaría. Él lo había demostrado al comunicarse a través de tres vehículos distintos en menos de un año. Ya que sólo me quedaba esperar y ver lo que vendría a continuación, me dispuse a preparar el material, segura de que él aparecería de nuevo de algún otro modo. Ésta había sido su promesa, que yo podría contactar con él a través de cualquier persona con la que yo trabajara. Me gusta terminar lo que empiezo, incluso una tarea de esta magnitud, pero sabía que si me empeñaba en dirigirla, sólo encontraría depresión y frustración. Muchos de mis sujetos eran capaces de alcanzar niveles profundos de trance, pero por una u otra razón no parecían adecuados para trabajar en este proyecto. Ahora he retomado mi actividad en la multitud de proyectos en los que me había involucrado.

Este segundo volumen llega a su fin. Si Nostradamus realmente quiere que traduzcamos el resto de las cuartetas, con la ayuda de Dios, aparecerá otro canal y escribiré un tercer libro.

Tercera sección

lo que queda por hacer

Capítulo 28

El trazado del mapa

En la primavera de 1989 se publicó el primer volumen de este trabajo. Después dediqué toda mi atención a la preparación del presente volumen. La gente mostró su interés por el mapa que Nostradamus le había revelado a John y se preguntaban qué aspecto tendría Estados Unidos y el resto del mundo tras el cambio en la Tierra. Se especulaba sobre qué porciones exactamente quedarían por encima del nivel del agua. John fue el único que había visto el mapa y se esforzó lo más que pudo para describir lo que vio, como comenté en el Capítulo 17. Me preguntaba si sería posible hacer que un artista dibujara un mapa según la descripción de John para que pudiésemos ver la verdadera forma del mundo del futuro. El editor admitió que la inclusión de ese mapa en el libro satisfaría la curiosidad de la gente.

Hablé de ello con una amiga artista, Beverly Wilkinson, que se mostró dispuesta a intentar el extraño proyecto. Ella es de Luisiana y estudió arte en Estados Unidos e Italia. En su opinión la única forma de trabajar con un concepto tan aterrador era tratarlo como un relato interesante y no como una verdad absoluta. Nuestra intención era concentrarnos primero en Estados Unidos. Si ella era capaz de dibujar el mapa correspondiente, intentaría dibujar el resto de continentes. El prospecto era interesante, pero surgieron imprevistos.

En nuestra primera reunión ella y yo pasamos varias horas examinando la transcripción de la sesión de John, en comparación con un mapa topográfico de Estados Unidos. Con gran esfuerzo intentamos distinguir aquellos estados que quedarían sobre el nivel del agua. John indicó que las zonas montañosas sobrevivirían por su elevación. Otras zonas no parecían ceñirse a reglas tan simples. Él puso mucho énfasis en que una gran parte de tierra quedaría en el interior de Estados Unidos, formada por fracciones de Arkansas, Missouri, Oklahoma, Nebraska, etc. Pero en parte de esta zona no existían grandes alturas. No podíamos entender por qué las aguas que suben de los Grandes Lagos, el Río Mississippi y el agua que bajaba de Canadá no cubrirían también esta zona. Había contradicciones y nos dimos cuenta de que era imposible dibujar el mapa basado exclusivamente en la elevación de una zona determinada. Mi amiga también se dio cuenta de que necesitaría más información antes de empezar a dibujar el mapa.

Ella comentó que hubiese sido mejor haberle hecho a John más preguntas, pero cuando realicé esa sesión en 1987 yo no tenía a mano un mapa como referencia. Simplemente hice preguntas basadas en mis escasos conocimientos de geografía. La percepción retrospectiva es maravillosa, pero mi trabajo es espontáneo y lo inesperado es lo habitual. Puesto que John ya vivía en Florida, era imposible obtener de él más información y nos resultaba difícil dibujar el mapa con la información de que disponíamos. Beverly estaba ocupada en otros diversos proyectos de arte, de modo que tendría unos meses para reflexionar en el problema antes de dar comienzo al diseño definitivo.

Luego, una semana más tarde, se me ocurrió una idea. Me preguntaba si sería posible que un sujeto entrara en trance y pedirle a Nostradamus que le mostrara el mismo mapa que John había visto. Mis pensamientos volvieron de inmediato a Brenda como la persona más idónea para esto. Ella había sido el vínculo más confiable con el gran maestro y ciertamente conocía mejor que nadie su mente y sus peculiaridades. Pero eso era antes de pasar por la experiencia de lo que yo llamo "agotamiento mental". Para ella, el proyecto había sido una carga y decidió no continuar. Yo no había vuelto a trabajar con ella desde hacía casi dos años. En mi fuero interno siempre supe que nuestro trabajo se reanudaría cuando llegara la ocasión propicia, pero ciertamente no quería presionarla para hacer algo que ella no deseaba hacer.

Cuando llamé y le expliqué la situación del diseño de mapas, ella se interesó y aceptó tener una sesión. Ciertamente no sería tan aburrida y exigente como la interpretación de las cuartetas.

Yo no tenía muy claro cómo lo haríamos, pero conseguí unas plantillas de mapas que podrían serle útiles para dibujar en ellas y llevé un atlas para estar preparada si surgían preguntas relacionadas con geografía. No quería que me volviera a pillar desprevenida.

Fijamos una cita para la sesión y cuando llegué, hablamos sobre el plan de acción. En otras sesiones he hecho que el sujeto mantuviera abiertos los ojos mientras aún estaba en trance para dibujar o escribir para mí. Así, los resultados obtenidos han sido interesantes y aunque normalmente yo dirijo mis sesiones con el sujeto tumbado, decidimos que Brenda se mantuviera sentada con un tablero en la mano pues es difícil dibujar si se está en posición horizontal. Colocamos los mapas sobre un tablero y en una mesa auxiliar colocamos material para escribir. De este modo ella podría esbozar a grosso modo lo que veía, en vez de referirme a los países y estados en el atlas. Si no funcionaba, ella siempre podía recurrir a los nombres de las zonas como lo había hecho John.

Mientras Brenda se acomodaba, comentó en broma: "Recuerda que soy estudiante de música, no artista. No te prometo nada".

Aunque hacía casi dos años que no utilizábamos su palabra clave, fue como si no hubiese transcurrido ese tiempo. Cuando la pronuncié, ella de inmediato entró en un cómodo estado de trance profundo y nos dispusimos a empezar nuestro trabajo.

Ella descubrió que Nostradamus esperaba como si no hubiese habido interrupción en nuestros encuentros. Normalmente Brenda había conversado con él en la nebulosa dimensión a la que él se refería como "el lugar especial de encuentro". Esta vez era distinto. Ella le encontró en la biblioteca en el plano espiritual. Ignoro por qué me sorprendía esto. Si yo había sido capaz de encontrar este lugar especial a través de muchos de mis sujetos, ciertamente un hombre con las habilidades y el intelecto de Nostradamus también lo conseguiría. Ciertamente debe de haber sido una fantástica fuente de conocimiento para su trabajo. Aunque daba la impresión de que estábamos en una parte distinta de la biblioteca, supuse que era el mismo lugar que John había visitado. Esta parte se asemejaba al ambiente de una biblioteca victoriana. Los suelos y estanterías de madera resplandecían perfectamente pulidos y los libros tenían una bella encuadernación en piel. Brenda explicó que estos libros contenían toda la información del universo entero. También explicó un curioso aspecto de esta biblioteca. Si querías estar solo podías tener todo el lugar para ti, pero si querías compañía, había otras personas.

Nostradamus parecía más relajado en esta visita. Estaba inclinado hacia atrás en una silla grande y cómoda con los pies cruzados. Nos dijo que éste era uno de sus lugares favoritos y mientras lo exploraba descubrió cómo serían las bibliotecas del futuro. En vez de libros o estanterías él había visto terminales de ordenadores e impresoras.

Brenda: "Esto le parece sumamente maravilloso. Al final has engañado al polvo, a los ratones y a la humedad del clima". Todos ésos eran los enemigos de su propia biblioteca en el plano terrestre.

Dijo que había elegido este escenario porque sabía lo que queríamos preguntarle. Señaló un gran globo terráqueo que se hallaba sobre una mesa cercana e indicó que podría usarlo para trasladar la información a la mente de Brenda. Según él, a Brenda no le resultaría difícil trazar las zonas en nuestros mapas en blanco mientras él se las mostraba en el globo. Me pidió que me mantuviera en silencio, porque le haría a ella comentarios verbales y ambos estarían concentrados. De vez en cuando se detendrá para darme oportunidad de preguntar.

Brenda: Dice que es difícil distinguir los efectos específicos de un cambio de eje por las múltiples alteraciones que ocurrirán en el mundo. No entró en detalles porque era más relevante su advertencia sobre lo más importante que anunciaba en sus cuartetas. Habrá cambios a nivel mundial y él está dispuesto a mostrarte cambios en las partes del globo que él conoce que son terra incognita (del latín: tierra oculta o desconocida). Esas son zonas desconocidas para los exploradores de su tiempo, pero no para nosotros. Por ejemplo, no están muy familiarizados con Asia y desconocen por completo la existencia de Australia o la Antártida. Él sugiere que empecemos por África. Me dice que puedo abrir los ojos para dibujar y también estará bien que los cierre si necesito verle a él más claramente.

Ella abrió los ojos y fijó en el mapa una mirada sin brillo. Cuando les pido a mis sujetos que abran los ojos mientras están en trance, parecen tener la mirada perdida como si estuviesen medio dormidos o drogados. Durante este tipo de procedimiento no son conscientes de ninguna otra cosa en la habitación, salvo aquello en lo que se concentran. Brenda tomó de la mesa un lápiz y un borrador grande y empezó a dibujar. Él me pidió que no hablara, de modo que yo la observé en silencio, sin hacer nada que estorbase su concentración. Alternativamente ella dibujaba y cerraba los ojos de vez en cuando. Parecía observar algo y escuchar su voz. El dibujo siguió con rapidez mientras el lápiz se movía con seguridad por el papel, supuestamente guiado por una mano invisible. Respiré con alivio. Parecía que lo lograríamos después de todo. Cuando acabó el dibujo del mapa africano, él empezó a hacer comentarios.

B: Cuando se produzca el cambio del eje de la tierra habrá muchos terremotos y volcanes en erupción. De este modo, no sólo subirá el nivel del agua y quedará sumergida parte de la tierra, sino que también se elevará parte del suelo. Una gran porción de África quedará bajo el agua. En algunos lugares donde solía haber superficie, puede haber algunas islas dispersas, pero él sólo indicará los tramos más grandes de tierra. Lo que tú no entiendes es que la superficie de la Tierra no permanecerá estable. Habrá tal tensión en la Tierra que su superficie se desmoronará en algunos lugares como un trozo de arcilla dura. Algunos trozos chocarán contra otros. Esto hará que se eleven determinadas zonas mientras que otras desaparecerán bajo el agua.

A continuación Nostradamus señaló la zona alrededor de la gran isla de Madagascar y no estaba seguro de cómo llamarla. No me percaté de la importancia de esta confusión hasta que hice mi investigación.

B: Él señala Madagascar, pero lo llama Zanzíbar. La zona de alrededor se elevará desde el lecho marino debido a la actividad del terreno cercano.

Más tarde cuando busqué en la enciclopedia no entendí por qué había ignorado Madagascar para concentrarse en Zanzíbar, que es una isla de mucho menor tamaño, más próxima a la costa de África. Descubrí que hubo intercambio comercial con Zanzíbar incluso antes de la era cristiana, pero Madagascar era desconocida. Se descubrió en el siglo XVI, aunque durante la vida de Nostradamus se hallaba aislada porque los árabes ejercían un férreo control de sus puertos. En esos momentos él hablaba con el conocimiento común de su tiempo. Esta información no podía proceder de nosotros porque teníamos la atención puesta en la mayor masa de tierra que es Madagascar y no teníamos idea de dónde estaba Zanzíbar. Esta interesante observación me ratificó que, una vez más, estábamos de verdad en contacto con él.

B: Él afirma que esta otra porción (la parte izquierda del continente) estará formada por muchas islas dispersas. La parte de en medio será como una resguardada bahía, por la curva del terreno y las islas. No quedará nada en la parte superior (la porción que básicamente es desierto en el presente). Sería semejante al saliente de tierra de la Norteamérica actual, que está precisamente bajo el agua, que finalmente baja en escarpada pendiente al océano más profundo. Dice que el Mar de Tierra Media -lo que nosotros llamamos "Mediterráneo"- será mucho más grande de lo que es ahora. Quiso mostrarnos primero África y Europa para indicar esto.

Ésta era otra observación inusual que resultó ser significativa. Toda mi vida he creído que la palabra "Mediterráneo" era sólo el nombre de un lugar difícil de deletrear. Nunca se me ocurrió pensar en su significado. Después de su comentario era claro que la palabra derivaba del latín. Él estaba en lo cierto, en latín significa medius y terra, o medio de la tierra. Él usaba el nombre que le era familiar. El gran hombre nunca dejaba de sorprenderme y de enseñarme.

Ella fijó después su atención en el mapa de Europa. Me preocupaba que resultara confuso para él ya que nuestro mapa no mostraba distinción entre tierra y agua. Brenda comentó lacónicamente: "Él se tiene por un hombre educado, conocedor de los mapas". Hice la aclaración que estos mapas los confeccionaba una máquina y ella repuso: "Dice que tienes máquinas para todo. No quiere que le sorprendas más". Me reí y después guardé silencio mientras ella estudiaba el mapa.

Cuando terminó, le pregunté: "¿Eso es todo lo que quedará de Inglaterra?"

B: Sí, sólo permanecerán las montañas entre Inglaterra y Escocia. Y esas montañas de Escocia sólo serán islas dispersas. Puede haber algunas islas pequeñas en las que actualmente se encuentra Irlanda, pero serán muy pequeñas. (Brenda señaló Islandia.) Islandia será más grande por todas las erupciones volcánicas. Parte de la superficie saldrá empujada hacia arriba, pero con el cambio en la tierra, los volcanes de Islandia estarán en constante erupción y gradualmente formarán nuevas superficie.

Después él se refirió a las islas frente a las costas de Portugal. Indicó que la superficie se elevaría para formar más islas en esa zona. Las partes montañosas de Europa, especialmente los Alpes, formarían una nueva línea costera, mientras la mayor parte de Francia y todos los países bajos quedarían bajo el agua. Él vio que ocurría algo extraño en las proximidades del Mar del Norte y de los países del norte. Debido al cambio del océano, habrá actividad volcánica en montañas que estaban bajo el agua, lo que ocasionará la elevación de esa zona y la consiguiente retirada del agua del Mar del Norte. La nueva línea costera estaría en la cresta de estas montañas. En la zona de Italia dijo que el suelo marino no se elevaría, pero que la actividad volcánica crearía parte de la nueva línea costera allí. Todo lo que quedará de Grecia serán unas cuantas islas dispersas.

Después él centró su atención en Asia y siguió con su comentario.

B: Las ciudades como San Petersburgo (antiguo Leningrado) quedarán bajo el agua. Gran parte del norte de Rusia conocida como Siberia, será como un gran mar de poca profundidad. El contorno de Rusia tomará nueva forma debido a la compresión de la superficie. Esto lo causa la elevación y depresión de trozos de terreno. India estará bajo el agua hasta la base del Himalaya. Ésta será la nueva línea costera que continúa hacia los montes de Nepal y Tibet y se orienta hacia la parte nororiental de Rusia. La mayor parte de China serán islas creadas con las actuales cimas montañosas. Tal vez la elevación de la parte central de Rusia causará la depresión de China. Las tierras llanas estarán totalmente bajo el agua, pero de poca profundidad, de tal manera que si el pueblo chino se lo propusiera, sería posible construir diques, extraer el agua por bombeo y recuperar la tierra tal como lo hacen en Holanda. Él sabe que los habitantes de Holanda y Bélgica han hecho crecer su país mediante la construcción de diques y bombeo del agua. Los chinos pueden conseguir que la tierra sea habitable de nuevo, si se lo proponen. Las islas japonesas serán más pequeñas y de diferente forma, pero seguirán ahí. Con el tiempo su superficie aumentará. El cambio hará que los volcanes japoneses permanezcan activos durante mucho tiempo y de este modo se formará nueva superficie. Japón estará más distante de cualquier superficie sobre el agua, debido a que gran parte de China, Corea y esas zonas estarán sumergidas. Filipinas sufrirá un destino más duro. Desaparecerá completamente bajo el agua. Ahí se podría crear nueva tierra por los volcanes que están bajo el agua, pero llevará mucho tiempo.

Era extraño observar en Brenda indiferencia y falta de emoción mientras hablaba de la desaparición de estos países. Al parecer la parte de ella que contemplaba esta escena actuaba como un reportero objetivo. Supongo que si las emociones intervinieran, sería extremadamente difícil hablar de un acontecimiento de proporciones tan traumáticas.
La descripción de Australia que hizo Nostradamus era interesante porque la vio como uno de los continentes afortunados. No sufrirá grandes cambios.

B: Nostradamus dice que en su tiempo no se conocía el continente de Australia. Pero cuando contacta con estados espirituales superiores, puede superar la falta de conocimientos de su propio tiempo. Después de que ocurra el cambio, los puntos cardinales serán distintos en relación con el suelo terrestre, porque los polos cambiarán de lugar. El suelo marino entre Australia y Nueva Zelanda variará un poco y los marineros tendrán que aprender de nuevo las corrientes. Australia sufrirá daños, pero su aspecto será básicamente como el actual. Puesto que todo sobre la tierra cambiará de posición, también tendrá una nueva ubicación.

Dolores: ¿Escapará a la destrucción?
B: ¡No he dicho eso! Sufrirá destrucción y daños por grandes tormentas que barrerán la Tierra en ese tiempo. A pesar de que grandes masas de tierra quedarán bajo el agua y otras porciones

de tierra se elevarán durante el cambio, la forma del continente de Australia permanecerá similar a lo que es ahora.

D: *Puesto que no se desmoronará, ¿habrá lugares seguros a donde pueda ir la gente?*

B: La gente tendrá que permanecer lejos de las costas y del desierto. Si tomamos en cuenta que la mayor parte de ciudades importantes se encuentran en la costa, sufrirán grandes daños por los maremotos. La parte central del país, que es todo desierto, experimentará fuertes tormentas e inundaciones repentinas. Habrá cambios climáticos en todo el mundo. El clima no será el mismo en ninguna parte.

Después ella se refirió al continente norteamericano. Tal como John lo había visto, gran parte de él desapareció bajo los violentos y agitados mares para no volver a resurgir en nuestro tiempo. Nostradamus también indicó que habría varias zonas en las que se podría bombear el agua poco profunda para crear tierra aprovechable. Él vio que el Estrecho de Bering aparecía como puente de tierra una vez más. La zona entre el Canal de San Lorenzo, los Grandes Lagos y la Bahía Hudson desaparecería rápidamente con la fusión de los casquetes polares. No será hasta después de un par de siglos que los nuevos casquetes polares crearán nuevas islas para volver a generar hielo y con ello reducir el nivel del mar. Ha dicho que el mapa mundial aparecerá de forma diferente más adelante en el futuro porque él no vio la recuperación de los casquetes polares en varios cientos de años. Será muy gradual. Pero ¿qué son unos cuantos cientos de años en la historia de nuestro planeta?

Pregunté si se formaría nueva tierra alrededor de Estados Unidos, y respondió que no sabía que yo también deseara conocer los cambios oceánicos.

B: Ciertas franjas de terreno que no están muy alejadas por debajo de la superficie del agua serán empujadas hacia arriba. Él ve que una masa de tierra se elevará e incorporará algunas de las que ahora se conocen como Islas del Caribe. No está seguro de la forma final de esta superficie, pero será una isla de considerable tamaño. Se disculpa por no dar más precisión a estos perfiles, él no es cartógrafo. Dice que un cartógrafo incluiría cada rincón y cada grieta.

Él empezó a hablar de nuevo cuando Brenda terminó sus trazos sobre la plantilla del mapa de Sudamérica.

B: La cadena montañosa a lo largo del lado occidental de Sudamérica sufrirá cierta elevación y formará un continente ligeramente más pequeño con muchas islas alrededor; algunas de ellas serán de grandes dimensiones. Especialmente las selvas de Brasil, las Guayanas y gran parte de la Cuenca del Amazonas estarán bajo el agua. La cadena de islas del sur cerca de Tierra del Fuego se elevará y formará parte de la superficie. A partir de ahí nuevas islas se conectarán con la Antártida.

De nuevo pregunté si emergerían nuevas tierras de los océanos. Él indicó que habría una cadena de islas que emergerían hacia el norte desde las Islas Hawaianas.

B: Serán varias islas que se unirán hasta hacer posible cruzar a nado de una isla a otra. Formará una barrera natural contra las corrientes marinas, de modo que esa parte del océano (lado derecho) tendrá su propia pauta. Las principales zonas de tierra nueva estarán al sur del Pacífico y Atlántico en la zona de la Antártida. Si buscas la Atlántida, lo único que se acerca a ese concepto es la masa de tierra en el Caribe. No emergerán grandes continentes o segmentos en millones de años. Con el tiempo los casquetes de hielo volverán a formarse en lugares nuevos y el nivel del agua bajará. Los mapas que hemos dibujado muestran el mundo después de fundido el hielo. La primera vez que se desplacen los polos habrá inestabilidad en la Tierra hasta que todo se asiente. Por eso dice que es difícil determinar exactamente dónde terminarán los polos.

Ahora que sabíamos aproximadamente el efecto del cambio en las masas de tierra, pregunté cómo afectaría a las personas.

B: Me muestra escenas de un horror inimaginable. El agua forma olas inmensas de una altura increíble que se elevan y arrasan la tierra entera. En un instante barren edificios y personas. En otra escena veo hordas de gente que huye de grandes incendios que asolan una ciudad. Además de los desastres naturales habrá catástrofes climáticas; tormentas como nunca antes habían ocurrido en la historia de la humanidad. La vida será muy difícil para los que sobrevivan. La falta de higiene favorecerá la propagación de enfermedades y contaminación de alimentos. Cuando el cambio ocurra, básicamente todos los gobiernos existentes caerán. Habrá máxima vigilancia y ley marcial durante muchos años mientras la gente se recupera del desastre. Los países tal como los conocemos en el presente dejarán de existir. Todo se fragmentará en muchos pequeños ducados y reinos, tal como él los llama. La gente que se agrupa para ayudarse entre sí asumirá el papel de los gobiernos actuales. Morirá tanta gente por los cambios y enfermedades que no quedarán muchos. Los supervivientes se unirán en pequeños grupos para enfrentarse a estos cambios. Para aliviar algunos de los efectos de este desastre la gente debe seguir con la nueva tecnología y programas espaciales antes de que ocurra este cambio. De las diversas alternativas que él puede ver, la que ofrece el menor daño a largo plazo es que la gente construya estaciones espaciales que orbiten la Tierra antes del cambio. Como el problema principal seria encontrar electricidad para que las cosas funcionen, las estaciones que cuenten con energía solar podrían generar electricidad para la tierra y acelerar el proceso de reconstrucción. Dice que si toda la tecnología se limita a la superficie terrestre, desaparecerá casi por completo. Pero si los planes del gobierno se anticipan y contribuyen a que el hombre se mueva en el espacio, no se perderá. Existe la posibilidad de que los "Otros" nos ayuden entonces durante el cambio, pero depende de cómo se maneje la situación. Si intentamos trabajar juntos del modo más positivo posible, vendrán en nuestra ayuda. Si nuestra reacción es negativa y detonamos bombas nucleares y cosas por el estilo convencidos de que es el fin del mundo, entonces ellos se mantendrán a distancia.

D: Muchos quieren saber dónde estarán a salvo, si es que puede haber algún lugar semejante en la Tierra.

B: Dice que "¡Hacia las colinas!" es la expresión adecuada. Si vives en una zona montañosa necesitarás sobrevivir a los terremotos que allí ocurrirán. La gente de los valles estará más a salvo de los terremotos, pero cuando empiecen a fundirse los casquetes polares, los que viven en las colinas estarán más seguros. Pero será un proceso largo. Con el tiempo la gente será más consciente de las advertencias internas y nada de esto la pillará desprevenida. Estará mejor preparada porque aprenderá a fiarse de sus capacidades mentales y a escuchar su voz interior. Es preciso estar atentos al orden de acontecimientos. Los terremotos son siempre los primeros en aparecer; terremotos y erupción de volcanes van unidos y ocurrirán de forma constante durante todo el proceso. Probablemente en Estados Unidos habrá tanta destrucción como en Europa y Asia por los terremotos. Sin embargo, estos países no se verán tan afectados por las inundaciones como Estados Unidos. Su superficie quedará más concentrada y más fácil de reconstruir.

En las semanas posteriores a esta sesión estudié los esbozos de mapas hechos por Brenda. Habíamos recibido gran cantidad de información y nada en ella parecía estar en contradicción con lo que John había visto; sólo añadía más detalles y una perspectiva distinta. Pero los mapas no estaban tan completos como yo hubiera deseado. Brenda estaba en lo cierto, no era una artista y la parte que Nostradamus había ayudado a rellenar tenía un aspecto muy tosco. Posiblemente esto le proporcionaría a Beverly, la artista, más material para trabajar y conseguir un mapa más profesional y detallado.

De repente se me ocurrió una idea. Me preguntaba si sería posible que Beverly entrara en trance y ver si Nostradamus le mostraba a ella las mismas cosas que habían visto John y Brenda. Si lo viese por sí misma, tal vez podríamos aclarar las zonas problemáticas. Yo la prepararía para que recordara lo que había visto y así poder copiarlo, una vez despierta del trance. Aunque no era el método habitual que emplearía un artista, tal vez ahí estaba la respuesta. Con la información recibida de las tres fuentes, tuve la certeza de que podríamos obtener un mapa exacto.

Beverly reconoció que sería un experimento interesante y estaba dispuesta a intentarlo. No había garantía de que funcionara. Una vez más me vi de nuevo a tientas en la oscuridad para encontrar el camino para realizar algo que nunca antes se había hecho. Primero tendríamos que ver si ella era capaz de alcanzar el nivel de trance necesario para obtener este tipo de información y luego tendríamos que encontrar la forma de que ella contactara con Nostradamus antes de poder continuar. Todo eran probabilidades. He decir a favor de Beverly que el desafío no la asustaba. Estaba dispuesta a intentar lo extraordinario si con ello encontraba las respuestas a sus preguntas para obtener finalmente un mapa exacto. Ciertamente no había nada qué perder. Si en mí o en mis sujetos hubiese habido miedo de intentar experimentos extraños, nos habríamos quedado en la rutina y normalidad de nuestras vidas y ninguno de estos libros se habrían escrito. Teníamos que estar dispuestos a dar ese primer paso que conduce al mundo de lo desconocido, y examinar con todo cuidado lo que encontráramos allí.

Para un hipnotizador no existen reglas o normas escritas, ni gráficos o instrucciones a seguir cuando se realizan experimentos de este tipo. Durante mis 13 años de trabajo con lo insólito he tenido que abrir camino e inventar mis propias normas. Si un método es viable y apto para ser repetido, lo uso. No me preocupa la fórmula. Por lo tanto, con el paso de los años mis poco ortodoxas técnicas han evolucionado y han sido comprobadas una y otra vez.

Fijamos una cita para la sesión. El día que nos reunimos no estábamos seguros de lo que surgiría. Supongo que no debería sorprender que Beverly resultara ser un excelente sujeto, capaz de alcanzar un trance profundo. Y no debería sorprender porque tal parece que me atrae ese tipo de personas o soy yo quien las atrae. Tal vez las personas que poseen una sensibilidad artística como Beverly suelen ser sujetos idóneos para entrar más rápidamente en estos estados. El impulso creativo parece proceder de la misma zona del cerebro con la que yo trabajo. Pero entrar en el nivel profundo de hipnosis fue sólo el primer paso.

El procedimiento que había funcionado tan bien con Brenda y John fue llevarles primero al estado de espíritu en el que no existía la limitación de un cuerpo físico. Cada uno de ellos había usado su propio método exclusivo para localizar a Nostradamus. Por lo tanto, empecé por pedirle a Beverly que fuese a un tiempo y lugar en el que no estuviese implicada en una vida. La sorpresa inicial surgió incluso antes de que yo terminara de darle instrucciones.

Antes de empezar a hacer la cuenta atrás, ella me interrumpió. "No hay tiempo. No puedes volver a un tiempo en el que no hay tiempo". Le pedí que se explicara. "Cuando dices 'vuelve a un tiempo en el que no haya implicación física', es un imposible porque cuando no hay implicación física, el tiempo no existe. Sólo el ser".

El subconsciente es muy literal, y la mente de Beverly no aceptaba instrucciones. He descubierto que la forma de expresar una pregunta o sugerencia es muy importante e incide directamente en el tipo de resultado o respuesta que reciba. De modo que ahora el problema era cómo expresar correctamente la sugerencia. Su propio subconsciente me había dado la pista. Le pedí que fuera a un estado de "ser" en el que no estaba implicada en un cuerpo físico. Esta forma de expresión resultó aceptable para su subconsciente y cuando terminé de contar, ella irrumpió en un lugar que daba una profunda sensación de infinitud.

Ella intentó describirlo. "La sensación es de una gran inmensidad. Tal vez haya otros mundos pero creo que están separados por una gran distancia. Sé que hay más niveles que son sólo mi propio ser. Es como si percibiera la grandeza de lo que realmente soy. Quizás necesito pasar adelante hacia otra cosa porque esto engancha", dijo ella riendo. Al parecer disfrutaba mucho de la sensación. "Ahora percibo mejor lo limitados que estamos en lo físico. Ese confinamiento duele a menos que salgas de él, porque el cuerpo es muy denso. No es que sea malo, sino espeso. Sin embargo, es fácil salir de ese cuerpo y la parte que sale es muy liviana. Atraviesa lo que es denso y pesado. Si fuese a la inversa y lo denso y pesado intentara salir de lo liviano, no podría. Pero para lo sutil o incorpóreo salir de lo pesado es fácil, porque lo atraviesa todo".

Era obvio que ella había viajado a un estado en el que estaba separada de su actual vida física. Para la forma de espíritu es normal desconectarse y volverse objetiva, pues también tiene acceso al conocimiento al que no puede llegar la mente física o consciente.

Me preguntaba si habría alguien cerca (tal vez un guía) al que ella pudiera pedir consejo o instrucciones sobre cómo continuar con el experimento. Ella se rió con complacencia: "¡Vamos a jugar! No creo que necesite la ayuda de nadie. Probablemente puedo saltar a donde tu me indiques. ¡Es casi un éxtasis!" Parecía muy confiada y feliz, de modo que decidí aventurarme y pedirle que, si fuera posible, se introdujera en la vida de una persona durante su vida en la tierra. Ella repuso: "Creo que irrumpes y ya está. Puedo ver eso que soy mientras salto por todo el universo. No sé si podré hacer la conexión, pero voy a intentarlo". Como ella estaba dispuesta a cooperar, le pedí que se concentrara en Nostradamus e intentara localizarlo en el siglo XVI, en el lugar de Francia en el que vivía.

De inmediato ella se encontró en una habitación con suelo de piedra. La luz del sol que irradiaba a través de una pequeña ventana casi obliteraba la figura con barbas sentada a la mesa. Ella le describió: "Lleva puesta demasiada ropa para el calor que hace. Lleva pantalones bombachos, camisa, y algo parecido a una capa. No sé por qué está tan abrigado. Debe de ser primavera. Hay humedad y frío en las paredes porque son de piedra, pero el sol entra a raudales".

Ella no estaba segura de que se tratara del hombre que buscábamos, pero empezó a describir la sensación que percibía de él. "Escribe muchos papeles en esa mesa de dibujo. Creo que es viejo y sabio y que está solo. Esta habitación no es una cárcel, aunque da esa sensación. Es un espacio cerrado, pero pienso que tiene libertad para entrar y salir. Su interior contiene multitud de cosas y da la impresión de que pasa mucho tiempo ahí. Tal vez es como una prisión voluntaria. Creo que más bien es por su dedicación, no porque se vea obligado a permanecer ahí todo el tiempo. Parece solitario e incomprendido. Ojalá tuviese un perro o algo así. Está inclinado sobre la mesa, como cansado".

Después descubrió que ella misma era invisible y que él no podía verla. De nuevo habíamos conseguido localizar al gran hombre, pero se presentó otro problema. Supe que tendríamos que llamar su atención para llegar a donde él pudiera mostrarle el mismo mapa que le había mostrado a John. El problema es que él parecía ignorar totalmente su presencia. "Eso que soy flota por la habitación, no rápidamente sino como el viento. Recorro el estudio y le observo, pero él no se da cuenta de mi presencia".

Ella pensó en diferentes formas de atraer su atención: hacer que algo caiga al suelo, que entre una brisa perfumada y se expanda por la habitación, que entre una mariposa por la ventana abierta, pero nada parecía tener efecto. Él no se movió. Parecía estar congelado en el tiempo, mientras ella era pura energía que giraba por la habitación. Tal vez era eso lo que ocurría, ella entró en otra dimensión en un punto en el que el tiempo se había parado o no existía. Ella también percibió que Nostradamus no se daba cuenta de que él estaba congelado en el tiempo, así que para él el tiempo probablemente seguía su curso con normalidad. Tal vez no concordaban nuestras dos dimensiones, parecían estar separadas por un muro invisible e impenetrable. Por increíble que resulte, ésa parecía ser la única explicación. De ser así, entonces era imposible que se produjera el contacto. Pero yo tenía que seguir intentando porque el mapa era importante para nuestro proyecto. ¿Cómo podíamos abrirnos paso a ese espacio en el que Nostradamus vivía y actuaba?

Tras varias tentativas, vi claramente que no iba a funcionar. Simplemente no fuimos capaces de alertarle de nuestra presencia. Pero esto demostró un punto importante. Yo no tenía control sobre esto, porque si así fuera, conseguiría que se produjera la conexión. Tampoco lo Beverly porque ella buscó desesperadamente la forma de hacer que él se diera cuenta de su presencia sin conseguirlo. Esto me confirmó algo que he llegado a aceptar: que todo esto está en manos de otras entidades y fuerzas más allá de nuestro control.

La respuesta vino en forma de una repentina inspiración, como si de pronto se me hubiese encendido una bombilla dentro de la cabeza. ¡Quizás no necesitábamos a Nostradamus! Él fue absolutamente esencial para la interpretación de las cuartetas, pero tal vez no era necesario que nos diera más información sobre el mapa. Cierto, él debe de haberlo visto en su espejo para mostrárselo a John, pero quizás podíamos obtenerlo de la misma fuente que él tenía. Valía la pena intentarlo. Si Beverly, en su estado de espíritu, pudo encontrarlo en el pasado, quizás podía moverse hacia un momento del futuro y contemplar el mundo directamente. Tal vez no necesitábamos a Nostradamus como mediador para esta fase del proyecto. Ésta podía ser la razón por la que no conseguíamos hablar con él. Tal vez ver el mundo futuro sería más exacto que contemplar el mapa.

Decidí seguir esta línea de pensamiento. "Puesto que es tan difícil contactar con él, veamos si puedes hacerlo sin su ayuda. Puedes tener más habilidades de las que conoces porque eres libre y puedes ver cualquier cosa que quieras. Me interesa el mundo del siglo veinte, el mundo del futuro".

Ella respondió: "Tengo dificultades con eso. "Futuro' no es una palabra fácil de cuadrar."

Me di cuenta de que me costaría explicar un concepto como tiempo a un espíritu que no tenía ningún interés en lo físico; esta experiencia ya la había tenido yo muchas veces.

D: Sé que es difícil entender el tiempo. Pero cuando estamos en un cuerpo físico vivimos en un mundo física, en el planeta Tierra, que es una masa física, sólida. Hay un enorme interés por saber lo que ocurrirá con nuestro planeta porque es nuestro hogar. Se ha hablado mucho de que en determinado momento del futuro nuestra Tierra se moverá y cambiará, y esto dará lugar a cambios de forma en las masas terrestres. ¿Puedes ver algo de eso para mí?

Beverly: Bien, sí habrá cambios. Se producen de forma periódica.

D: Cuando ocurra este cambio, ¿puedes ver cómo quedará la tierra después?

La transición fue suave y natural. Como si hubiésemos pulsado un botón, la habitación de Nostradamus se desvaneció y ella se encontró en un lugar en el que vería el mundo futuro. Inmediatamente empezó a describir lo que veía y así continuó; proporcionaba no sólo una descripción, sino datos sobre la dinámica de todo el cambio que se produciría en la Tierra. Se animaba por momentos y movía mucho las manos.

B: En realidad ya nada será como antes. Veo un nivel de la Tierra bajo el que hay Tierra, y cuando la Tierra cambia, sólo la parte de arriba se mueve hacia el norte pero no el nivel inferior. Eso da lugar a zonas con enormes grietas abiertas. (Ella continuó con una analogía.) Intenta ver Estados Unidos sobre un tablero hecho de polvo compacto de 30 centímetros de grosor, y debajo de éste hay más polvo acumulado en el tiempo. Ahora bien, cuando los polos cambian, esta plancha superior de 30 centímetros se moverá hacia el norte, pero no arrastra consigo la porción inferior. Se separará. Recuerda que esto es una analogía, no sé cuántos miles de metros tiene de profundidad. Sólo se mueve la parte superior y se desgaja de la inferior. Por tanto, la plancha de 30 centímetros de polvo de la parte superior que carece de la suficiente consistencia para mantenerse unida, se parte y se agrieta como tierra reseca. Al moverse hacia el norte, perturbará las aguas que a su vez causarán más roturas, agrietamientos e inundaciones. Las aguas entrarán desde el norte y los mares arriba de Canadá y Alaska inundarán la parte superior del continente norteamericano y luego una zona más extensa. Por debajo de ella, los Grandes Lagos inundarán la parte de abajo. Y en uno u otro lado de Estados Unidos las partes superiores del Pacífico y del Atlántico bajarán e inundarán la parte de abajo. Toda esta agua cubrirá una gran porción de Estados Unidos, misma que se desprenderá y separará a causa de las grietas. Cuando esa inundación amaine, ya habrá tocado los mares del sur por debajo de Estados Unidos y todo empieza de nuevo. Al parecer una gran cantidad de agua se moverá del norte hacia el sur.

D: *¿Qué ocurrirá con los casquetes polares?*

B: Se derretirán, pero las zonas más densas no se romperán tan fácilmente como las zonas de tierra. El polo norte va a cambiar en dirección norte, retrocede aproximadamente un cuarto el otro lado, más cerca de Rusia y Siberia. El polo sur se moverá hacia arriba, posiblemente hacia el sur de Sudamérica. Si visualizas Estados Unidos tal como es ahora, el continente se moverá hacia el norte y se inclinará ligeramente a la derecha.

Beverly vio que Estados Unidos se rompía en seis o siete masas tipo islas. De nuevo la misma información de que la porción más grande estaría en el centro del país. Las costas Este y Oeste básicamente inundadas y gran parte de la zona superior en torno a los Grandes Lagos y toda la zona sur, desaparecidas.

B: Desde luego, las zonas montañosas más altas quedarán a la vista. Si el agua alcanza unos 2500 metros en una cadena de montañas de 3000 metros, sólo quedarían sobre el agua 500 metros. Hay otras cadenas de montañas de sólo unos 1500 metros de altura, como en la parte central de Estados Unidos, que básicamente quedarían bajo el agua. Pero intervienen otras circunstancias, porque la plancha de tierra de 30 centímetros de grosor de la que hablamos antes se moverá en dirección norte, dejando tierra por debajo, y estas otras cadenas de montañas serían empujadas hacia arriba. Las que sólo tengan 1500 metros de altura serán empujadas hacia arriba por la masa de tierra que hay debajo hasta alcanzar una altura de 3000 metros más o menos. Quiere decir que esa zona también sobresaldrá unos 600 metros del nivel del agua. ¿Lo entiendes? Algunas tierras bajas serán empujadas hacia arriba hasta alcanzar la altura de vuestras montañas más elevadas. Imagina que el mundo fuera redondo como una pelota. El polo norte está arriba y cuando esta placa de Estados Unidos cambie hacia el norte, lo que hay debajo también se mueve. Pero en vez de seguir la curvatura de la pelota, empujará hacia fuera una vez que pase por los puntos más redondos del planeta. ¿Me comprendes? Va a empezar a moverse hacia el norte y cuando choque con una zona que lo confine, se detendrá. Cuando eso ocurra, se saldrá del planeta. Eso es lo que ocurrirá con la zona que llamamos estados centrales. Abarcará Arkansas y los estados que tiene al norte. Kansas y Nebraska, que para nosotros son estados de llanuras, también serán empujados hacia fuera.

Ella había encontrado la respuesta a una de nuestras preguntas principales relacionadas con el mapa: ¿Por qué la sección central permanecería por encima del agua a pesar de su menor elevación? No podremos recurrir a nuestras actuales zonas altas.

B: La causa será una actividad que se produce a una distancia muy considerable, lo cual da origen a la elevación de tierras más bajas que se hallan en el subsuelo de la Tierra. Esa elevación de tierras no afectará directamente el subsuelo de Estados Unidos. Ocurrirá como consecuencia de los cambios que se producen en todo el planeta.
    Aunque toda esta zona se moverá en dirección norte, los climas serán diferentes. Climas muy fríos como el de las zonas norte de Canadá y Alaska se suavizarán, pero eso llevará tiempo. Casi toda esta franja del mundo tendrá un clima más suave. Me parece que desaparecerán por completo los climas fríos. Cuando el polo sur se mueva hacia el norte entrará en un clima tropical, de forma que ambos polos se derretirán. Y los nuevos polos, que operarán desde dentro hacia fuera, necesitarán muchos años en esas posiciones para producir el suficiente frío hasta convertirse en polos como los que tenemos ahora.

A continuación Beverly continuó su relato con la misma información sobre las partes restantes que habían proporcionado Brenda y John. Puesto que coinciden, no es preciso que lo repita aquí. Sólo incluiré la información adicional:

D: ¿*Quedarán algunas ciudades grandes?*
B: No lo sé. Seattle. Denver. Se crearán ciudades en la masa de tierra central. Ahí no se ve nada ahora que pudiéramos llamar una ciudad importante, puesto que San Luis y Kansas habrán desaparecido. Los estados centrales tienen ciudades más pequeñas y gran cantidad de terreno agrícola sin desarrollar.
D: ¿*Qué ciudades en esa zona tendrán más habitantes o actividad comercial?*
B: Una será Harrison, Arkansas, o una ciudad muy cercana a ella. Habrá otra ciudad exactamente al sur por el lado este de esa masa de tierra que se convertirá en un gran puerto y un centro de comercio. Incluso podría ser Little Rock -pero no, no está tan al sur.

Fue una sorpresa que tanto John como Beverly mencionaran Harrison; en esta época (1989) Harrison es una pequeña ciudad, famosa por su parque de atracciones, "Dogpatch". Toda la zona es montañosa y de escasa población.

B: Muchas de las ciudades pequeñas aumentarán de tamaño, en especial en lo que en ese tiempo será línea costera porque los habitantes que queden irán a esas zonas para encontrar trabajo. En esa época el transporte en su mayor parte será por agua porque Estados Unidos se habrá dividido en (contando)... probablemente cuatro o cinco secciones principales, con varias zonas de pequeñas islas. No serán largos viajes por agua, pero se emplearán barcos o grandes lanchas para transportar cosas de una masa de tierra a otra, como hacemos ahora por ferrocarril o camión. Esto proporcionará trabajo a lo largo de toda la línea costera y la gente acudirá a esas zonas. Habrá ciudades portuarias, pero ninguna de ellas volverá a ser tan grande como las ciudades que tenéis ahora, como Los Ángeles, Nueva York y Chicago. Creo que las poblaciones se espaciarán más uniformemente, y ninguna ciudad tendrá una importancia o unas dimensiones superiores a las demás.

D: ¿Y qué hay de Antártida?
B: Se moverá al norte hacia el ecuador, y un poco al este, lo mismo que Sudamérica. Esto la llevará a un clima más templado. No se desgajará tan rápidamente como otras masas de tierra porque una gran parte de lo que la mantiene unida es hielo. Habrá en ella grietas importantes y finalmente la tierra se separará por la fusión del hielo, pero pasará cierto tiempo antes de que eso ocurra. Será habitable y la gente podrá ir ahí, aunque la vida no valdrá la pena porque no se podrá cultivar nada; habrá hielo durante mucho tiempo. La capa de hielo no se fundirá de inmediato, pero se romperá.

Asombrosamente, la descripción de Beverly de todos los demás continentes encajaba en grado notable con las de John y Brenda.

D: ¿Cambiarán los climas de Europa y Asia?
B: Sí, pero no de un modo drástico. Algunas zonas se volverán más frías, pero otras se harán más templadas. Rusia no será tan fría como era, sin embargo, el mejor clima estará en el hemisferio occidental.
D: Cuando veíamos el litoral de Estados Unidos, olvidé preguntar sobre la capital, Washington, D.C.
B: Desaparecerá.
D: ¿Qué ocurrirá con la sede de gobierno?
B: Se trasladará al lejano noroeste: estado de Washington, zona de Oregon. El gobierno tal como lo conoces desaparecerá. Los medios de comunicación serán tan avanzados en ese tiempo que, aunque se pierdan cosas materiales, el conocimiento no se perderá. El papeleo, ordenadores, discos etc. pueden perderse físicamente, pero no todo el conocimiento se perderá por la facilidad con la que se accederá a él.
D: ¿Y qué hay del Presidente y los funcionarios de gobierno?
B: No habrá un presidente como ahora. Después del cambio habrá más bien una asamblea o consejo de administración. Se llegará a eso antes del cambio del eje, pero de no ser así, ciertamente será después. Ya no seréis gobernados por un presidente. Compartir el

conocimiento y toma de decisiones entre un grupo de personas de elevada integridad y conocimiento servirá mejor a vuestras necesidades. No veo nada que se parezca a la Cámara de Representantes o al Senado en ese tiempo. Esos grupos son demasiado grandes para ser efectivos, y por otro lado, un Presidente es demasiado poco. Os habréis adaptado, u os adaptaréis a un consejo de grupo de unas cuantas personas que servirán de guía en los acontecimientos del país.

Es importante mencionar que la única porción de este libro que leyó Beverly antes de este experimento fue el capítulo que contiene la versión de John sobre el cambio de la Tierra (Capítulo 17). Ella no había visto o conocido la opinión de John sobre su perspectiva de vida futura, sin embargo ella describía una situación hipotética similar relacionada con el funcionamiento de nuestro gobierno.

D: Si este cambio ocurre repentinamente, ¿podrá el gobierno actual escapar de la capital?
B: Mucha gente escapa, pero no sé nada sobre las actuales autoridades de gobierno. Mucha gente sabrá de antemano que esto ocurrirá. No vendrá como un ladrón durante la noche. Tendréis advertencias.
D: ¿Cómo lo sabremos?
B: Para entonces será casi del dominio público. Habrá información extrasensorial que en ese momento ni siquiera será considerada como tal. Será un "entendimiento" de que estas cosas van a ocurrir y se harán algunos preparativos. Tal vez se anticipen ciertas alteraciones; en algunas zonas ésa será la única advertencia. Algunos no lo sabrán y les llegará sorpresivamente, pero los más avisados sabrán lo que va a ocurrir. No exactamente cuñando, pero habrá planes que se pondrán en marcha en cuanto empiece, porque los preparativos fueron hechos con antelación. Mientras hablamos de ello como una posibilidad en este tiempo, a medida que se acerca el acontecimiento, las cosas de las que hablamos ahora se aceptarán como un hecho cierto. No se pondrá en duda como se hace actualmente.
D: Tal vez habrá más hechos científicos que lo respalden.

B: Quizás, pero creo que es más probable que escuchemos a nuestro ser interno. Nuestras habilidades mentales se transformarán en una parte de nosotros del mismo modo que el resto de nuestros sentidos: vista, gusto, tacto, olfato y oído. En ellas se confiará para obtener datos exactos, lo cual no pasa hoy en día.

El pensamiento de que sobrevivirían algunas porciones de civilización reconfortaba e infundía esperanza. No será un cambio tan repentino como para pillar a todos desprevenidos. Una mayor conciencia llevará a hacer preparativos y a escuchar con atención las advertencias de que irremediablemente pronto ocurrirá algo de proporciones descomunales. Esto renovó mi fe en una humanidad que no permitirá que perezca toda su civilización. Será, como había dicho Nostradamus, el fin de la civilización "tal como la conocéis", pero no el fin de la humanidad. Los cambios serán radicales, pero la humanidad es lo suficientemente versátil para adaptar su estilo de vida a los cambios y seguir adelante. Ellos no permitirán que se destruya totalmente la vida si en su mano está hacer algo al respecto.

D: *Si vamos a continuar con la exploración espacial, ¿dónde se llevará a cabo?*
B: El centro de operaciones espaciales estará fuera de esa misma zona Washington- Oregon. La NASA y toda Florida desaparecerán, y trasladarán sus oficinas centrales.

De nuevo esto se parecía a lo que John había visto en su vida futura como mujer astronauta.

B: Llegado ese punto, el gobierno nacional no se implicará en el gobierno del pueblo como ahora, sino que estará más íntimamente relacionado con empresas espaciales. Ése será el proyecto de máxima prioridad para el gobierno y no sólo decretar leyes para ciudadanos particulares, como lo hace actualmente.
D: *¿Crees que el principal punto de actividad estará en el espacio?*
B: Correcto. Lo más importante serán los viajes interplanetarios y la comunión con seres de otros planetas. Las elecciones no se llevarán a cabo del mismo modo que en la actualidad, en las que varios partidos luchan entre sí. Habrá algo parecido a una

asamblea que contará con el apoyo de todo el pueblo y todos trabajarán al unísono. La principal actividad del gobierno no será el control del individuo, sino la proyección al exterior porque el individuo tendrá un mayor control de sí mismo, independiente o individualmente. Dejará de ser necesario un gobierno que trabaje para el pueblo y por el pueblo.

D: *¿Crees que la causa de todos estos cambios radicales será este gran deslizamiento?*

B: No, esa no será la causa. Creo que a pesar de todo ocurrirán, debido a la evolución de la humanidad. La humanidad se mueve cada vez más hacia un mundo mental y espiritual y sucederá de forma más o menos simultánea al desplazamiento del eje terrestre. De hecho trabajarán conjuntamente. Y cuando digo "de forma simultánea" no quiero decir en el transcurso de un año, sino de dos o tres décadas. Gradualmente la conciencia psíquica se desarrolla cada vez más hasta donde es normal funcionar de este modo. Todos estos cambios ya han empezado, pero en el próximo período de dos a cinco años la conciencia espiritual será algo mucho más ampliamente admitido. Ahora mismo estáis en ello, pero las masas aún no han alcanzado un punto aceptable. Durante la década de los 90, daréis por hecho que así es como debe ser la vida en el planeta. Por eso no creo que en ese momento represente un cambio tan drástico ya que para entonces muchas cosas que en la actualidad son tan sólo teorías, serán tan ampliamente aceptadas que sabréis y seréis conscientes del cambio del eje terrestre. Os anticiparéis a él y estaréis preparados para continuar vuestro trabajo a través de él.

D: *Entonces no será tan drástico como para traumatizar completamente a todo el mundo. Será bastante malo, pero si no hubiese ninguna advertencia en absoluto, sería terrible.*

B: Incluso a finales de los 90 habrá gente que aún diga: "Qué va, eso no ocurrirá". Son las mismas personas que no creen que en la actualidad se pueden enviar hombres a la luna.

D: *Siempre habrá escépticos.*

B: Correcto. Pero una gran mayoría habrá cambiado su forma de pensar.

Al parecer habíamos cubierto todo el globo, así que me preparé para hacerla volver a su plena conciencia. Ella me interrumpió.

B: Tú juegas a hacer muchas cosas para mantenerte ocupada.
D: Sí, así es. (Risas)
B: No me refiero a ti sino a todos. En realidad no tendrá ninguna importancia, pero si a ti te resulta gratificante, está bien.
D: Has dicho: "En realidad no tendrá ninguna importancia". ¿Es porque mucha de la gente que vive en este momento en la Tierra morirá y no les inquieta demasiado donde quedará espacio para vivir?
B: En parte sí, incluso muchísimos más de los que crees. Sí, las almas estarán en un nivel de conocimiento diferente. Pero eso apenas importará porque existe un nivel más elevado del que aún no hemos hablado siquiera. No soy despectiva, pero esto es sólo un juego.

Antes de que Beverly despertara, le di instrucciones para que recordara las formas y las dimensiones de lo que había visto y pudiera trazarlos más tarde. Después la hice volver a su plena conciencia y una vez más se sorprendió por la cantidad de información que puede quedar sin cubrir cuando se conecta con este estado especial de conciencia.

Habíamos intentado pedir la ayuda de Nostradamus pero no conseguimos que él se percatara de nuestra presencia ni de lo que queríamos. Pero tuvimos acceso a todas las respuestas que buscábamos en esa otra dimensión. Tal vez encontramos la misma fuente que usó Nostradamus para obtener su información de acontecimientos futuros. Si esto es verdad, quiere decir que no es un lugar que sólo él conoce, sino que es accesible a los que desarrollen la capacidad y tengan la curiosidad y el deseo de buscar.

Hablamos de esto cuando ella despertó. Beverly estaba asombrada por la experiencia. Agradeció la información, que le sería útil en el trazado de los mapas, pero estaba confusa por el procedimiento que la había producido. Se sintió extraña mientras llegaba la información porque sabía que no tenía absolutamente ningún control sobre ello. Lo único con lo que podía compararlo era la sensación de ser era una gran boca y la información surgía sin ningún pensamiento o acción por su parte. Nos reímos por esta divertida metáfora visual.

Cuando hablamos del desplazamiento de los polos, de que se derretirían y no volverían a congelarse, ella comentó que como el clima de la zona será tropical, tardará en enfriarse hasta el punto de congelación. Lo comparó a cuando se pone agua en el congelador para hacer cubos de hielo, tarda poco tiempo. Pero si pones la bandeja de cubos en el refrigerador, llegará a congelarse, pero el tiempo que tarde será mucho más largo. Era una buena analogía.

Hicieron falta dos sesiones para obtener toda la información necesaria para preparar los mapas. Durante la segunda sesión, mientras estaba en trance le mostré mapas en blanco y negro y le pedí que coloreara las partes faltantes del mundo.

Beverly confiaba en poder reproducir los mapas con exactitud, de acuerdo a lo que había visto. Era un proyecto interesante, pero enseguida admitió que esperaba que la condición del mundo reflejada en el mapa no llegara nunca a ser realidad. En ese sentido, esperaba que los mapas no fuesen exactos.

Y fue así como se crearon los mapas que describen el mundo futuro. Realmente fue oportuno que se crearan por este método, puesto que todo lo demás relacionado con este proyecto fue paranormal y poco ortodoxo. Una vez más, era una evidencia de que nuestros esfuerzos realmente eran guiados por otras fuerzas distintas de las nuestras.

Cuando se comparan las versiones de Beverly, de Brenda y de John, no son exactamente copias al carbón. Creo que la explicación de esto es la dificultad del proyecto. Nostradamus dijo también que las masas de tierra cambiarían y aparecerían de forma diferente a medida que se formaran de nuevo los casquetes polares. No hay forma de saber si John, Brenda y Beverly contemplaban la Tierra durante las mismas fases de desarrollo. En todo caso, todas las versiones describen un mundo que el caos cambió para siempre. Un planeta con más agua que superficie terrestre. Una imagen del mundo que espero que nunca vean los humanos.

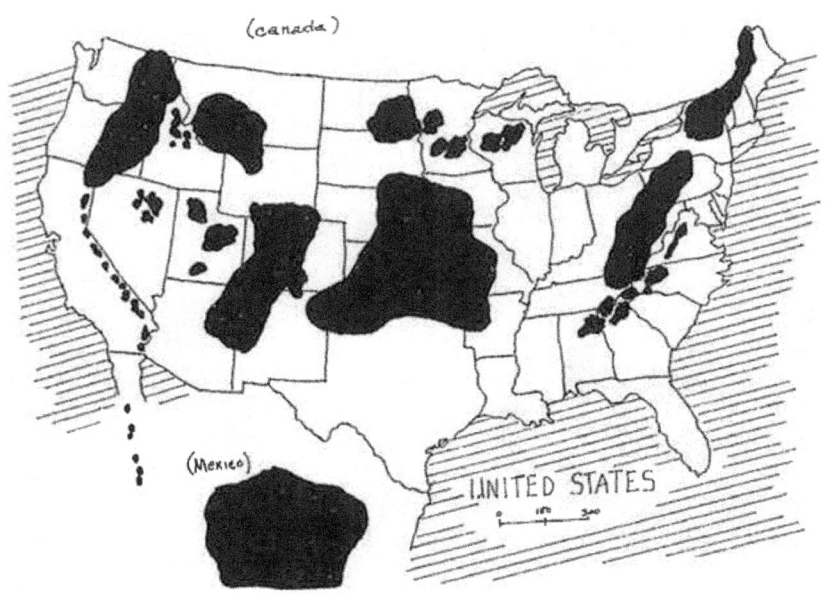

Este mapa muestra el continente norteamericano después del cambio de la Tierra. Las zonas a rayas son las grandes masas de agua existentes. Las zonas blancas son superficies actuales. Las zonas oscuras representan la tierra que quedará sobre el nivel del agua después del cambio de la Tierra.

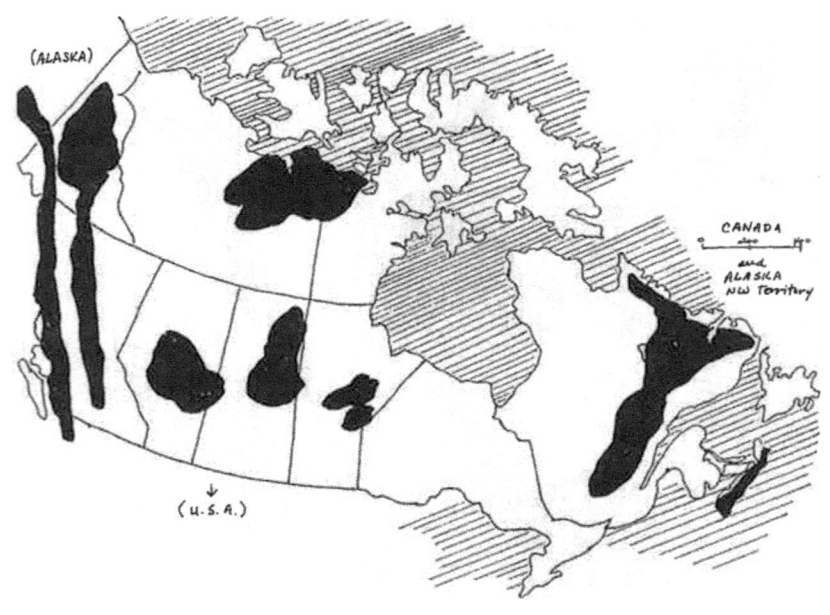

En este mapa aparecen Canadá y Alaska después del cambio de la Tierra. Las zonas a rayas son las grandes masas de agua existentes. Las zonas blancas son superficies actuales. Las zonas oscuras representan la tierra que quedará sobre el nivel del agua después del cambio de la Tierra.

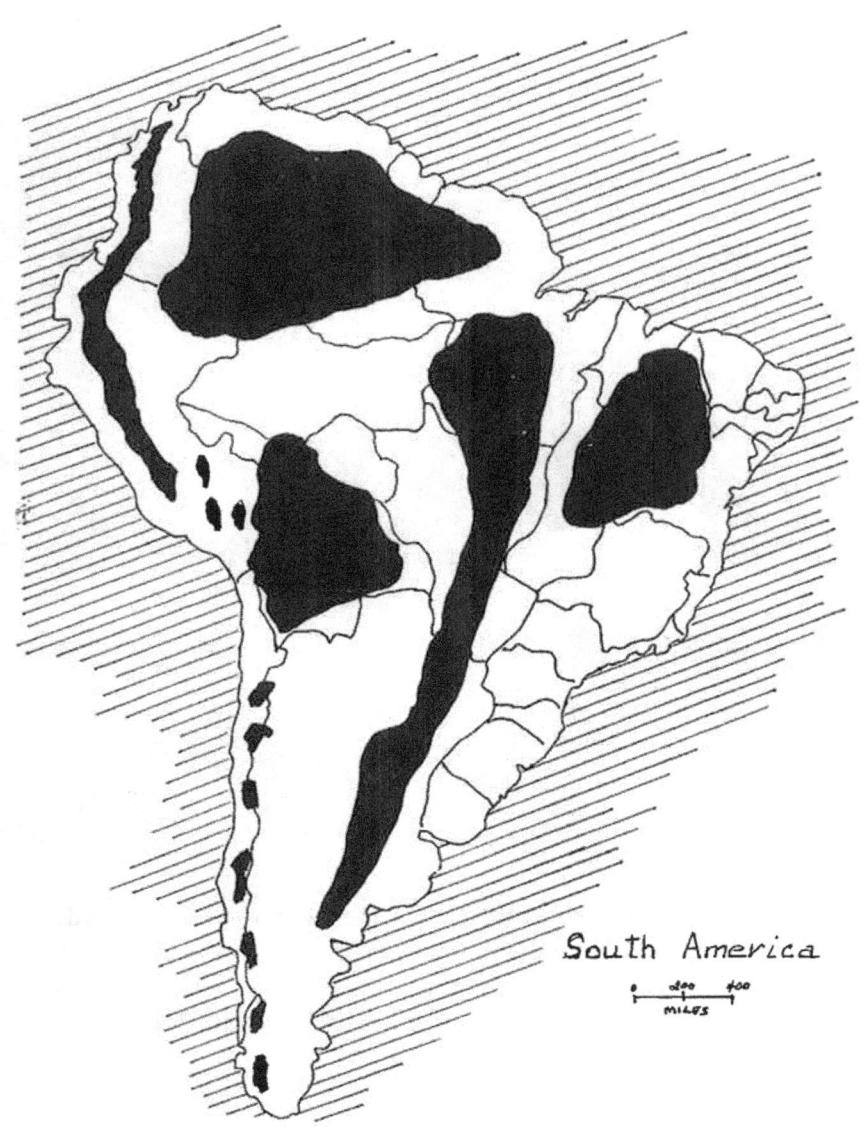

Este mapa muestra el continente sudamericano después del cambio de la Tierra. Las zonas a rayas son las grandes masas de agua existentes. Las zonas blancas son superficies actuales. Las zonas oscuras representan la tierra que quedará sobre el nivel del agua después del cambio de la Tierra.

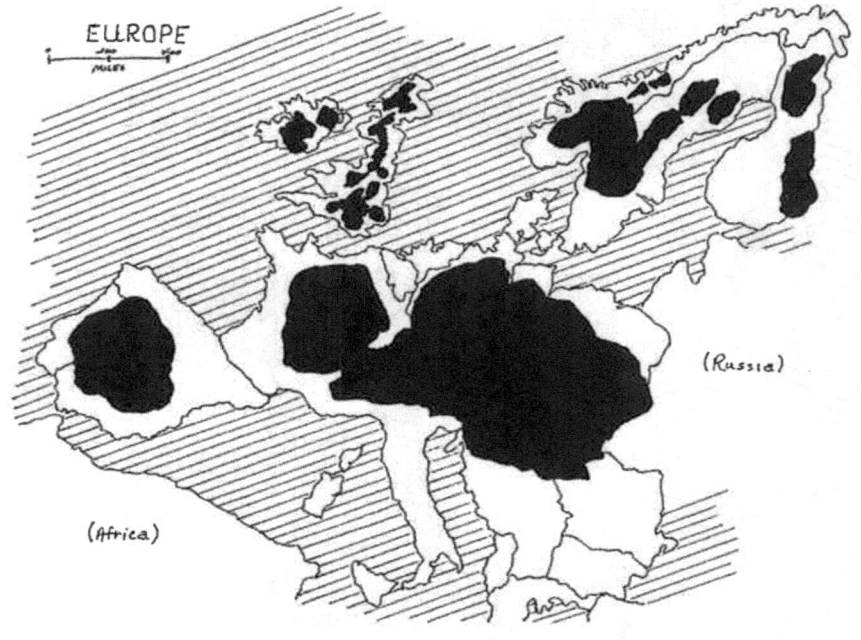

Este mapa muestra el continente europeo después del cambio de la Tierra. Las zonas a rayas son las grandes masas de agua existentes. Las zonas blancas son superficies actuales. Las zonas oscuras representan la tierra que quedará sobre el nivel del agua después del cambio de la Tierra.

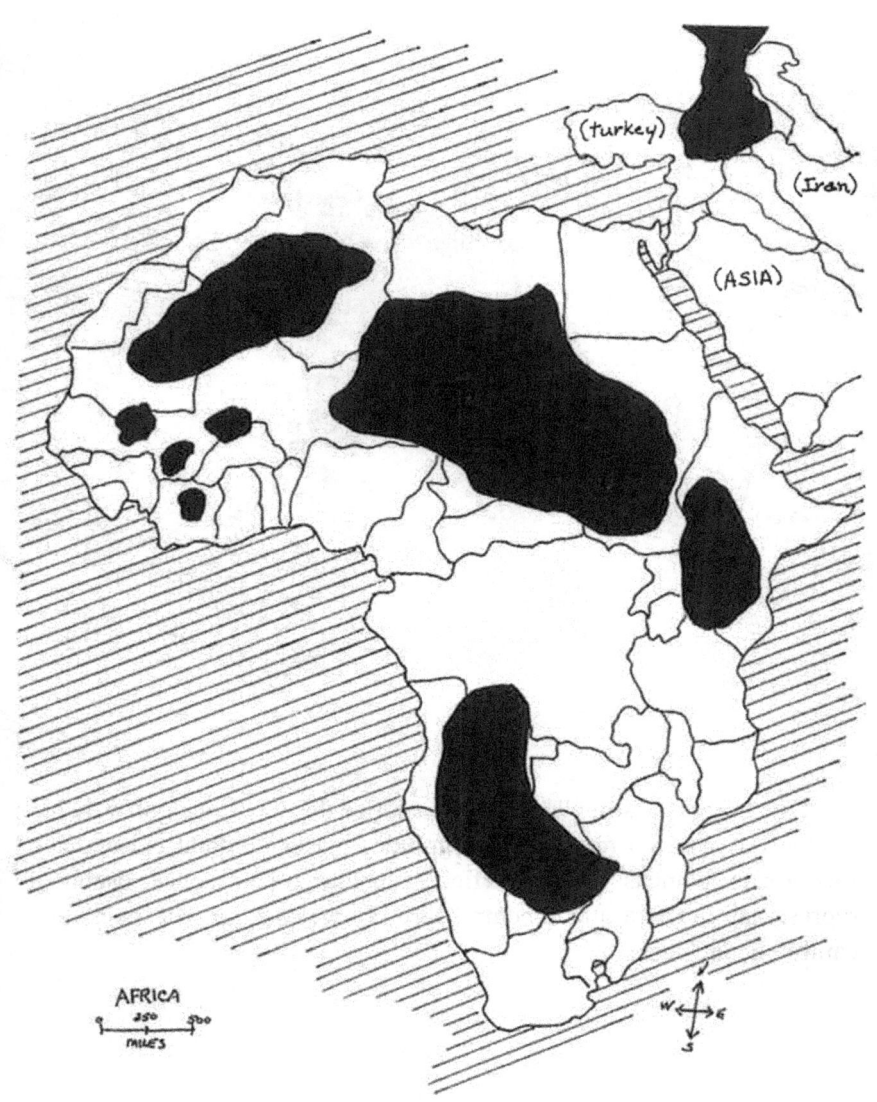

Este mapa muestra el continente africano después del cambio de la Tierra. Las zonas a rayas son las grandes masas de agua existentes. Las zonas blancas son superficies actuales. Las zonas oscuras representan la tierra que quedará sobre el nivel del agua después del cambio de la Tierra.

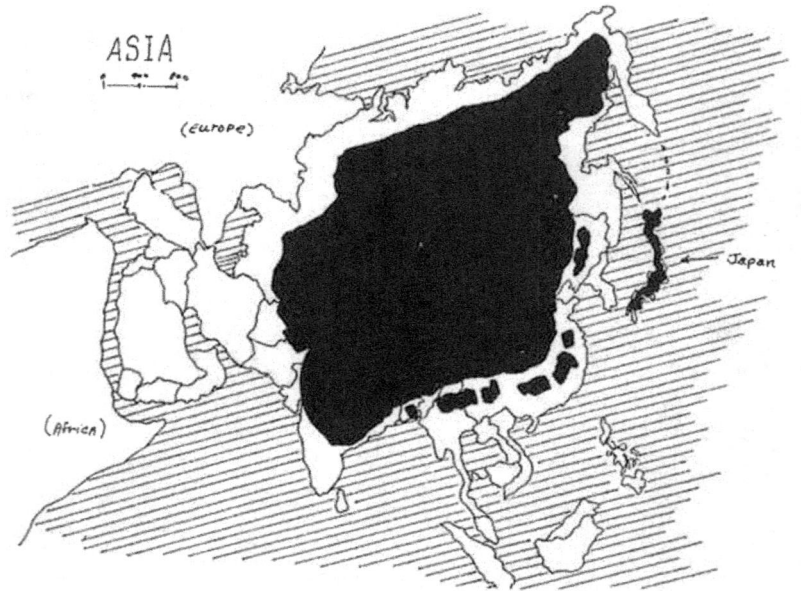

Este mapa muestra el continente asiático después del cambio de la Tierra. Las zonas a rayas son las grandes masas de agua existentes. Las zonas blancas son superficies actuales. Las zonas oscuras representan la tierra que quedará sobre el nivel del agua después del cambio de la Tierra.

Capítulo 29

Búsqueda de la Fecha del Cambio

Ahora que habíamos descubierto de forma aproximada el aspecto que tendría el mundo después del desplazamiento del eje, lo siguiente sería establecer la fecha lo más exactamente posible. Poner fecha a algo le da más contenido, más forma y hace probable lo posible. Mientras permanezca en el terreno de lo ambiguo, es menos probable que asuma esa forma y contenido. Por eso, de muy mala gana intenté proporcionar una fecha para un acontecimiento tan horrible. ¡Cuánta presunción por mi parte!

Para conseguirlo, yo tenía por lo menos que llegar a la conclusión de que algo tan espantoso era posible. Al principio de mi trabajo con Elena éste fue uno de los primeros tópicos que mencionó Nostradamus, y una predicción que me causó muchas dificultades. Tuve que llegar a un acuerdo con mi propia conciencia antes de seguir con el trabajo que me había asignado. A pesar de ello, dentro de mí mantuve la esperanza de que él se equivocara. Que la Tierra no cambiaría y la civilización tal como la conocíamos no desaparecería. Las consecuencias eran demasiado aterradoras en perspectiva y casi imposibles de vislumbrar. Yo quería creer en la posibilidad de una senda alternativa. Una senda en la que la vida pudiera continuar y no quedara destruida por unos efectos tan pavorosos. Por tanto, la única forma de poder escribir sobre el estado del mundo después del principal desplazamiento del eje e intentar encontrar fecha para semejante suceso era planteárlo como una historia interesante o un hecho teórico. De este modo yo podría ser objetiva y no me afectaría personalmente. Mi mente no tenía por qué luchar con las terribles repercusiones en la raza humana. Por lo tanto, no respondo de la validez del mapa, sólo transmito la información surgida.

Era el mismo problema que tuvimos al intentar encontrar la fecha exacta del cambio cuando traducíamos la CENTURIA VIII-49 en el Capítulo 17, "El destino del Anticristo y el mundo". En este caso tuvo que ser tratado como una historia detectivesca porque se complicó más de lo que inicialmente pensábamos. Los símbolos astrológicos en la cuarteta parecían muy explícitos y, por lo tanto, un astrólogo podría encontrar fácilmente la fecha. Decía así: "Saturno en Tauro, Júpiter en Acuario, Marte en Sagitario, el sexto día de febrero". Nostradamus dijo que esto se refería a la fecha del cambio en la Tierra que ocurriría después del año 2000, a comienzos del siglo veintiuno.

Yo trabajaba en este capítulo en el verano de 1989. John vivía ya en Florida y nuestro único contacto era por correo o por teléfono. Habíamos aclarado fechas e intercambiado información sobre algunas cuartetas. A John le costó encontrar el libro de efemérides del año 2000, de modo que tuvo que postergar la búsqueda de fechas de eventos que según Nostradamus ocurrirían después del año 2000. Encontrar las efemérides resultó ser un gran obstáculo. Por alguna razón la primera edición se agotó en todas partes y tuvo que esperar a la publicación de la segunda edición.

Cuando por fin se hizo con un ejemplar, esta cuarteta tuvo que quedar postergada porque cada vez era más difícil de descifrar. John lo intentó sin éxito porque no tenía más información que la traducción de la cuarteta tal como aparecía en el libro de la Sra. Cheetham. Él dijo que Saturno en Tauro era fácil de encontrar porque Saturno es un planeta de movimiento lento, que pasa por un signo cada 28 años. Cuando se estableciera la fecha el resto encajaría por sí solo. Él pudo identificar que se trataba del año 2029 por el movimiento de Saturno, pero los otros signos se resistían a cooperar. Creyó que había llegado a un punto muerto.

Yo no lograba entender por qué sucedía esto cuando los signos eran tan claros en la cuarteta. Pero ¿lo eran? Tuve una corazonada y decidí comprobar otras traducciones de las cuartetas y encontrar la traducción literal del francés. Cuando lo hice, descubrí algo asombroso. La traducción de la Sra. Cheetham no era exacta según el francés literal. "Saturn: au beuf joue en l'eau, Mars en fleiche" se traduce como: "Saturno en el toro, Júpiter en el agua, Marte en flecha".

Tengo un conocimiento limitado de astrología, pero pensé que esta información bastaría para cambiar las cosas. No obstante quiero romper una lanza en favor de la Sra. Cheetham, ella no es la única que tradujo la cuarteta de forma errónea. Otros varios libros lo señalan como "Júpiter en Acuario", pero ella también se refiere a esta alineación de signos como una conjunción, lo cual no es correcto. Una conjunción ocurre cuando dos o más planetas se encuentran a una distancia no superior a diez grados. En concreto, los planetas en esta cuarteta no están en conjunción porque dos de los signos son opuestos.

Esto empezaba a llevar mucho tiempo, sin olvidar lo costoso de llamar por teléfono a John en Florida, así que a finales de 1989 consulté a una amiga experta en astrología. Sabía que esto iba a complicarse y pensé que debía contar con alguien a quien pudiera consultar regularmente. Ella tenía educación metafísica y por lo tanto sabría aplicar una visión intuitiva al razonamiento requerido. Nostradamus nos había dicho en una ocasión que el "trazador" de horóscopos tenía que atreverse a probar lo insólito y aplicar significados alternativos poco habituales aunque en apariencia no encajaran con los métodos astrológicos al uso. Mi amiga estaba dispuesta a ayudar en esto, pero quería permanecer en el anonimato. Acepté proteger su intimidad, así que me referiré a ella como Mae.

Cuando le mostré a Mae la traducción original frente a la versión literal en francés, lo primero que dijo fue que muchas personas que no son astrólogos cometen este mismo error. Suponen que como Acuario está representado por un aguador cuyo símbolo son líneas ondulantes, se trata de un signo de agua. Pero no es así; es un signo de aire y de hecho las líneas ondulantes representan el flujo de energía, no de agua. Es probable que los otros signos fueran correctos porque si tomamos en cuenta los símbolos astrológicos, el toro sólo puede significar Tauro y con toda probabilidad la flecha significa Sagitario, el arquero. Así pues, ante todo habría que suponer que la idea de Nostradamus es que Júpiter se encontraba en un signo de agua y de aquí derivaba el resto. Mae consiguió unas efemérides del año 2000, le di los datos para que realizara la búsqueda. Yo seguí con mi trabajo en el resto de este libro mientras esperaba impaciente su llamada para decirme que había encontrado la respuesta. Siempre supe que lo conseguiría, porque estaba segura de que Nostradamus no nos llevaría a un callejón sin salida para abandonarnos después. Sencillamente era cuestión de entender la complicada forma en que funcionaba su mente.

    Cuando ella me comunicó que estaba preparada, fui a su casa. Al sentarme en el sofá, vi los papeles extendidos ante ella y tuve un momento de pánico. Sus garabatos no me resultaban más comprensibles que los jeroglíficos, sin embargo me veía obligada a entender estos signos y símbolos lo suficiente como para transformarlos en lenguaje común, inteligible para la persona corriente. Suspiré: ése era uno de los desafíos de ser escritora. Me di cuenta que nunca recordaría los datos técnicos ni podría descifrarlo a partir de mis notas. De modo que encendí mi fiel grabadora, mi principal ayuda en estos experimentos. Asentí una y otra vez con la cabeza para expresar que entendía lo que ella decía, aunque no era así. Supe que todo se grababa para después poder transcribir la información y ponerlo en términos comprensibles. Mae dijo que, en todo caso, era más probable que yo lo hiciera mejor que ella por el hecho mismo de que yo no entiendo las palabras técnicas. Yo tendría que ponerlo en términos más sencillos por pura necesidad. Los datos están ahí y si los astrólogos profesionales quieren consultar las fechas dadas, podrán ver las consecuencias más profundas.

    Como se indicó anteriormente, el punto de partida más simple era descubrir cuando estaría Saturno en Tauro. Puesto que es un planeta de movimiento tan lento, sólo pasaría por las posiciones cada 28 años. Esto nos dio el año 2028 o 2029, y a partir de ahí podíamos empezar. Las efemérides indicaban que los otros planetas no cambiarían a las posiciones mencionadas en la cuarteta hasta finales de 2029. Marte entra en Sagitario el 24 de septiembre y permanece ahí hasta el 4 de noviembre, y esto reducía nuestro plazo. Mae calculó que la fecha del cambio tendría que estar entre el 6 de septiembre y el 4 de noviembre, 2029. Ella también creyó que era significativo que Marte y Saturno estaban implicados, ya que la unión de estos dos planetas se suele considerar maléfica o indicadora de guerra o destrucción, Pensé que esto encajaba acertadamente en esta situación ya que supuestamente este cambio ocurriría en plena guerra del Anticristo.

    Después, hubo que verificar la posición de Júpiter durante este período. ¿En qué signo de agua caería? Mae pensó que el signo de agua de Escorpión era el que más encajaba porque Escorpión está regido tanto por Marte, el planeta de la guerra, como por Plutón, el planeta de la transformación. Explicó que Escorpión es el signo de la muerte y renacimiento y a menudo se correlaciona con cambios importantes, revueltas, y destrucción, para deshacerse de lo viejo y crear espacio para lo nuevo. Podría simbolizarse por el Fénix, el ave que se consume y surge de sus propias cenizas.

Dado que la cuarteta menciona específicamente el 6 de febrero y todo esto apuntaba hacia septiembre y octubre, teníamos otro rompecabezas en nuestras manos. Mae dijo que esto es lo primero que había comprobado. Marte y Júpiter estaban ambos en Libra durante todo el mes de febrero, pero Libra no tenía correlación con la cuarteta ni se asociaba con cambios tan drásticos. Tampoco parecía encajar el número seis. Como un detective en busca de pistas, era obvio que Nostradamus usaba de nuevo uno de sus trucos y éste era especialmente ingenioso. Sólo un astrólogo con habilidades de inventor podía aspirar a descifrar estos símbolos y rompecabezas al margen de las reglas establecidas. Mae tenía que dejarse guiar por su intuición. Cuando encontramos al primer astrólogo para trabajar en este proyecto, Nostradamus me dijo que debía ser una persona dispuesta a experimentar lo insólito.

Finalmente Mae llegó a la conclusión de que febrero no significaba literalmente el mes. Puesto que la mayor parte de febrero cae bajo el signo de Acuario, regido por Urano, ella decidió que en realidad febrero se refería tanto al signo como al planeta regente. Urano es el planeta exterior que se relaciona con destrucción en forma de cambios repentinos y cosas inesperadas. Desafía la rígida estructura en la vida y aporta novedad y cambio. También es el planeta que rige la Nueva Era. Febrero, representado por el signo de Acuario, también podría corresponder a la Era de Acuario, en la que supuestamente ocurrirán todos estos cambios.

Ella también analizó el planeta Plutón por ser el planeta externo que se relaciona con revueltas desde dentro y que saca a relucir las cosas (terremotos) desde la oscuridad. Plutón es el "limpiador" cósmico que rige los finales y los comienzos. Es el planeta de la transformación y la fuerza que transforma la estructura atómica de la vida para que las diversas energías puedan reagruparse en sus nuevas formas. Plutón también rige la conciencia colectiva. ¡Y Mae descubrió que Plutón está en el signo de Acuario durante el período localizado por ella!

Después de encontrar estas conexiones, Mae examinó a Urano y Platón para ver cómo influirían en la Tierra en esa época. Siempre que existen conexiones entre Marte y Urano, hay propensión a que se produzcan cambios repentinos importantes que acaban con muchas de las viejas pautas. Y siempre que Marte y Plutón están en juego, todo aquello que se fue fraguando en el interior durante mucho tiempo alcanza un punto crítico.

Mae tenía que encontrar el signo de agua adecuado para Júpiter y también los aspectos que indicaran que ocurriría algo de esta naturaleza. Ella explicó: "Cuando manejas la astrología, no puedes sacar nada de su contexto; hay que contemplar la situación de conjunto. Hay en juego combinaciones de energías que indican que existe propensión a que ocurran cosas de determinada naturaleza." Después ella empezó a ver que intervenían algunas configuraciones fuera de lo normal durante el período de tiempo en el que había decidido centrarse.

Ella explicó: "Una de las primeras cosas que observé es que durante septiembre los tres planetas externos y Saturno se encontraban retrógrados. Ése es otro indicio de transformación de carácter colectivo, sobre todo porque los tres planetas exteriores representan fuerzas cósmicas que afectan a toda la humanidad. Periódicamente estos cuatro planetas son retrógrados al mismo tiempo, y esto suele indicar cambios radicales que afectan sobre todo a las masas. En este caso, el cambio de la Tierra ciertamente afectará a toda la humanidad y la base misma de su existencia".

La fecha que ella eligió para este dudoso honor fue el 24 de octubre de 2029. A continuación cito textualmente sus palabras sobre las posiciones astrológicas en ese período, ya que es difícil explicarlas de forma simple. Será interesante para otros astrólogos, aunque su lectura pueda resultar confusa para los legos en la materia.

"El día 24 el Sol entra en el signo de Escorpión que está en oposición directa con Tauro y la Luna forma conjunción con Saturno en Tauro (el signo mencionado en la cuarteta). Marte está en Sagitario (mencionado en la cuarteta) y también en exacta oposición con Urano en Géminis. Como ya lo he mencionado, Urano es el planeta que corresponde a la destrucción repentina. (Según sus especulaciones, éste era el planeta indicado por febrero en la cuarteta.) Marte está también en formación quincuncial con la conjunción de Saturno y la

Luna. El aspecto quincuncial es muy problemático y a menudo indica algo que se sale de lo ordinario, o que es de naturaleza difícil y decisiva. Es algo que no encaja en el contexto familiar de las cosas. El planeta Neptuno está en semi-cuadratura con Saturno y Mercurio también es quincuncial con Saturno. Venus está en exacta conjunción con Marte, que no es el mejor de los aspectos para Venus. Venus es el planeta de la armonía, el amor y la belleza, y su energía es casi opuesta a la de Marte, el planeta de la guerra. En ese período, el Nodo Norte se encuentra en el grado exacto del punto central de nuestra galaxia, a la vez que retrógrado y en conjunción con Marte. De modo que tanto el Nodo Norte como Venus están bajo la influencia de Marte y los tres en oposición a Urano. Cuando ocurren acontecimientos tan importantes como éste, el Sol suele implicarse en un aspecto de tensión, puesto que el Sol representa nuestra fuente de vida. Y con bastante seguridad, el Sol forma conjunción con Júpiter en Escorpión y se oponen a la Luna y Saturno en Tauro y también están en cuadratura con Plutón en Acuario. La conjunción del Sol con Mercurio también lo impulsa hacia estos aspectos. En otras palabras, todos los planetas están alineados en lo que podrías llamar aspectos de tensión.

"Aquí ocurren muchas cosas. Los tres planetas mencionados en la cuarteta están en sus propios signos, si suponemos que 'Júpiter en agua' significa un signo de agua y ese signo es Escorpión. En vista de que no había otro momento en el que Saturno estuviera en Tauro, Marte en Sagitario y Júpiter en uno de los signos de agua, parecería que Nostradamus sabía esto y por tanto dio pistas de la manera que lo hizo. También me resultó muy significativo observar que el Sol está con Júpiter en Escorpión, el signo de muerte/renacimiento y transformación y la luna está con Saturno en el signo opuesto a Tauro. Y Saturno en Tauro parece ser el foco o fulcro de este acontecimiento. Recuerda, Saturno rige el ámbito físico y por lo tanto, la Tierra y todas sus formas y su cristalización.

"Otra de las cosas que descubro más allá de la coincidencia -y ni siquiera pensé en ello hasta más tarde mientras revisaba lo que había surgido- es que dos y cuatro suman seis (el 24 de octubre). Ya había verificado el seis como una fecha (de septiembre a diciembre), y también seis grados para las posiciones de los planetas, pero no parecía haber muchas correlaciones.

"También observé que un par de días más tarde, el día 27, la Luna forma conjunción con Urano, el planeta de lo repentino e inesperado. Y juntos, Luna y Urano, están en oposición a Marte en ese período. Ninguna de estas combinaciones de aspectos se da con mucha frecuencia. Mientras trabajaba en esto tuve fuertes impresiones intuitivas de que este cambio ocurriría a lo largo de un período de tiempo, y no todo a la vez, aunque podría haber un epicentro o momento cumbre para ello. Siento que el evento importante tendrá lugar entre el 6 de septiembre (¡de nuevo el número 6!), que es cuando Saturno entra en retroceso un determinado día de diciembre. Es interesante observar que el 5 de diciembre hay un eclipse solar en Sagitario, y estará en oposición directa con Urano en ese momento, formará conjunción con el Nodo Norte. Luego, el 20 de diciembre hay un eclipse lunar total. Los eclipses marcan puntos críticos o comienzos y finales de ciclos y suelen desencadenar otros aspectos. Lo encontré lógico porque cae inmediatamente después de todo el resto.

"Estas cosas me parecen algo más que coincidencias. El hecho de que los cuatro planetas más exteriores y el Nodo Norte estén retrógrados, y el Sol, la Luna y todos los planetas estén implicados en aspectos de tensión especialmente en ese día (el 24 de octubre), era tan extraordinario que realmente atrajo mi atención".

Mae habló de aspectos que de ordinario se usan menos y que no detallaré porque creo que sólo serían de interés para los astrólogos. Después, ella mencionó un nuevo planeta llamado Quirón. Fue descubierto hace unos 12 años (1977). Comentó que los astrónomos lo consideran asteroide, mientras que para los astrólogos actúa como planeta menor. (¿Podría ser éste uno de los nuevos planetas mencionados por Nostradamus en el Capítulo 12: "Nostradamus y la astrología"? Algunas autoridades en la materia le han asignado la regencia de Virgo.) Orbita en forma elíptica entre Saturno y Urano, y de hecho orbita a través de la órbita de Saturno, y le llaman el "puente". Esto significa que le consideran un puente entre lo físico, lo material (Saturno) y la conciencia superior (los planetas exteriores). También se le considera un rebelde y un catalizador, y suele implicarse donde los acontecimientos afectan a las masas de gente, en especial donde se produce un cambio de conciencia. Mae creyó que era significativo que Quirón estuviese en el signo de Tauro durante este tiempo y en oposición a Júpiter y el Sol el 24 de octubre. También descubrió que en algún aspecto estaba con casi cada uno de los planetas el período de tiempo designado.

Los otros aspectos menos usados, tales como biquintil, novil y septil, estaban presentes con Marte y otros planetas. Dijo ella que esa multiplicidad de aspectos no ocurre con frecuencia, sobre todo en relación con el planeta Marte, Urano y Plutón. Sin entrar en detalles complicados, comentó que estos aspectos representan realización, redención e intuición de la guía interior. Todo esto unido podría representar acontecimientos que impulsan a la gente a tomar contacto con aquello que es eterno y alejado del apego a lo material. Ella dijo que es en esos tiempos de fuertes disturbios cuando la gente alcanza la realización. A Mae le pareció revelador que tantos de los aspectos implicados presentaran indicaciones similares. En otras palabras, no eran positivos y fluidos sino que casi en su totalidad eran aspectos negativos o puntos de tensión que provocan la necesidad de cambio, y de ese modo se relacionan entre sí.

Cuando mencioné que la traducción de la cuarteta se refería a la muerte del Anticristo por un inmenso maremoto, ella de inmediato hizo de nuevo la correlación con el signo de Escorpión. Dijo que era el signo de agua que rige la muerte y la transformación y señala que lo viejo debe morir para que nazca lo nuevo. Al comprobar la carta natal del Anticristo, ella encontró que su Neptuno (que rige los océanos) está en el signo de Escorpión y es el centro de una T cuadrada con su stellium acuariano (que contiene todos sus planetas personales) y su Nodo Norte en Leo. Para colmo de males, su Plutón (regente de Escorpión) está en la casa de Escorpión, la octava casa de la muerte. Y para mayor significado de esta implicación de Plutón, Neptuno y Escorpión, el Neptuno de la carta del cambio está en exacto quincuncio con su Plutón natal en la octava casa.

Por toda la complicación con la que aparecía todo esto, para mí era obvio que Mae había encontrado la fecha que buscábamos a través de sus cálculos minuciosos y su trabajo de investigación. Sentí que sus deducciones resistirían el escrutinio de otros astrólogos. Esto no significa que yo (o ella) aceptara ésta como la fecha del cambio en la Tierra y el fin de la civilización tal como la conocemos. Pero creo que es una notable deducción de los símbolos y rompecabezas que Nostradamus incluyó en esta cuarteta cargada de significado. Está claro que no tenía intención de facilitar su hallazgo. Él me dijo en una ocasión: "Me he movido en el misterio demasiado tiempo. Soy incapaz de entregarte sin más las respuestas. Sorprendedme con la brillantez de vuestras mentes".

Creo que llegamos a una conclusión exacta del significado de la cuarteta: Saturno está en Tauro, Júpiter en Escorpión y Marte en Sagitario. Febrero se refiere a Acuario y a su planeta regente, Urano, también a la Era de Acuario, y el seis se refiere al día 24. Por lo tanto, la fecha es 24 de octubre de 2029.

Yo estaba fascinada por la diligente investigación de Mae y creo que su fecha merece consideración, sobre todo cuando se compara con la CENTURIA III-96, traducida en el Capítulo 22: "La habitación secreta". Nostradamus indicó que se refería a un tiempo en el año 2036 en una época de maniobras políticas y cambios de lealtades mientras las diferentes facciones luchaban entre sí. Un grupo aún mantenía la creencia en el Anticristo a pesar de que ya había desaparecido de la Tierra. Como 2036 eran sólo siete años después de que el cambio en la Tierra ocasionara el cese de hostilidades en 2029, posiblemente fuese lógico que los pequeños grupos siguieran enredados en problemas.

Mae aún no estaba segura de sus deducciones. Decidió llamar a Mark Lerner, el editor de una revista astrológica mensual. Quería consultarle sobre la cuarteta por su destreza y conocimiento de la astrología antigua. Pensó que él podría precisar algo que a ella se le hubiese escapado. Yo siempre estaba abierta a cualquier percepción que ayudara a resolver el rompecabezas. Mae se lo planteó por teléfono y él aceptó echar un vistazo al material. Le enviamos la cuarteta y nuestra traducción literal y también la tradicional. Se me ocurrió después incluir las cartas natales de Ogmios y el Anticristo. La única información que se le dio fue que nosotros teníamos la sospecha de que esta cuarteta tenia que ver con un posible desplazamiento de los polos. Sin conocer el historial de cómo se obtuvo la información, él fue capaz de proporcionar algunas sorprendentes e interesantes corroboraciones. Estos incidentes aparentemente inconexos reafirman mi confianza en el material que nos presentó Nostradamus.

Mark me envió por correo una cinta que resumía sus conclusiones, y preparó su propia versión de la carta natal del Anticristo. Me impresionó que señalara Jerusalén, Israel, como lugar de nacimiento.

Más tarde dijo que simplemente había escogido al azar ese lugar. Él no tenía acceso a nuestra información de que los padres del Anticristo habían sido asesinados en la guerra israelí y que él lo sacaron de ahí para ser educado por su tío. Mark dijo cuando eligió al azar las 5:25 de la mañana como la hora de nacimiento, observó que esto colocaba a Neptuno exactamente en la mitad del cielo en la parte superior de la carta. Comentó: "Esto indica una figura de flautista. Si alguien iba a ser un guía espiritual para la Era de Acuario, bien podría ser alguien con Neptuno directamente arriba, en la parte superior del gráfico. Éste es alguien que hechizará a millones de personas. Esta persona nació justo antes del amanecer con Capricornio como ascendente. Capricornio es simbólicamente similar a la carta del Diablo en el Tarot, y es regido por Saturno."

De inmediato quedó impactado por las interesantes conexiones entre los horóscopos de Ogmios y el Anticristo. "El bueno de Ogmios, quien quiera que sea... es interesante que los nodos norte y sur en su carta sean el reverso de los nodos en la del Anticristo. Los nodos han sido empleados durante miles de años. No son planetas, pero se relacionan con las órbitas de la luna y la Tierra y cómo se acoplan al Sol. Son una parte muy profética y decisiva en una carta. Básicamente todos los planetas giran en torno al zodíaco de forma normal, pero los nodos van hacia atrás, y cada nueve años ellos mismos revierten su movimiento en sentido opuesto. Representan el pasado y el karma antiguo, y hay una gran variación de karma potencial entre estas dos figuras. Esencialmente, hay nueve años y pocos meses de diferencia entre el nacimiento y los ciclos de estas dos personas y están vinculados a través de los nodos. De alguna manera, parece claramente que son gemelos o que hay un paralelismo entre ellos. En otras palabras, Ogmios nació primero y poco más de nueve años después esta otra figura nace con los nodos en posición inversa. Una forma de ver esto es decir que Ogmios tiene el número del Anticristo, o al menos tiene un atisbo de la personalidad y mundo de esta persona, y lo contrario también es verdad, hasta cierto punto. Es como si estas dos personas, o energías o lo que sean, representaran un juego cósmico aquí o a un nivel superior. Evidentemente tienen una conexión, casi como si fueran dos partes de la misma energía. Para cumplir la voluntad de Dios o la ley de Dios tiene que haber buenos y malos. No tendríamos películas de calidad sin los dos opuestos y con suerte el bien siempre triunfa sobre el mal. En todo caso, Ogmios es una especie de precursor del Anticristo, o al menos entra en escena antes que él. También es interesante que esta figura de Ogmios tiene varios planetas en Libra, que (al igual que Acuario) es un signo de aire. Por lo tanto, estas dos figuras operan en los niveles mental y espiritual. Está presente una gran abundancia de aire, que podría simbolizar una batalla aérea, misiles, aviones, comunicaciones, ordenadores y cosas por el estilo. Ogmios tiene al Sol y Neptuno juntos, y Neptuno es una energía similar a la de Cristo. También Júpiter en la carta de Ogmios está directamente en ángulo recto con el del Anticristo.

"En 1993 todo el planeta experimentará una muy rara conjunción de Urano y Neptuno en Capricornio. La última vez que ocurrió esto fue hace 171 años cuando murió Napoleón. Esta figura de Ogmios experimentará una crisis existencial en 1993. Es cuando esta persona llega, por así decirlo, a la mayoría de edad, o necesita pasar por una importante giro de conciencia. Por otro lado, la carta del Anticristo se desencadenará en la última parte de los 90. Para el Anticristo habrá definitivamente un despertar en esa etapa. Urano y Neptuno estarán en su signo de nacimiento, Acuario, a finales de los 90, y Júpiter estará ahí entre 1996 y 1997. La crisis existencial del Anticristo será en 2002 porque Urano estará en oposición a su propia posición en la carta natal en la primavera y verano de ese año. Ogmios pasa por todo esto nueve años antes que el Anticristo. Posiblemente él necesitaba venir antes para tener más tiempo para hacer lo que tiene qué hacer".

Es asombroso que Mark pudiera señalar las semejanzas entre estas dos figuras sin conocer la información que había en cada una de las cartas. Él los consideró como gemelos, opuestos, o imágenes de espejo uno del otro. Incluso comparó la energía con los papeles de Jesús/Judas, héroe/villano.

A continuación Mark estudió las frases de la cuarteta e intentó localizar los signos en el libro de efemérides. Pronto llegó a la misma conclusión que John y Mae: no era posible. Admitió que de la traducción literal probablemente se desprendía que Júpiter tenía que estar en un signo de agua, pero no estaba de acuerdo con la conclusión de Mae (24 de octubre de 2029) porque el 6 de febrero no intervenía en la solución. Mencionó que la fecha de Mae era sin duda una posibilidad según como se contemplara la cuarteta y podría ser significativo. Pero él pensó que, como Nostradamus rara vez da fechas exactas, el no habría incluido febrero 6 a menos que fuese importante. Creyó que para ser fiel a la cuarteta primero tendría que buscar esa fecha en las efemérides y después ver si se alineaban los demás signos. Él tuvo el mismo problema; no se solucionó hasta localizar el 6 de febrero de 2002. La siguiente es su solución, basada en su lógica y conocimiento de astrología antigua.

"En ese 6 de febrero Saturno se aproxima a una estación. Para los planetas exteriores, eso ocurre dos veces al año cuando aparece el planeta desde la perspectiva de la Tierra, para quedar casi estacionario. Es un tiempo poderoso en el que las energías planetarias se refuerzan para bien o para mal. En esta fecha Saturno está prácticamente inmóvil. ¿Dónde está? En el signo de Géminis. Podrías considerar que esta posición es errónea, porque cuando Saturno está en el signo de Géminis es obvio que no está en Tauro, como se menciona en la cuarteta. Sin embargo, el zodíaco tropical de occidente que usamos está conectado de diferente manera al llamado zodíaco sideral o de las constelaciones de verdaderos grupos de estrellas. En esa fecha en la que tienes a Saturno en Géminis, las estrellas de la constelación de Tauro están detrás de Géminis. La estrella clave de la constelación de Tauro es Aldebarán, un tremendo sol gigante. Los antiguos persas tenían cuatro estrellas principales que iluminan las cuatro esquinas de su cielo. Uno era Aldebarán o el 'ojo derecho del toro'. Creo que Nostradamus estaba familiarizado con este tipo de astrología. Si decimos que pensaba más en las constelaciones que en los signos, Nostradamus hablaba de la constelación del toro, no del signo. Creo que si hubiese dicho 'Saturno en el toro', de hecho pensaba en Saturno en conjunción con Aldebarán, el ojo del toro. También es importante que Nostradamus empiece la cuarteta con Saturno. Es obvio que algo debe ocurrir con ese planeta. Si quieres hacer una conexión con el Anticristo, él es una figura del tipo Satán/Saturno, y si tenía que ocurrir cierta clase de terrible calamidad, Saturno tenía que ser una influencia de peso. En relación con los otros signos, Júpiter está en el signo de agua de Cáncer en esa fecha, pero Marte está en Aries; no tiene nada qué ver con la flecha. Con una perspectiva de constelación, Marte en el signo de Aries está conectado con las estrellas de la constelación Piscis, el signo del pez. Ésa es la única parte que no encaja. Pero los signos indican algo, con una fuerte alineación de

Tierra, Sol, Saturno y Aldebarán, la gran estrella que desde hace miles de años que representa el ojo del toro.

"Otra cosa que ocurre en ese tiempo es que Mercurio, el planeta de la comunicación y del movimiento, se aproxima a una estación. De hecho, dos días después del 6 de febrero, tanto Mercurio como Saturno quedarán inmóviles en el cielo desde la perspectiva de la Tierra. Hay energías acuarianas en Venus, Urano, Neptuno, el Sol, la Luna y los nodos, todos en Acuario. Saco a relucir esto porque nuestro buen amigo, el Anticristo, tiene un stellium en Acuario en su carta de nacimiento, de modo que tiene mucho de la energía acuariana. Da la sensación de que tiene que haber algún tipo de conexión.

"Observemos algunos otros puntos fuera de lo común. La primera reacción nuclear en cadena ocurrió el 2 de diciembre de 1942 en Chicago. Por extraño que parezca, 59 años después en 2002 Saturno está en la misma posición en Géminis (el ojo del toro). Esta fecha sería el retorno de ese ciclo. Para mayor extrañeza, cuando esta energía fue liberada en 1942 Júpiter también estaba en el signo de agua de Cáncer, porque cuando pasan 59 años entre un evento y el siguiente, Júpiter y Saturno volverán a las mismas posiciones. Es la única vez que hacen eso simultáneamente. De modo que contemplamos un retorno cósmico de la liberación de energía nuclear en febrero de 2002. Hay un vínculo entre estas dos fechas y la utilización del átomo. Esto es sólo un vínculo, una fecha, no demuestra nada. No significa que habrá un desplazamiento de polos o una conflagración gigantesca en esa fecha. No tiene por qué referirse a una guerra, a la detonación efectiva de un arma nuclear, ni siquiera a un accidente nuclear. ¿Quién sabe? Podría referirse a la resolución de un problema nuclear. Los signos se refieren a algo nuclear pero no tiene por qué ser malo; podría indicar un acontecimiento positivo. Bien podría ser que un trabajo como éste arrojara luz sobre las posibilidades y evite sucesos negativos".

Mark mencionó luego algo que había escapado totalmente a mi atención. Estábamos tan resueltos a localizar los signos y colocarlos en las posiciones pertinentes que no habíamos observado que el 6 de febrero estaba a sólo uno o dos días del aniversario de nacimiento del Anticristo. ¿Acaso Nostradamus trató de introducir esto de manera astuta en una cuarteta del mismo modo que había implantado el stellium de nacimiento en la CENTURIA VI-35 en el Capítulo 12? Mark percibió que había una fuerte conexión. Dijo que el Anticristo tendría 40 años en 2002, y éste era un ciclo bíblico y también un ciclo simbólico de gestación. El sol y otros planetas vuelven a las mismas posiciones del día en que nació. Mark comentó: "El Sol vuelve directo al centro de la vida de esta persona. Ese día se produce también una conjunción Luna/Plutón en Sagitario. Sabemos que Plutón es un planeta de extremos, así que existe la posibilidad de que ocurra algo sobresaliente, ya sea un desplazamiento de polos, un acontecimiento nuclear, una gran turbulencia mental y emocional o algo así. Marte hará lo que llamamos una "desunión" o quincuncio, exactamente a cinco signos de distancia del Neptuno del Anticristo en ese día en particular. Éste es un estímulo por el que alguien podría perder el rumbo o colocarse en una situación extremadamente difícil que podría resultar muy peligrosa para la persona. Es un tiempo muy intenso en el que algo podría fallar.

"Otra cuestión interesante es la posición de Marte, considerado un planeta de guerra y lucha. El 6 de febrero de 2002 formará cuadratura con el Sol en el gráfico de Estados Unidos, por lo tanto, ahí hay tensión. En ese día Júpiter estará en el signo de agua de Cáncer y en la carta de Estados Unidos vuelve a la posición original en la que estaba en 1776, año de nacimiento de Estados Unidos. Hay sin duda una abundancia energética en la carta natal de Estados Unidos. Inclusive la posición de Saturno en Géminis está en el horizonte de la carta natal de Estados Unidos. En 1776 Urano estaba en Géminis, de modo que el 6 de febrero de 2002, Saturno pasará por el Urano de Estados Unidos. Urano rige el uranio y los sucesos revolucionarios, así como la actividad relacionada con el poder nuclear, radiación, etc.

"Quiero dejar constancia y manifestar que yo, Mark Lemer, no pronostico ninguna guerra atómica, desplazamiento polar, o cosa por el estilo. Sólo investigo esto para vuestro beneficio. Intento encontrar una fecha lógica basada en la cuarteta y la astrología y descifrar cosas que podían conectarse con esto en particular. Digo que si buscarais algo y quisierais encontrarlo en esta cuarteta, hay mucho qué encontrar. Puedo ver las relaciones. Hay mucho de sincronía en el 40 cumpleaños del Anticristo y las conexiones se remontan a 1942 y la liberación de energía atómica con un exacto retorno de Saturno y Júpiter a ese tiempo. De modo que esto tiene el aspecto más bien de un período extraño y lleno de acontecimientos, pero no pronostico nada."

Mark Lemer no se daba cuenta de lo extremadamente útil que fue su ayuda. ¿Cómo podría saber las implicaciones de su análisis? Él no sabía nada del contenido de las otras predicciones y referencias astrológicas que Nostradamus ya nos había revelado. Es asombroso que, a pesar de trabajar a ciegas, sus observaciones fueron muy exactas. Él desconocía las múltiples capas que el gran maestro lograba combinar en una cuarteta cuando le venían bien a sus caprichos. Ahora me parecía que era más complicada la estructura de las cuartetas relacionadas con acontecimientos más importantes. La CENTURIA VI-35 en el Capítulo 12 es otro caso oportuno; había que retirar las capas como las de una cebolla. Aún puede haber más información en estas cuartetas que espera a ser encontrada por otro investigador.

Yo supongo que ambas fechas (2002 y 2029) podrían ser exactas. Nostradamus nos daba la fecha de nacimiento del Anticristo. También nos daba el tiempo y las condiciones bajo las que él llegaría al poder total, cuando él empezaría a usar el poder de destrucción nuclear. Esto se asemeja a la CENTURIA VI-35 en el Capítulo 12 que se refiere a la primera vez que el Anticristo usa armas nucleares a principios de 1998. ¿Podría acentuarse aún más antes del 2002 cuando produzca una devastación tal que afecte al mundo entero? ¿Podría referirse a un gran accidente nuclear causado por error humano o por el desplazamiento de las placas terrestres y que el Anticristo se aprovechara de ello? ¿O podría ser, como sugiere Mark Lemer, la resolución del problema nuclear de un modo pacífico? De una forma u otra, las similitudes y consecuencias son notables. También parece que en 2002 Estados Unidos estará fuertemente implicado en el acontecimiento.

Hay muchas capas y muchas posibilidades. Podría parecer que la fecha encontrada por Mark no se refiere forzosamente a un desplazamiento de polos sino a algo nuclear y por esto sólo encierra parte de los símbolos mencionados en la cuarteta. La fecha que Mae encontró podría referirse al desplazamiento real de los polos y por consiguiente todos los símbolos estaban implicados. Su solución no tenía que incorporar la fecha exacta de 6 de febrero porque esa fecha tenía otros significados. Cuando nos exponemos a este tipo de complicadas maniobras se siente un profundo respeto por la maravillosamente compleja mente de Nostradamus. Y tal vez sólo hayamos descubierto la punta del iceberg. Me pregunto si Nostradamus mismo entendió plenamente lo que incorporaba en estos delusoriamente simples versos de cuatro líneas. Él estaba convencido de no ser él quien los componía, que aparecían a través de escritura automática y eran literalmente escritos por una mano invisible. Tal vez estaba en lo cierto. Tal vez nadie sobre la tierra poseía una mente capaz de coordinar tanto en tan pocas palabras. Ésta podría ser la razón por la que las cuartetas nunca han sido realmente descifradas hasta la fecha. La puerta no estaba preparada para ser abierta.

Telefoneé a Mark para comunicarle mis conclusiones y reconoció que eran posibilidades.

Le pregunté si tenía importancia que la carta natal para el Anticristo de John fuera del 4 y la suya del 5 de febrero, 1962. Dijo que hubo un eclipse total el 5. En India y otros lugares del mundo los astrólogos predecían el final del mundo, sobre todo por relacionarlo con los siete planetas en Acuario. Hubo dos eclipses muy poderosos ese año, en febrero y agosto, que aportaron energía a Acuario y Leo, que son los signos de la nueva era del cercano ciclo de 2000 años. Nostradamus había dicho que los eclipses tendrían algo qué ver con el Anticristo, pero nunca aclaró su significado. Mark dijo que el de febrero 5 fue uno de los eclipses más poderosos que han ocurrido, al menos en la memoria reciente. Dijo que la gente no se da cuenta que 1962 fue un año asombroso. Fue el año de la crisis cubana de los misiles y también la fundación de Findhorn, Escocia, como centro de estudios para la evolución espiritual; acontecimientos importantes, positivo y negativo.

Le dije que su fecha de 2002 era importante porque Nostradamus había relatado varias veces que el reinado del Anticristo duraría menos que la revolución de Saturno (27 años). Es asombroso que la diferencia entre la fecha de Mark (2002) y la fecha de Mae (2029) eran exactamente 27 años. Antes de que Mark sacara sus conclusiones no teníamos una fecha a partir de la cual empezar a contar.

Se sorprendió cuando le dije que estábamos en contacto con Nostradamus mientras vivía en el siglo XVI. Pero cuando mencioné que Nostradamus captaba sus visiones en un espejo de obsidiana negra, se quedó atónito. Exclamó: "¿Estás preparada para esto? En Navidad un amigo me regaló una pieza de obsidiana negra pura. Ahora mismo la veo porque la tengo aquí sobre mi ordenador." La describió como una esfera del tamaño de una naranja grande. Le pareció sorprendente que después de recibir el extraño objeto Mae le llamó para pedirle su ayuda y trabajar en el material de Nostradamus. Desde hacía mucho tiempo él sentía una gran fascinación por Nostradamus, la persona, no sólo sus cuartetas. Había escrito acerca de él en su revista. Indudablemente había una conexión. Estas sincronías se han presentado una y otra vez mientras he trabajado en este cometido. Constantemente aparecían pequeñas pistas o afirmaciones para que los implicados supiéramos de formas sutiles que estas conexiones tenían que producirse. Aparecerían como coincidencias para cualquiera que no estuviera en el proyecto. Pero para el resto de nosotros eran simplemente recordatorios silenciosos de que estábamos en el buen camino del cumplimiento de nuestros destinos kármicos.

Mae hizo la siguiente declaración como final de todo el trabajo de investigación y cálculos astrológicos:

"Mi opinión es que Nostradamus tal vez redactó esta cuarteta (y probablemente muchas otras) de tal modo que incluyera la oportunidad de más de un resultado posible o probable. Como los resultados siempre dependen de las elecciones que se hacen y el camino que se elige, él abarcó varias fechas 'probables' que dependen del camino que tomen y las elecciones que hagan los habitantes de la Tierra. No existen resultados 'fijos' dictados por las configuraciones astrológicas, sólo ciertas pautas de energía que existen y nosotros siempre podemos elegir cómo usarlas. Ciertas pautas pueden haberse puesto ya en movimiento, pero como una mano de cartas que se nos reparte, somos nosotros quienes decidimos cómo jugarla. Podemos hacerlo con inteligencia o pasársela a otro."

Al investigar sobre Nostradamus encontré un viejo proverbio que encaja bien aquí:

Qui vivra verra.

"Vivir para ver".

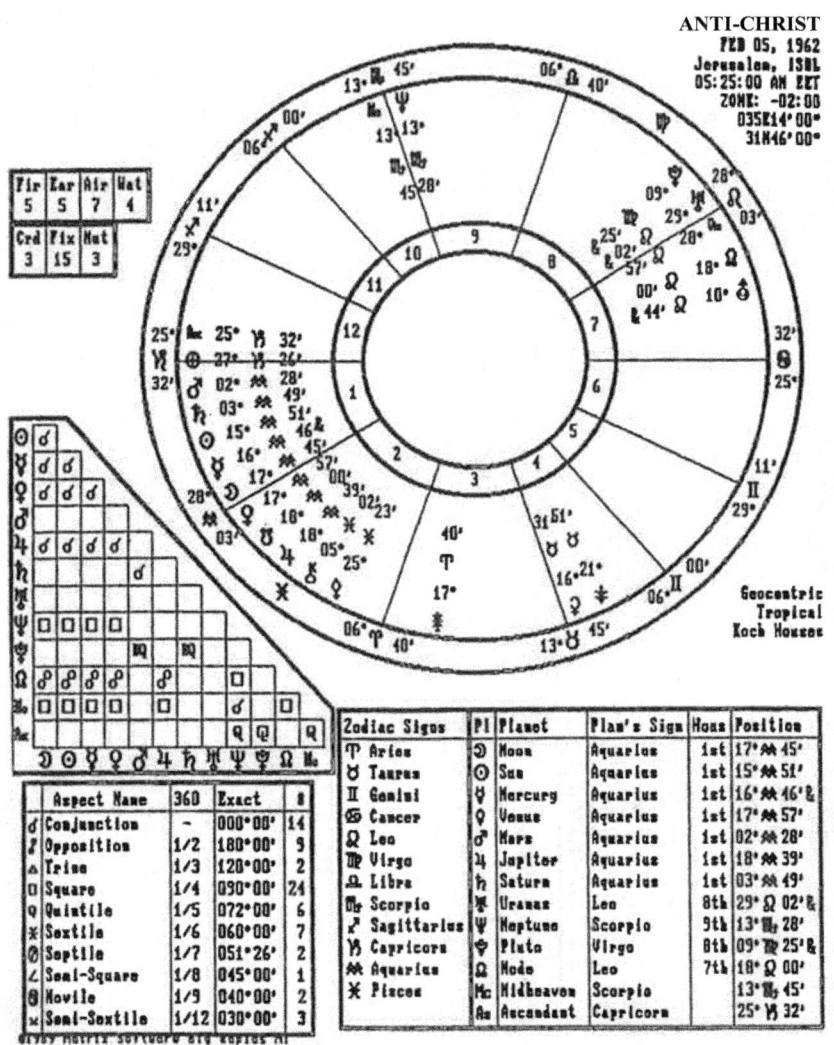

Éste es el horóscopo para la fecha de nacimiento del Anticristo, 5 de febrero de 1962.

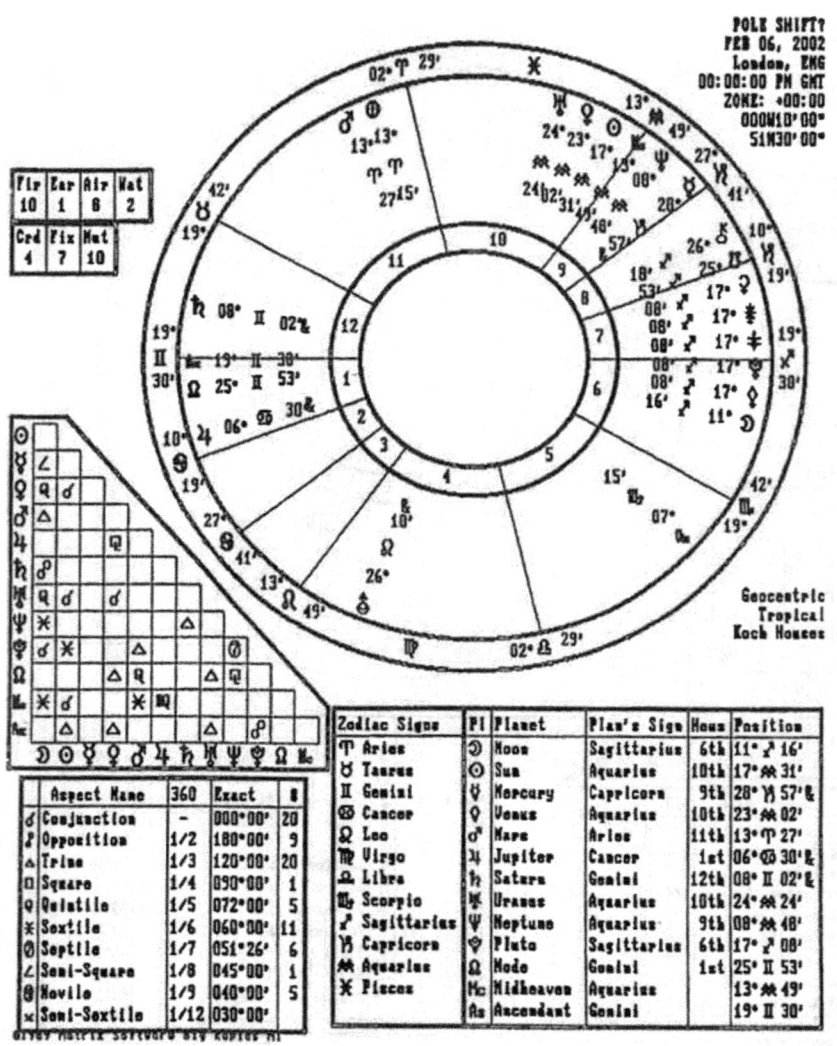

Éste es el horóscopo para una posible fecha del cambio de la Tierra, 6 de febrero de 2002.

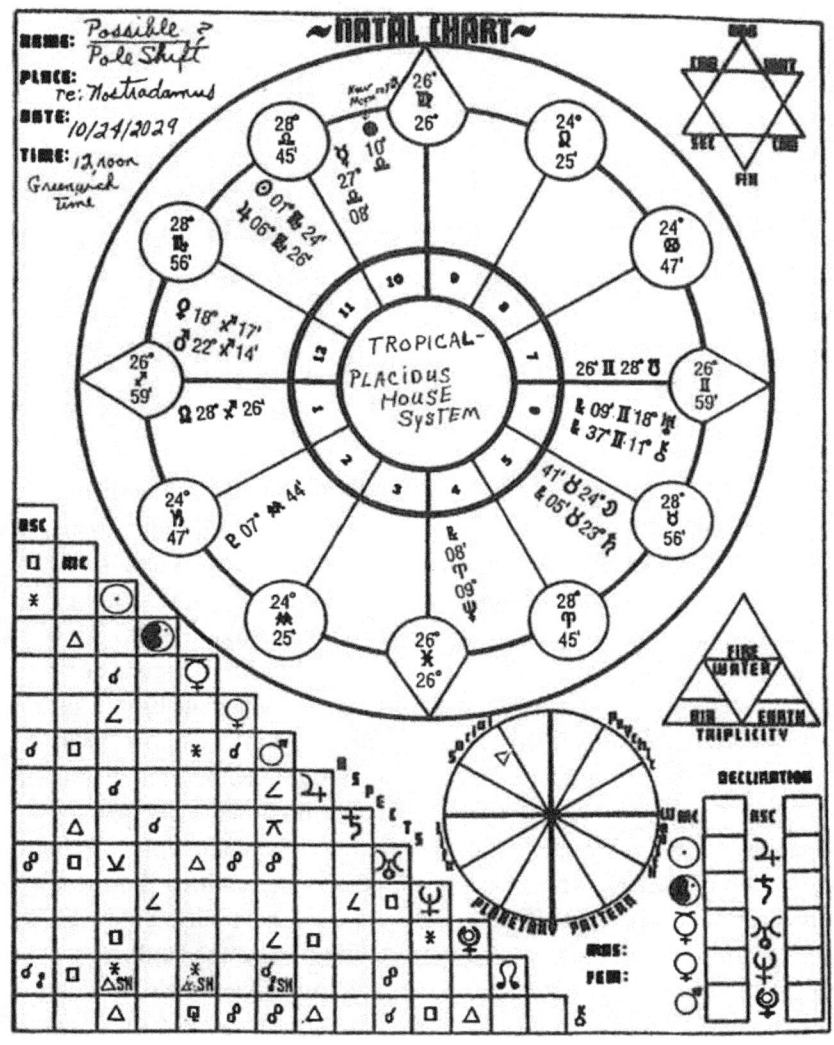

Éste es el horóscovo vara una vosible fecha del cambio de la Tierra. 24 de octubre de 2029.

Capítulo 30

Investigación de la vida de Nostradamus

Después de trabajar en este proyecto durante más de dos años, me pareció que una breve investigación en la vida de Nostradamus no perjudicaría la información que habíamos recabado. Como yo había llegado a familiarizarme personalmente con él, tenía la impresión de que le conocía mejor de lo que cualquier investigador moderno pudiera esperar. Tenía curiosidad por saber si había paralelismos entre lo que habíamos descubierto sobre él y lo que contaban sus biógrafos. Me resistí de forma deliberada a buscar una confirmación, hasta finales de 1988, mientras se preparaba la publicación del primer volumen. Personalmente no creí necesitar ninguna evidencia de validación porque sabía que habíamos estado en contacto con el gran hombre. No había en mi mente ninguna duda en ese sentido. El grueso de la información que había aparecido era evidencia suficiente para sustentar mi fe en su realidad y su inmortalidad. Pero pensando en los libros y en los escépticos, decidí intentar una investigación de su vida.

Empecé a buscar en los catálogos de la Biblioteca del Congreso, y a través del préstamo interbibliotecario, la Universidad de Arkansas solicitó en mi nombre libros sobre Nostradamus. Algunos de ellos eran difíciles de conseguir, otros eran raros, de los cuales sólo existía una sola copia en Estados Unidos. En algunos casos me enviaron fotocopia por la fragilidad del original. Todo esto me infundió un mayor respeto por los hechos que yo no había abarcado, ya que la persona corriente no habría ido tan lejos para obtener libros oscuros y olvidados a menos que tuviese tanto interés en la investigación como el que yo tenía.

Hubo una oleada de libros sobre Nostradamus escritos a principios de 1940, probablemente debido al comienzo de la Segunda Guerra Mundial y el renovado interés de la gente por la profecía como esperanza de futuro, que en esa época parecía en verdad muy oscuro.

Como siempre debe haber un equilibrio, también hubo algunos libros escritos por desmitificadores. Raras veces la gente se pone de acuerdo en algo, sobre todo si se trata de un personaje tan controvertido como Nostradamus. Los escépticos no creían que fuese un profeta sino simplemente un astuto hombre de negocios. Uno de ellos llegó a insinuar que era un borrachín que inventaba las cuartetas durante la ofuscación y estupor de la embriaguez. Otro autor afirmaba que Nostradamus era un charlatán que usaba expresiones ambiguas y símbolos astrológicos para engañar a la gente, en especial a la realeza. Más tarde, ese mismo autor dio un giro de 180 grados para intentar demostrar que todas las cuartetas se referían a hechos contemporáneos de la vida de Nostradamus. Afirmó que eran rompecabezas hábilmente disfrazados que la gente del tiempo de Nostradamus era capaz de solucionar y aplicar a hechos de su tiempo. Dedicó todo ese libro a demostrar la conexión entre las cuartetas, la realeza y los países de Europa durante el siglo XVI. A veces las explicaciones se volvían muy complicadas cuando el autor trataba de evitar cualquier referencia al futuro o a algo que se saliera del ámbito de un hombre de negocios avispado o charlatán. Fue un escritor que presentaba una imagen desfavorable de Nostradamus. Estaba convencido de que gran parte de la historia de Nostradamus era leyenda, escasamente basada en hechos.

Yo estaba segura de que encontraría respuestas a todas mis preguntas una vez que empezara a leer sobre Nostradamus. No fue así. Todos los autores modernos repetían la misma historia y hacían escasas alusiones a la vida del hombre, como si unos a otros se copiaran la información. A mí me interesaban más sus fuentes. Le seguí la pista a uno de ellos que contenía información que no mencionaban los libros más modernos. Era el libro de Edgar Leoni, Nostradamus, Life and Literature (Nostradamus, vida y literatura). El autor realizó una investigación exhaustiva de cada aspecto de la vida y obras de Nostradamus y reveló fuentes no mencionadas por ningún otro escritor. Reconocía que la vida personal del profeta no era demasiado interesante y su perdurable fama provenía de sus cuartetas y sus persistentes rompecabezas. Hay mucha confusión respecto a una serie de detalles biográficos. Es imposible descubrir la verdad exacta por las discrepancias surgidas a raíz de la pérdida o destrucción de antiguos documentos que proporcionarían evidencias.

Todos los autores expresaban la misma desilusión que yo había sentido al empezar a estudiar las cuartetas. Ellos esperaban un desafío, pero después se resignaron ante la imposibilidad de sacar un mínimo de sentido a los rompecabezas. En el libro Nostradamus de James Laver, comenta después de examinar tediosamente una complicada cuarteta: "En este momento es probable que el impaciente lector cierre el libro, indignado. ¿Qué es en verdad todo este malabarismo de nombres, palabras griegas al revés, anagramas que significan dos cosas a la vez? ¿Acaso no destruyen, en vez de reforzar, cualquier posible creencia en los poderes proféticos del Judío de la Provenza que al parecer sabía mucho pero no se molestaba en expresarse con claridad?... Yo esperaba cierto grado de oscuridad pero la realidad fue peor aún de lo que había temido... Estas estrofas de cuatro líneas en verso en un intrincado francés, que no siguen norma alguna de prosodia o sintaxis, ordenadas de forma ininteligible y erizadas de palabras en media docena de idiomas extranjeros, iniciales, anagramas y nombres inventados, ¿cómo puede haber esperanza de encontrar algún tipo de significado en semejante publicación? Y si lo hubiera, ¿valdría la pena?... Un gran peligro aguarda a aquel que se disponga a interpretar las cuartetas de Nostradamus. Puede quedar tan completamente absorto en el fascinante rompecabezas del texto, en busca de pistas y criptogramas como Sherlock Holmes que al final acaba por convertirse en víctima de su propia ingenuidad y ver conexiones y significados donde razonablemente no hay nada en absoluto. Todos los comentaristas han sucumbido en alguna medida a esta tendencia".

Se sabe que Jean de Roux, un sacerdote que en 1710 intentó dar a la interpretación de Nostradamus una base científica, llegó a la misma conclusión. Su primera impresión, como la de todos los demás, fue de decepción y concluyó que un estudio más profundo del Profeta sería una pérdida de tiempo. Pero al parecer, como todos los que nos hemos visto involucrados con el gran hombre, a él también le había aguijoneado la curiosidad. Pasó el resto de su vida tratando de entender las cuartetas.

Tal vez nuestra ignorancia fue nuestra ventaja. Ninguno de los implicados en nuestro experimento tenía estudios. Yo leí por primera vez una cuarteta cuando abrí el libro y se la leí en voz alta al sujeto en trance. Incluso después de leerla no entendí nada, los acertijos eran demasiado oscuros. Yo sólo era una marioneta que recitaba un verso carente de sentido para todos nosotros. Cometí un gran número de errores de pronunciación y mi ingenuidad sobre el tema solía poner a prueba la paciencia de Nostradamus. Él se convirtió para mí en un severo maestro de escuela, decidido a poner remedio a las (para él) horribles lagunas en mi educación. Tal vez nos eligieron para esta tarea porque no nos estorbaba la total inmersión en los acertijos que tanto atormentaba a los demás traductores. Yo siento respeto por ellos, por su perseverancia y paciencia, pero esta dedicación pudo haberles impedido probar con interpretaciones curiosas y posibles explicaciones paradójicas. Llegaron a ser tan expertos que sus puntos de mira se estrecharon y las extrañas y nuevas posibilidades se cerraron para ellos.

Por otro lado, ciertamente nosotros nos planteamos esto con mente abierta. Tan abierta como vacía. Estábamos abiertos a cualquier explicación que llegara de Nostradamus porque desconocíamos las conclusiones a las que habían llegado los otros con su propio intelecto. Quizás cuando él se acercó a mí por primera vez a través de su estudiante Dionisio, lo que buscaba eran mentes liberadas e ingenuas para poder transferir las verdaderas definiciones de sus visiones. Si involuntariamente participamos en la transmisión de las visiones que él recibía, tal vez fue también por esta ingenuidad. Nos eligieron para hacer nuestro trabajo sin esfuerzos conscientes por nuestra parte. Cuando las cosas se complicaban y tratábamos de entender nuestro papel en todo esto, se nos decía que no hiciéramos preguntas porque, en todo caso, estaba más allá de nuestra comprensión. Probablemente por eso nos eligieron. Para resolver acertijos no debíamos usar nuestro intelecto, nuestra humana capacidad racional, o nuestra habilidad. Vimos que eran algo más que acertijos inventados por un ser humano, habían venido de otros ámbitos y estaban más allá de la comprensión de los simples mortales. Las respuestas tenían que venir de otras dimensiones que ninguno de nosotros, incluido el mismo

Nostradamus, podía entender. Teníamos que confiar y dejar que la información fluyera. No podíamos ponerla en duda ni cuestionarla porque no teníamos nada con qué compararla. Cuando empecé mi investigación, sentí un renovado respeto por cualquiera que fuese la fuerza que estaba detrás de todo esto, y al tiempo que descubría gran cantidad de similitudes con nuestra historia, no encontré ninguna contradicción.

Ha habido muchas historias divertidas atribuidas a la vida de Nostradamus, pero ahora se cree que muchas de éstas son relatos de ficción. Después de todo, él fue un hombre muy misterioso, aun para sus contemporáneos. Fue un hombre que daba poca información sobre sí mismo y guardaba bien los secretos de los demás. Incluso después de la muerte de Nostradamus, su hijo César tuvo sumo cuidado en no revelar nada que su padre no hubiese aprobado, y por lo tanto no añadió nada a la historia. Es como si hubiese un manto de protección que aún oculta al hombre. A fin de cuentas, tal vez hemos tenido acceso a muchos más detalles de la vida de Nostradamus y hemos podido mostrar una imagen de su personalidad más fiel que la de cualquiera de los biógrafos que intentaron entender al hombre en los 400 años que han pasado desde su muerte.

El libro de Leoni contiene una descripción física de Nostradamus que él atribuyó al anterior biógrafo, Jean Chavigny. Éstas son las palabras textuales del estudiante del siglo XVI y discípulo de Nostradamus:

"Su estatura era algo más baja que la media, constitución robusta, ágil y vigorosa. Frente amplia y abierta, nariz recta, ojos grises generalmente agradables, pero que se encendían cuando se enfadaba, con rostro severo y a la vez sonriente, de tal modo que junto a su severidad se veía una gran humanidad; mejillas sonrosadas incluso en su vejez, barba larga y espesa, salud buena y robusta (salvo en su vejez) y todos sus sentidos finos y completos. Su mente ágil y activa, fácilmente entendía lo que se propusiera; criterio sutil, memoria muy notable. Por naturaleza taciturno, muy reflexivo y de pocas palabras, aunque habla muy bien en el lugar y momento adecuado; en cuanto a lo demás, vigilante, rápido e impetuoso, propenso a la ira, paciente en el trabajo. Sólo dormía de cuatro a cinco horas. Alababa y amaba la libertad de expresión y se mostraba risueño y gracioso y también mordaz en sus bromas."

Leoni dijo que sólo existían tres retratos de Nostradamus. El más famoso, hecho por su hijo César sobre cobre, está en la Biblioteca Méjanes en Aix; existe una copia del mismo en la tumba del profeta en Salon. La segunda se halla en la Biblioteca de Grasse y la tercera en el Museo Arlaten en Arles. Al parecer, todos ellos concuerdan con la descripción de Chavigny.

La semejanza entre esta descripción y las que proporcionaron todos los sujetos implicados en este experimento es demasiado grande para cuestionarla. Todos los rasgos coinciden. John comentó que era bajito, pues sólo le llegaba al hombro. Hasta la personalidad es la misma. No puede quedar ninguna duda en mi mente de que todos ellos veían al mismo hombre y ese hombre era el auténtico maestro en persona. Ni siquiera se puede considerar coincidencia, las fuerzas superiores la descartan por completo.

A continuación se incluye un resumen de los diversos datos biográficos contenidos en los libros, junto con una comparación con lo que nosotros descubrimos. Para una investigación más completa se sugiere consultar la bibliografía. Algunos de estos libros son difíciles de conseguir, pero pueden encontrarse a través de préstamos interbibliotecarios en universidades y bibliotecas colaboradoras.

Se dice que Michel de Notredame nació el 14 de diciembre de 1503, según el antiguo calendario juliano (23 de diciembre según el calendario gregoriano), pero él nos dijo que posiblemente había un error. Él procedía de una familia judía, pero en la zona de Francia donde vivió obligaban a todos los judíos a convertirse a la fe católica y a ser bautizados. El joven Michel fue criado por su abuelo y se tiene la bien fundada sospecha de que él le enseñó los misterios prohibidos de la Cábala junto con sus otros estudios. En esa época la medicina estaba entremezclada con la astrología y la magia.

A muy temprana edad ingresó en la Universidad de Aviñón. Su nivel era mucho más avanzado que el de los demás estudiantes, sobre todo en cuestiones relacionadas con las estrellas y otros fenómenos naturales, que en esa época entraban en la categoría de Filosofía. Compartió muchas de sus opiniones heréticas con sus compañeros de estudios: que la Tierra era redonda como un balón y que los planetas y la Tierra giraban alrededor del sol. Él iba más allá de la creencia científica de la época; casi un siglo más tarde Galileo sería perseguido por opiniones semejantes.

Tenía una excelente memoria y una pasión absoluta por aprender. Se decía que en muchas ocasiones desconcertaba a sus instructores, en especial en temas filosóficos. Le bastaba con sólo leer una vez un capítulo para repetirlo con sorprendente exactitud. Esto resulta asombroso porque en esos días una breve frase se componía de aproximadamente 25 líneas impresas; la puntuación, escasa, los párrafos pocos y distanciados unos de otros. Éste era un tiempo en el que todo el énfasis educativo se ponía en la memoria. Semejante habilidad impresionaba a sus maestros y bastaba para dar al joven Michel una elevada clasificación como estudiante.

Fue enviado a Montpellier para convertirse en médico. En esos días se estudiaban ciencias físicas, fisiología y anatomía con ayuda de los textos de Aristóteles. Se aprendía historia natural con el estudio de Plinio y Teofrasto; se adquirían conocimientos de la ciencia médica leyendo a Hipócrates, Galeno, Avicena y otros. Por eso Nostradamus se impacientaba tanto con mi falta de conocimiento de los antiguos griegos. Ellos fueron el pilar fundamental en su historial de educación.

Al terminar sus estudios se dedicó también a enseñar. Estaba recién habilitado como médico cuando surgió un brote de peste en la ciudad. No se trata de la conocida "Peste Negra"; peste era un término que atribuían a cualquier mal contagioso y podía referirse a enfermedades como la influenza, sarampión, varicela, difteria o tos ferina. En esos tiempos de arcaicos conocimientos médicos, esas enfermedades mortales se extendían como la pólvora. Mientras otros médicos huían de la ciudad afectada por la enfermedad, él se quedaba para combatir la peste y conseguía resultados extraordinarios aunque nadie entendía por qué. Fue y sigue siendo un tema de gran especulación. Al parecer empleaba métodos poco ortodoxos durante todo el tiempo que ejerció su profesión. Sus métodos nunca fueron comprendidos o imitados por sus colegas. Uno de sus primeros biógrafos afirma que poseía un misterioso polvo que usaba para purificar el aire. ¿Podría haber sido alguna especie de desinfectante? Se decía que experimentaba continuamente con misteriosas combinaciones de medicamentos. Sus colegas médicos le desaprobaban por sus remedios prohibidos y secretos. Para él ya era bastante malo usar métodos poco ortodoxos, pero utilizarlos para realizar curas era imperdonable. Una particular manzana de la discordia fue el rechazo de Nostradamus a sangrar al paciente, una forma popular de tratamiento que se usaba para todo. El argumento de Nostradamus es que debilitaba al paciente.

Después de la peste se le hizo cuesta arriba volver a la enseñanza. Le pareció restrictivo seguir con una enseñanza tradicional después de tener tanto éxito con sus propios métodos. Abandonó la universidad y empezó a viajar.

Finalmente se estableció en Agen donde contrajo matrimonio y tuvo dos hijos. Se decía que era tan feliz que probablemente habría pasado el resto de sus días ahí y tal vez las cuartetas nunca se habrían escrito. Pero el destino entró en escena bajo la forma de la temida peste y su mujer y sus hijos murieron a pesar de todos sus esfuerzos. Creo que por nuestro trabajo poseíamos un fragmento de información que no tenían los biógrafos. Según Dionisio, Nostradamus estaba ausente ocupado en atender a otros cuando su familia cayó enferma; a su regreso ya era demasiado tarde para ayudarlos. Sus enemigos dijeron que sus muertes eran un castigo a su vanidad y ambición.

Todo el universo de Nostradamus se vino abajo con sus muertes y una vez más se volvió nómada. Desde finales de la década de 1530 y principios de la siguiente viajó mucho a lo largo de ocho años.

Sus viajes le llevaron lejos de Francia, pero nadie supo jamás con exactitud los lugares que visitó. Muy pocos testimonios escritos han sobrevivido hasta nuestros días. Se ha especulado que consultó con varios grupos de eruditos: alquimistas, astrólogos, filósofos y hombres que ejercían la medicina pero también entremezclaban la magia. Se dice que gran cantidad de conocimientos científicos y filosóficos nunca censurados por la Iglesia fue transmitida a través de sociedades secretas. Los científicos que trabajaban en estos grupos secretos eran hombres nada dispuestos a ceñirse a los estrechos dogmas teológicos. Tal vez fue durante este período de su vida cuando Nostradamus viajó a Malta para conversar con los árabes que ahí residían. (Este viaje se menciona en el Capítulo 20.) Nos dijo que fue durante sus años mozos, pero no quería hablar de ello porque supuestamente le causaría problemas si alguna vez llegaba a saberse. Se cree que durante este período de su vida empezó a manifestarse su don profético. Él intentó mantenerlo oculto, pero cada vez era más difícil porque surgía de forma espontánea.

Nuevos y diversos brotes de peste le mantuvieron ocupado en sus correrías por Francia. También tuvo que contender con médicos rivales que abiertamente le acusaban de practicar la magia y le calificaban de brujo. En el tiempo de Nostradamus, a los astrólogos se les tenía en gran estima, pero no toleraban a los brujos y les daban muerte de varias formas, especialmente en la hoguera. Las acusaciones contra él no le causaron gran problema porque la muchedumbre estaba demasiado agradecida por sus curas para preocuparse de cómo las realizaba.

En 1547 a la edad de 44 años y cansado de su vida nómada, decidió establecerse en Salon. Probó de nuevo el matrimonio, esta vez con una viuda. Salon no era una población muy grande y por lo tanto la atención a pacientes no le desbordaría. Se cree que probablemente fue aquí donde tuvo estudiantes. Los biógrafos sólo mencionan a Jean Chavigny como estudiante. Dicen que casi todo lo que se sabe del gran maestro ha venido de él, ya que escribió sobre Nostradamus después de su muerte. Se le menciona como estudiante y discípulo y creen que pudo haber alentado a Nostradamus a escribir las profecías y más tarde a publicarlas. Los otros biógrafos disienten en este punto. Creen que Chavigny pudo darse a sí mismo mucha más importancia de la que se merecía porque ni siquiera se le incluye en el testamento de Nostradamus. Me inclino a pensar lo mismo. Creo que éste pudo haber sido el período en el que Dionisia y los otros vivieron con Nostradamus y estudiaron con él. Dionisia dijo que había entre 25 y 30 estudiantes que recibieron instrucción de él durante varios años. Según Dionisia, Chavigny se les unió más tarde. Señaló que durante los últimos diez años de su vida Nostradamus empezó a escribir y casi se convirtió en ermitaño. En consecuencia, en ese tiempo de su vida no impartía enseñanza alguna. Aparentemente Chavigny permaneció con él después de que los otros se marcharan para seguir su propia búsqueda.

El hecho de que en las biografías no se menciona a ningún otro estudiante explica las dudas y la enorme reserva de Dionisio para hablar de Nostradamus cuando contactamos con él por primera vez. También explica porqué el mismo Nostradamus no le diera a Chavigny la importancia que él creía tener. Creo que Chavigny exageró su papel junto al maestro y la importancia que se atribuía a sí mismo sólo existía en su mente. De todos sus estudiantes, no hay razón para creer que Nostradamus prefiriera a Chavigny sólo por ser el último.

Varios biógrafos disienten en el número de hijos que tuvo Nostradamus y sus sexos. Se desconocen las fechas de sus nacimientos. Chavigny dice que tuvo seis hijos, tres chicos y tres chicas. Garencieres dice que hubo tres hijos y una hija. Dionisio dijo que eran tres, pero pudo ser que fueran los que tenía el maestro cuando Dionisio estudiaba con él. Se ha dicho que el mayor se llamaba César, el mismo que realizó el retrato de su padre, que también era escritor. En los escritos de Nostradamus hay una famosa carta supuestamente dirigida a su hijo cuando era muy niño en 1555. Nostradamus se casó en 1547. ¿Esperó ocho años para tener a su primer hijo y luego tener seis en total? En ese entonces él rondaba los cincuenta. Esto no concuerda con nuestra historia. John vio a Nostradamus mientras se preparaba para celebrar el nacimiento de su primer hijo. Tuvo problemas para calcular la fecha en el horóscopo que preparaba Nostradamus porque los números estaban escritos de diferente forma, pero cree que pudo ser 1551 o 1557, o bien 1541 o 1547. Yo tenía mis dudas de que César fuese en verdad su primogénito, o si había habido otro hijo anterior a él. Esto era sólo pura especulación hasta que encontré la siguiente cita en el libro de Leoni: "A su muerte Nostradamus dejó seis hijos, tres chicos y tres chicas.... Además de estos tres hijos (César, André y Charles), debe mencionarse a un hijo ficticio al que se suele mencionar como Michel el joven. Se dice que realizó sin éxito un esfuerzo por seguir los pasos de su padre y se le atribuyen varias piezas sueltas de literatura esotérica."

Leoni afirma que hay varias referencias a su hijo mayor, que posteriormente fue muerto por un soldado, pero su existencia es discutible. Jaubert, el primer biógrafo después de Chavigny (1656), escribió que Michel fue el hijo primogénito y César el segundo. ¿Pudo ser éste el bebé que tanto regocijaba a Nostradamus? ¿O sólo intento justificar la información que obtuvimos? Tal vez nadie lo sepa nunca con certeza. De los otros hijos, César fue el único que se casó, pero no tuvo hijos. Las tres hijas se casaron y por ellas tal vez existan descendientes vivos de Nostradamus.

En Salon, Nostradamus también empezó a escribir. Fue el primero en publicar un almanaque con pronóstico climático cuando se editó su pequeño libro en 1550. Escribió regularmente estos almanaques durante varios años.

Estuvo trabajando en las cuartetas durante varios años y la primera edición de las Centurias se publicó en 1555. Chavigny dice que Nostradamus tuvo serias dudas para decidir si publicarlas o no. Finalmente su deseo de ser útil al público venció su miedo al ridículo o a la persecución. Las autoridades católicas censuraban toda la literatura y tenían que dar su consentimiento previo a cualquier publicación. Concedían el permiso después de asegurarse de que no había nada en las cuartetas que pudiera ser contrario a su religión. Su primer libro contenía sólo tres centurias completas y 53 cuartetas de la cuarta centuria. Tuvieron un éxito instantáneo, algo difícil de entender puesto que ninguno de los vaticinios se había cumplido aún y las consideraron como misteriosos enigmas. Tal vez su popularidad se explicaba por la fascinación de la gente por los acertijos, pero le dieron renombre y popularidad a Nostradamus. En el prefacio de esa edición, él explicaba la razón de su deliberada oscuridad. Había ocultado a propósito los significados de sus profecías para que no fueran descifradas demasiado pronto y le causaran problemas. Expresó que fácilmente podía haber puesto fechas en todas las cuartetas, pero eso habría incomodado a los poderosos y como consecuencia le habrían acusado de pactar con el demonio. Esto encaja con lo que él mismo nos dijo. Era consciente de que estaba en constante peligro de ser perseguido y acusado de hechicería.

En su tiempo, a veces la suerte de un hombre dependía del desagrado de la Iglesia. Se consideraban insultos las expresiones descorteses, habladas o escritas, sobre la realeza y eran tratados con severidad. Al entender las circunstancias en las que vivió Nostradamus, es fácil ver por qué tuvo que expresar sus profecías con símbolos y doble sentido. Incluso asombra el hecho que las escribiera. Debe de haber sentido una tremenda necesidad de transmitirlas a generaciones futuras dado el riesgo que corría por escribirlas y después atreverse a publicarlas. Él dejó que la gente las tomara como acertijos, con la esperanza de que otros en el futuro descifraran su sentido más profundo.

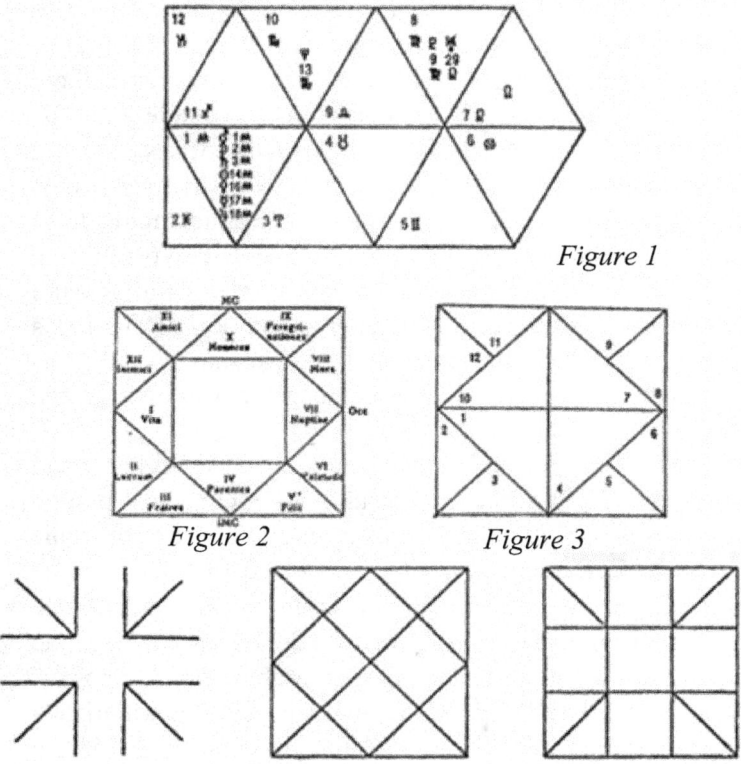

Figure 1

Figure 2   *Figure 3*

Figure 4, 5, 6

Figura 1. Diseño de horóscopo que usó Nostradamus para el Anticristo. John lo reprodujo después de volver del trance y determinó que se refería al 4 de febrero de 1962.

Figura 2. Un diseño común de horóscopo que se usaba en el siglo XVI y que se sabe fue utilizado por Nostradamus.

Figura 3. Diseño de horóscopo que usó Nostradamus para su hijo recién nacido, reproducido por John al volver del trance.

Figuras 4, 5, 6. Diseños geométricos comunes usados para horóscopos que datan de los antiguos tiempos romanos, islámicos y bizantinos.

También era cierto que su fama llegó a oídos del rey Enrique II y Catalina de Médicis. El interés de Catalina por lo esotérico era casi obsesivo. Desde su infancia estuvo rodeada de astrólogos y otros implicados en extrañas prácticas, posiblemente magia. En 1556 a Nostradamus se le requirió que fuera a París. Visitó brevemente al rey y después fue a ver a Catalina. Una de las cosas que ella le pidió fue que hiciera los horóscopos de sus hijos. La siguiente cita es de James Laver: "Si en modo alguno damos credibilidad a Nostradamus, hemos de creer que él lo sabía todo respecto a ellos. ... En aquel momento su problema no era ver sino ocultar, pronunciar un verdadero oráculo sin ofender a la reina. Ella tenía fama de ambiciosa por sus hijos tanto fuera como dentro de Francia. Él se contentó con decirle que todos ellos serían reyes." Es casi exactamente lo que el mismo Nostradamus nos dijo acerca de la visita. Dijo que fue como caminar sobre la cuerda floja por encima de un gran fuego.

En el libro de James Laver se menciona un incidente relacionado con Catalina de Médicis que me resultó muy conocido porque Nostradamus nos lo había contado. Sólo que en su libro se supone que el incidente se produjo con otro astrólogo, Cosmo Ruggieri, uno de los favoritos de Catalina y supuestamente un bribón. El incidente fue una famosa sesión conocida como la Consulta del Espejo Mágico, que tuvo lugar en su castillo. Muchos magos usaban espejos en sus rituales, especialmente en Italia, por lo tanto ella estaba familiarizada con la práctica. Uno de sus biógrafos relató con detalle la sesión. Se llevó a cabo una ceremonia con la invocación al ángel Anael, y la reina vio en el espejo las imágenes de sus hijos. El parecido entre este relato y lo que nos contó Nostradamus es demasiado sorprendente para ser coincidencia. ¿Significa que fue Nostradamus y no Ruggieri quien le mostró a la reina sus hijos y le habló del futuro de cada uno? ¿Es posible que los hechos se hubiesen emborronado con los años, o fue la intriga de la corte la que provocó que el hecho se atribuyera al astrólogo favorito de la reina? En el libro de André Lamont: Nostradamus Sees All (Nostradamus lo ve todo), él también menciona esta sesión y la atribuye a Nostradamus. Fueron los primeros relatos que encontré sobre espejos mágicos y saber que en verdad existían me produjo escalofríos. Más tarde encontré un cuadro de Nostradamus en el que le mostraba a Catalina las imágenes de sus hijos en un espejo. El aspecto de éste es el de un espejo tradicional, pero bien pudo ser la interpretación del artista. Es un paralelismo asombroso la sola mención de un espejo en conexión con las predicciones de Nostradamus. También me preguntaba quién era el ángel Anael invocado en el ritual.

Después de su visita a la realeza, su fama se extendió, al igual que las mentiras y absurdas historias que empezaron a circular sobre él. Surgió un tropel de imitadores que en su nombre publicaban hechizos con la pretensión de desacreditarlo, muchos de ellos por envidia. A medida que su salud se deterioraba, estas mezquindades empezaron a agriar su carácter. No es de sorprender que no quisiera revelamos detalles personales de su vida. Nostradamus intentaba olvidar las ofensas sufridas mientras preparaba su segunda edición aumentada de las Centurias para publicación. El prefacio, dedicado al Rey, era tan difícil de leer y tan oscuro como las cuartetas. Se cree que es una serie de cálculos minuciosos basados en la cronología bíblica. Algunos autores han dicho que se trataba de otro de los acertijos y trucos de Nostradamus y que en el prefacio ocultó un código para la interpretación y orden de las cuartetas. Afirman que dio la clave del código al Rey Enrique II y a Catalina de Médicis. Otros autores opinan que no es más que pura especulación.

En sus comentarios (entre ellos la carta dirigida a su hijo César), Nostradamus habla de conversaciones con ángeles y demonios. Menciona que veía espíritus luminosos o apariciones envueltas en tenue resplandor. John se vio a sí mismo como una figura radiante. Nostradamus también escribió que oía una voz procedente del limbo que le ayudaba en sus profecías. ¿Qué mejor descripción del lugar especial de encuentro? Ciertamente era una especie de limbo, un lugar sin forma ni sustancia. Todos los sujetos que intervinieron en este proyecto decían que él oía mi voz pero no podía verme. ¿Era mi voz lo que oía o las voces de otros procedentes de la niebla gris? Nostradamus creía que si un profeta estaba realmente inspirado por Dios, le enviarían un mentor divino, es decir, ángel, demonio, genio o lo que fuera necesario, para proporcionar el conocimiento que él buscaba. ¿En qué categoría entrábamos? Espero que fuese en el bando de los ángeles, puesto que nunca pretendimos hacer daño alguno al gran hombre. Nosotros creemos que nos asignaron esta misión por su persistente sondeo para entender sus visiones.

En 1564 el rey Carlos IX, su madre, Catalina de Médicis y una numerosa comitiva se presentaron en Salon para ver a Nostradamus. Ella aún esperaba obtener predicciones positivas para sus hijos, pero él no pudo proporcionárselas. Nostradamus era ya un anciano y estaba tan enfermo que no pudo publicar la nueva edición de las Centurias que preparaba. Sabía muy bien que antes de morir tendría que atar estos cabos sueltos.

Su salud empezó a decaer después de los 60 debido a graves ataques de gota que se convirtieron en artritis. En el libro de Charles Ward: Oracles of Nostradamus (Profecías de Nostradamus), el autor dice que para un hombre, llegar a los 63 años (o climaterio, como se le llamaba entonces) es un acontecimiento muy importante en su vida. Se creía que en ese año de vida podría ocurrir algo dramático puesto que se consideraba una ancianidad extrema. Si un hombre sobrepasaba esa edad crítica podría vivir mucho tiempo más. Suena a superstición, pero esta creencia se basaba en las vidas de personajes famosos.

Los efectos incapacitantes de la gota y la artritis le hacían cada vez más penoso moverse. Por la obligada inactividad empezó a padecer hidropesía y supo que le quedaba poco tiempo de vida. La hidropesía se define como una acumulación anormal de fluido en cavidades y tejidos del organismo. Es un término obsoleto equivalente al edema en la actualidad. Escribió su última voluntad y testamento y dio instrucciones para su funeral. Expresamente pedía que le enterraran de pie en el muro de la iglesia de los Franciscanos, porque no deseaba, ni siquiera después de la muerte, ser pisoteado bajo los pies de la gente de Salon. Hizo llamar a un sacerdote para que escuchara su confesión y le administrara los últimos sacramentos. Después le dijo a Chavigny que no le vería vivo al día siguiente. Fiel a su última predicción, murió durante la noche, aunque como médico sabía con seguridad por sus propios síntomas que se moría. La hidropesía (edema) se había agravado hasta el punto de dificultarle la respiración y en vez de dormir en su cama lo hizo sentado en un banco a los pies de la cama. Básicamente, la muerte le sobrevino por asfixia. Fue el equivalente a ahogarse en sus propios fluidos. Dionisio identificó con exactitud la causa de la muerte de Nostradamus, aunque desconocía el nombre del padecimiento.

Nostradamus murió el 2 de julio de 1566, el año de su climaterio. Al día siguiente fue llevado a la iglesia para ser enterrado en el interior del muro, de acuerdo con sus instrucciones. Su vida había sido tan misteriosa que empezó a circular entre la gente de Salon el rumor de que realmente no había muerto, sino que se había metido en una especie de cabina mágica para terminar sus profecías. Solían pegar el oído al muro de su tumba seguros de que escucharían sus movimientos en el interior. Muchos creyeron que le habían enterrado con el manuscrito clave de sus predicciones y las 48 cuartetas que faltaban de la Centuria VII, pero nadie tuvo la suficiente valentía para abrir la tumba.

Durante la revolución francesa, la iglesia de los Franciscanos fue destruida. Posteriormente sus restos fueron trasladados a la iglesia de San Lorenzo y en 1813 se colocó en la cripta una nueva placa. Nunca se encontró ningún manuscrito.

Cuando murió, Nostradamus dejó casi cinco millones de francos en billetes y una considerable fortuna en propiedades personales, sin contar los regalos que hizo a la iglesia de los Franciscanos y a amigos necesitados. Su testamento, publicado en el libro de Edgar Leoni, explicaba de forma detallada y específica cada legado, las cantidades de dinero que debían ser entregadas a su esposa y a los hijos, una vez que éstos contrajeran matrimonio, así como la disposición de determinados muebles. Los ejecutores recibieron instrucciones de reunir todos sus libros, cartas y papeles, sin ordenar ni catalogar, pero atados en paquetes y cestas que debían guardarse bajo llave en una habitación de la casa. Más tarde serían entregados a uno de sus hijos cuando tuviese edad suficiente para estudiarlos y entenderlos. Dejó el astrolabio de bronce (que John había visto) a su hijo César, junto con un gran anillo de oro.

Descubrí una extraña anotación en el testamento que podría tener alguna conexión con la historia descubierta por nosotros. Nostradamus contó todo su dinero y preparó un minucioso listado del mismo. Los ejecutores del testamento tenían instrucciones para comprobarlo y colocar las monedas en tres cofres o arcones que había en la casa. Después tomarían posesión de las llaves de los cofres.

Por curioso que parezca, él dejó a su hija Madeline dos cofres de nogal que había en su estudio, "junto con la ropa, anillos y joyas que ella encontrará en los mencionados cofres; a nadie le está permitido ver ni examinar el contenido de los mismos". Ella no tenía que esperar a tener edad, tal como se especificaba en los otros legados, ella debía tomar posesión de los cofres inmediatamente después de su muerte. Parecía extraño que, por un lado hiciera que los ejecutores contaran cuidadosamente el dinero y después tomaran posesión de las llaves y que por otro lado, a nadie se le permitiera ver lo que había en el interior de estos cofres. ¿Podría ser uno de ellos el que John había visto en el estudio? ¿El mismo que Nostradamus nos dijo que contenía viejos tesoros, antigüedades y monedas romanas que había encontrado en su juventud? ¿O contenía alguno de ellos el espejo mágico y otros artículos e instrumentos para magia? Cuando le preguntamos sobre el cofre, su respuesta fue que no era de nuestra incumbencia. Por lo tanto, guardó el secreto hasta la tumba y no permitió que nadie, salvo su familia, abriera su precioso cofre para mirar o catalogar sus papeles personales.

El estudiante de Nostradamus, Jean Chavigny, dijo haber dedicado 28 años de su vida (tras la muerte de Nostradamus) a editar las Centurias con notas. Dijo que había encontrado doce libros de Centurias, de las cuales los volúmenes VII, XI y XII estaban incompletos. Los Presagios fueron reunidos por Aimes y reducidos a doce libros en prosa. En el prefacio de Nostradamus, él mencionaba que éstos eran una más clara explicación de los lugares, tiempos y condiciones de los desastres en sus profecías. Los pocos Presagios que existen impresos hoy en día contienen sólo 143 cuartetas en verso, así que hemos de suponer que las escritas en prosa han desaparecido. ¿Podía ser ésta otra de las razones por las que Nostradamus quería interpretar sus cuartetas en forma de prosa en nuestro tiempo, porque sus originales no sobrevivieron?

En el libro de Rolfe Boswell Nostradamus Speaks (Habla Nostradamus), se describe un extraño método de astrología utilizado por Nostradamus. "Nostradamus denominó Gran Romano a su carta astrológica. Una figura oblonga similar a un ataúd y símbolo del 'Sepulcro del Gran Romano' se forma trazando líneas a partir de las vocales de las palabras latinas Floram Patere. Estas dos palabras de seis letras se colocan alrededor de las doce líneas del zodíaco. Presumiblemente Nostradamus hizo uso de esta fórmula como soporte de su conocimiento de la astrología judicial para realizar sus cálculos y profecías." ¿Pudo ser éste el diseño geométrico que le vio John usar para el horóscopo del Anticristo? Ninguno de los astrólogos que he consultado ha podido identificar el diseño del "Gran Romano". Tal vez alguien en alguna parte tenga la respuesta.

El libro de Leoni incluía el dibujo de un horóscopo hecho por Nostradamus. Es el único ejemplo conocido de su método que ha llegado hasta nosotros. Cuando lo vi por primera vez en el libro me sorprendió porque al compararlo con el dibujo de John del horóscopo de Nostradamus para su hijo recién nacido, el parecido era sorprendente. John dijo que nunca había visto horóscopos trazados de esa forma y Nostradamus nos había dicho que eran métodos (los dos ejemplos dados en este libro) usados por los antiguos. Ellos no usaban la rueda del horóscopo, tan común en la actualidad.

En una carta a César, su hijo mayor, él menciona que quemó algunos manuscritos esotéricos antiguos después de asimilar minuciosamente su contenido. Boswell dice que en opinión de antiguos biógrafos, éstos pueden haber sido textos antiguos posiblemente sacados de Egipto y Babilonia tras las cautividades y transmitidos a Nostradamus por sus ancestros judíos. Esto es muy probable ya que cuando los romanos destruyeron el Templo de Jerusalén descubrieron que los documentos más sagrados habían desaparecido. Pero ciertamente Nostradamus pudo haber encontrado en sus viajes algunos de estos manuscritos prohibidos. Lo que sí mencionó es que el libro de datos astrológicos recopilado por él contenía información que databa de los tiempos antiguos egipcios y babilonios.

En su libro Leoni escribió que hasta el siglo diecinueve una persona debía de acumular una gran cantidad de conocimientos, entre otros el dominio de varias lenguas, geografía clásica y medieval, así como mitología, al menos para tratar de entender las profecías. En esencia, al lector se le exigía que tuviese el mismo conocimiento que Nostradamus. Pero en los últimos cien años se han escrito muchos libros de consulta que han simplificado esta tarea.

Curiosamente, algunos de los autores que consulté durante mi investigación mencionaban las cuartetas de Adriano (ver Capítulo 8). Uno de ellos identificó correctamente el anagrama "Hadrie" como alusión al emperador Adriano, pero su imaginación no avanzó lo suficiente. Pensó que Nostradamus hacía un cumplido a Enrique de Navarra al insinuar que poseía las virtudes del Emperador Adriano. Erika Cheetham no relacionó a Hadrie con Adriano. Supuso, al igual que otros muchos traductores, que se trataba de un anagrama del rey Enrique.

Algunos autores también entendieron correctamente que en algunos casos Nostradamus diera a sus personajes nombres vinculados con la mitología griega. Uno de ellos descubrió estas asociaciones porque en su país natal, Inglaterra, a los niños se les enseñaban estos temas, pero no desarrolló la idea con la suficiente amplitud, como había sido la intención de Nostradamus. Básicamente aplicó sus interpretaciones a acontecimientos que ya habían ocurrido. De este modo, le fue más fácil reconocer la asociación de nombres.

Laver interpretó una cuarteta (CENTURIA IX-89) que contenía el nombre de Ogmios. Si bien lo identificó correctamente como el Hércules céltico, creyó que el nombre se refería a Francia, porque una imagen del dios aparecía en las monedas republicanas de cinco francos en 1792 y 1848. En el conjunto de nuestras interpretaciones Ogmios era una referencia al líder clandestino, la Némesis del Anticristo. La interpretación de Laver encajaría parcialmente porque de hecho Nostradamus había dicho que Ogmios nacería en Francia. Esta cuarteta no la hemos interpretado aún, pero puesto que menciona a los árabes, creo no equivocarme al suponer que también se relaciona con nuestro personaje central. Desde luego,

Nostradamus me reprendió muchas veces en el pasado por precipitar conclusiones y sugerir postulados, pero también nos dijo que usáramos nuestro propio intelecto una vez que él nos proporcionaba las pistas. Muchos de los libros sobre Nostradamus que se escribieron a comienzos de la Segunda Guerra Mundial insinuaban que gran parte de las cuartetas tenía que ver con el pasado, principalmente con la Revolución Francesa. Los autores creían que pocas cuartetas se referían a la guerra que se iniciaba, salvo las que contenían el anagrama "Hister" por Hitler. Gran parte de los escritores apenas se esforzaron en la predicción del futuro, como si prefirieran conectar los pormenores de las cuartetas con acontecimientos históricos conocidos y comprobables. Muchas de las que creyeron que pertenecían al pasado eran cuartetas que descubrimos que correspondían al tiempo del Anticristo. Ellos presentaban un argumento muy válido, pero se determinó que Nostradamus solía referirse a muchos acontecimientos en una misma cuarteta, sobre todo si existían similitudes. Así que es probable que todos estemos en lo cierto. Simplemente Nostradamus era más complejo de lo que creían los traductores. Intentaron encasillarle y limitar sus habilidades, pero cuando él contactó con nosotros a 400 años del futuro, demostró que no estaba dispuesto a seguir encasillado.

No encontré mención alguna de que Nostradamus publicara alguna vez el libro de filosofía en el que trabajaba, a menos que fuese su Paráfrasis de Galeno, un discurso filosófico publicado en 1557. Desde luego, se mencionó en su testamento que dejaba una gran cantidad de documentos que debían entregarse a sus hijos, pero no había ningún inventario de los mismos. Algunas ediciones posteriores de sus Centurias contenían cuartetas que no se encontraban en las originales y tal vez se extrajeron de estos documentos.

En los años siguientes se agregaron muchas cuartetas falsas a las Centurias de Nostradamus. Algunas fueron detectadas como falsificaciones porque no seguían su inigualable estilo. En el año 1709, un intérprete expresaba: "Lo que sus profecías tienen en común con el trueno es que sólo estallan y retumban cuando se cumplen". Sí, muchas de ellas sólo pueden entenderse con la perspectiva del tiempo.

Desde esa época hasta el presente muchos investigadores serios han intentado estudiar, analizar y entender al misterioso médico. Invariablemente terminaban por abandonar llenos de asombro. El hombre no dejará nunca de ser un enigma en la historia. Nosotros pudimos acercarnos mucho más que nadie en la comprensión de Nostradamus, el hombre y valorar el genio de Nostradamus, el profeta.

Garencieres mencionó que cuando él iba a la escuela en Francia en 1618, era costumbre dar a cada estudiante el libro de las profecías de Nostradamus como principal lectura después del texto básico. Los maestros sabían que las palabras difíciles y obsoletas darían a los estudiantes cierta idea del francés antiguo. De este modo, el libro se publicaba año tras año como un almanaque. Tal vez sea ésta una de las razones por las que llegó hasta nosotros. Garencieres fue el primer traductor de Nostradamus y admitía que algunas de las palabras carecían de sentido para él. A su entender, las Centurias eran difíciles de desentrañar salvo en su lengua original en francés, y aún así presentaban muchas dificultades. Se disculpaba por traducir las cuartetas en su "tosco inglés", según sus propias palabras. Afirmaba que la gente perdía la razón tratando de entenderlas. Escribió: "Por estas razones (querido lector), no desearía que os dejarais llevar por el engreimiento de conocer las cosas futuras".

La cuestión del espejo de Nostradamus fue un enigma hasta que lo descubrí en varios libros. En esos tiempos los espejos solían ser de metal pulido. Los escritores lo describían como la clase de espejo que era común entre los magos. Pero un espejo hecho de obsidiana hubiese sido de una rareza extrema. ¿Han existido alguna vez espejos hechos con este material?

Esto me tuvo en ascuas hasta que, mientras investigaba para otro de mis libros, encontré la mención exacta de un espejo de esas características. En ese entonces yo leía un libro sobre hallazgos arqueológicos en Tierra Santa y se mencionaba a un granjero que, mientras manejaba un tractor en unos campos al oeste de Galilea, había encontrado una serie de artefactos curiosos, entre ellos un gran espejo de obsidiana. Los arqueólogos señalaron que se remontaba al año 4500 a.C., por lo tanto era extremadamente antiguo. Describían el espejo como ejemplo notable de una muy avanzada tecnología en piedra, ya que la obsidiana es un cristal volcánico duro y muy quebradizo. Sólo un experimentado maestro podría elaborar un disco oval tan grande, de forma y grosor regulares, con un asa en la parte trasera labrada en el mismo bloque de obsidiana. La cara del espejo era lisa y pulida con un brillante acabado. Los expertos dijeron que el esfuerzo y maestría invertidos en su creación deben de haber sido inmensos. Se le considera el espejo de obsidiana más fino, grande y ornamentado que se haya descubierto jamás. La obsidiana es un material raro que se encuentra en zonas de actividad volcánica reciente, y aparece en muy pocos lugares de Oriente Próximo. El hallazgo de este espejo en Israel indicaba que muy probablemente se trataba de una pieza que fue objeto de algún trueque, ya que no podía ser originario de esa zona. La introducción de la tecnología del metal hizo decaer la popularidad de la más antigua tecnología de la piedra.

Creo que es lógico suponer que si existía un espejo semejante, también podría haber otros, a pesar de ser enormemente raros y antiguos. Esto explicaría porqué Nostradamus lo protegía con una funda de terciopelo y se comportaba tan misteriosamente respecto a él. Nos dijo que en su tiempo aún existían en Europa algunas de estas antiguas piezas y se consideraban muy valiosas, aun en el caso de que los dueños no conocieran sus particulares propiedades mágicas.

Laver sabía que Nostradamus utilizaba la astrología, pero eso no explica los nombres y otros detalles tan abundantes en sus cuartetas. Por lo tanto estaba convencido de que estas visiones no eran producto de la mente consciente. Según Leoni, Nostradamus pudo haber empleado la auto-hipnosis; Laver llegó a la conclusión de que Nostradamus recibía sus visiones mientras estaba en trance. También opinaba que Nostradamus podía entrar en este estado de trance mediante la práctica de la magia. No lo daba a entender en sentido negativo porque creía que lo llevaba a cabo como ritual y observó que también la religión emplea rituales. Dijo que sólo era un instrumento, un medio para un fin que ayudaba a Nostradamus a concentrarse y separar su mente consciente de su subconsciente. Yo siempre me he preguntado si en realidad existía la magia auténtica. A todos nos gustaría creer en cuentos de hadas. Sé que ciertamente algo ocurría mientras trabajábamos con Nostradamus, pero ¿qué era? En el Capítulo 23, "El primer contacto de Nostradamus", nosotros irrumpimos en su estudio después de que él hiciera una invocación. Nostradamus parecía tan sorprendido de vernos como nosotros de estar ahí. Sea cual sea el método que él empleaba, debe de haber sido muy poderoso. Consiguió atraernos hasta ahí y también pudo echarnos en el momento en que él quería que nos marcháramos. Cuando Nostradamus empezó su canto, John se vio arrastrado de nuevo a la Sala del Tapiz. Dijo que si hubiese intentado quedarse, sabía que le habrían lanzado con una fuerza parecida a la electricidad. De modo que yo creo que Nostradamus había descubierto la magia verdadera, porque funcionaba. Puesto que nunca sabremos cómo consiguió que funcionara, esto permanecerá como uno de los misterios que siempre rodearán al hombre.

Laver cree que todo lo que Nostradamus tenía que hacer era recordar lo más que pudiese de sus visiones para anotarlo en cuanto volviese a estar consciente, o que pudo haber usado la escritura automática. Dice textualmente: "Me resulta imposible soslayar el convencimiento de que Nostradamus podía a veces ver el futuro con asombroso y pormenorizado detalle. Desde luego, la mayoría de los comentaristas van mucho más lejos. Creen que el manuscrito entero de la historia futura, por un privilegio que no le fue concedido a ningún otro hombre, se desveló ante sus ojos y que la reconocida oscuridad de su mensaje es deliberada. Con esto se le quita a Nostradamus la autoría de las Centurias para concedérsela a la Deidad misma".

Liberté Le Vert hace un comentario al final de su libro, The Prophecies and Enigmas of Nostradamus (Profecías y enigmas de Nostradamus) que enciende la chispa de un pensamiento sorprendente. Supongo que había leído lo mismo en los otros libros, pero sólo en este momento me impactó con gran fuerza.

Él insistía que las cuartetas de Nostradamus no se publicaron en un solo libro al principio. Hubo por separado tres versiones continuadas. La primera edición de las Centurias se publicó en 1555 y contenía sólo las cuartetas de la I-1 a la IV-53. El segundo grupo de cuartetas, IV-54 a VII-40 o VII-42, se publicó seguidamente, pero hay debate en torno a la fecha. El Sr. Le Vert afirma que se publicó en 1557. Tampoco se conoce con certeza la fecha de la primera publicación del tercer grupo, las CENTURIAS completas VIII, IX y X. El Sr. Le Vert cree que de hecho se imprimió en 1558 y no después de la muerte de Nostradamus, como alegan los otros biógrafos. Chavigny decía que fue él quien editó y recopiló las cuartetas tras la muerte de Nostradamus, pero casi todos los biógrafos ponen en tela de juicio muchas de sus aseveraciones.

La parte que me impactó fue el comentario: "Ignoramos el motivo por el que esta edición Bonhomme (1555) acabó en IV-53, pero hay dos importantes posibilidades. Muchos de los almanaques y pronósticos (escritos por Nostradamus) ofrecían lecturas mensuales y puede haber existido cierta sensación de que las 353 de Bonhomme y doce más por los meses del año, dan el total de lecturas para un año. Sin embargo, si éste era el caso, el esquema no se desarrolló ni se explicó; lo más probable es que el encuadernador interrumpiera la impresión al llegar al tope de páginas preestablecido".

Fue esta constante referencia al primer libro de cuartetas que acababan en mitad de la Cuarta Centuria lo que me mantenía inquieta. Me resultaba familiar, y algo se agitaba en mi subconsciente. Luego de pronto, eché mano a toda prisa del ejemplar marcado de las cuartetas que me acompañó a lo largo de toda esta aventura. Cuando lo abrí en el punto en el que habíamos dejado de trabajar con John, me quedé congelada, totalmente de piedra. ¡Nos habíamos quedado exactamente en el mismo lugar en el que acababa la primera edición de Nostradamus!

Cuando empecé a trabajar con Brenda por primera vez, seleccioné al azar más de un centenar de cuartetas del libro. Eran las que me habían llamado la atención por varias razones. Luego inventé un modelo más sistemático y empecé el libro por el principio y continué según el orden de las cuartetas y centurias, omitiendo las que ya habíamos trabajado. Con todo cuidado las verifiqué y puse las iniciales de quien las había traducido, Brenda o John.

Mi trabajo con Brenda empezó en julio de 1986 (después de que Elena, la iniciadora, se fuera a vivir a Alaska), continuó durante seis meses y se volvió esporádico más o menos a principios de 1987. Durante ese breve tiempo conseguimos abarcar más de 400 cuartetas. Cuando ella ya no podía trabajar en este proyecto, John entró en escena e interpretamos más de cien cuartetas en las seis semanas entre abril y mayo de 1987, antes de que él se mudara a Florida. La última cuarteta con John fue la CENTURIA IV-35. Durante el verano de 1987 pude hacer varias sesiones con Brenda, pero ella entonces pasaba por una especie de agotamiento mental y quería dejarlo. Después de las sesiones, cada nueva cita que concertábamos ella la cancelaba por una u otra razón. Esto nos llevó a la Centuria IV-65, la última que se interpretaría en este libro. Lo sumamente asombroso es que esto nos lleva al número exacto que Le Vert pensó que se pretendía incluir en el primer libro de cuartetas de Nostradamus: 353 más 12.

Para mí esto era alucinante. Sólo podía sostener el libro de la Sra. Cheetham y mirar fijamente los números. Era la misma sensación que había experimentado cuando me di cuenta por primera vez de que tal vez yo ayudaba a que Nostradamus escribiera estas cuartetas. ¿Cómo podría pensarse algo así como simple coincidencia? ¿Por qué paramos en mitad de la Cuarta Centuria, exactamente en el mismo lugar en el que Nostradamus acabó su primera edición? ¿Se enfrentaba él al mismo problema al que me enfrentaba yo? Al igual que se cortó mi fuente de comunicación, ¿se había cortado también la suya? En cuanto decidí seguir adelante y reunir las cuartetas que tenía e intentar su publicación, ¿decidió él lo mismo, ir adelante con lo que tenía? Las implicaciones iban más allá de la capacidad de mi mente para entenderlas. Sólo me provocó mareo y un fuerte dolor de cabeza. Probablemente por eso el guardián insistió siempre en que yo simplemente me limitara a hacer el trabajo sin hacer preguntas.

Yo había disfrutado de estos encuentros con Nostradamus y lamenté mucho que abandonáramos el trabajo a medio hacer. Aún quedaban aproximadamente 450 cuartetas sin descifrar, pero ahora podía ver el tenue resplandor de una luz en el lejano horizonte. Si estábamos tan íntimamente ligados al gran maestro al punto de influir en la escritura y publicación de las cuartetas, entonces había una esperanza. Si él publicó casi mil cuartetas, eso significaba que mi trabajo aún no había concluido. Una de dos, o yo tenía que continuar mi compromiso con él, o el resto vendría de alguien más. Tal vez estaba escrito que yo encontrara a otro sujeto y recuperara el contacto con el gran hombre. Sólo el futuro tenía las respuestas a este enigma. Mi descubrimiento de esta similitud (que ambos interrumpiéramos este trabajo en mitad de la Cuarta Centuria) sólo sirvió para subrayar que yo y los demás participantes en esta extraña situación éramos simples peones manipulados por poderes superiores desde dimensiones invisibles. Puesto que el objeto del proyecto era el bien de toda la humanidad, supe que yo seguiría hasta donde éste condujera. Yo me comprometí desde el principio y percibí que en este momento no podía renunciar a él.

Laver cita a Carl G. Jung, el famoso psicólogo, en referencia al Inconsciente Colectivo: "El inconsciente es todo menos un encapsulado sistema personal; es el ancho mundo y objetivamente tan abierto como el mundo... un espacio ilimitado lleno de certezas sin precedentes, en el que aparentemente no hay fuera ni dentro, arriba o abajo, aquí o allí, mío o tuyo, bueno o malo. Es el mundo del agua, en el que todo lo que tiene vida flota en suspensión; donde empieza el reino de la compasión, el alma de todo ser vivo, ahí donde yo soy inseparablemente esto y eso, y esto y eso soy yo; donde experimento en mí mismo a la otra persona y el otro, como yo mismo, me experimenta a mí". (The Integration of the Personality [Integración de la personalidad].)

Cita de Laver: "Ciertamente en este Mundo-Alma o Inconsciente Colectivo está todo el pasado, y si algo hay en Nostradamus... está todo el futuro también; el futuro y el pasado no son otra cosa que el Eterno Presente. La mente siente un creciente vértigo al borde de este abismo. Nos aferramos a nuestras patéticas individualidades y haríamos lo que fuera para que se prolongaran eternamente, sin saber que la frase no tiene sentido y que el ego no es nuestra parte esencial.

Ya nos absorbe por completo la plenitud de Dios y si esta absorción no ha llegado aún, no se produciría aniquilación porque el océano en el que somos absorbidos no es el de la materia sino el de la mente. Pero la mente es una unidad y ser parte de ella es ser totalmente ella. Físicamente somos animales, pero mental y espiritualmente somos un árbol, o mejor dicho, somos El Árbol Sagrado. Somos miembros de unos de otros y el Tiempo es simplemente una de nuestras dimensiones".

¿Era este concepto lo que insinuaba el guardián del tapiz cuando nos dijo que éramos como niños del jardín de infancia que hacen preguntas de universidad? Dijo que aún no estábamos preparados para entender lo que había detrás de todo este proyecto. Tal vez James Laver se acercó mucho a la comprensión del funcionamiento de este mecanismo, a pesar de que él escribió estas palabras más de cuarenta años antes de que nos lanzáramos a nuestra aventura.

En su libro Laver se refiere a la CENTURIA VIII-99: "Con los poderes de tres reyes temporales, la santa sede será colocada en otro lugar, donde se restaurará y se admitirá la sustancia del cuerpo y el espíritu como verdadera sede". Él reconoció que se refería al Papado, pero no podía ver cómo podría cumplirse la profecía puesto que era improbable que la sede vaticana se trasladara lejos de Roma. Pero me pregunto si la traducción de los tres reyes temporales podría referirse a los tres últimos Papas. Se predijo que serán los últimos en el Papado antes de la destrucción de Roma por el Anticristo. (Ver Capítulo 15: "Los tres últimos Papas", y el Capítulo 16: "La devastación de la Iglesia", en el Volumen I.)

La primera vez que aparecieron estas predicciones relacionadas con la destrucción de la Iglesia, me quedé horrorizada. ¿Cómo atreverme a escribir algo que se consideraría tan radical, controvertido e incluso herético? Yo soy cristiana y antigua maestra de la escuela dominical y no deseo que sobrevenga mal alguno a nínguna institución religiosa. Intenté discutir con Nostradamus que estas predicciones eran simplemente su deseo de que se cumplieran por la persecución que él sufría a manos de la Inquisición. Él reconoció tener esa clase de sentimientos, pero insistió en que informaba de aquello que vio en su espejo mágico. Con una gran dosis de aprensión combiné las diversas cuartetas relacionadas con la Iglesia en dos capítulos del primer volumen. Decidí que debía informar lo que se me había transmitido sin censurar ni modificar nada sólo porque me resultara incómodo. Si no hubiese tomado yo esa decisión, probablemente ni siquiera habría escrito estos dos volúmenes porque ciertamente todo el contenido sobre su futuro me inquietaba.

Más tarde en mi investigación me encontré con un sorprendente dato que redujo en gran parte la carga de culpa que yo experimentaba. Me di cuenta que no éramos los primeros en predecir la destrucción de la Iglesia Católica. Un hombre que vivió hace unos 800 años, y 400 años antes de Nostradamus, también tuvo la misma visión.

El irlandés San Malaquías fue un obispo que vivió del 1094 al 1148. En 1139 fue a Roma, y durante su estancia allí tuvo una insólita visión profética. Vio a todos los Papas que ocuparían el trono de San Pedro. No los identificó por su nombre, sino por los hechos más destacados de su reinado o por su escudo de armas. Escribió la lista, constituida en gran parte por un lema de dos palabras en latín, y depositó sus predicciones en los archivos del Vaticano. Malaquías murió durante el camino de regreso a su país y sus profecías quedaron olvidadas en los archivos hasta que fueron redescubiertas a finales del siglo XVI. Se publicaron por primera vez en 1554 en Venecia. ¿Tuvo acceso Nostradamus a las profecías de Malaquías? Es posible pero no probable, puesto que las comunicaciones no estaban tan generalizadas como en la actualidad. De hecho, las profecías del sacerdote no se dieron a conocer hasta después de la muerte de Nostradamus cuando se publicaron de nuevo en 1595.

Según la _lista de Malaquías, sólo quedan tres Papas. De acuerdo con los intérpretes del pasado, él dio a entender que cuando llegara el tiempo del último Papa ocurriría el fin del mundo, o posiblemente la Segunda Venida de Cristo. Los últimos Papas de la lista de Malaquías son: (1) Flors Florum: papa Pablo VI, que murió en 1978 después de 15 años de papado y en su escudo de armas tenia una flor de lis. (2) De Medietate Lunae: papa Juan Pablo I, cuyo reinado sólo duró un mes antes de morir de un ataque cardíaco. Incluso sin saber latín, se entiende el sentido de esta frase como "de la media luna", o "de luna a luna", que es exactamente lo que duró el pobre Papa. (3) De Labore Solis: el papa siguiente Juan Pablo II, porque procedía del pueblo llano. Tomó el nombre de Juan Pablo en honor a su predecesor. (4) De Gloria Olivae: el que tendrá un breve reinado antes de que aparezca en escena el ultimo Papa, el instrumento del Anticristo.

En vez de dar al último Papa un lema de dos palabras, Malaquías le asignó toda una frase. Tal como está expresado da la impresión que él infería que éste sería el Papa del fin del mundo. "In persecutione extrema sanctae Romanae Ecclesiae sedebit Petrus Romanus qui pascet oves in multis tribulationibus; quibus transactis, civitas septicollis diruetur, et Judex tremendus judicabit populum". Traducción: "Durante la persecución final de la Santa Iglesia Romana, se sentará en el trono de Pedro el Romano, quien pastoreará a su rebaño en medio de muchas tribulaciones; una vez pasadas éstas, la ciudad de las siete colinas será destruida; y el Gran Juez juzgará a los pueblos." Se dice que el nombre "Pedro" es más que sólo el nombre de una persona; indica una última época en contraste con la de Pedro el Apóstol, el que la empezó.

Laver predijo que según el promedio de años de reinado de la mayoría de los Papas, el período del último Papa nos llevaría al final del siglo veinte. La única diferencia entre nuestras predicciones es que no lo vemos como el fin del mundo, o la Segunda Venida de Cristo. Nostradamus nos dijo que la destrucción de Roma y la disolución de la Iglesia serían consecuencia de los estragos producidos por la traición del último Papa como instrumento del Anticristo. Encontré un viejo dicho sobre Roma que parece encajar: "Mientras el Coliseo siga en pie, permanecerá Roma; cuando el Coliseo se derrumbe, caerá Roma, y si Roma cae, caerá el mundo".

Las Centurias de Nostradamus fueron condenadas por el papa Pío VI en 1781 y desde entonces han sido esporádicamente tema de controversia eclesiástica. El Vaticano prohibió el libro por "encontrar en su contenido una profecía de la abolición de la autoridad papal". Al parecer descubrieron en las cuartetas, incluso en el ámbito del Papado, algo que se relacionaba con el futuro de la Iglesia.

Gracias al programa de préstamo interbibliotecario me fue posible encontrar el libro After Nostradamus (Después de Nostradamus), de A. Voldben, traducido del italiano. En este libro el autor investiga las profecías no sólo de Nostradamus, sino también las de muchos videntes de tiempos antiguos hasta las de Jeane Dixon en la actualidad. Era sorprendente que la esencia de sus profecías seguía el mismo modelo que el nuestro. Voldben decía que algunos de estos profetas se habían atrevido a poner fechas en los acontecimientos por venir. Dijo que esto era siempre arriesgado y presuntuoso porque los acontecimientos del cosmos no se adaptan a nuestro insignificante calendario terrestre y muchas de las fechas han llegado y se han ido sin que el hecho ocurriese. Dijo que era más importante haber concordado en la misma secuencia de acontecimientos y no en las fechas. Así pues, puede ocurrir que tampoco en nuestras fechas exista precisión, a pesar de que Nostradamus nos proporcionaba las referencias astrológicas. ¿Se sumergieron todos estos profetas, incluido Nostradamus, en una reserva común de pensamiento o encontraron un hilo común? Se cumpla o no lo que ellos vieron, no puede negarse que de algún modo todos veían las mismas cosas y las interpretaban en su propio y claro lenguaje y estructura conceptual.

Esto nos lleva a la más actual de los profetas, Jeane Dixon. Al mencionarse en varios libros sus predicciones sobre el Anticristo, decidí leer su libro. Una vez más, la similitud es algo que no puedo pasar por alto. Es como si ambas bebiésemos de la misma fuente. En My Life and Prophecies (Mi vida y profecías), Dixon señala muchos de los conceptos que han sido presentados en estos libros, incluidos el último Papa y los problemas en el seno de la Iglesia Católica. Afirmó que una de nuestras más prestigiosas instituciones nacionales se utilizaba como tapadera para experimentos de guerra química y bacteriológica. Ella vio que estos experimentos se realizaban en las fronteras de India y Rusia; también vio guerra biológica en el futuro.

Asimismo pudo ver a la perversa "Cábala" acerca de la cual yo dudaba en escribir. Ella la llama "el gobierno dentro de un gobierno" y dice que son financiados por una bien engrasada "máquina" política. Ellos controlan nuestras elecciones y muchos factores sociales y económicos que desconocemos. Ella también vio que un miembro de esta "máquina" vive en Nueva York Cita textual: "El caos social y religioso generado por esta máquina política en todo el territorio estadounidense preparará a la nación para la llegada del profeta del Anticristo. Esta unidad política del Este será el instrumento de la serpiente que le hace entrega de las masas".

Esto nos lleva a su más poderosa predicción y, para mí, la más estremecedora: Su conocimiento del próximo Anticristo, incluso su fecha exacta de nacimiento. Dice que no hay duda en su mente de que el profeta del Anticristo y el Anticristo en sí son personas reales e identificables, y no ideologías o gobiernos.

El 5 de febrero de 1962 Jean Dixon tuvo una poderosa visión cargada de simbolismo. A partir de estos símbolos ella dedujo que ese día había nacido la persona que sería conocida como el Anticristo. Ella vio que la vida de éste sería un asombroso paralelismo de la vida de Cristo, sólo que debía ser una imagen de espejo o imagen diametralmente opuesta a la de Él. Vio que él ya no estaba en el país en el que había nacido sino que le llevaron a otro país de Oriente Medio, posiblemente una zona densamente poblada de la República Árabe Unida. Ella no sabía la razón de este cambio, pero percibió que había fuerzas que operaban en torno a él para protegerle. Ella dijo que un acontecimiento de tremenda importancia surgiría en su vida alrededor de los once años que le haría tomar conciencia de su misión satánica y propósito de vida. Cita textual: "Él entonces extenderá su influencia, y los que le rodean finalmente formarán un pequeño núcleo de seguidores dedicados cuando llegue a la edad de 19. Trabajará en silencio con ellos hasta llegar a los 29 o 30 años, momento en el que el vigoroso temperamento e impacto de su presencia en el mundo empezará a dar su fruto prohibido". Dixon vio que él tendría el respaldo de una poderosa "máquina" que haría avanzar su causa más allá de lo impensable.

Sus observaciones sobre el profeta o precursor del falso Cristo suenan parecido a las impresiones de John sobre el perverso Imam. Ella está convencida de que es el personaje al que se refiere la Biblia en Apocalipsis 13.11-15:

"Vi luego otra Bestia que surgía de la tierra y tenía dos cuernos como de cordero, pero hablaba como una serpiente. Ejerce todo el poder de la primera Bestia en servicio de ésta, haciendo que la tierra y sus habitantes adoren a la primera Bestia, cuya herida mortal había sido curada. Realiza grandes señales, hasta hacer bajar ante la gente fuego del cielo a la tierra; y seduce a los habitantes de la tierra con las señales que le ha sido concedido obrar al servicio de la Bestia, diciendo a los habitantes de la tierra que hagan una imagen en honor de la Bestia... y hacer que cuantos no adoren la imagen de la Bestia sean exterminados".

Cita de Dixon: "Su dominio será la seducción intelectual de la humanidad. Significa una mezcla de ideología política, filosófica y religiosa que hará que las poblaciones del mundo se precipiten hacia una profunda crisis de fe en Dios... Como profeta y heraldo oficial del

Anticristo, entre las obligaciones y responsabilidades fundamentales (del profeta) en la preparación del mundo para el advenimiento de su 'maestro', está la de manipular los aparatos propagandísticos existentes. Por medio de la enseñanza y de la propaganda el profeta hará que la gente no simplemente acepte al Anticristo sino que lo desee con positivo entusiasmo, que cree las condiciones de su llegada y contribuya activamente a sembrar el despotismo aterrador y pavoroso de su Imperio Mundial.

"En segundo lugar, habrá 'milagros', señales y maravillas que 'seducirán a los habitantes de la tierra'. Su señal más convincente será la conquista de los poderes de la naturaleza, de los cuales el 'fuego del cielo' es el supremo símbolo. Estos no serán eventos sobrenaturales o preternaturales, sino más bien prodigios de la ciencia y logros de la humanidad, pero interpretados de tal modo que apartan a los hombres de Dios y los llevan a la adoración del Anticristo".

Es digna de observación la similitud entre este fuego del cielo y la predicción de Nostradamus de que Roma sería destruida por determinado tipo de fuerza o fuego proveniente del cielo. Él nunca pudo explicar si esto sería ocasionado por un acontecimiento natural extremadamente raro o por la mano del hombre. Le asombraba tanto que no pudo definirlo.

"Con su aparato propagandístico, el profeta transmitirá a los hombres las supremas ambiciones de la ciencia humana. Anunciará que la ciencia es capaz de comprender todos los secretos de la naturaleza, dominar todas las fuerzas de la naturaleza, en especial las de la vida, ¡y por supuesto la vida humana misma! Manifestará que los hombres podrán vivir cuanto les plazca, tanto tiempo como deseen, y morir como y cuando lo deseen -y todo esto sin sufrimiento- lo único que tienen que hacer es seguirle".

Todo esto se parece mucho a la escena en la que se nos mostró al perverso Imam y al grupo de apoyo en la finca a orillas del Nilo.

Todos estos son preparativos que deben realizarse antes de que el Anticristo entre en la escena pública. La Sra. Dixon afirma que desde su primera aparición hechizará por completo a la juventud del mundo. Por esas fechas tendrá 30 años, como resultado de los inmensos esfuerzos propagandísticos por el profeta del Anticristo, "la juventud será extremadamente vulnerable a la llegada del hombre. Veo que la juventud del mundo le aceptará y trabajará íntimamente con él para poner el mundo en sus ávidas manos... Cuando el 'hombre' haya alcanzado la edad reservada para el comienzo de su misión, nadie podrá frenar a los niños, puesto que el niño pequeño nació para conquistar a la juventud y, a través de ésta, al mundo." Ella dice que a través de nuestra avanzada red de comunicaciones todo el mundo estará expuesto a este nuevo líder "espiritual" aunque su base esté en Tierra Santa.

La Sra. Dixon afirma: "El Anticristo será un fenómeno del orden político. No es un simple 'hereje' religioso a quien el mundo en general puede ignorar sin riesgos. ¡No! Él tendrá en sus manos el poder terrenal y lo usará como su instrumento. Todos los tiranos de la historia son meros infantes en comparación con él. Esto significa antes que nada que será una figura militar más allá de cualquier cosa que jamás haya visto el mundo con anterioridad. Conquistará la tierra entera y la dominará por completo con las armas más modernas. Gobernará su nuevo Imperio Mundial con el máximo poder y gloria militar. Además, las profecías bíblicas hacen inteligible que el Imperio Mundial del Anticristo será un estado totalitario en el significado más extremo de la palabra. Ejercerá poder sobre el mundo en su totalidad y sobre cada persona de forma intensa, controlando incluso sus pensamientos. No habrá un 'estado colindante' y todo el mundo se convertirá en isla dentro del universo. La guerra como se ha conocido se desvanecerá y el Anticristo se anunciará a sí mismo como 'príncipe de la paz'.... Pero veo algo más profundo en el próximo orden social impío del Anticristo, algo más que un simple sistema político, algo que toca el lado oscuro de la condición humana. Él establecerá y liderará una 'religión' extraña y fundamentalmente anti- humana de ateísmo y anti-religión. ... De modo que aquí hay algo más que la mera autoridad política de un Imperio Mundial. Veo dos claras características que distinguen al Anticristo: Dominio de los hombres con mano de hierro y seducción de sus mentes con una falsa ideología y propaganda. Se presentará a la humanidad como supremo gobernante que calma y disipa todo rastro de guerra sobre la Tierra, como maestro del nuevo y actualizado planteamiento de vida del hombre que deja atrás por decadente la herencia cristiana y como 'redentor' de todos los hombres de sus antiguos miedos, complejos de culpa y maltrato de unos a otros. Será el opuesto exacto de Cristo. Será Su adversario y al mismo tiempo aparecerá como Su imitador. ...

Tendrá la apariencia de una figura religiosa, que ofrece a los hombres una extrañamente torcida realización de sus deseos espirituales. ... Será adorado por mucha gente, como si fuese, en su propia persona, el mismo Dios".

Dixon cita los comentarios del Cardenal Newman sobre el Anticristo: "Él te promete libertad civil; te promete igualdad; te promete negocio y riqueza; te promete la remisión de impuestos; te promete reforma. Ésta es la manera en la que te oculta la clase de trabajo en el que te coloca; te tienta a desobedecer a tus gobernantes y superiores; él lo hace y te induce a que le imites. Te promete iluminación, te ofrece conocimiento de la ciencia, filosofía y potenciación de la mente. Se burla de los tiempos pasados; se burla de todas las instituciones que los veneran."

Nos deja sobrecogidos ver que nuestras predicciones son las mismas que las de un profeta que vivió hace 800 años, al igual que las de una vidente moderna. Añade validez a lo que Nostradamus nos reveló. Con una evidencia tan abrumadora como ésta, sólo queda una conclusión. Realmente estábamos en contacto con el gran maestro. Él hizo lo correcto al transmitirnos lo que sus visiones le revelaron, a pesar de que al principio estábamos dispuestos a dejarlo de lado como algo totalmente absurdo. De nuevo me pregunté si estábamos encerrados en este futuro que Nostradamus veía en su espejo, o si ahora que conocíamos su advertencia seríamos capaces de seguir una línea alternativa de tiempo que se desgajara del nexo principal del Anticristo. ¿Lograremos reducir el impacto del monstruo ahora que se nos han dado las claves suficientes? ¿Le reconoceremos cuando dé comienzo a sus maquiavélicos planes? Nostradamus decía que su principal preocupación era que no nos pillara desprevenidos, que tuviésemos un plan de escape al cual recurrir. Mi duda es: ¿prestará oídos el mundo y llevará a buen puerto nuestras esperanzas en la humanidad cuando el monstruo asome su horripilante rostro?

El Anticristo, el Imam, y todas sus fuentes de financiación trazaron bien sus planes. Tienen la paciencia de esperar generaciones para realizar su plan de convertir el mundo en un estado de anarquía absoluta y así poder controlarlo según sus caprichos con poder absoluto. Trazaron sus planes de un modo casi perfecto, pero no previeron el único factor que podría acarrearles la perdición. Es de todo punto imposible que sepan que el instrumento de su destrucción sería un anciano confinado en su estudio durante interminables horas mirando fijamente en su espejo negro. ¿Qué amenaza podía representar un hombre que murió hace 400 años? Nadie podía prever el poder de este hombre y el amor que sentía mientras permanecía quieto e hipnotizado ante la visión del desarrollo de acontecimientos indescriptiblemente horrendos. Por vivir en un tiempo en el que la revelación de esa clase de cosas podría haberle costado la vida, estaba plenamente justificado que se guardara para sí mismo estas terribles visiones. Pero no pudo. Sentía, al igual que siento yo, que la información se le había revelado por una razón. Y esa razón era intentar salvar a la humanidad. Descubrió la manera de traspasar las barreras del tiempo y el espacio para revelarnos a nosotros los secretos mejor guardados del mundo. Nadie contó con las habilidades de un verdadero genio y un indiscutible mago y profeta: Nostradamus.

Asegurémosle que sus advertencias no han sido en vano, que no es demasiado tarde. Prometámosle que ahora que sabemos la verdad, haremos todo lo que esté en nuestra mano para llevar a cabo lo que él deseaba, salvar a la humanidad y a nuestra amada Tierra. Su misión se ha cumplido. El resto depende de nosotros.

A través del velo del tiempo y las brumas del pasado, presente y futuro (que ante sus ojos aparecían totalmente fusionados) él nos tendió la mano para proporcionarnos esperanza y salvación. Una esperanza, una respuesta desde la tumba... aunque no desde la tumba porque en esa otra dimensión nebulosa el gran maestro vive eternamente y sigue eternamente preocupado por la humanidad.

FIN DEL SEGUNDO VOLUMEN

Bibliography

BOSWELL, ROLFE, *Nostradamus Speaks*, New York, 1943.

CANTWELL, JR. M.D., ALAN, "AIDS and the Doctors of Death," *Wildfire Magazine*, Volume 4, No. 1, 1989.

CHEETHAM, ERIKA, *Further Prophecies of Nostradamus*, New York, 1985, *The Prophecies of Nostradamus*, New York, 1975.

Collier's Encyclopedia and Yearbooks.

DIXON, JEANE, *My Life and Prophecies*, New York, 1969.

FORMAN, HENRY JAMES, *The Story of Prophecy,* New York, 1940.

HOWE, ELLIC, *Nostradamus and the Nazis*, London, 1965.

HUGHES, THOMAS PATRICK, *A Dictionary of Islam*, Delhi, 1973.

LAMONT, ANDRE, Nostradamus Sees All, Philadelphia, 1942.

LAVER, JAMES, Nostradamus, London, 1942.

LEONI, EDGAR, *Nostradamus: Life and Literature*, New York, 1961.

LE VERT, LIBERTE E., *The Prophecies and Enigmas of Nostradamus,* New Jersey, 1979.

LINDSAY, JACK, *Origins of Astrology*, London, 1971.

PATTERSON, FRANCINE, "Conversation with a Gorilla," *National Geographic*, October 1978.

ROBERTS, HENRY C., *The Complete Prophecies of Nostradamus*, New York, 1982.

VOLDBEN, A., *After Nostradamus*, New Jersey, 1974.

WARD, CHARLES, *Oracles of Nostradamus*, New York, 1940.

WOOLF, H. I., *Nostradamus*, London, 1944.

Índice de cuartetas

I-1	191		II-92	30
I-8	85		III-1	203
I-9	86		III-4	207
I-13	40		III-5	208
I-15	35		III-11	90
I-18	57		III-17	63
I-24	24		III-34	56
I-36	25		III-40	224
I-42	198		III-41	225
I-47	55		III-42	226
I-50	94		III-44	227
I-51	43		III-45	229
I-52	200		III-46	232
I-59	81		III-47	237
I-61	306		III-48	238,302
I-63	34		III-49	18
I-70	39		III-50	242
I-73	59		III-52	243
I-83	201,277		III-54	244
I-88	25		III-55	245
I-90	62		III-56	246
II-3	75		III-57	247
II-10	38		III-58	248
II-28	36		III-59	21,249
II-33	64		III-61	250
II-41	72		III-62	251
II-42	41		III-64	252
II-45	82		III-66	258
II-47	61,250		III-67	258
II-51	204		III-69	260
II-53	301		III-70	260,273
II-55	88		III-71	261
II-59	59		III-72	262
II-64	46		III-73	265
II-70	28		III-74	266
II-78	52		III-76	267

III-77	268
III-78	246,270
III-79	271
III-80	272
III-82	26
III-83	273
III-84	273,287
III-85	274
III-86	275
III-87	275
III-90	202,276
III-91	277,283
III-93	284
III-96	285,408
III-97	20
III-98	286
III-99	287
IV-1	288
IV-3	289
IV-4	289
IV-5	298
IV-6	299
IV-7	300
IV-8	302
IV-9	303
IV-10	304
IV-11	305
IV-12	305
IV-13	306
IV-14	310
IV-15	313
IV-16	316
IV-17	317
IV-18	319
IV-20	320
IV-22	321
IV-23	321
IV-24	323
IV-26	324
IV-27	325
IV-32	327
IV-34	339
IV-35	341,443
IV-36	67
IV-41	66
IV-42	22
IV-43	69
IV-44	16
IV-46	23
IV-47	17
IV-48	76
IV-49	77
IV-53	83
IV-54	78
IV-55	50
IV-56	36
IV-57	17
IV-58	27
IV-60	79
IV-64	64
IV-84	48
IV-99	47
V-23	333
V-24	158
V-25	54
V-53	44
VI-35	73,161,412,414
VI-54	13
VIII-30	57
VIII-48	70
VIII-49	213,400
VIII-59	21
VIII-99	445
IX-69	80
IX-89	438
IX-92	14
IX-99	27

SOBRE LA AUTORA

Dolores Cannon nació en San Luis, Misuri, en 1931. Creció y se educó en Misuri hasta que, en 1951, se casó con un soldado profesional de la Marina. Durante los veinte años siguientes, viajó por todo el mundo, como es común entre las esposas de marinos, y formó una familia.

En 1968 tuvo su primer contacto con la reencarnación y la regresión hipnótica cuando su esposo, un hipnotizador aficionado, tropezó con la vida pasada de una mujer a la que estaba hipnotizando (aparece en su libro Five Lives Remembered). En aquellos tiempos, el tema de las vidas pasadas era poco ortodoxo y muy poca gente experimentaba en este campo. Aunque despertó su interés, tuvo que dejarlo a un lado porque las exigencias de la vida familiar eran prioritarias.

En 1970, su marido fue relegado del servicio por invalidez y se retiraron a las colinas de Arkansas. Inició entonces su carrera como escritora y vendió sus artículos a diversas revistas y periódicos. Cuando sus hijos se independizaron, se reavivó su interés por la reencarnación y la hipnosis regresiva. Estudió los distintos métodos de hipnosis y a partir de ellos desarrolló su propia técnica que le permitió obtener información de aquellos a quienes hipnotizaba con gran eficacia. Desde 1979, ha practicado la regresión y ha catalogado la información que le han facilitado cientos de voluntarios. Ella se considera una regresionista e investigadora psíquica que recopila conocimientos «perdidos». También ha trabajado para la Mutual UFO Network (MUFON) durante vanos años.

Entre sus libros, se han publicado: Ellas caminaron con Jesús y Jesús y los Esenios (publicados en España por Luciérnaga y en Inglaterra por Gateway Books), Conversations with Nostradamus (3 volúmenes), Keepers of the Garden y Conversations with a Spirit. También ha escrito otras obras, aún sin publicar, sobre sus casos más interesantes.

Dolores tiene cuatro hijos y trece nietos que le exigen mantener un sólido equilibrio entre el mundo «real» de la familia y el mundo «invisible» de su trabajo. Quienes deseen mantener correspondencia con ella sobre su trabajo pueden escribirle a la siguiente dirección: (Se ruega incluir un sobre sellado con la dirección del remitente para la res- puesta.)

Ozark Mountain Publishing, Inc.
P.O. Box 754
Huntsville, AR 72740-0754

Other Books by Ozark Mountain Publishing, Inc.

Dolores Cannon
A Soul Remembers Hiroshima
Between Death and Life
Conversations with Nostradamus, Volume I, II, III
The Convoluted Universe -Book One, Two, Three, Four, Five
The Custodians
Five Lives Remembered
Jesus and the Essenes
Keepers of the Garden
Legacy from the Stars
The Legend of Starcrash
The Search for Hidden Sacred Knowledge
They Walked with Jesus
The Three Waves of Volunteers and the New Earth
A Vey Special Friend
Aron Abrahamsen
Holiday in Heaven
James Ream Adams
Little Steps
Justine Alessi & M. E. McMillan
Rebirth of the Oracle
Kathryn Andries
Cat Baldwin
Divine Gifts of Healing
The Forgiveness Workshop
Penny Barron
The Oracle of UR
Dan Bird
Finding Your Way in the Spiritual Age
Waking Up in the Spiritual Age
Julia Cannon
Soul Speak – The Language of Your Body
Ronald Chapman
Seeing True

Jack Churchward
Lifting the Veil on the Lost Continent of Mu
The Stone Tablets of Mu
Patrick De Haan
The Alien Handbook
Paulinne Delcour-Min
Spiritual Gold
Holly Ice
Divine Fire
Joanne DiMaggio
Edgar Cayce and the Unfulfilled Destiny of Thomas Jefferson Reborn
Anthony DeNino
The Power of Giving and Gratitude
Carolyn Greer Daly
Opening to Fullness of Spirit
Anita Holmes
Twidders
Aaron Hoopes
Reconnecting to the Earth
Patricia Irvine
In Light and In Shade
Kevin Killen
Ghosts and Me
Donna Lynn
From Fear to Love
Curt Melliger
Heaven Here on Earth
Where the Weeds Grow
Henry Michaelson
And Jesus Said – A Conversation
Andy Myers
Not Your Average Angel Book
Guy Needler
Avoiding Karma
Beyond the Source – Book 1, Book 2
The History of God

For more information about any of the above titles, soon to be released titles, or other items in our catalog, write, phone or visit our website:
PO Box 754, Huntsville, AR 72740|479-738-2348/800-935-0045|www.ozarkmt.com

Other Books by Ozark Mountain Publishing, Inc.

The Origin Speaks
The Anne Dialogues
The Curators
Psycho Spiritual Healing
James Nussbaumer
And Then I Knew My Abundance
The Master of Everything
Mastering Your Own Spiritual Freedom
Living Your Dram, Not Someone Else's
Gabrielle Orr
Akashic Records: One True Love
Let Miracles Happen
Nikki Pattillo
Children of the Stars
Victoria Pendragon
Sleep Magic
The Sleeping Phoenix
Being In A Body
Charmian Redwood
A New Earth Rising
Coming Home to Lemuria
Richard Rowe
Imagining the Unimaginable
Exploring the Divine Library
Garnet Schulhauser
Dancing on a Stamp
Dancing Forever with Spirit
Dance of Heavenly Bliss
Dance of Eternal Rapture
Dancing with Angels in Heaven
Manuella Stoerzer
Headless Chicken
Annie Stillwater Gray
Education of a Guardian Angel
The Dawn Book
Work of a Guardian Angel

Joys of a Guardian Angel
Blair Styra
Don't Change the Channel
Who Catharted
Natalie Sudman
Application of Impossible Things
L.R. Sumpter
Judy's Story
The Old is New
We Are the Creators
Artur Tradevosyan
Croton
Jim Thomas
Tales from the Trance
Jolene and Jason Tierney
A Quest of Transcendence
Paul Travers
Dancing with the Mountains
Nicholas Vesey
Living the Life-Force
Dennis Wheatley/ Maria Wheatley
The Essential Dowsing Guide
Maria Wheatley
Druidic Soul Star Astrology
Sherry Wilde
The Forgotten Promise
Lyn Willmott
A Small Book of Comfort
Beyond all Boundaries Book 1
Beyond all Boundaries Book 2
Stuart Wilson & Joanna Prentis
Atlantis and the New Consciousness
Beyond Limitations
The Essenes -Children of the Light
The Magdalene Version
Power of the Magdalene

For more information about any of the above titles, soon to be released titles, or other items in our catalog, write, phone or visit our website:
PO Box 754, Huntsville, AR 72740|479-738-2348/800-935-0045|www.ozarkmt.com

www.ingramcontent.com/pod-product-compliance
Lightning Source LLC
Chambersburg PA
CBHW071233160426
43196CB00009B/1043